霊山《りょうぜん》
(伊

松川浦（相馬市尾浜ほか）

平伏沼《へぶすぬま》モリアオガエル繁殖地《はんしょくち》
(双葉《ふたば》郡川内村《かわうちむら》上川内《かみかわうち》)

塩屋埼灯台《しおやざきとうだい》(いわき市平薄磯《たいらうすいそ》)

照島《てるしま》ウ生息地《せいそくち》
(いわき市泉町《いずみまち》下川《しもがわ》)

史跡・文化財

二本松城跡《にほんまつじょうあと》
(霞ヶ城《かすみがじょう》公園《こうえん》, 二本松《にほんまつ》市郭内《かくない》)

願成寺《がんじょうじ》木造《もくぞう》阿弥陀如来《あみだにょらい》及《および》 両脇侍《りょうわきじ》坐像《ざぞう》
(喜多方《きたかた》市上三宮町《かみさんみやまち》)

若松城《わかまつじょう》の雪景色《ゆきげしき》(会津若松《あいづわかまつ》市追手町《おうてまち》)

田村神社厨子《たむらじんじゃずし》(郡山《こおりやま》市田村町山中《たむらまちさんちゅう》)

大安場古墳《おおやすばこふん》(郡山《こおりやま》市田村町大善寺《たむらまちだいぜんじ》)

宮畑《みやはた》遺跡《いせき》巨大《きょだい》柱穴《ちゅうけつ》
(福島《ふくしま》市岡島《おかじま》)

桜井《さくらい》古墳《こふん》(南相馬《みなみそうま》市原町《はらまち》区上渋佐《かみしぶさ》)

清戸迫《きよとさく》横穴墓《おうけつぼ》
(双葉《ふたば》郡双葉町《ふたばまち》新山《しんざん》)

埴輪《はにわ》男子《だんし》胡坐像《こざぞう》
(神谷作《かみやさく》101号墳出土《ごうふんしゅつど》,
いわき市平神谷作《たいらかみやさく》)

水《みず》阿弥陀堂《あみだどう》(いわき市内郷白水町《うちごうしらみずまち》)

祭り

二本松《にほんまつ》のちょうちん祭《まつ》り
(二本松神社《にほんまつじんじゃ》, 二本松《にほんまつ》市本町《もとまち》)

大俵引《おおたわらひ》き (河沼《かわぬま》郡会津坂下町《あいづばんげまち》)

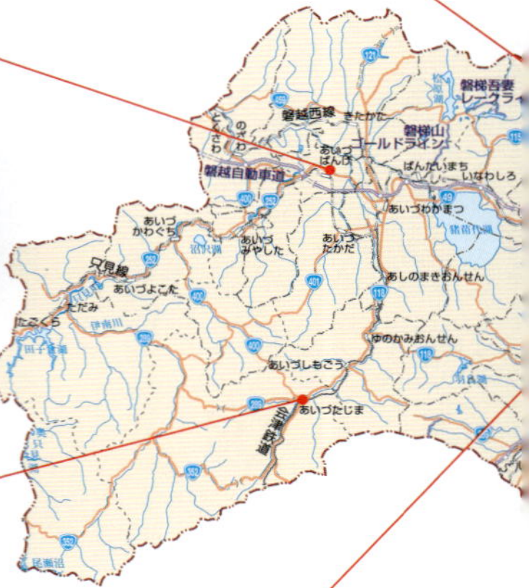

田島祇園祭《たじまぎおんまつり》
(南会津《みなみあいづ》郡南会津町《みなみあいづまち》田島《たじま》)

郡山《こおりやま》うねめまつり
(郡山《こおりやま》市駅前《えきまえ》ほか)

信夫三山《しのぶさんざん》暁参り《あかつきまい》
(羽黒神社《はぐろじんじゃ》, 福島《ふくしま》市御山《おやま》)

御葛籠馬《おつづらうま》
(日吉神社《ひよしじんじゃ》のお浜《はま》下《お》り, 南《みなみ》相馬《そうま》市鹿島《かしま》区)

川内《かわうち》の三匹獅子舞《さんびきししまい》
(双葉《ふたば》郡川内村《かわうちむら》)

御宝殿《ごほうでん》の稚児田楽《ちごでんがく》
(御宝殿熊野神社《ごほうでんくまのじんじゃ》, いわき市錦町《にしきまち》)

松明《たいまつ》あかし(翠ヶ丘公園《みどりがおかこうえん》, 須賀川《すかがわ》市池上町《いけがみちょう》)

郷土の食

モモ（県北地域）

酒《さけ》（会津《あいづ》地域）

こづゆ
（会津《あいづ》地域）

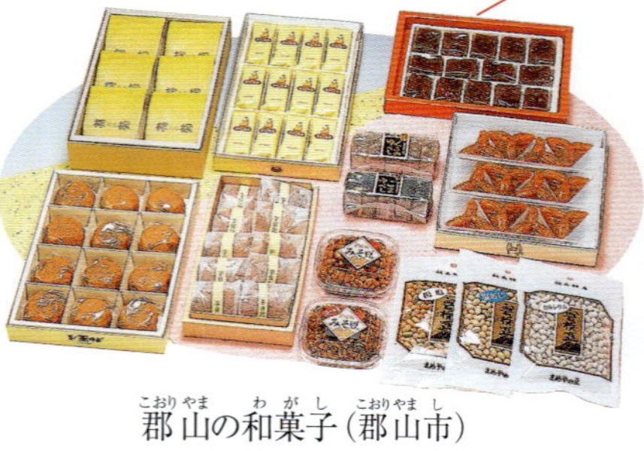

郡山《こおりやま》の和菓子《わがし》（郡山市《こおりやまし》）

白河《しらかわ》ラーメン（白河市《しらかわし》）

あんぽ柿《がき》(県北地域)

がにまき(相双《そうそう》地域)

ドンコ(相双《そうそう》地域ほか)

サンマのみりん干風景《ほしふうけい》

(いわき地域)

ウニの貝焼《かいや》き(いわき地域)

もくじ　赤字はコラム

浜通り

中通り

会津

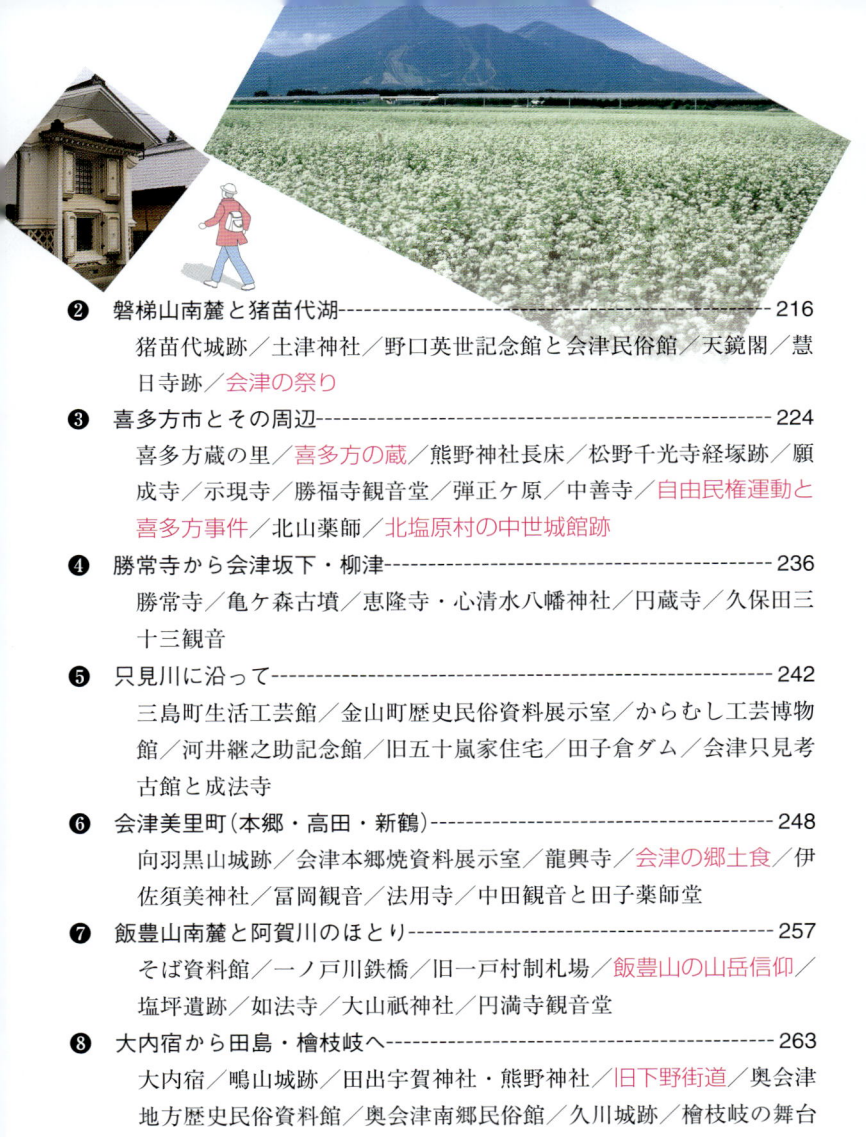

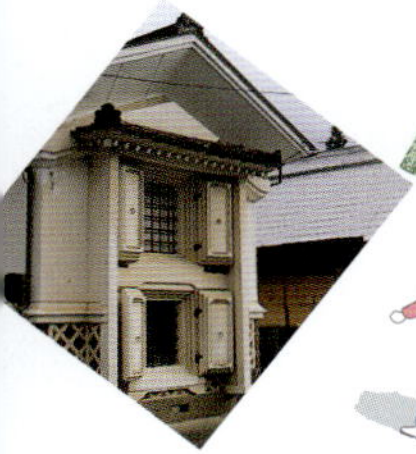

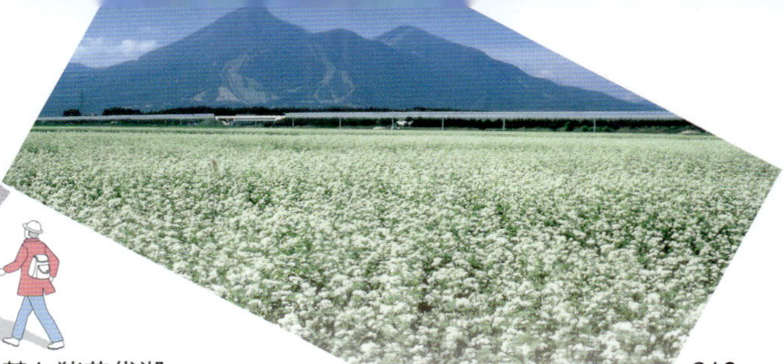

[本書の利用にあたって]

1．散歩モデルコースで使われているおもな記号は，つぎのとおりです。なお，数字は所要時間(分)をあらわします。

………………	電車	══════	地下鉄
──────	バス	▴▴▴▴▴▴▴▴	車
- - - - - - - -	徒歩	〜〜〜〜〜〜	船

2．本文で使われているおもな記号は，つぎのとおりです。

	徒歩		バス		飛行機
	車		船	P	駐車場あり

〈M►P.○○〉は，地図の該当ページを示します。

3．各項目の後ろにある丸数字は，章の地図上の丸数字に対応します。

4．本文中のおもな文化財の区別は，つぎのとおりです。

国指定重要文化財=(国重文)，国指定史跡=(国史跡)，国指定天然記念物=(国天然)，国指定名勝=(国名勝)，国指定重要有形民俗文化財・国指定重要無形民俗文化財=(国民俗)，国登録有形文化財=(国登録)

都道府県もこれに準じています。

5．コラムのマークは，つぎのとおりです。

泊	歴史的な宿	憩	名湯	食	飲む・食べる
み	土産	作	作る	体	体験する
祭	祭り	行	民俗行事	芸	民俗芸能
人	人物	伝	伝説	産	伝統産業
!!	そのほか				

6．本書掲載のデータは，2013年10月末日現在のものです。今後変更になる場合もありますので，事前にお確かめください。

Hamadōri 浜通り

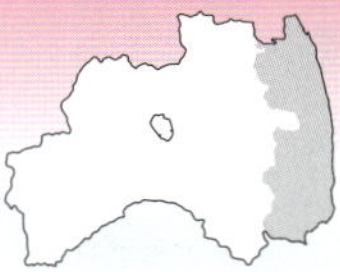

相馬野馬追

中田横穴

①新地貝塚
②観海堂(現在消失)
③三貫地貝塚
④駒ケ嶺城跡
⑤中村城跡
⑥洞雲寺・愛宕山
⑦涼ヶ岡八幡神社
⑧黒木城跡
⑨松川浦
⑩阿弥陀寺
⑪真野古墳群
⑫日吉神社
⑬泉廃寺跡・行方郡衙跡
⑭桜井古墳
⑮羽山横穴
⑯小高城跡
⑰大悲山の石仏
⑱旧井田川浦
⑲大聖寺
⑳清戸迫横穴墓
㉑熊町はなどり地蔵
㉒麓山神社
㉓平伏沼
㉔天神原遺跡
㉕成徳寺
㉖いわき市アンモナイトセンター
㉗波立薬師
㉘妙見堂
㉙薬王寺
㉚長隆寺
㉛夏井廃寺塔跡
㉜中田横穴
㉝沼ノ内弁財天
㉞塩屋埼灯台
㉟磐城平城跡
㊱松ヶ岡公園
㊲飯野八幡宮
㊳忠教寺
㊴専称寺
㊵如来寺
㊶大国魂神社
㊷閼伽井嶽薬師
㊸常慶寺
㊹小川江取水口
㊺白水阿弥陀堂
㊻湯本温泉
㊼能満寺
㊽上遠野城跡
㊾泉城跡
㊿住吉神社
51禅長寺
52高蔵寺
53勿来関跡

◎浜通り散歩モデルコース

新地町コース　JR常磐線新地駅 1 観海堂(現在消失) 2 新地町役場 4 新地城跡 3 くるめがすりの家 8 子眉嶺神社 3 三貫地貝塚 3 駒ケ嶺城跡 5 新地貝塚 1 餡子地蔵 5 JR新地駅

相馬市コース　JR常磐線相馬駅 8 田代駒焼き登り窯 6 歴史民俗資料館 8 中村城跡・相馬中村神社 15 愛宕山 10 観喜寺山 20 涼ヶ岡八幡神社 11 都玉神社 25 旧陸前浜街道松並木 6 百尺観音 50 JR相馬駅 10 松川浦 2 相馬原釜漁港 1 松川浦大橋 2 鵜ノ尾岬 8 磯部港 10 岩ノ子 8 JR相馬駅

南相馬市鹿島区コース　JR常磐線鹿島駅 5 万葉植物園 5 真野古墳群 5 横手古墳群 5 阿弥陀寺 5 海老浜のマルハシャリンバイ自生地 15 日吉神社 5 JR鹿島駅

南相馬市原町区コース　JR常磐線原ノ町駅 5 旧武山家住宅 5 南相馬市博物館 3 相馬野馬追祭場地 3 羽山木戸跡 3 羽山横穴 5 太田神社・別所館跡 5 長松寺 3 子鶴明神 5 初発神社スダシイ樹林 10 桜井古墳 5 泉廃寺跡 3 泉の観音堂 15 JR原ノ町駅

南相馬市小高区コース　JR常磐線小高駅 2 小高城跡・相馬小高神社 3 同慶寺 15 大悲山の石仏 10 旧井田川浦・浦尻貝塚 5 蛯沢稲荷神社 10 JR小高駅

浪江町・双葉町・大熊町コース　JR常磐線浪江駅 5 権現堂城跡 10 大聖寺 20 正西寺 10 陶芸の杜おおぼり 10 榎内経塚群 10 前田の大スギ 5 清戸廹横穴墓 10 五番遺跡 5 沼ノ沢古墳(3号墳) 15 五郎四郎一里塚 10 熊町一里塚 5 熊町はなどり地蔵 15 JR常磐線大野駅

川内村コース　磐越自動車道船引三春IC 40 「爆心地」の石碑 10 虚空蔵堂 5 天山文庫 20 平伏沼 60 船引三春IC

富岡町・楢葉町・広野町コース　JR常磐線夜ノ森駅 3 夜の森公園 5 麓山神社 20 天神原遺跡 15 楢葉城跡 5 二ツ沼歌碑 5 楢葉八幡神社 5 北迫地蔵 10 高倉山 10 成徳寺 10 JR常磐線広野駅

磐城平城下町をめぐるコース　JR常磐線・磐越東線いわき駅 15 松ヶ岡公園 10 飯野八幡宮 15 磐城平城本丸跡・龍が城美術館 10 JRいわき駅

いわきの国重文をめぐるコース　常磐自動車道いわき四倉IC 5 薬王寺 6 長隆寺 18 沼ノ内弁財天 3 塩屋埼灯台 3 中田横穴 10 夏井廃寺塔跡 8 甲塚古墳 3 専称寺 15 白水阿弥陀堂 10 いわき市考古資料館 1 常磐自動車道湯本IC

＊2011(平成23)年の東日本大震災・東京電力福島第一原子力発電所の事故により，立入を制限されている所があります。見学にあたり各市町村教育委員会に事前連絡をして下さい。

◎相双

宝財踊り（日吉神社のお浜下り）―― P. 24

福田の十二神楽―― P. 10

麓山の火祭り―― P. 39

泉の一葉松—— P. 25

成徳寺木造阿弥陀如来坐像—— P. 43

田植踊り（苕野神社の安波祭り）—— P. 35

製鉄炉（金沢地区製鉄遺跡群）—— P. 28

◎いわき

フタバサウルス・スズキィの骨格標本(複製)── P. 47

万石(石炭積込み場)── P. 69

飯野八幡宮本殿── P. 60

薬王寺厨子入金銅法篋印舎利塔── P. 50

光西寺銅造阿弥陀如来坐像── P. 76

根岸官衙遺跡群—— P. 51

白水阿弥陀堂境域—— P. 68

寺脇貝塚出土品—— P. 77

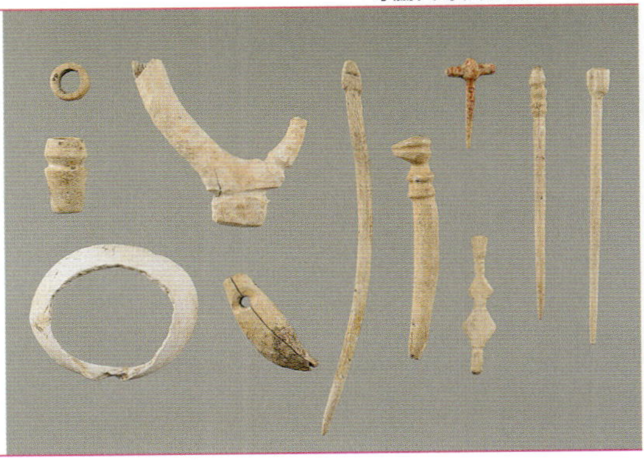

1 相馬中村とその周辺──相馬北部

浜通りの最北端，著名な貝塚が存する新地町，近世相馬中村藩の城下町を訪ねる。

新地《しんち》貝塚《かいづか》 ❶

〈M►P. 2, 9〉 相馬《そうま》郡新地町小川《おがわ》字貝塚西《にし》
JR常磐《じょうばん》線新地駅🚶40分

貝を食べた手長明神伝説の地

新地駅から西へ約1km，国道6号線に出て約1km南下する。濁《にごり》川手前で右折し，約500m行った所を左折。しばらく進むと，県立新地高校に至る。その東に隣接して，新地貝塚(附《つけたり》手《て》長明神社《ながみょうじんしゃ》跡《あと》，国史跡)がある。

新地貝塚は，縄文時代後期後半から晩期前半にかけて形成された。現在は，海岸線から2.5km入った標高15mの微高地先端上に位置する。このため，古くは，当地の東約5kmにある鹿狼山《かろうさん》に住む巨人(手長明神)が，長い手を伸ばし海から貝を採って食事した所と信じられていた。この貝塚と伝説については，仙台藩の儒学者佐久間《さくま》義和(洞厳《どうがん》)が1719(享和《きょうわ》4)年に著した『奥羽観蹟聞老志《おううかんせきぶんろうし》』巻4でも紹介されている。

1890(明治23)年，東京人類学会の若林勝邦《わかばやしかつくに》は，同じ学会員で地元在住の館岡虎三《たておかとらぞう》の案内により発掘を行い，同年調査結果を発表したことにより，新地貝塚は全国的に知られるようになった。1924(大正13)年には，東京帝国大学の山内清男《やまのうちすがお》らが層位学的発掘調査を行い，土器の編年を試みた。このとき出土した瘤《こぶ》付きを特徴とする土器型式は，のちに新地式土器と名付けられ，新地貝塚は貴重な標識遺跡の1つとなった。

新地貝塚

新地貝塚の北約300mの丘陵には，かつて貝塚上にあった手長明神社を合祀した二羽渡《にわたり》神社がある。神社に隣接して二羽渡農村公園があり，そこに東面してまつられているカサ

地蔵《じぞう》の名は，1778(安永《あんえい》7)年にこの地に庵を開いた家山《かざん》(華山)和《お》尚《しょう》に由来するといわれる。皮膚病に利益があるということから，8月第3日曜日には地蔵に餡《あん》を塗る奇習があり，餡子《あんこ》地蔵ともよばれている。

観海堂《かんかいどう》 ❷

0244-62-4477(新地町教育委員会)

〈M►P. 2, 9〉相馬郡新地町谷地小屋《やちこや》字枡形《ますがた》

JR常磐線新地駅🚶6分(2011年の津波により消失)

学制施行に先立って開校した小学校

新地駅から西へ約200m進むと，丁字路に突き当る。その西側一帯は谷地小屋城(要害)跡である。谷地小屋城は，1564(永禄《えいろく》7)年頃，相馬氏15代盛胤《もりたね》が伊達領の伊具《いぐ》・亘理《わたり》(現，宮城県伊具郡・亘理郡)進出をうかがう足掛かりとして築いた平城《ひらじろ》で，江戸時代初期に亘理伊達《だて》氏が改築し，陣屋とした。明治時代の末までは，方形複郭のうち本丸に二重の水堀がめぐり，土塁《どるい》にはサクラが植えられていたことから桜館《さくらだて》ともよばれた。水田の中にみえる個人宅は，わずかに残った二の丸の一角であり，城跡南側の中島《なかじま》集落はかつての亘理伊

観海堂

達氏家臣の集落である。

中島集落の東にある観海堂(県史跡)は，教育立村を願う亘理・宇多《うだ》郡長助役目《め》黒重真《ぐろじゅうしん》と有志が創設した共立学校である。1872(明治５)年５月，仙台藩校養賢堂《ようけんどう》教授であった氏家晋《うじいえすすむ》(閑《かん》存《そん》)を迎え，旧家臣宅を学舎として開校し，翌年の学制施行とともに共立小学校(観海校)になった。

観海堂が全国的に知られた理由の１つは，学田《がくでん》制度を取り入れ，学校田から得られた資金を運営費にあて，授業料を廃止したという点にある。また，学校図書館にあたる観海堂文庫を備えていた点も注目に値する。文庫は，旧仙台藩13代藩主伊達慶邦《よしくに》筆の「観海堂」の扁額《へんがく》とともに町教育委員会で保存している。

観海堂は，1996(平成８)年に解体修理が行われ，18世紀後半の建築であることが明らかになった。

新地町の中心部を東西に延びる県道273号線沿いの家並みは，陸《りく》前浜《ぜんはま》街道の新地宿《しゅく》である。この道を西に約１km行った杉《すぎの》目《め》地区には，縄文時代中期と７世紀の集落跡である川窪《かわくぼ》遺跡がある。

川窪遺跡の北側の丘陵には，新地城(蓑頸《みのくび》要害)跡がある。1566(永禄９)年，相馬盛胤が伊具郡攻略のための谷地小屋城にかえ，築城した。伊達政宗《まさむね》が攻略後に修築をしたが，まもなく廃城となった。標高50mほどの丘陵頂上部に築かれた連郭式の城で，虎口や横矢などが残る。この時代の築城技術を知るうえで，重要な城跡である。

城跡西側の丘陵には，龍昌寺《りゅうしょうじ》(曹洞《そうとう》宗)があり，伊東采女《いとううねめ》(伊達右近宗定《うこんむねさだ》)の墓が残っている。采女は伊達騒動(1671年)で伊達兵部《ひょうぶ》宗勝《むねかつ》を諫《いさ》めたが，捕えられ，のちにこの地に閑居した。新地城跡北側の福田《ふくだ》地区には諏訪《すわ》神社(祭神建御名方命《たけみなかたのみこと》)があり，県内でも類例の少ない出雲《いずも》系法印神楽《ほういんかぐら》である福田の十二神楽(県民俗)を伝えている。諏訪神社の北約200m，福田小学校の南側には，アメリカ人建築家F・ライトの弟子遠藤新《えんどうあらた》(福田地区出身)が設計した旧小塩《おしお》完次《かんじ》邸(くるめがすりの家)が東京都武蔵野《むさしの》市より移築されている。

なお，観海堂もくるめがすりの家も内部を見学する場合には新地町教育委員会に申し込みが必要である。

三貫地貝塚《さんがんじかいづか》 ❸

〈M►P. 2, 9〉相馬郡新地町駒ケ嶺《こまがみね》字田丁場《たちょうば》
JR常磐線駒ケ嶺駅🚶20分

人骨100体以上が出土した縄文時代研究の宝庫

駒ケ嶺駅前から阿武隈《あぶくま》高地に向かって延びる町道を1.7kmほど行くと，南側の桑畑の中に三貫地貝塚(県史跡)がある。この貝塚は，東京人類学会員で，中村町《なかむらまち》(現，相馬市中村)在住の館岡虎三により1894(明治27)年に発見された。発掘調査により，アサリ・ハマグリを主とする貝層が確認され，縄文時代後期から晩期にかけて形成された内湾性貝塚であることが判明した。出土遺物は，双口《そうこう》土器・注口《ちゅうこう》土器，多彩な骨角器など数多く，とくに合葬を始めとする多様な葬法をした100体を超える人骨やイヌの骨の出土が注目を集めた。埋葬された人の平均寿命は，男29.2歳・女32.1歳と推定されている。新地貝塚と並び，貝塚研究に画期的な役割をもつ遺跡である。

三貫地貝塚の周辺一帯は，旧石器時代から鎌倉時代にかけての複合遺跡，三貫地遺跡である。1976(昭和51)年以来の数次におよぶ調査で，後期旧石器時代の1万点を超える石器類が出土し，縄文時代晩期の製塩跡，縄文時代中期から弥生時代の遺物包含層や4世紀の竪穴住居跡，7～9世紀の集落跡などを幅広く包括していることが確認された。

この遺跡から眺める北西の山並みでひときわ目立つ紡錘形をした山が，手長明神の住処《すみか》とされた鹿狼山(430m)である。すぐ北の丘陵にある子眉嶺《こびみね》神社(祭神豊受比売之命《とようけひめのみこと》)は，宇多郡(現，相馬市・新地町)唯一の『延喜式《えんぎしき》』式内大社《しきないたいしゃ》で，駒ケ嶺の地名伝説をもち，馬の神として信仰を集めている。

駒ケ嶺城跡《こまがみねじょうあと》 ❹

〈M►P. 2, 9〉相馬郡新地町駒ケ嶺字館《たて》
JR常磐線駒ケ嶺駅🚶15分

駒ケ嶺駅から北西方向に国道6号線を越えると，陸前浜街道の駒ケ嶺宿であった東西に延びる家並みに出る。この北側丘陵一帯が駒ケ嶺城(臥牛《がぎゅう》城)跡である。城域は東西約300m・南北約350mにお

よぶ。家並みの中ほどから大手道をのぼれば，伝城門跡の虎口《こぐち》に至り，二ノ館《にのたて》・三《さん》ノ館を経て，虎口の残る本館《ほんだて》・西館《にしだて》へと続く。城跡の西側には二重堀がめぐり，北側には土橋などの城郭の縄張りがよく残っている。城の南東の低地は，宅地や荒地になっているが，防御と灌漑をかねた湛水池の御池《おいけ》跡である。

駒ケ嶺城は，相馬氏15代盛胤が宇多郡北部の支配強化のため，1570年代（永禄13〜天正《てんしょう》7）に中村城と新地城の繋ぎ城として築かれ，伊達氏の再三におよぶ宇多侵攻を防いだ。しかし，1589（天正17）年，盛胤の子義胤《よしたね》が三春《みはる》（現，三春町）方面への出陣中に攻略され，この地は伊達領になった。

江戸時代には，新田《にいだ》・富塚《とみづか》・宮内《みやうち》氏があいついで領主となり，藩境警備にあたった。1868（慶応《けいおう》4）年の戊辰《ぼしん》戦争のとき，仙台藩兵はここを拠点に新政府軍に抵抗，浜街道の最終戦は1カ月余りにもおよんだ。御池跡の旧道脇には，戊辰戦争仙台藩兵の慰霊碑と，仙台藩兵の遺体を村人が集めて葬った戦死塚がある。

駒ケ嶺城跡から北東に延びる丘陵には，東日本最古で最大の古代製鉄遺跡**武井《ぶい》地区製鉄遺跡群**があった。ここでは，7世紀後半から9世紀にかけて，燃料の木炭焼成，鉄精錬から仏具などの鉄製品の製造までの一貫生産が行われていた。記録保存後に水田化され，出土品は福島県文化財センター白河《しらかわ》館（白河市）に保管されている。

駒ケ嶺城跡の南，塚部《つかのべ》・渋民《しぶたみ》丘陵が相馬と伊達の藩境で，現在の相馬市と相馬郡新地町の境界と一致する。この稜線に沿って，江戸時代初期に，阿武隈高地山麓から相馬市長老内《ちょうろううち》地区まで約6kmにおよぶ**藩境土塁**が築かれた。このような土塁が築かれたのは，伊達・南部藩境以外では全国でも珍しい。国道113号線バイパス建

駒ケ嶺城跡

設により大部分は消滅したが，一部はJR常磐線付近の新地町・相馬市境や三貫地貝塚の南西の相馬市北原《きたはら》地区に残っている。

国道6号線とバイパスの交差点すぐ西の善光寺《ぜんこうじ》遺跡からは，7～8世紀の須恵窯《すえがま》跡10基がみつかり，そのうち1基は新地町役場東の図書館前に移設・公開されている。この須恵窯跡から発見された瓦は相馬市の黒木田《くろきだ》遺跡と同じものであった。このことから黒木田遺跡が大化改新《たいかかいしん》以前に建立された寺院であったことが確認された。

塚部・渋民丘陵の東端，相馬市長老内地区には大森A遺跡があった。古墳時代の小区画の水田跡や人と牛馬の足跡がみつかり，田下《たげ》駄《た》の一種である大足《おおあし》や日本でも数例しかない完全な形の馬鍬《まぐわ》が出土した。遺跡は記録保存後に開発されたが，出土品は福島県文化財センター白河館に保管されている。

中村城跡《なかむらじょうあと》 ⑤

0244-37-2191(市教育文化センター博物館)

〈M ► P. 2, 15〉相馬市中村字北町《きたまち》
JR常磐線相馬駅20分

中村藩主相馬氏の居城

相馬市の市街地中村は，江戸時代に相馬氏6万石の城下町として栄え，陸前浜街道の中村宿として賑わった。2001(平成13)年までに，田町《たまち》を中心として主要道路が拡幅・新設されたが，町割や屋敷割は今でもほとんどかわりなく，隘路《あいろ》や丁字路が多いという城下町の特色を現在でも残している。

市街地の西側丘陵に，中村城(馬陵《ばりょう》城)跡(県史跡)がある。市役所前を通る国道115号線を西に進むと正面に外大手一の門がみえ，右手に堀を挟んで東三の丸跡がみえてくる。

古くこの地は天神山《てんじんやま》とよばれ，坂上田村麻呂《さかのうえのたむらまろ》が蝦夷《えみし》征討のおりに菅原敬実《すがわらのたかざね》をおき，源頼朝《みなもとのよりとも》が奥州藤原《おうしゅうふじわら》氏攻略の帰途に立ち寄ったとの伝承がある。大永《たいえい》年間(1521～28)に中村氏が館を築き，その後，黒木《くろき》城主黒木弾正《だんじょう》が一時支配したが，1543(天文《てんぶん》12)年相馬氏が宇多郡攻略後，北の拠点として城代をおいた。

1611(慶長《けいちょう》16)年，相馬中村藩初代藩主相馬利胤《としたね》は，普請拡張を加えて本格的な城郭を構えるとともに，宇多川の河道移設や城下町の整備を行い，中世以来の居城であった小高《おだか》城(南相馬市小高区)から移った。相馬氏と対立抗争を続けてきた伊達政宗が岩出山《いわでやま》城(宮城県大崎《おおさき》市)から仙台城に移ってまもない頃で，この伊達氏の動き

中村城外大手一の門

に備えた移城であったと考えられている。以後，明治維新まで，中村城は13代260年におよび相馬氏の居城とされた。

中村城は丘陵の先端に築かれ，本丸を中心にした丘陵の連郭部と二の丸などの平地の輪郭部からなる平山《ひらやま》城《じろ》である。石垣は本丸周囲以外にほとんどみられず，土塁を多用し，伊達領を意識して北に守りのかたい複雑な縄張りが特徴である。小規模ながら堅城の風格を備え，中世の特色と近世の特徴をあわせもつ近世城郭として評価が高い。

本丸の南西隅に３層の天守閣があったが，1670(寛文《かんぶん》10)年に落雷で焼失し再建されなかった。ほかの建物は1648(慶安《けいあん》元)年築造の外大手一の門をのぞき，明治時代初期にすべて壊された。本丸跡には古井戸と庭の大藤と礎石だけが残り，跡地には1879(明治12)年に始祖相馬師常《もろつね》を祭神とする相馬神社が建てられた。

城跡の西一角の妙見郭《みょうけんくるわ》には，相馬三妙見の１つで「お妙見さま」とよばれ親しまれている相馬中村神社がある。妙見宮は相馬氏の故地下総《しもうさ》以来の氏神であり，相馬氏の中村移城にともなって小高城内から移された。祭神は明治維新の神仏分離により天之御中主命《あめのみなかぬしのみこと》にかわったが，かつては妙見菩薩をまつっていた。妙見信仰は相馬武士の精神的支柱であったことから，相馬野馬追の際には総大将はここからお繰《くり》出し(出陣)する。

相馬中村神社の社殿は，1643(寛永《かんえい》20)年に完成した。総素木造《しらきづくり》で柿葺《こけらぶ》き，一間社流《いっけんしゃながれ》造の本殿・幣殿・拝殿(いずれも国重文)からなる権現《ごんげん》造の複合社殿は，彩色や飾金具が施され，桃山様式をよく伝えている。1993(平成５)年に解体修理工事が行われた。

田町枡形《ますがた》跡のそばに相馬藩御用窯であった田代法橋《たしろほうきょう》の田代駒焼《こまやき》登《のぼ》り窯《がま》(県民俗)があり，江戸時代の姿を伝えている。中村城跡の北東約500m，小泉《こいずみ》地区の歓喜寺《かんきじ》(真言《しんごん》宗)は相馬家の祈願寺で，妙見

相馬市中心部の史跡

宮(現，相馬中村神社)の別当寺《べっとうじ》を務めた。相馬家系図・紙本著色《しほんちゃくしょく》千葉妙見寺縁起《ちばみょうけんじえんぎ》・絹本《けんぽん》著色熊野曼荼羅《くまのまんだら》図・絹本著色普賢菩薩《ふげんぼさつ》像・絹本著色名体不離阿弥陀《みょうたいふりあみだ》画像(いずれも県文化)などを所有し，その多くは県立博物館と市役所南側の相馬市歴史民俗資料館に寄託されている。なお，市歴史民俗資料館では，相馬岡田文書(県文化)や江戸時代から大正時代の髪飾用具コレクション(県民俗)を始め，日本橋三越本店の「天女像《まごころ》」で知られた相馬市出身の彫刻家佐藤玄々《さとうげんげん》(朝山《ちょうざん》)の作品，二宮仕法《にのみやしほう》関係資料・甲冑《かっちゅう》，市内各遺跡の出土品などが展示されている。

洞雲寺《どううんじ》と愛宕山《あたごやま》 ❻

0244-35-2840

〈M►P. 2, 15〉相馬市西山《にしやま》字表《おもて》西山126

JR常磐線相馬駅🚶30分

中村城の外大手一の門前から国道115号線を西に１kmほど行くと，

相馬中村藩士の学問所長松寺跡

変電所北側の丘陵に洞雲寺(曹洞《そうとう》宗)がある。

ここには江戸時代，長松寺《ちょうしょうじ》(臨済《りんざい》宗)があった。長松寺は，1656(明暦《めいれき》２)年，相馬中村藩３代藩主相馬忠胤《ただたね》が祖母長松院の菩提所《ぼだいしょ》として創建し，藩学問所としても利用された。1822(文政《ぶんせい》５)年に城下に藩校育英館《いくえいかん》が創設されるまでは，ここが相馬中村藩の教学の中心であった。1871(明治４)年に長松寺が太田《おおた》(現，南《みなみ》相馬市原町《はらまち》区)に移り，その後，小高から洞雲寺が移ってきた。

洞雲寺は，伊達政宗に奪われた駒ケ嶺城の奪還を図り，1590(天正18)年の童生淵《どうしょうぶち》の戦いで戦死した中村城代相馬隆胤《たかたね》(相馬氏16代義胤の弟)の菩提を弔って創建された。境内の相馬家墓地には長松院らの大きな五輪塔が並び，近くには相馬に逃がれて刑死した水戸《みと》天狗《てんぐ》党の残党の墓と，戊辰戦争の官軍墓地がある。

洞雲寺の谷を１つ挟んだ西側の丘陵が愛宕山である。愛宕山の東麓には，幕末維新期に相馬中村藩の顧問として活躍した慈隆《じりゅう》和尚の私塾長松寺別院金蔵院学塾《こんぞういんがくじゅく》跡がある。現在は，礎石などが往時を偲ばせるのみである。

中腹には二宮仕法を推進した相馬藩の２人の家老草野正辰《くさのまさとき》・池田《いけだ》胤直《たねなお》をまつった地蔵堂があり，山頂近くには二宮尊徳《そんとく》の遺髪塚と慈隆の墓が並んでいる。愛宕山の真下を流れる宇多川は，もとは中村城跡のすぐ南側を流れていたが，同城築城のおり，ここで南に切り換えて現在の流路にした。城の堀水はここが取水口となっている。

涼ヶ岡八幡神社《すずみがおかはちまんじんじゃ》 ⑦

0244-36-4342

〈M ► P. 2, 15〉相馬市坪田《つぼた》字涼ヶ岡

JR常磐線相馬駅🚗15分

江戸時代初期の権現造社殿

愛宕山の東400m，宇多川に架かる清水《しみず》橋の南側には熊野堂《くまのどう》城跡がある。熊野堂城は，南北朝の動乱期に，南朝方の結城宗広《ゆうきむねひろ》の家臣中村六郎広重《ろくろうひろしげ》が立てこもり，黒木城の黒木正光《まさみつ》と呼応して南朝方の拠点霊山《りょうぜん》の海道口を守った城で，小高の相馬氏を中心とした北朝方と再三攻防戦を繰り広げた。その後，当地をめぐる抗争は，15世紀後半まで続き，相馬氏が宇多郡進出をはたすのは15世紀末になる。

城跡のある丘陵は歓喜寺山とよばれているが，これは1612(慶長《けいちょう》17)年から1870(明治３)年まで歓喜寺(現，中村字小泉)があったことによる。今は切り立つ岩肌に往時の面影をとどめるのみである。

涼ヶ岡八幡神社

頂上には，徳富蘇峰《とくとみそほう》揮毫の「教育第一」の碑や東郷平《とうごうへい》八郎《はちろう》ら揮毫の碑が立つ。

歓喜寺山とその東方の向《こう》陽《よう》中学校の間には，黒木田遺跡がある。７～９世紀の瓦が出土し，古代寺院跡か宇多郡衙《ぐんが》跡と推定されている。この南にある丸塚古墳《まるづか》は６世紀後半の築造で，馬形埴輪《はにわ》や人物埴輪が多数出土した。出土品は，ともに相馬市歴史民俗資料館でみることができる。

歓喜寺山の南約1.5kmの台地に，涼ヶ岡八幡神社(祭神 帯中彦《たらしなかつひこの》命《みこと》ほか)がある。建武《けんむ》年間(1334～38)に中村六郎広重が中村氏の守護社として建立したと伝え，境内には中村氏が戦勝を祈願して築いた矢旗塚《やはたづか》がある。1695(元禄《げんろく》８)年に相馬中村藩５代藩主相馬昌胤《まさたね》が再建した社殿は，拝殿と流造の本殿を幣殿(いずれも国重文)でつないだ権現造で，江戸時代初期の建築様式の特色をみることができる。

八幡《やわた》集落から東に約700m，常磐線の線路を越えると高松《たかまつ》丘陵に至る。頂上付近に，６世紀後半に造られた多数の横穴《よこあな》と山上墳《さんじょうふん》からなる高松山《たかまつやま》古墳群がある。丘陵西端には，都玉《くにたま》神社がある。藩主昌胤が，早逝した子の都胤《くにたね》をまつった吉田《よしだ》神道様式の社殿は，1718(享保《きょうほう》３)年の創建で，社殿の裏側には都胤の塚がある。

高松丘陵の南にひろがる坪田耕土《こうど》は，1845(弘化《こうか》２)年に始まる二宮仕法発業の地である。東側には，旧陸前浜街道にあたる県道121号日下石新沼《にっけしにいぬま》線が南北に延び，松並木が往時の面影を伝えている。旧街道と国道６号線の間の高根沢地区には，1931(昭和６)年から地元の仏師荒嘉明《あらよしあき》に始まり，３代にわたって彫り続けている未完の磨《ま》崖仏《がいぶつ》，百尺観音《ひゃくしゃくかんのん》がある。

黒木城跡《くろきじょうあと》 ❽

〈M ► P. 2, 15〉相馬市黒木字西館《にしだて》
JR常磐線相馬駅🚗10分

相馬駅から旧中村城下を通り県道228号相馬大内線を北西に約２km，黒木集落西側の丘に黒木城跡がある。建武年間(1334～38)

に，黒木大膳亮《だいぜんのすけ》正光が築いたとされる。

霊山城搦手口を守った奥州南朝の拠点

黒木正光は北畠顕家《きたばたけあきいえ》の家臣とも結城宗広の家臣ともいわれ，熊野堂城の中村広重と呼応し，南朝方の拠点である霊山の搦手口《からめてぐち》からの北朝軍の侵出阻止にあたった。1441(嘉吉《かきつ》元)年の結城合戦で結城氏が衰退すると，伊達氏へ接近した。その後，伊達氏はこの地をめぐって，南の相馬氏と抗争を繰り広げることとなる。

1543(天文《てんぶん》12)年，黒木氏を滅ぼした相馬氏は，宇多郡に入り当城を伊達氏との攻防の拠点にした。しかし，城代の伊達氏への内応があいつぎ，中村移城後まもなく廃城とした。

黒木城は平城に近い平山城で城跡の大半は耕地になっているが，周囲には二重堀がめぐり，輪郭式の縄張りもほぼ明らかである。本丸跡の妙見社のかたわらには板碑がある。

黒木城跡の周辺には，黒木氏ゆかりの史跡が点在する。西側丘陵の麓には檀那寺《だんなでら》であった建昌寺《けんしょうじ》跡があり，北西500mには黒木氏の鎮守であった諏訪神社があり，「天文七(1538)年」銘の棟札《むなふだ》が残されている。

黒木集落は近世浜街道の黒木宿で，初め東西の家並みであったが，1747(延享《えんきょう》4)年の大火後に南北の家並みにかえ，名を岩井《いわい》宿と改めた。

松川浦《まつかわうら》 ❾

〈M►P. 2〉相馬市尾浜《おばま》・松川・岩子《いわのこ》・磯部《いそべ》ほか
JR常磐線相馬駅🚗10分

白砂青松の砂嘴に囲まれた内湾

相馬駅から5km東方に，日本百景の1つ松川浦がある。南の磯部から延びた砂嘴《さし》が宇多川・小泉川などの河口をふさいで生まれた県内唯一の潟湖《せきこ》で，県立自然公園として整備されている。近年，環境調査により周辺に残された松林や葦原にさまざまな生物が見出され，自然の豊かさが再確認された。

砂嘴である大洲《おおす》海岸は，全長約7kmにおよぶ美しい海岸で，日本の渚百選に選ばれた。潟湖内には奇岩や白砂青松の島々が散在し，古くから松島につぐ景勝地として知られた。『万葉集《まんようしゅう》』の東歌《あずまうた》にも「松が浦」と詠まれており，岩子の相馬市松川浦スポーツセンター脇に万葉歌碑が建てられている。

1688(貞享《じょうきょう》5)年，歌人としても知られた相馬藩5代藩主相馬昌

相馬の御仕法

コラム

二宮仕法による農村復興のモデルケース

相馬中村《そうまなかむら》藩は，天明《てんめい》の大飢饉(1782年)で壊滅的打撃を受けた。このため中村藩士高田高慶を中心に二宮(報徳)仕法に取り組み荒廃した農村を復興し，深刻な財政難を切り抜けた。二宮仕法は，相模《さがみ》国小田原《おだわら》(現，神奈川県小田原市)出身の農政家二宮尊徳《にのみやそんとく》の「報徳《ほうとく》の訓《おし》え」(至誠・勤労・推譲・分度)をもって興国安民を図るというもので，高慶は尊徳の弟子である。相馬では，これを御仕法《ごしほう》とよんでいる。

相馬中村藩では，尊徳が180年間の藩記録を調査して査定した藩の分度(藩の経済力に対する藩財政の限度枠)をかたく守り，これ以外の収入は，農村復興の原資金にあてた。一方，農民の投票によって模範的人物を表彰し，家屋や農具を与え，復興営農資金を無利息で貸し付けた。また，縄ないを奨励し，その縄を仕法役所が積立金として預かり，後日，倍額に換算して戻すなど，勤労意欲を盛りたてた。

藩民一体になって取り組んだ御仕法は，1845(弘化《こうか》2)年，成田《なりた》・坪田《つぼた》両村(現，相馬市)から始まり，1871(明治4)年に中止されるまでに，相馬中村藩領の半数に近い101カ村で実施され，多くの村がみごとに再生したのである。

胤は，松川浦を新名所とするため，名勝12カ所を描かせ京に奏上した。東山《ひがしやま》天皇は勅許を与えるとともに，松川十二景の絵に添えて公家の詠んだ和歌(絹本著色松川十二景和歌色紙帖，市歴史民俗資料館蔵)を贈り，松川浦が新名所に加えられた。現在，鵜《う》の尾岬《おざき》の水茎山《みずくきやま》など，十二景各地には歌碑が立っている。

江戸時代の文人を始めとし，大町桂月《おおまちけいげつ》や河東碧梧桐《かわひがしへきごとう》・田山花袋《たやまかたい》・幸田露伴《こうだろはん》ら近代の文人も多くこの地を訪れている。近年，岩子には林不忘《はやしふぼう》の『丹下左膳《たんげさぜん》』にちなんで巨碑が立った。また，この地は山本周五郎《やまもとしゅうごろう》の『天地静大』の舞台の1つとなった所でもある。

松川浦は，江戸時代に藩主遊休所とされ，庶民の立入りが禁じられていたが，18世紀頃から塩田が開かれ，島々では製塩が行われるようになった。島や浦近くの岩穴は，製塩時に濃塩水を蓄えた鹹水《かんすい》槽《そう》の跡である。和田《わだ》の川添森《かわぞえもり》近くの塩釜《しおがま》神社(祭神味耜高彦根《あじすきたかひこね》命)には，1615(元和《げんな》元)年に行徳《ぎょうとく》(現，千葉県市川市)から製塩技術を伝えた玄蕃《げんば》の塚がある。

コラム

海の幸・川の幸

食

福島県沖は，黒潮の分流と親潮がぶつかる潮目《しおめ》の海域であり，水揚げされる魚介類も160種類余りと多岐にわたっている。とくにマツバガニとホッキ貝がよく知られている。ホッキ貝の炊き込みご飯は，各家庭で工夫が凝らされているご馳走である。

松川浦《まつかわうら》内では，アオノリの養殖が行われている。魚としてはドンコ。見かけはグロテスクだが，小骨のない白身の魚である。とくに冬は脂《あぶら》がのり，アンコウに比較される大きな肝をもつ。煮ても，焼いても，たたきにしてもおいしい。

南《みなみ》相馬市原町《はらまち》区の新田《にいだ》川，双《ふた》葉《ば》郡浪江町《なみえまち》の請戸《うけど》川，同郡楢葉町《ならはまち》の木戸《きど》川などでは，10月下旬，サケの遡上時期になると，網漁が行われる。鮭料理は，地元ではサケノヨという。サケのあら汁は，サケのあら(肉付きの骨)とサトイモ・ニンジン・豆腐などを味噌で煮込んだもので，当地方では紅葉《もみじ》汁《じる》とよばれている。はらこ飯は，サケとイクラを炊き込みご飯にしたもの。浜《はま》通り北部では，川ガニ(モズクガニ)を甲羅ごとすりつぶして汁物にする，がにまきが郷土料理として受け継がれている。

松川浦と現在は工業団地になっている旧新沼浦などから産出した塩は，相馬側では二本松《にほんまつ》や会津《あいづ》などへ運ばれ，仙台藩領からは，県北の保原《ほばら》や梁川《やながわ》に運ばれた。しかし製塩は，1909(明治42)年までには姿を消し，1855(安政《あんせい》2)年に始まったというノリの養殖が本格化した。第二次世界大戦後はノリとアサリの養殖が主流となった。

外海への港浦口《うらぐち》は，鵜の尾岬下と十二本松の間の飛鳥湊《あすかみなと》であったが，たびたび砂州《さす》が岬と接続して港が埋まり，湾内が淡水化したため，1910年に現在の浦口を切り開いた。その後，岬にあった松川集落30戸は対岸に移り，鵜の尾岬は無人の陸繋島《りくけいとう》にかわった。浦内にある磯部・岩子・松川3港の船は，すべてこの浦口から出入りしている。1995(平成7)年には，鵜の尾岬と原釜《はらがま》地区は，全長520mの福島県初の斜張橋，松川浦大橋によって接続された。

2 相馬野馬追の里──相馬南部

古代行方郡にあたるこの地域は，中世には奥州相馬氏の支配拠点であった。

阿弥陀寺《あみだじ》 ⑩

0244-46-4662

〈M►P. 2, 22〉 南相馬市鹿島区南屋形字前畑168《みなみそうまかしまみなみやかたまえはた》 P
JR常磐線《じょうばん》鹿島駅 徒歩20分

鎌倉御家人岩松氏の菩提寺

鹿島駅北側の相双《そうそう》丘陵地の南斜面に，大きなイチョウの木が目に入る。ここに相馬を代表する古刹《こさつ》，阿弥陀寺(浄土《じょうど》宗)がある。

阿弥陀寺は，中世の北関東に勢力をもった新田岩松《にったいわまつ》氏の一族岩松義政《よしまさ》の菩提寺《ぼだいじ》であり，中世の東北南部の浄土宗の普及に中心的な役割をはたした。寺伝では，双葉《ふたば》郡広野町折木《ひろのまちおりき》の成徳寺《じょうとくじ》(浄土宗)を開いた聖観上人《しょうかんしょうにん》の弟子源尊《げんそん》上人が，14世紀末に鹿島村中ノ目《なかのめ》に創建したとされる。このため寺の正式な名称は中目《なかのめ》山岩松院《さんがんしょういん》阿弥陀寺といい，江戸時代には藩内浄土三カ寺の１つに数えられた。現在の本堂は，1736(享保《きょうほう》21)年の建立とされる。境内にある五輪塔は，岩松義政の墓と伝えられる。

阿弥陀寺には，岩松義政の遺品と伝えられる多くの文化財がある。刺繡《ししゅう》阿弥陀名号掛幅《みょうごうかけふく》(国重文)は，鎌倉時代末期の作で，毛髪を用いて「南無《なむ》阿弥陀仏」の六字名号が刺繡されている。ほかに刺繡阿弥陀三尊来迎《さんぞんらいごう》掛幅(県文化)，法然《ほうねん》上人像板木《いたぎ》ほか10枚(県文化)などがある。法然上人像板木には「正和乙卯《しょうわきのとう》(1315)年十月二十一日」の刻銘があり，法然上人遷化《せんげ》100年後に京都知恩院《ちおんいん》で彫られた板木を模刻したものとされている。

鹿島区内を流れる真野《まの》川の流域は，中世には陸奥《むつ》国行方《なめかた》郡千倉荘《ちくらのしょう》がおかれた地である。13世紀に相馬能《よし》(義)胤《たね》の娘土用御前《とよごぜん》が新田岩松氏に嫁いだことが契機になって，岩松氏がこの地に勢力をもつことになったとされる。1406(応永《おうえい》13)年に新田岩松一族の内紛から

阿弥陀寺

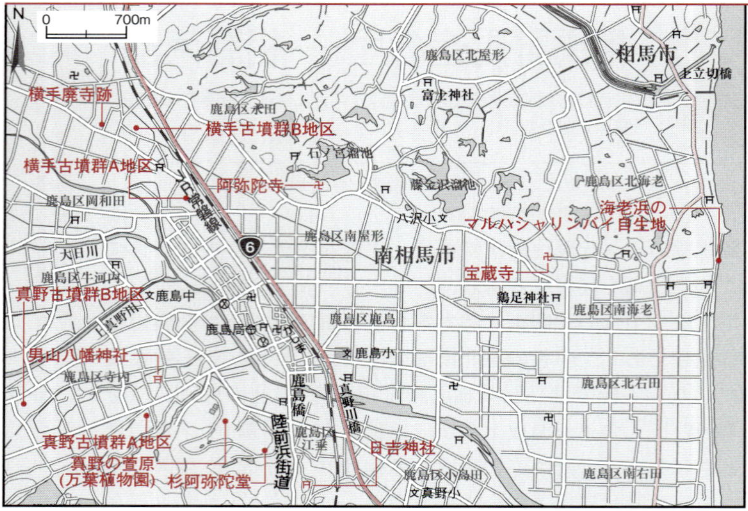

南相馬市鹿島区の史跡

岩松義政が鎌倉から千倉荘に下向したが，1428(正長《しょうちょう》元)年には相馬氏によって滅ぼされた。横手《よこて》地区の御所内《ごしょうち》や屋形地区の屋形の地名は，岩松氏の居館にちなむものと考えられている。阿弥陀寺の境内にも空堀《からぼり》や土塁《どるい》が残り，現在の寺域は岩松氏の館跡とみられる。

阿弥陀寺のある丘陵の裾を通る町道を東へ約2km行くと，北海《きたえ》老《び》地区に宝蔵寺《ほうぞうじ》(真言《しんごん》宗)がある。寺伝では，801(延暦《えんりゃく》20)年坂上《さかのうえの》田村麻呂《たむらまろ》の創建と伝えられ，「永享《えいきょう》八(1436)年」銘の牛王宝印《ごおうほういん》版木や，「嘉吉《かきつ》四(1444)年」銘の曳覆曼荼羅《ひきおいまんだら》板木を所蔵する。

宝蔵寺からさらに東へ約1.5km進むと，南《みなみ》海老《えび》の海岸に突き当る。この付近の海岸線に沿って，海老浜のマルハシャリンバイ自生地(県天然)がある。シャリンバイは西日本の海岸部に多くみられるバラ科の常緑低木で，当地は北限の自生地として貴重であるが，指定地内の群生範囲は年々狭まっている。

真野古墳群《まのこふんぐん》 ⑪

東北地方を代表する古墳時代の群集墳

〈M ► P. 2, 22〉南相馬市鹿島区寺内《てらうち》字大谷地《おおやち》・仏方《ほとけぼう》・八幡《はちまん》林《ばやし》，小池《こいけ》字長沼《ながぬま》

JR常磐線鹿島駅 徒歩 15分

鹿島駅から駅前通り(県道大芦《おおあし》鹿島線)をまっすぐ西へ500mほど行くと，真野川に至る。鹿島区の真野川流域は，古代の陸奥国行方郡真野郷にあたる。左手の丘陵地は，真野の萱原《かやはら》とよばれた景勝地

横手古墳群A地区

で，現在はみちのく真野万《まん》葉《よう》植物園がある。笠郎女《かさのいらつめ》が大伴家持《おおとものやかもち》へ贈った，「陸奥《みちのく》の　真野の草原　遠けども　面影にして　見ゆというものを」(『万葉集』)の歌を刻んだ石碑が立つ。

真野川を越えて西へ約800m行くと，北側の段丘上に男山八幡《おとこやまはちまん》神社(祭神誉田別命《ほんだわけのみこと》・息《おき》長足姫《ながたらしひめ》命)がある。安産の神として地域の信仰を集めている。

さらに西へ50mほど歩くと，道路の南側に小さな墳丘と標柱がみえる。ここから道路を挟んだ両側の大谷地・寺内地区を中心に点在するのが，真野古墳群A地区(国史跡)である。この地区にはかつて120基を超える古墳があったとされるが，第二次世界大戦後の宅地開発により，現存する古墳は約50基になった。小型の前方後円墳2基を含む，東北地方を代表する古墳時代中・後期(5～6世紀)の群集墳である。約30基の古墳が発掘調査され，礫郭《れきかく》・箱式石棺《せっかん》・変形横穴《よこあな》式石室《せきしつ》・割竹形木棺直葬《わりたけがたもっかんじきそう》などの埋葬主体部が確認された。

大谷地地区の北側，県道大芦鹿島線脇にあるA地区20号墳は，全長28.5mの前方後円墳で，くびれ部に礫郭があり，鉄製太刀《たち》・鉄《てっ》斧《ぷ》・馬具などの多くの鉄製品とともに，金銅製双魚袋《そうぎょたい》金具2面(県文化)が出土した。双魚袋(佩《はい》)金具は，奈良県生駒《いこま》郡斑鳩町《いかるがちょう》の藤ノ《ふじの》木《き》古墳から直刀に伴って出土し，刀の装飾金具であったことが確定した。全国でも数例の出土例しかない，貴重な資料である。現在は，福島県立博物館に展示されている。

大谷地地区から県道大芦鹿島線を西へ約1km，丁字路を北に入った小池字長沼に真野古墳群B地区(国史跡)がある。ここには，6世紀後半を中心に築造された直径20m前後の円墳が19基ある。B地区8号墳からは青銅製馬鐸《ばたく》が3点出土し，うち2点は慶應義塾《けいおうぎじゅく》大学(東京都港区)が所蔵している。

真野古墳群のある河岸段丘の北側，真野川北岸の横手《よこて》地区には，6～7世紀の群集墳である横手古墳群(県史跡)がある。この古墳群も旧陸前浜《りくぜんはま》街道沿いのＡ地区と，街道の西約１km地点のＢ地区に分かれている。Ａ地区には，小型前方後円墳１基（７世紀初頭）と円墳11基が現存している。Ｂ地区は円墳４基が現存する。墳丘上に初《しょ》発《はつ》神社がまつられているＢ地区１号墳は，直径30ｍを超える相双地区では最大規模の円墳である。周溝をもち，円筒埴輪《えんとうはにわ》片が出土したことでも知られる。

横手古墳群Ｂ地区から西に200ｍの字御所内には，横手廃寺跡（県史跡）がある。周辺からは布目《ぬのめ》瓦が出土し，また数個の礎石が現存しており，平安時代初期の寺院跡と推定されている。

日吉神社《ひよしじんじゃ》 ⑫

0244-46-2797

〈M►P. 2, 22〉南相馬郡鹿島区江垂《えたり》字中舘《なかだて》94 Ⓟ

JR常磐線鹿島駅 20分

鹿島駅前から県道浪江《なみえ》鹿島線（旧国道６号線）を南へ約500ｍ，真野川に架かる鹿島橋を越え，さらに約１km行くと一石《いちこく》坂に至る。坂をのぼりつめた辺りの左側に日吉神社（祭神大山咋《おおやまくい》命）がある。社殿は，推定樹齢800年の大スギに囲まれている。神社周辺は，中世の桑折《こおり》氏の城館中舘跡に比定され，土塁《どるい》などが残る。

日吉神社は，社伝によれば，1347（貞和《じょうわ》３）年南朝方の拠点であった霊山《りょうぜん》城落城の際，南朝の武将が山王権現《さんのうごんげん》の神体を奉じて逃れ，当地にまつったのが始まりとされる。また，霊山城を脱出した武将たちは，敵の目を欺くため博打打《ばくちう》ちなどに変装したといい，これが相馬地方に広く伝わる宝財《ほうさい》踊りの起源とも伝えられる。

日吉神社では，12年に１度，申《さる》年の４月にお浜下《はまお》りとよばれる大祭が行われる。神社の東５kmほどにある烏浜《からすはま》で，神輿《みこし》に潮水を献納する潮垢離《しおごり》神事である。神社から浜に至る間，神輿の行列には多くの老若男女が供をし，要所要所で宝財踊り・手踊り・神楽《かぐら》などが奉納される。規模の大きさや奉納される民俗芸能の豊富さは，浜通り地方のほかの浜下り行事には類をみないものであり，1978（昭和53）年に日吉神社のお浜下りと手踊りとして県の重要無形民俗文化財に指定された。

日吉神社の北西約500ｍには，杉阿弥陀堂《すぎのあみだどう》がある。この阿弥陀堂は，もと西方にあった方７間の堂を現在地に移したものと伝えられる。本尊の木造阿弥陀如来坐像は定朝《じょうちょう》様寄木造《よせぎづくり》の優品で，白水《しらみず》阿弥陀堂（いわき市）の諸像よりも古い11世紀後半の作とみられる。

泉廃寺跡《いずみはいじあと》と行方郡衙跡《なめかたぐんがあと》 ⑬

〈M►P. 2, 26〉南相馬市原町《はらまち》区泉字宮前《みやまえ》・寺家前《てらけまえ》・惣ケ沢《そうがさわ》
JR常磐線原ノ町《はらのまち》駅🚗15分

全体像が明らかになってきた古代官衙遺跡

原ノ町駅東口から北西へ約1km，右折して県道原町海老《えび》相馬線に入り2.2km行くと，新田《にいだ》川北岸の泉地区の水田の中に泉の一葉松《いちようまつ》（県天然）がある。根回り3mほどのクロマツで，二葉と一葉がまじる珍しいもので，琵琶《びわ》湖畔の唐崎《からさき》の松（枯損）に枝振りが似ているといわれる。弁慶がこのマツの根元に腰をおろし，火をかけた泉長者の屋敷が燃えるのを眺めたと伝えられ，地元では「弁慶松」とよぶ。

泉の一葉松の東約800mの水田地帯に，泉廃寺跡（県史跡）がある。礎石や古代の布目瓦が出土し，古代寺院跡と考えられてきたが，1995（平成5）年からの発掘調査によって，東西約1kmの範囲に館《たち》院《いん》・正倉院《しょうそういん》・郡庁院《ぐんちょういん》とみられる建物群跡が西から東に並んで発見され，古代の行方郡衙跡であることが確実になった。

郡庁院は，一本柱列による区画施設の中に正殿，その前方東西に脇殿が整然と配置され，7世紀後半から9世紀にかけて3時期の建替えが行われたことが確認された。正倉院も大溝によって区画され，8世紀には掘立柱式から礎石建への移行がみられた。

県道北泉《きたいずみ》原町線の東側，泉字惣ケ沢からは，1997年の調査で花《か》葉文《ようもん》とよばれる独特の植物文様をもった7～8世紀の軒丸《のきまる》瓦や鬼瓦が大量に出土し，行方郡衙の付属寺院跡と考えられている。

原町区内には，泉廃寺跡に瓦を供給したとみられる，京塚沢瓦《きょうづかさわが》窯跡《ようあと》と入道迫《にゅうどうさく》瓦窯跡がある。また，泉廃寺跡の西約3kmにある植《うえ》松《まつ》廃寺跡からも泉廃寺と共通する7～8世紀の瓦が出土して注目されており，古代の行方郡におかれた行方軍団跡とする説もある。

泉廃寺跡の北側丘陵地には，隣接して泉の観音堂《かんのんどう》があり，木造十一面観音立像（県文化，1月2日・7月第3日曜日に開帳）がまつられている。観音像は寄木造檀《だん》像で，近年の修理の際，「弘安《こうあん》六(1283)年」の墨書銘が確認された。あわせ衣紋《えもん》などに繊細な表現のみられる優品である。南相馬市博物館に，精巧な複製が常設展示されている。

南相馬市原町区の史跡

桜《さくら》井《い》古《こ》墳《ふん》 ⑭

〈M ► P. 2, 26〉 南相馬市原町区上渋佐《かみしぶさ》字原畑《はらはた》 P
JR常磐線原ノ町駅🚗10分

復元・整備された前方後方墳

　原ノ町駅東口正面の道を約400m行き，右折してさらに約800mほどで，国道6号線との交差点に至る。この高見町《たかみちょう》交差点の南300mに，高さ10mほどのミニ無線塔がある。かつてはこの南西200mの地点に旧原町市のシンボル，磐城《いわき》無線電信局原町送信所の主塔が立っていた。1921(大正10)年に完成した高さ約200mのコンクリート造りの無線通信塔は，当時，東洋一の高さを誇った。1923年の関東大震災の際，第一報をアメリカに打電したことで知られたが，老朽化のため1982(昭和57)年に解体された。国道6号線のミニ無線塔は，そのモニュメントとして建てられたものである。

高見町交差点を東に約1km，左折して500mほど行くと，桜井古墳(国史跡)がある。2003(平成15)年，県内の国指定史跡では初めて公園として復元・整備された。古墳の北側にはガイダンス施設があり，映像による遺跡の解説がある。

桜井古墳は，新田川南岸の段丘に形成された桜井古墳群の主墳であり，この古墳群は開析谷《かいせきだに》を挟んで，東側の上渋佐支群と西側の高見町支群からなる。桜井古墳は約50基あったとされる上渋佐支群に属し，正式には桜井古墳群上渋佐支群1号墳という。

史跡公園の整備に伴う発掘調査によって，桜井古墳は全長74.5mの前方後方墳であることが明らかになった。後方部からは木棺を直葬したと考えられる埋葬主体部の陥没部が2列発見されたが，内部の調査は行われず，現在は墳頂部に陥没部を埋め戻して，カラーコンクリートで位置を平面表示している。底部が穿孔された壺形土師器《はじき》が多数出土し，築造年代は4世紀後半とされている。浜通り地方において，最古で最大規模の前方後方墳である。

復元整備された桜井古墳

旧武山家住宅

桜井古墳から東へ約100m行った杉林には，上渋佐支群7号墳があり，ここも公園整備されている。7号墳は一辺約28m，浜通り地方で最大の方墳である。埋葬主体部は組合せ式木棺で，珠文鏡《しゅもんきょう》などが出土しており，4世紀後半の築造とみられる。なお，桜井古墳群のある段丘北側は，桜井遺跡とよばれる弥生時代の集落跡でもある。周辺から出土する弥生時代後期の土器は，線間幅が極端に狭い２本線で文様を描く点に特徴があり，桜井式土器として知られる。

原町区の中心部は，雲雀ヶ原《ひばりがはら》とよばれる広大な河岸段丘面で，江戸時代はここに妙見神馬《みょうけんしんめ》の牧《まき》が設けられ，野馬が放たれた。この牧の周囲20数kmにわたってめぐらされたのが野馬土手《のまどて》で，桜井古墳公園もその一部にあたる。公園内の南側には高さ約２mの野馬土手が復元され，公園内の西側には連続する土手の高まりが残る。

桜井古墳の南東約２km，JR常磐線北原《きたはら》踏切の西側すぐの所には旧武山《たけやま》家住宅(国重文)がある。文化《ぶんか》年間(1804〜18)の建築と推定され，給人(在郷の武士)の家としては類例稀なものである。

羽山横穴《はやまよこあな》 ⑮

〈M ► P. 2, 26〉 南相馬市原町区中太田《なかおおた》字天狗田《てんぐだ》・西畑《にしはた》
JR常磐線原ノ町駅 小高《おだか》行羽山嶽《はやまだけ》 ３分

玄室の壁に描かれた武人像

原ノ町駅から県道原町二本松《にほんまつ》線を西へ約１km行った四ツ葉交差点で左折，県道浪江鹿島線を約1.5km南下すると，左手に相馬野馬追祭場地がある。祭場地の南の丘陵が本陣山で，相馬野馬追の祭日にはここに本陣がおかれる。本陣山のすぐ東側には，南相馬市博物館がある。原町を中心とした市内の自然・歴史・民俗を紹介する総合博物館で，市内の遺跡の出土品や金沢《かねさわ》地区製鉄遺跡群から移設した奈良時代の製鉄炉のほか，豊富な相馬野馬追関係資料の展示が注目される。

祭場地から南へ約500m行くと，羽山嶽バス停がある。バス停の東，羽山団地へ向かうと，団地の入口に，野馬土手内に設けられた木戸の１つ羽山木戸《きど》跡がある。下幅５m・高さ1.8mの乱積みされた石垣である。

木戸跡の南200mに羽山横穴(国史跡)がある。玄室《げんしつ》に装飾壁画のある６世紀末の横穴古墳で，1973(昭和48)年，羽山団地の造成工事中に発見された。壁画は玄室の奥壁と天井にあり，ベンガラ(酸化鉄)と白土を用いて描かれている。奥壁中央には楯《たて》をあらわしたような長方形の絵柄，向かって左側には冑《かぶと》を被った人物４人と馬４頭・白鹿１頭が配されている。右側には赤い渦巻文《うずまきもん》が２つあり，赤と白の５本線で連結されている。天井部には赤と白の円文が点在し，星座を示していると考えられる。武人壁画に加え，副葬品として，

相馬野馬追

コラム

行

500余の騎馬武者が
織りなす戦国絵巻

「〽相馬《そうま》流れ山　習いたかござれ　五月中《なか》の申《さる》　お野馬追《のまおい》」とは，代表的な相馬民謡「相馬流れ山」の初めの一節。「流れ山」は，相馬中村藩の軍歌といわれ，相馬野馬追祭の出陣のときや陣中で謡われる。相馬野馬追(国民俗)は，この地方では「お野馬追」とよばれ，もとは「五月中の申」の日に行われたが，現在は毎年７月最終週の土・日・月に開催されている。

旧相馬中村藩領６万石の２市４町２村にまたがって参加する，この行事のおこりは，奥州《おうしゅう》相馬氏(相馬中村藩主)の遠祖といわれる平将門《たいらのまさかど》が下総《しもうさ》国葛飾《かつしか》郡小金ヶ原《こがねがはら》(現，千葉県流山《ながれやま》市郊外)に馬を放牧し，野馬を敵兵と見立てて武術を訓練したのに始まると言い伝えられている。14世紀，相馬重胤《しげたね》が奥州行方郡に移り住んでからも野馬追の行事は受け継がれ，現在におよんでいる。

また野馬追は，相馬氏の妙見《みょうけん》信仰とも深く結び付いている。藩政時代は，現在の原町《はらまち》区の南部一帯(雲雀ヶ原《ひばりがはら》)を「妙見神馬の牧」と称して馬を放牧し，その野馬を追い駿馬を捕らえて妙見社に奉納する行事であった。17世紀中頃，相馬忠胤《ただたね》が武田《たけだ》流の兵法を野馬追に応用し，その陣立に従い幕末まで行われてきたが，明治時代以降は，妙見三社(小高《おだか》神社・太田《おおた》神社・中村《なかむら》神社)が主祭する祭礼行事として定着した。

１日目は妙見三社それぞれにおける出陣式(お繰《くり》出し)ののち，原町区の雲雀ヶ原に集合し，競馬などの宵《よい》乗り行事が行われる。

２日目は野馬追祭のハイライトで，甲冑《かっちゅう》騎馬が隊列を組んで原町区内を練り歩くお行列と，雲雀ヶ原で打ち上げられた妙見三社の御神旗を奪いあう神旗争奪戦が行われ，夕刻は小高区での火の祭りとなる。

そして３日目は小高神社で野馬《のま》懸《がけ》の神事が行われる。

鉄製直刀《ちょくとう》・金銅装太刀・鉄製馬具・青銅製腕輪など多数の武具・馬具が出土したことから，被葬者は当地域の首長層に仕えた有力な武人であったと推定される。壁画保存のため，一般公開は毎年４・５月と９・10月の第２日曜日に限られるが，出土品と横穴の原寸大の複製が南相馬市博物館に常設展示されている。

羽山横穴から県道浪江鹿島線に戻り，再び１km南下し太田《おおた》川の沖積低地に出ると，東方の水田の中に小高い杉林がみえる。ここに相馬三妙見の１つ太田神社(祭神天之御中主《あめのみなかぬし》命)がある。1323(元亨《げんこう》

3)年，守護神の妙見尊を奉じて下総《しもうさ》(現，千葉県)から移り住んだ相馬重胤《しげたね》が最初に構えた居館，別所館《べっしょのたて》跡と伝えられている。

さらに南へ2km，鶴谷《つるがい》バス停の東200mに長松寺《ちょうしょうじ》(臨済《りんざい》宗)がある。もとは相馬中村城下にあり相馬中村藩の学問所として知られたが，1871(明治4)年に現在地に移転した。境内にある銅鐘は中村城下から移されたもので，「万治《まんじ》二(1659)年」の銘がある国の重要美術品である。

長松寺から東に200mほどの水田内に小さな祠がある。子鶴明神《こづるみょうじん》といい，行徳《ぎょうとく》老人とツルの恩返しの伝承をもつ。子鶴明神から東に約2km行った江井《えい》地区には，初発《しょはつ》神社のスダジイ樹林(県天然)がある。

小高城跡《おだかじょうあと》 ⑯

〈M►P. 2〉南相馬市小高区小高字古城《ふるじろ》・城下《しろした》・八景前《はっけいまえ》・金《かな》谷前《やまえ》 P

JR常磐線小高駅🚶10分

奥州相馬氏が戦国時代まで拠点とした居城

小高駅から駅前通りを西へ500mほど行き，2つ目の信号を右折すると，小高川に架かる妙見橋がある。この橋の北側にあるのが相馬三妙見の1つ相馬小高神社(祭神天之御中主命《あめのみなかぬしのみこと》)で，境内は奥州相馬氏の居城小高城跡(県史跡)である。

小高城は，下総から行方郡に移住した相馬重胤が，1336(建武《けんむ》3)年，子の光胤《みつたね》に築かせた。一時，牛越《うしごえ》城(原町区)に移ったことはあったものの，1611(慶長《けいちょう》16)年に相馬中村城に移転するまでの約270年間，相馬氏の領国支配の拠点として重要な役割をはたした。南北朝の動乱期には南朝方に陥落されたこともあったが，相馬氏は15～16世紀にかけ，北の黒木《くろき》氏や南の標《しね》葉《は》氏を滅ぼし，また伊達政宗《だてまさむね》との激しい戦いのなかで宇多《うだ》・行方・標葉3郡に支配権を確立した。戦

相馬小高神社(小高城本丸跡)

相馬家墓所(同慶寺)

国大名から近世大名への成長を成し遂げたのは，まさしく小高城を居城とした時期であった。

小高城の城域は東西約160m・南北約130m，河岸段丘の先端を空堀《からぼり》で切断した小規模な平山城《ひらやまじろ》である。小高川の氾濫原に浮かんだ舟のようにみえることから，紅梅山浮舟《こうばいさんうきふね》城とも称される。土塁・空堀などが残り，本丸に小高神社がある。近年，小高神社境内から金箔瓦の破片なども発見され，注目される。

毎年，相馬野馬追祭の最終日の7月25日に行われる野馬懸《がけ》の神事は，小高神社が祭場地となっている。境内に設けられた竹矢来《たけやらい》に騎馬武者が裸馬を追い込み，白装束の御小人《おこびと》が素手でこれを捕らえて神前に奉納する神事で，本来の野馬追の姿が残されているといわれる。

小高神社の拝殿には相馬野馬追額3面(県文化)があり，18世紀頃の野馬追の様子を知ることができる。また，宮司所蔵の大悲山文書《だいひさもんじょ》16通(県文化)は，相馬氏の一族大悲山氏に関する15点の文書であり，中世の重要な史料である。

小高神社のすぐ北側の道を西へ約500m，右折して県道浪江鹿島線を北に200mほど行くと，西側の段丘面に同慶寺《どうけいじ》(曹洞《そうとう》宗)がある。この寺は相馬中村藩主の菩提寺で，本堂の西に歴代藩主とその夫人の墓25基がある。また，隣接する霊屋《おたまや》には藩主や一族の位牌137基のほか，大名家婚礼調度等72点(県文化)のすぐれた漆工芸品などもある。

大悲山《だいひさん》の石仏《せきぶつ》 ⑰

〈M ► P. 2, 33〉南相馬市小高区泉沢《いずみさわ》字薬師前《やくしまえ》・後屋《うしろや》
JR常磐線小高駅🚌浪江《なみえ》行薬師堂🚶5分

平安時代の大規模磨崖仏群

小高駅から県道浪江鹿島線を約2km南下すると，狭い谷部にさしかかる。この付近が，中世に奥州相馬氏の一族大悲山《だいひさ》氏が拠点をおいた泉沢地区である。谷の西端に，樹齢1000年以上と推定される大悲山の大スギ(県天然)がある。

大悲山の薬師堂石仏

大スギの脇の石段をのぼって行くと，薬師堂石仏 附《つけたり》 阿弥陀堂石仏（国史跡）がある。石段をおりて東側から裏手の丘陵に回ると，観音堂石仏（国史跡）がある。3カ所の石仏をあわせて大悲山の石仏と称している。伝承では大同《だいどう》年間(806～810)，高僧徳一《とくいつ》の作とされるが，様式的には平安時代後期の造仏とみられる。

大悲山の石仏は，鮮新世(500～160万年前)の凝灰《ぎょうかい》質砂岩層に彫り込まれた磨崖仏《まがいぶつ》である。中心となる薬師堂石仏は，間口15.3m・高さ5.5m・奥行き5.2mの岩窟の壁面に高肉彫された石仏群で，7体の仏像が現存する。各像は頭部・顔面・手に大きな剝落があるが，線彫りの光背や像の一部に赤や青の色彩が残っており，本来は彩色された仏像群であったと考えられる。中央に3体の如来形坐像，左右に各1体の菩薩形立像と比丘《びく》形立像，東端に1体の如来形立像がおかれている。中央を釈迦《しゃか》如来，その左右を弥勒《みろく》仏とし，東端が薬師如来で，本来は西端にも薬師如来があったとみるのが一般的である。

阿弥陀堂石仏は，単体の石仏であるが，表面が完全に剝落し，現在は体の芯部がかろうじて残るだけである。観音堂石仏は，後窟《うしろいわや》観音ともよばれる高さ約5.5mの千手《せんじゅ》観音坐像1体で，これも剝落が進行し，頭部と千手の一部のみが確認できる。坐像の両側上部の壁面に，薄肉《うすにく》彫のうえ彩色された化仏《けぶつ》坐像が幾つか残されている。

大悲山の石仏は規模や造仏年代からみても全国屈指の磨崖仏であり，相双地域の鎌倉時代以降の磨崖仏制作に大きな影響を与えたと考えられている。なお，大悲山の石仏には盲目の僧玉都《たまいつ》が退治したという大蛇伝説がある。薬師堂石仏の南にみえるのが蛇巻山《じゃまきやま》で，小高区内の耳谷《みみがい》や角部内《つのべうち》は大蛇の耳や角が飛び落ちた場所とされる。

旧井田川浦《いだがわうら》と貝塚 ⑱

〈M ► P. 2, 33〉南相馬市小高区浦尻《うらじり》
JR常磐線桃内《ももうち》駅🚶45分

内湾での漁労活動を物語る貝塚群

桃内駅の東側には，太平洋に続く沖積低地が開けている。ここは宮田《みやた》川流域の低地で，縄文時代前期の海進期には駅の周辺まで内湾が形成されていたと考えられている。国道６号線の東側は，井田川浦の内湾が入り込んでいた地域で，大正時代から昭和時代初期にかけて干拓されるまでは，内湾漁業や製塩が盛んに行われていた。干拓後の1931(昭和６)年，厳しい小作料の減免を求めて大規模な小作争議がおこったのもこの地域である。

旧井田川浦の北側の丘陵に蛯沢稲荷《えびさわいなり》神社(祭神倉《う》稲《がの》魂《みたま》命)があり，ここの蛯沢稲荷神社奉納地引大漁図及び和船模型１面２隻(県文化)は，井田川浦での漁業活動を考えるうえで重要な民俗資料である。また旧井田川浦から出土した井田川浦のまるきぶね１隻(県文化)は，「どろぶね」とよばれた明治時代の丸木舟で，現在は浪江町立幾《き》世《よ》橋《はし》小学校が保管している。

桃内駅の東南にみえる丘陵には宮田貝塚があり，ここから宮田川下流の南側の丘陵には加賀後《かがご》貝塚や浦尻貝塚，浦尻北原《きたはら》貝塚群などの貝塚遺跡が分布している。浦尻貝塚は，縄文時代前期〜晩期の集落跡と貝塚からなり，2006(平成18)年に国の史跡に指定された。縄文時代の井田川浦における内湾性漁労活動を物語る骨角器や，大量の魚骨などが出土している。

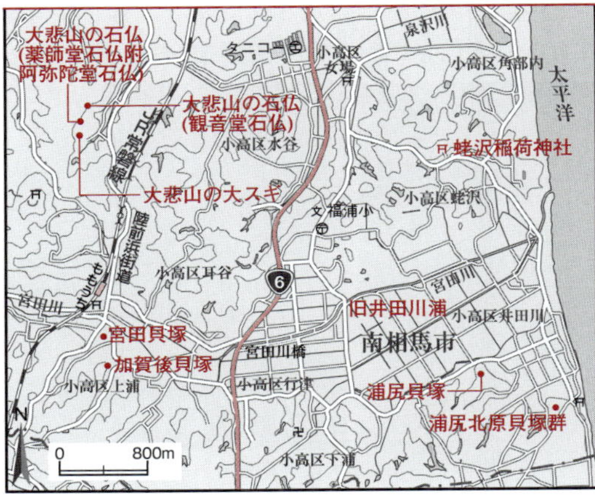

南相馬市小高区の史跡

3 標葉の里——双葉郡

北部は相馬中村藩領の標葉，南部は磐城平藩や幕府領などであった楢葉。

大聖寺《だいしょうじ》 ⑲

0240-35-3325

〈M ► P. 2, 35〉双葉《ふたば》郡浪江《なみえ》町《まち》北《きた》幾世橋《きよはし》字北原《きたはら》6 Ⓟ
JR常磐《じょうばん》線浪江駅🚗5分

元藩主の山荘だった地
相馬氏の祈願所

浪江駅から東へ約2.5km，幾世橋小学校と道路を挟んだ西側の段丘崖の正面に石段があり，石段の両側に樹齢400〜500年のアカガシ樹群(県天然)がみられる。この双葉郡辺りが，照葉樹林のほぼ北限である。

石段をのぼりきると，大聖寺(真言《しんごん》宗)がある。中世，標葉《しねは》郡を支配した標葉氏の保護を受け，真言宗標葉三十三カ寺の本寺だったといわれる。標葉氏滅亡後は，相馬《そうま》氏の祈願所となった。

大聖寺は，もとはこの東約300mの所にあったが，1870(明治３)年に現在地に移った。現在の寺地は，相馬中村藩５代藩主相馬昌胤《まさたね》が，1701(元禄《げんろく》14)年に隠居後，居住した「北原御殿」とよばれる山荘であった。山荘の正門は大聖寺山門に使われ，寺の裏手の杉林には，寿《ことぶき》の池とよばれた池跡が残る。この池の水は天和《てんな》年間(1681〜83)に約８km西方の泉田《いずみだ》川から開堰した立野江《たつのえ》によってもたらされた。立野江は，立野原を開田し幾世橋を灌漑する役割をになった。

山門左手の「宝永《ほうえい》六(1709)年」銘の銅鐘は，昌胤が奉献したもので，国の重要美術品に認定されている。もとは大聖寺移転以前，当地にあった興仁寺《こうにんじ》(浄土《じょうど》宗，相馬市)の梵鐘《ぼんしょう》であった。大聖寺所蔵

大聖寺銅鐘

旧渡部家住宅

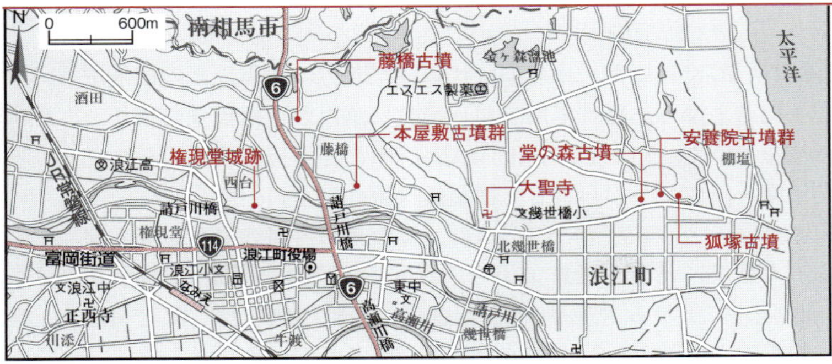

浪江駅周辺の史跡

の紙《し》本《ほん》著《ちゃく》色《しょく》両《りょう》界《かい》種《しゅ》子《じ》曼《まん》陀《だ》羅《ら》2幅(県文化)は，「文明《ぶんめい》六(1474)年」銘があり，鎌倉時代以降の種子曼陀羅として貴重である。境内北側に相馬家墓所があり，昌胤とその2男で8代藩主尊胤《たかたね》らの墓がある。

大聖寺本堂の裏手には，1811(文化《ぶんか》8)年築の旧渡部《わたなべ》家住宅(県文化)がある。これは鮭漁で賑わう泉田川簗場《やなば》近くから移築・復元されたもので，江戸時代後期の地方上層民家の造りをよく示している。

大聖寺の東南約3kmの請戸《うけど》地区では毎年2月第3日曜日に，苕《くさ》野《の》神社の安波《あんば》祭りが行われる。その際，田植《たうえ》踊りが奉納される。

大聖寺の西約1km，国道6号線東側の室原《むろばら》川左岸段丘上に本屋《もとや》敷《しき》古墳群(県史跡)がある。1981(昭和56)年の発掘調査により，前方後方墳・円墳各1基，方墳2基が確認された。主墳の前方後方墳は全長36.5m，4世紀末の築造で，割竹形木棺の底部から管玉《くだたま》・櫛などの副葬品が出土した。現在は未整備のため，見学は難しい。

この段丘上には，ほかにも幾つかの古墳が点在する。本屋敷古墳群の北400mには，未調査の藤橋《ふじはし》古墳がある。前方後円墳または前方後方墳と考えられており，現在，墳丘上に藤橋不《ふ》動尊《どうそん》本堂が立ち，旧暦2月28日は祭礼で賑わう。

大聖寺の東1.5kmほどの所には，全長62mの前方後円墳である堂《どう》の森《もり》古墳，その東約400mに安養院《あんよういん》古墳群，さらに東約200mに狐《きつね》塚《つか》古墳がある。いずれも未調査のため築造年代などは不明確である。

本屋敷古墳群の西700m，室原川北岸の舌《ぜつ》状台地東南端に標葉氏の居城権現堂城跡がある。城跡の西側には空堀《からぼり》があり，ほかの三方は断崖となっている。

鎌倉時代，標葉氏の居館は請戸《うけど》地区の御館《みたて》(本町付近)や大平山《おおひらやま》城

(高瀬川南岸)にあった。南北朝時代以降，北方の相馬氏との抗争が激化したことから，嘉吉《かきつ》年間(1441〜44)に請戸から権現堂に移り，この城を築いた。しかし，1492(明応《めいおう》元)年に相馬氏に攻め入られ，標葉清隆《きよたか》・隆成《たかなり》父子が自害して標葉氏は滅亡した。

川添《かわぞえ》地区の正西寺《しょうさいじ》(浄土真《じょうどしん》宗)は，標葉氏の菩提寺《ぼだいじ》である華光院《けこういん》があった所で，清隆・隆成父子の墓が残る。また高瀬地区の仲禅《ちゅうぜん》寺《じ》(曹洞《そうとう》宗)に伝わる木造十一面観音《じゅういちめんかんのん》坐像の胎内銘には，南北朝時代に標葉氏が南朝方として戦ったことが記されている。

清戸迫横穴墓《きよとさくおうけつぼ》 ⑳

〈M ► P. 2, 36〉双葉郡双葉町新山《しんざん》字清戸迫1
JR常磐線双葉駅🚶12分

横穴墓の1つに武人の装飾壁画

双葉駅から線路沿いの町道を南に300mほど行くと，切通しがある。この両側東西の丘陵が，新山城跡である。鎌倉時代末期，標葉隆連《たかつら》によって築かれたという。現在，西側の東館跡の一部には双葉中学校が，東側の本城跡一部には中央公園がある。

城跡の南約1kmの稲荷《いなり》神社境内には，前田《まえだ》の大スギ(県天然)がある。高さ21m，樹齢1200年といわれている。

大スギから北東に進み，国道288号線を経て県立双葉高校西側の道を南下して前田川を渡ると，迫とよばれる谷状の地形がひろがる。清戸迫には，古墳時代後期に造られた横穴墓が約300基ある。双葉南小学校の裏山中腹には，この清戸迫古墳群中の1基，清戸迫横穴(76号墳，国史跡)がある。

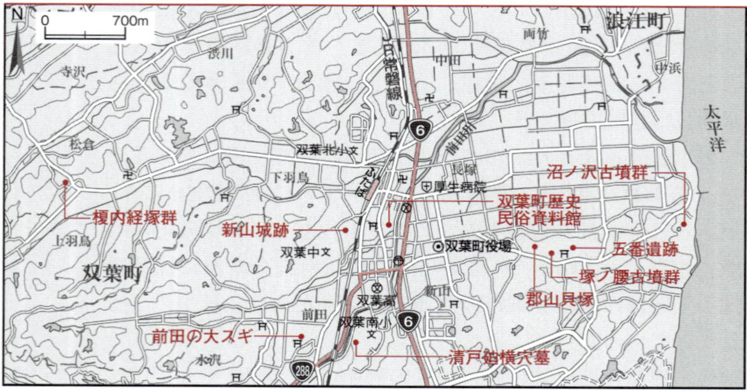

双葉駅周辺の史跡

榎内経塚群

沼ノ沢古墳

清戸廹横穴墓は，1967(昭和42)年，小学校の造成工事にともなう調査により，玄室《げんしつ》奥壁にベンガラで描かれた壁画が発見された。左七回りの渦巻文を中心に，左右に冠帽を被った立像人物，向かって右の立像人物の脇に冠帽を被った騎馬人物，向かって左の立像人物の脇に獲物をねらって弓を構える人物，渦巻文の下にシカ・イヌなどの動物５匹。彩色も鮮明で，当時の狩猟の様子を彷彿《ほうふつ》とさせる。同じような構図をもつ壁画は，南《みなみ》相馬市原町《はらまち》区の羽山横穴《はやまよこあな》にもみられる。

双葉駅の西方約２km，上羽鳥《かみはとり》地区の石森《いしもり》山頂(60m)に榎内経《えのきうちきょう》塚《づか》群がある。12世紀末に築かれたもので，かつて経筒・白磁などが発見されたが散逸した。発掘調査後，３つの塚が復元されている。

双葉駅から東に約３kmの海岸台地，郡山《こおりやま》地区の正八幡《しょうはちまん》神社東側２カ所が掘立柱建物跡14棟，掘込み地業《ちぎょう》遺構１基などが確認された五番《ごばん》遺跡である。８世紀の標葉郡衙跡と考えられている。また，正八幡神社の西側には，縄文時代前期の郡山貝塚と塚ノ腰《つかのこし》古墳群がある。

廃寺跡の東約500m，郡山海水浴場の南側丘陵上に沼ノ沢《ぬまのさわ》古墳群があった。1955(昭和30)年に前方後円墳１基・円墳５基が確認されたが，海岸浸食で破壊され，現在は３号墳を残すのみである。５・７号墳は胴張横穴《どうばりよこあな》式石室《せきしつ》をもつことが特徴であった。

双葉駅の南東300m，町民グラウンドの一角に，双葉町歴史民俗資料館がある。清戸廹横穴墓の原寸大模型や榎内経塚の出土品などが展示されている。

熊町《くままち》はなどり地蔵《じぞう》 ㉑

〈M ► P. 2〉双葉郡大熊町《おおくままち》熊《くま》字熊町《くままち》
JR常磐線大野《おおの》駅🚗10分

鼻取り作業を手伝った子どもの正体は……

大野駅から南東に約 4 km，国道 6 号線を挟んで東西に熊町集落がある。『常陸国《ひたちのくに》風土記《ふどき》』多珂《たか》郡条にみえる苦麻之村《くまのむら》である。653(白雉《はくち》 4)年以前は陸奥《むつ》国の北限だったが，同年以降は常陸国の北限となり，集落北側を東西に流れる熊川が陸奥国との境をなした。江戸時代は相馬中村《なかむら》藩領の南端にあたり，藩境警備の境目付検断所がおかれた浜《はま》街道の宿駅(熊川宿)となった。戊辰《ぼしん》戦争(1868年)の際は，官軍と相馬中村藩の戦闘が行われた。

国道6号線の東側，熊町郵便局のすぐ北東，初発《しょはつ》神社(祭神天之御《あめのみ》中主神《なかぬしのかみ》)境内にはなどり地蔵堂がある。この地蔵は高さ63cmの半跏坐像で，つぎのような言い伝えがある。子のない老夫婦が田植えの準備で代掻《しろか》きをしていると，見慣れない男の子どもがあらわれ老婆にかわってウシの鼻取り(鼻綱を取って誘導すること)を手伝った。手伝い終えて立ち去る子どもの後をそっと追って行くと，地蔵堂に入る姿がみえた。中を覗《のぞ》くと，地蔵の膝から下は泥まみれになっており，子どもは地蔵の化身であることがわかった。以後，村人はこの地蔵を「はなどり地蔵」とよび，篤く信仰するようになった。

はなどり地蔵の北約600m，国道 6 号線のすぐ東側には浜街道の道跡があり，両脇に熊町一里塚《いちりづか》 1 対が残っている。さらに北に約 4 km，県道いわき浪江線西側に五郎四郎《ごろうしろう》一里塚 1 基も残っている。浜街道の一里塚は，これらのほか，富岡町《とみおかまち》に新田町《しんでんまち》一里塚 1 基・清《し》水《みず》一里塚 1 基・楢葉《ならは》町《まち》に井出《いで》一里塚 1 対が現存する。

清水一里塚

大野駅東口から南へ約200m行くと，大熊町図書館・民俗伝承館がある。昭和時代初期の人びとの暮らしを再現した民家や民具，大熊町内から出土した縄文時代から古墳時代の考古資料などが展示されている。

麓山神社《はやまじんじゃ》 ㉒

〈M ► P. 2〉双葉郡富岡町上手岡《かみておか》字麓山
JR常磐線夜ノ森《よのもり》駅🚗5分

ハヤマ信仰の山

夜ノ森駅の東約500m，国道6号線へ至る県道25号線沿いには夜の森公園の桜並木が続く。1900(明治33)年，荒野であった当地の開拓のため入植した篤農家半谷清寿《はんがいせいじゅ》が，自宅周辺に約300本のソメイヨシノを植えたのが桜並木の由来である。現在，公園の周辺に1000本のサクラが植樹されており，4月中旬は花見の人びとで賑わう。

夜ノ森駅の北側，県道小野富岡線を西に約3km行くと，右手前方に典型的なハヤマである麓山(232m)がみえてくる。「ハヤマ」とは，人里に近い山を意味する。本山(奥山)に対する「端山」で，祖霊が宿る山とされ，農作神としても信仰されてきた。奥羽《おうう》地方に多くみられる信仰で，羽山・葉山などの字もあてられる。

麓山は，古くは麓山権現《ごんげん》ともよばれ，出羽《でわ》三山との関連も考えられる修験《しゅげん》の山であり，女性の入山は禁じられていた。山頂の権現社は，明治時代初期の神仏分離令によって，山頂の山宮，山麓の里宮からなる麓山神社(祭神麓山《はやま》祇命《つみのみこと》)となった。毎年8月15日の例祭の夜には，300年以上続いている豊作祈願の火祭りが行われる。

麓山(右側)

平伏沼《へぶすぬま》 ㉓

0240-38-2076(阿武隈民芸館)

〈M ► P. 2, 41〉双葉郡川内村上《かわうちむらかみ》川内字平伏森《もり》
JR常磐線富岡駅🚌川内行町分🚗20分，または磐越《ばんえつ》自動車道船引《ふねひき》三春《みはる》IC🚗40分

樹上に産卵するモリアオガエルの沼

麓山南麓の県道36号小野富岡線を西へ約15km，途中で国道399号線に入りさらに西へ4kmほど行くと，川内村上川内集落に至る。国道の左手にある村役場を過ぎて約1km進むと「爆心地」の石碑がある。1945(昭和20)年8月10日，福島県中通りを襲った米・英軍

「爆心地」の石碑

の艦載機が，帰艦途中に山間のこの集落に残余の爆弾を落とし，石碑付近の民家18戸と駐在所が焼失，村民3人が死亡した。同日，隣の都路《みやこじ》村《むら》でも農作業中の男性が爆弾を投下され，死亡している。この石碑は，1966年に恒久平和を願う村民らによって建てられた。

村役場の北西800mの所に天山《てんざん》文庫とあぶくま民芸館がある。天山文庫は，詩人草野心平《くさのしんぺい》と川内村の村民との交流の場として建てられた山荘である。交流は，蛙の詩でも知られる草野がモリアオガエルの生息地である川内村を訪れたいと新聞に随筆を発表したことに端を発する。山荘には草野の旧蔵書・遺品などが保存されている。あぶくま民芸館には，民俗関係資料が常時展示されている。

天山文庫から東へ戻り国道399号線に出て北に約750m，1440(永《えい》享《きょう》12)年創建の長福寺《ちょうふくじ》(曹洞《そうとう》宗)を東南にみる地点から西側の山腹を登ると，虚空蔵堂《こくうぞうどう》がある。長福寺の当初の本尊虚空蔵菩薩《ぼさつ》坐像(県文化)がまつられている。像は手指・持物などに欠損もみられるが，「庚永《こうえい》三かのえさる(1334)二月筑前法橋《ちくぜんほうきょう》銓□」の墨書銘がある。脇《わき》侍《じ》の持国天《じこくてん》・多聞《たもん》天とともにヒノキの一木造《いちぼくづくり》である。

天山文庫

天山文庫から南西に県道36号線を約3km進むと案内標識があり，林道を約6km行くと，平伏沼モリアオガエル繁殖地(国天然)に着く。モリアオガエルは山地の湖沼周辺に棲《す》み，樹上産卵の習性をも

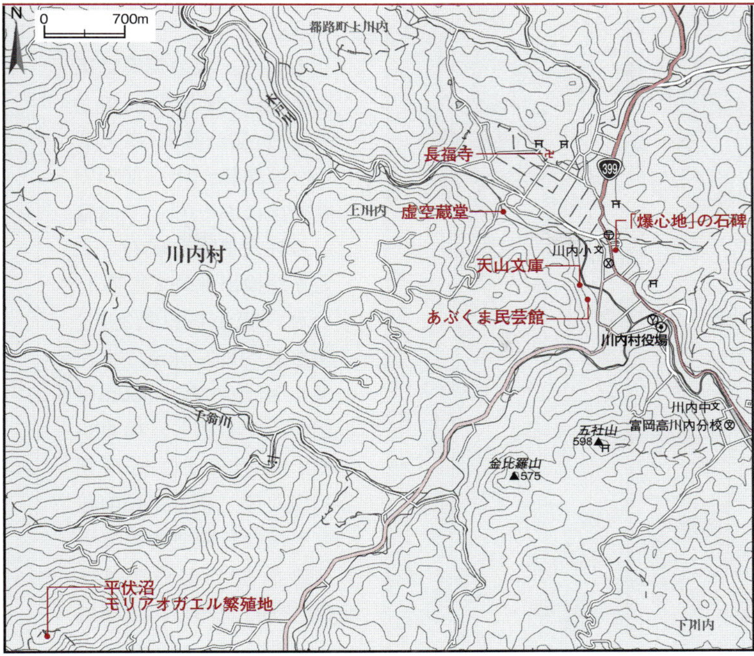

つ体長8cm前後の日本固有種のカエルである。毎年6月以降の蒸し暑い日，平伏沼畔《ほとり》のミズナラなどの枝に白い泡状の卵を産む。約2週間後，孵化《ふか》したオタマジャクシは，沼で成長し1カ月ほどで成体となり，森林で生活を始める。

川内村内4地区に保存されている三匹獅子舞《ししまい》(県民俗)は，延宝《えんぽう》年間(1673〜81)に伝えられたものだという。村の3カ所にある諏訪《すわ》神社の春秋の例祭(5月5日・9月15日)などで奉納される。

天神原遺跡《てんじんばらいせき》 ㉔

0240-25-2492(楢葉町歴史資料館)

〈M ► P. 2, 42〉双葉郡楢葉町北田《ならはまちきただ》字天神原1
JR常磐線木戸《きど》駅🚶10分

東日本最大規模弥生時代中期の墳墓群

木戸駅から南方に約1km行くと，東側の台地に楢葉城跡がある。平安時代末期，桓武平氏《かんむへいし》の岩城成衡《いわきなりひら》と奥州藤原氏初代清衡《きよひら》の養女徳《とく》姫《ひめ》との間に生まれた隆祐《たかすけ》が，楢葉郡を得て楢葉氏を称し，当地に居館を構えたのがこの城の始まりと伝える。以後，楢葉氏が当地方に勢力を保っていたが，1474(文明《ぶんめい》6)年に岩城氏の領するところとなった。戦国時代には，当城を拠点に岩城氏と北の相馬氏が争奪を繰

楢葉町から広野町の史跡

り返した。城の規模は東西600m・南北300mで，最高所(50m前後)にある４つの曲輪が中心部の内城地区にあたり，Ⅰ曲輪から柱穴遺構，礎石，犬走りが検出されている。

木戸駅から県道391号線を北へ約1.5km，木戸川を越えさらに300mほどの所で右折し，南東へ約１km行くと，木戸川河口左岸，標高40m前後の平坦な丘陵先端に，天《てん》神山館《じんやまたて》跡と天神原遺跡(県史跡)がある。現在は天神岬スポーツ公園になっている。

天神山館は，その歴史を明らかにする史料はないが，現在も土塁《どるい》・空堀跡が確認できる。形態・立地などから，戦国時代末期に楢葉城とともに戦略上重要な意義をもった館と考えられる。

天神原遺跡は，東日本最大規模の弥生時代中期の墳墓群で，1979(昭和54)年までの調査で土壙《どこう》墓48基・土器棺《どきかん》墓33基が発見された。遺体を直接埋葬する土壙墓と合蓋《あわせぶた》土器棺墓が共存してみられる点で注目されており，また「天神原式」とよばれる土器形式の標準遺跡として知られている。合蓋土器棺などの出土品(磐城楢葉天神原遺跡出土品，国重文)は，遺跡の北西約２km，国道６号線沿いの楢

天神原遺跡

葉町コミュニティセンター内の楢葉町歴史資料館で見学できる。

木戸川に沿って上流に約8km遡《さかのぼ》ると，渓谷の雄《お》滝《だき》・雌《め》滝を奥宮とするという古い信仰の形を残す大滝《おおたき》神社(祭神伊弉冉尊《いざなみのみこと》)がある。毎年4月第2日曜日に行われる潮垢離《しおごり》の神事を中心に，5日間にわたって熊野《くまの》信仰に由来する浜下《はまお》り神事(県民俗)が行われる。

歴史資料館から国道6号線を約1.5km南下，JR線の線路と並走する手前を右折し西へ1km行った上小塙《かみこばな》地区には，木戸八幡《はちまん》神社がある。1186(文治2)年楢葉隆祐が宇佐《うさ》八幡宮(大分県宇佐市)を勧《かん》請《じょう》したものと伝え，本殿は1665(寛文《かんぶん》5)年に近隣の小山地区移転・再建されたものである。

成徳寺《じょうとくじ》 ㉕

0240-27-3608

〈M ► P. 2, 42〉双葉郡広野《ひろの》町《まち》折木《おりき》字舘《たて》331
JR常磐線広野駅🚗10分

浄土宗名越派の古刹に鎌倉仏

「いまは山中，いまは浜」で始まる小学唱歌「汽車」の歌碑が，広野駅構内にある。歌詞最後の「広野原」は，広野町一帯を指すといわれている。仙台平野から続く双葉断層は広野町付近で最南端に達し，海岸線に山がせり出したような地形となる。車窓からは，山中・浜・鉄橋・トンネルと連続する歌詞さながらの景色を楽しめる。

広野駅の南西約1km，国道6号線西側の小高い山が高倉山《たかくらやま》(122m)である。戦国時代に楢葉郡を支配した猪狩隆清《いがりたかきよ》が高倉城を築いた山であり，同氏にまつわるさまざまな伝説が残る。中腹に多くの曲輪跡や空堀・土塁などの防御施設が残り，頂上に展望台がある。

高倉山の南を流れる折木川を越えた丘陵に，成徳寺(浄土宗)がある。1330(元徳《げんとく》2)年に創建された，いわき市の専称寺《せんしょうじ》の末寺である。本堂の阿弥陀三尊《あみださんぞん》像などに古刹《こさつ》の面影を偲ぶことができる。庫裏《くり》におかれた寄木《よせぎ》造の阿弥陀如来坐像(県文化)は，鎌倉時代初期の作と伝えられ，ほとんど欠損がなく文化財としての価値が高い。

広野駅から県道356号線を北に約１km行くと三差路の中央に北迫《きたば》地蔵がある。1782(天明《てんめい》２)〜84年の天明の大飢饉の餓死者を供養《くよう》し，人心の平穏を祈願するために1784年に造立された。今でも毎年８月24日に地蔵講が開かれ，供養が続けられている。

成徳寺木造阿弥陀如来坐像

北迫地蔵

地蔵の脇に「島田帯刀《しまだたてわき》尊公」と刻まれた石碑がある。島田帯刀(八五《はちご》郎正富《ろうまさとみ》)父子は，1822(文政《ぶんせい》５)〜53(嘉永《かえい》６)年，小名浜代官職にあり，1747(延享《えんきょう》４)年以降，幕府直轄領となった楢葉郡を支配した。この碑は，1833(天保《てんぽう》４)〜39年の天保の大飢饉に際し，島田帯刀が独断で年貢《ねんぐ》上納の延期を認め，貯穀蔵の年貢米を救助米として放出し窮民を救済した善政を顕彰し，1846(弘化《こうか》３)年に建立したものである。当時，島田代官支配下にあった近隣地域にも，同様の石碑が十数基現存している。

県道356号線から国道６号線に出ると，西側に楢葉八幡神社(祭神品《ほん》陀別《だわけ》尊)がある。源《みなもとの》　頼義《よりよし》・義家《よしいえ》父子が，安倍貞任《あべのさだとう》を討った前九年合戦《ぜんくねんがっせん》(1051〜62年)に際し，武運長久を祈り，京都の石清水《いわしみず》八幡神社から勧請したと伝えられている。奥州征討にあたる道筋に，鎌倉の元八幡社から５里《り》(約20km)ごとに建てられた，五里八幡の１つである。

国道６号線をさらに約1.5km北上すると，二ツ沼《ふたつぬま》がある。『万葉集《まんようしゅう》』巻十四の相聞歌《そうもんか》「沼二つ　通《かよ》は鳥が巣　我が心　二行《ふたゆ》くなもと　なよ思《も》

コラム

相馬駒焼きと大堀相馬焼き

産

浜《はま》通り北部の伝統工芸に，相馬《そうま》市中村《なかむら》の田代《たしろ》家に伝わる**相馬駒《こま》焼き**と，浪江町大堀《なみえまちおおぼり》地区の24軒の窯元が生産にあたっている**大堀相馬焼き**がある。青磁に細かな亀裂を刻む青ひび(貫入《かんにゅう》)と馬が美しく力強く走る「走り駒」の意匠が両者に共通することから，相馬焼きと通称され混同されやすいが，前者は卵黄色の薄釉《うすゆう》を用い砂焼ともよばれ軽く，後者は青磁《せいじ》釉を始め飴釉などを用いどっしりとしている。

相馬駒焼きは，相馬中村藩初代藩主相馬利胤《としたね》の命により1648(慶《けい》安《あん》元)年に開窯したといわれる。藩の御用窯《ごようがま》として，江戸時代は一般庶民への販売は禁じられていた。代々田代家が継承し，15代田代清《せい》治右衛門《じえもん》は2011(平成23)年に死去し，現在は後継者なし。同家に伝わる**田代駒焼き登り窯**(県民俗)は，荒砥石《あらといし》を積み上げた7段の窯である。

大堀相馬焼きは，元禄《げんろく》年間(1688～1704)に開窯し，日用品を生産した民窯であった。藩の保護を受け，幕末には100軒を超える窯元があったという。明治時代以降，衰退していたが，現在は国の伝統工芸品として認められ，大堀地区西端の**物産会館「陶芸の杜《もり》おおぼり」**(現在立入り不可)を拠点に，伝統技術の継承と改良に取り組んでいる。

はりそね」は，当地を詠んだものと考証され，沼の畔に歌碑が立つ。

4 恐竜の里から古代磐城郡へ

いわき北部の大久川流域に中生代を，仁井田川流域や夏井川下流域に磐城の古代文化をたどる。

フタバサウルス・スズキィの発見

いわき市アンモナイトセンター ㉖

0246-82-4468

〈M ► P. 2, 48〉 いわき市大久町《おおひさまち》大久字鶴房《つるぼう》147-2 P

JR 常磐《じょうばん》線久之浜《ひさのはま》駅 🚗15分

常磐自動車道いわき四倉ICをおり，県道いわき浪江《なみえ》線を 6 kmほど北上すると久之浜第二小学校前の信号に出る。左折し，北西へ約600mの所でさらに左折して600m行くと，いわき市アンモナイトセンターがある。センターの建物は中生代白亜紀双葉《はくあきふたば》層群上に立っており，地層に埋まったままの化石が観察できる珍しい博物館である。第 2 土曜日・第 4 日曜日の午前中には発掘体験ができる。

久之浜第二小学校前の信号の所まで戻って東南に1.2km行くと大久川の左岸に「フタバスズキリュウの発見地」の表示板が立っている。この首長竜は，1968(昭和43)年，当時高校生の鈴木《すずき》直《ただし》が発見し，国立科学博物館(東京都台東《たいとう》区)でほぼ揃った骨格を発掘・復元した。体長6.5m，前肢を広げると幅 3 mにもおよぶ海生爬《は》虫《ちゅう》類の発見は，日本に大型爬虫類の化石は出ないという定説を覆して「化石発掘ブーム」を引きおこした。それから38年後の2006(平成18)年，首長竜エラスモサウルス類の新種として認められ，発見者と発見された地層の名からフタバサウルス・スズキィの学名が付された。大久川はこの辺りから600m先の海竜の里センターにかけて，護岸のコンクリートを部分的に撤去してある。地層観察のためで，下層は首長竜，巨大アンモナイトが生息した中生代白亜紀双葉層群玉山《たまやま》層(8000

化石の発掘体験(いわき市アンモナイトセンター)

万年前)，上層は常磐炭田の石炭が形成された新生代白水《しらみず》層群石城《いわき》層(3500万年前)である。

大久川は化石の宝庫で，近くの筒木原《どうぎばら》地区の双葉層群から，1970年に直径85cmの巨大アンモナイトも発見された。現在，フタバサウルス・スズキィの骨格標本複製(実物は国立科学博物館蔵)と巨大アンモナイトの化石は，いわき市石炭・化石館でみることができる。

波立薬師《はったちやくし》 ㉗

0246-82-2820

〈M ► P. 2, 48〉いわき市久之浜町田之網《たのあみ》字横内《よこうち》 P
JR常磐線久之浜駅🚗4分

初日の出の名所波立海岸と樹叢

久之浜駅から国道6号線を約2km南下すると，波立海岸に至る。弁天島《べんてんじま》には弁財天《べんざいてん》がまつられており，島から見下ろす鰐ガ淵《わにがふち》は怒濤《どとう》が逆巻き，人喰鮫《ひとくいざめ》の伝説を髣髴《ほうふつ》とさせる。弁天島は新生代白水層群石城層が浸食されてできた岩礁で，岩質の硬度の違いにより，ストンラティス(格子窓状に穴の空いた石)やノジュール(丸い団塊)を形成している。石城層から剥離した礫《れき》岩は波に磨かれ玉砂利となって打ち上げられ，海岸を覆っている。

波立海岸に沿って走る国道6号線の西に，806(大同《だいどう》元)年に徳一《とくいつ》開基と伝えられる医王山《いおうさん》波立寺《はりゅうじ》(臨済《りんざい》宗)がある。波立薬師の名で親しまれ，閼伽井嶽《あかいだけ》薬師(平《たいら》赤井)・八茎《やぐき》薬師(四倉《よつくら》町，焼失し現存せず)とともに磐城《いわき》三薬師と称された。波立薬師はとくに眼病に利益があるとされるが，波立海岸の美しい玉砂利をもち帰ると目を患うと言い伝えられている。

波立寺とその周辺の岬一帯の樹叢(波立海岸の樹叢，県天然)はヤブツバキとトベラが群生する照葉樹林で，スダジイ・ヤツデ・マルバグミ・ツワブキの太平洋岸の北限地としても知られる。

波に洗われる弁天島

久之浜から四倉にかけては，磐城平《たいら》藩主内藤政樹《ないとうまさき》が日向延岡《ひゅうがのべおか》(現，宮崎県延岡市)へ転封となった1747(延享《えんきょう》4)年以降，幕府直

轄領に編入された。波立寺のすぐ南側，江之網《えのあみ》にある2つのトンネル付近は，久之浜・四倉とともにかつての年貢米の積出港であり，天然の良港の趣を残す。

久之浜駅北隣の末続《すえつぎ》駅前に「縣令島田《しまだ》君碑」（堕涙《だるい》の碑）がある。天保《てんぽう》の飢饉(1833〜39年)のさなか，小名浜《おなはま》代官になった島田帯刀《たてわき》(八五郎正富《はちごろうまさとみ》)は，1836(天保7)年，餓死寸前の領民のために独断で年貢の上納延期を認め，貯穀蔵を開き年貢米を救助にあてた。この碑は帯刀の善政を顕彰するため，1846(弘化《こうか》3)年に建立された。同様の碑は，同じく幕府領であった楢原町北田《きただ》・双葉《ふたば》郡広野町《ひろのまち》にも残されている。

妙見堂《みょうけんどう》 ㉘

〈M ► P. 2, 48〉いわき市四倉町西3-13-1
JR常磐線四倉駅 徒歩 7分

千葉氏一族の勢力を偲ぶ妙見尊

四倉駅から線路に沿って東へ500mほど行くと，妙見堂がある。毎年1月8日の大祭には，堂内にまつられている鎌倉時代末期作の木造妙見尊《みょうけんそん》立像(県文化)が開帳され，参道はだるま市や籠などの出店で賑わう。この妙見尊は，鎌倉時代末期に下総《しもうさ》(現，千葉県)から陸奥へ移住した相馬氏が1379(康暦《こうりゃく》元)年に創建した妙見寺に，相馬・大須賀《おおすが》両氏の護身尊としてもたらされたものである。明治時代に妙見寺が廃寺となり，現在の妙見堂に安置された。像は右手に宝剣，左手に蛇をもった童子形である。

当地の領主であった大須賀氏は，相馬氏とともに，好嶋荘預所職《よしまのしょうあずかりどころしき》千葉《ちば》常胤《つねたね》の庶流である。桓武平氏《かんむへいし》を始祖と称する千葉氏が，北斗七星の主星を妙見尊(妙見菩薩《ぼさつ》)として崇拝したところから，旧相馬領の相双《そうそう》地方には妙見社が広くみられるが，いわき市では当社と平下神谷《たいらしもかべや》妙見神社が知られる。

薬王寺《やくおうじ》 ㉙

0246-33-2166

〈M ► P. 2, 48〉いわき市四倉町薬王寺字花輪《はなわ》74 Ⓟ
JR常磐線四倉駅 車 10分

国重文を有する真言宗の名刹

常磐自動車道いわき四倉ICから，1kmほど南下して県道四倉小川《おがわ》線に入り，西へ約3km行くと，薬王寺(真言《しんごん》宗)がある。806(大同元)年に徳一が創建した八茎薬師の別当寺《べっとうじ》として，鎌倉時代末には真言律《りっ》宗の名刹となった。火災により衰退したが，1446(文安《ぶんあん》3)年，岩城隆忠《いわきたかただ》が下総から恵日寺に入った鏡祐《きょうゆう》を迎え，真言宗の祈願《きがん》所・道場として再興した。最盛期には堂塔48宇・末寺162カ寺を有し，50石《こく》の朱印地を与えられた大檀林《だいだんりん》であった。しかし，戊辰《ぼしん》戦争(1868年)の際，磐城平藩兵に火をかけられ，堂塔・仏像・仏具の多くが焼失した。

山門を入ると参道両側に十数基の板石塔婆《いたいしとうば》(板碑《いたび》)が立ち並び，樹林に覆われた百数段の石段が続く。境内の板碑は周辺の土中や川から集められたもので，真言系の1285(弘安《こうあん》8)年から禅宗系の1377(永和《えいわ》3)年までの計58基を数える。参道右の「正応《しょうおう》三(1290)年」銘のものなど数基を除いては，風雨にさらされ磨耗し，銘文・種子《しゅじ》は判読しがたくなっている。なお，いわき市最古の板碑は，四倉町

薬王寺木造文殊菩薩騎獅像

八茎紫竹《やぐきしちく》にある胎蔵界大日《たいぞうかいだいにち》如来種子の刻まれた「建長《けんちょう》四(1254)年」銘のものである。

寺宝には，木造文殊《もんじゅ》菩薩騎獅《きし》像・絹本著色《けんぽんちゃくしょく》弥勒《みろく》菩薩像・厨子入《ずしいり》金銅宝篋印舎利塔《ほうきょういんしゃりとう》(いずれも国重文)などがある。文殊菩薩像は像高108.8cm，鎌倉時代後期の作で玉《ぎょく》眼《がん》が施されている。弥勒菩薩像と舎利塔は，いずれも鎌倉時代後期の作である。

薬王寺の東約2kmにある恵日寺《えにちじ》(真言宗)は，大同年間(806～810)に筑波から磐城を訪れた徳一が布教の拠点としたとされる。また，のちに平将門《たいらのまさかど》の娘瀧夜叉姫《たきやしゃひめ》が逃れて庵を結んだとも伝えられる。本尊の木造阿弥陀《あみだ》如来立像(県文化)は，「文永《ぶんえい》元(1264)年」銘をもち，在銘仏像としては市内最古である。

長隆寺《ちょうりゅうじ》 ㉚

0246-33-2510

〈M ► P. 2, 48〉いわき市四倉町長友《ながとも》字大宮《おおみや》218 Ⓟ

JR常磐線四倉駅🚗8分

鎌倉時代の岩城氏の館跡
国重文の木造地蔵菩薩

阿武隈《あぶくま》山系を水源とする仁井田《にいだ》川は，高倉山東麓の玉山鉱泉の奥から流れ出る玉山川と恵日寺の東約1kmの地点で合流し，玉造《たまつくり》川ともよばれる。この流域が古代の磐城郡玉造郷である。

仁井田川左岸の丘陵上には古墳群，丘陵斜面には多くの横穴群があることが知られている。恵日寺の東約500m，金光寺《こんこうじ》の墓地裏手には玉山《たまやま》1号古墳(県史跡)がある。2006(平成18)年の調査により，後円部を東に向けた全長約118mの前方後円墳で，東北地方で3番目に大きな古墳であることが明らかになった。出土した土器から，4世紀後半の築造と推定されている。

仁井田川右岸の戸田《とだ》地区は，条里《じょうり》型地割の面影を残している。1988(昭和63)年圃場整備にともなう発掘調査では，弥生時代中期の水田跡も発見され，現在の大畦畔《おおくろあぜ》が平安時代の条里型地割を継承していることが確認された。

中世にかけて成立した好嶋荘東《ひがし》荘は，現在の四倉町からさらに

長隆寺木造地蔵菩薩立像

北の久之浜町・大久町までを荘域とした。千葉常胤から預所職を継いだ大須賀氏は，荒地の開発を進め，四倉から南の神谷《かべや》までを領して成長し，一方，平安時代以来の在地豪族岩城氏一族は，富田《とだ》(戸田)・田富《たど》(田戸)・八立《はったち》(波立)の村地頭《むらじとう》として勢力を強めた。

常磐自動車道いわき四倉ICをおりてすぐ県道いわき浪江線に入り，約1.5km南下して右折し，農道を西に向かうと長隆寺(真言宗)がある。当寺は，1347(貞和《じょうわ》3)年に岩城長隆《ながたか》によって創建された。門前を流れる小川江筋《おがわえすじ》を越えて階段をあがると，本堂左側に朱塗りの堂があり，像高176.5cmの木造地蔵《じぞう》菩薩立像(国重文)がまつられている。蓮華座《れんげざ》に立ち，右手に錫杖《しゃくじょう》，左手に宝珠《ほうじゅ》を掲げもった優しい表情の像で，鼻取り地蔵の伝説があり南北朝時代の作と推定される。

本堂裏の墓地から山にかけては土塁《どるい》や空堀《からぼり》が残るが，これは鎌倉時代に岩城惣領家が本拠をおいた長友館跡《ながともたて》とされる。15世紀初め，岩城惣領家は平南白土《みなみしらど》の岩城隆忠に移る。隆忠は白土城から県南の白川《しらかわ》氏や石川《いしかわ》氏を巻き込んで同族の内紛に介入して，磐城地方の統一を開始，岩城郡主を名乗った。

夏井廃寺塔跡《なついはいじとうあと》 ㉛

古代磐城郡衙と付属寺院跡

〈M ► P. 2, 53〉いわき市平下大越《たいらしもおおごえ》字石田《いしだ》
JR常磐線・磐越東《ばんえつとう》線いわき駅🚌夏井西原《にしはら》行細田《ほそだ》🚶25分

いわき市平の北を流れる夏井川と南を流れる滑津《なめつ》川は，阿武隈山地から東に延びる丘陵をぬって太平洋にそそぐ。この2河川によって形成された沖積地平野一帯が，古代の石城国(718〈養老2〉～728年)および磐城郡の中心地であった。

細田バス停から西へ向かって300mほど行くと水田の中に夏井廃寺塔跡がある。夏井廃寺は，南東300mにある磐城郡衙《ぐんが》(根岸《ねぎし》遺跡)に付属する寺院であったとみられ，2005(平成17)年，両遺跡は根岸官衙《かんが》遺跡群として国史跡に指定された。塔跡は，平面積$30m^2$・高さ2mの版築基壇《はんちくきだん》上に，花崗岩《かこうがん》の円形礎石《そせき》1個が確認できる。この

夏井廃寺塔跡

塔跡の西側と北側にも建物2棟の礎石跡があり，これら3棟の周囲を堀がめぐっていたことが判明している。出土した複《ふく》弁六葉蓮華文《べんろくようれんげもん》・複弁八葉《はちよう》蓮華文などの軒《のき》丸瓦《まるがわら》，これと対になる重弧文《じゅうこもん》・均整唐草文《からくさもん》の平瓦《ひらがわら》は，7世紀末から8世紀前半のもので，根岸遺跡出土瓦と共通する。小川町梅ガ《うめが》作《さく》(『延喜式《えんぎしき》』神名帳《じんみょうちょう》所載の磐城郡小社七座の1つ，二俣《ふたまた》神社地内)で製造され，夏井川を舟で運ばれて，六十枚《ろくじゅうまい》橋付近で陸揚げされたと考えられている。

長者平《ちょうじゃだいら》丘陵上の根岸遺跡では，30本の柱をもつ正倉《しょうそう》跡や郡庁《ぐんちょう》院《いん》跡が確認されている。『続日本紀《しょくにほんぎ》』天平神護《てんぴょうじんご》2(766)年の記事には，「陸奥国磐城・宮城二郡の稲穀一萬六千四百餘斛《こく》を以《もっ》て貧民に賑給す」とあり，この正倉の稲穀が使われたと推測される。同書の神護景雲《じんごけいうん》3(769)年には磐城郡司が磐城臣《おみ》姓を賜ったことがみえ，『続日本後紀《しょくにほんこうき》』承和《じょうわ》7(840)年には磐城臣雄公《おきみ》が橋を架け堰《せき》を造り，「官舎正倉一百九十宇」を修築して，貴族並みの外従五位以下に叙せられたことが記される。

中田横穴《なかだよこあな》 ㉜

〈M ► P. 2, 53〉いわき市平沼ノ内《たいらぬまのうち》字中田
JR常磐線・磐越東線いわき駅🚌夏井経由西原行代之下《だいのした》🚶5分

朱と白の三角文様の中田横穴と天冠埴輪

いわき駅から南へ400mほどで国道6号線に出る。東へ約700mで右折し，県道下高久谷川瀬線を南東へ約6.5km行くと，滑津川左岸の丘陵先端，金古堤《かなこづつみ》の南側に高久の古館《こだて》(県史跡)があり，土塁・帯曲輪《おびぐるわ》が残る。菅波《すがなみ》の大国魂《おおくにたま》神社に伝わる国魂文書《くにたまもんじょ》所載「岩城国魂系図」では，初代忠衡《ただひら》の肩書に「高久三郎《さぶろう》」とあることから，岩城氏が当地を拠点に，古代の国造《くにのみやつこ》の裔である磐城氏一族の勢力をしだいに制していったことが推測される。

高久の古館から海岸を臨むと，北から牛転《うしころばし》古墳群・八幡《やあど》横穴墓群・腰巻《こしまき》横穴墓群・神谷作《かみやさく》古墳群・中田横穴へと続く。いわき市の

代表的な古墳が密集しており，古代この地を治めた国造の勢力の大きさがうかがえる。

高久の古館から県道下高久谷川瀬線を東へ約1.5km行き右折し，さらに県道小名浜四倉線を約2.5km南下すると中田横穴(国史跡)がある。代之下バス停からは南へ300mほどである。中田横穴は1978(昭和53)年に県道改良工事で偶然に発見された，6世紀末築造の横穴墓である。前室と奥室をもち，奥室壁まで6.67m，奥室幅2.29m。奥室の四壁には朱と白の連続三角文様が，描かれている。わが国最大という金銅製馬鈴《ばれい》などの馬具169点，装身具385点，武具747点におよぶ豊富な副葬品が出土し，これらはいわき市考古資料館に展示されている。また中田横穴は，毎年5～10月第2日曜日の13～15時に一般公開されており，自由に見学できる。

中田横穴周辺の史跡

中田横穴の西北1.8kmに八幡横穴墓群がある。崩落が目立つが，高さ15mの崖に4段30基の横穴墓群がみられる。出土した金銅製忍冬文透彫《にんどうもんすかしぼり》の幡《ばん》金具3点(県文化)は奈良の法隆寺《ほうりゅうじ》や東大寺正倉院《しょうそういん》に類例がみられる貴重なものである。

八幡横穴墓群に隣接して，現在は湮滅《いんめつ》してしまった神谷作101号墳があった。6世紀前半に築造された前方後円墳で，1948(昭和23)年の発掘調査の際，男子胡坐《こざ》像・女子像・男子跪坐《きざ》像(いずれも国重文)のほか，多数の人物埴輪《はにわ》や円筒埴輪が出土した。男子胡坐像は，美豆良《みずら》を肩まで垂らし，左腰に玉飾りの太刀《たち》を佩《は》き，鞆《とも》を結び籠手《こて》を付けた両手を前に捧げ，台上にあぐらをかいた姿である。三角形の天冠の眉庇《まびさし》は7つに枝分かれし上下しており，先端に付けられた鈴の音が聞こえてくるようである。天冠・着衣・籠手には朱と白の三角文様が描かれており，中田横穴との関連性が指摘される。出土品は，県立磐城高校が管理しており，学校祭などで公開される。なお，いわき市考古資料館に複製がある。

沼《ぬま》ノ内弁財天《うちべんざいてん》 ㉝

0246-39-3424

〈M ► P. 2, 53〉いわき市平沼ノ内字代ノ下《だいのした》104 P
JR常磐線・磐越東線いわき駅江名《えな》経由小名浜行弁天様前すぐ

磐城平藩主内藤氏寄進の弁天堂

中田横穴の北東約500mに，賢沼寺《けんしょうじ》(真言宗)がある。楼門と弁天堂は，1747(延享4)年，磐城平藩主内藤政樹が日向延岡(現，宮崎県延岡市)に転封となった際に寄進したもので，楼門の向かって右に風神像，左に雷神像が安置されている。楼門を抜けると弁天堂がある。堂にまつられている青龍弁財天は秘仏である。

また境内には賢沼《かしこぬま》とよばれる大きな沼があり，ウナギ(国天然)の群生地として知られる。かつては巨大ウナギがみられたという。沼上の魚見堂《うおみどう》(浮御堂《うきみどう》)は，1809(文化6)年の造立である。

賢沼に浮かぶ魚見堂

賢沼寺の北300m，沼ノ内公民館に隣接して愛宕《あたご》神社がある。1月15日には，前年結婚した青年を，水をかけて祝うという水かけ祭りが行われる。

弁天様前バス停の1つ南の切通しバス

いわきの名物

コラム

食

いわき発祥のサンマのみりん干
生産日本一の包装カマボコ

近世以来，いわきではカツオ・イワシを中心に，タイ・タラ・イシモチ・サンマ・マグロ・カレイ・ヒラメなどが，盛んに水揚げされた。

イワシは鰹《かつお》漁の餌として用いられるとともに，加工して肥料とされた。1927(昭和２)年に始められた揚繰網《あぐりあみ》漁法で漁獲量が増大し，数尾のイワシのエラに藁《わら》や串を通したイワシのほお通しもこの頃生まれた。カツオは，５月はもちろん９月に入ってからの戻り鰹も刺身が好まれる。

ウニの旬は，初夏である。鮮度の落ちやすいウニを保存するために，ホッキ貝にウニを山盛りにして焼く貝焼が生まれ，将軍や湯長《ゆなが》谷《や》藩主にも献上されたという。焼きたてに山葵《わさび》醤油をつけると絶品である。

サンマのみりん干は，1948年，小名浜《おなはま》の海産商安川一郎《やすかわいちろう》が，当時，棒受け網で大量に水揚げされ始めたサンマに着目し，イワシのみりん干を応用して製品化した。サンマのみじん切に味噌ねぎを混ぜて焼くぽうぽう焼きもこうばしい。ほかにも秋から冬にかけていわきを代表する干物として，ヤナギカレイ・アカジ，2001(平成13)年にいわき市の魚に選ばれたメヒカリ(アオメエソ)がある。

お節《せち》に欠かせない包装かまぼこの生産は，現在，全国第１位である。かまぼこの生産は，大正時代頃，東京浅草《あさくさ》の平尾山三郎《ひらおやまさぶろう》が当時常磐沖で豊富に獲れた沖キスを利用して江名《えな》で開業したのが始まりという。現在は，北海道沖産のスケソウダラが原料となっている。

また，アンコウの共酢や共あえ，タラバガニのカニ汁も他県に劣らずいわきの冬の名物である。

かまぼこ

停から東へ約600m，沼ノ内漁港へくだる右手の洞窟が沼ノ内水子《みずこ》霊場賽《さい》の河原《かわら》である。海食によって形成された洞窟内には，新旧多くの地蔵がまつられている。引き潮の際にこの洞窟をくぐり抜けて薄磯《うすいそ》の海岸に出ると，南方に塩屋埼《しおやざき》灯台が望める。

塩屋埼灯台《しおやざきとうだい》 ㉞
0246-39-3924

〈M ► P. 2, 53〉 いわき市平薄磯宿崎《やどざき》33
JR常磐線・磐城東線いわき駅🚌江名経由小名浜行灯台入口🚶11分

灯台入口バス停から東へ約200m行くと海岸通りに出る。そこから700mほど南下すると塩屋埼灯台に至る。この灯台は新生代第三紀下高久層上に立ち，北緯36度59分・東経140度59分，千葉県犬吠《いぬぼう》埼《ざき》と宮城県牡鹿《おじか》半島のほぼ中間に位置する。光源の高さは海抜73m，沖合40kmの海上まで光度100万カンデラを放つ。霧信号(音の灯台)と無線包囲信号(電波の灯台)を併設して，船の安全を図っている。

塩屋埼灯台の歴史は古く，11世紀初期に，上《かみ》小川の二ツ箭山《ふたつやさん》の修《しゅ》験者《げんじゃ》上平清賢《うわだいらきよかた》が海の安全を願って，江名巣平山《すだいらやま》に常夜灯を造ったのが始まりとされる。1854(安政《あんせい》元)年，上平亮賢《りょうけん》が魚油を燃料とする灯台を再興したが，ほどなく廃絶した。

現在地に西洋技術を用いたレンガ造りの塩屋埼灯台が造られたのは，1899(明治32)年のことである。現在の灯台は1940(昭和15)年に完成した鉄筋コンクリート造りの２代目で，第二次世界大戦中は迷彩色に塗られ，アメリカ軍艦載機の攻撃も受けた。戦後は，映画「喜びも悲しみも幾年月」の舞台になり，また，美空ひばりの「乱れ髪」の一節に歌われ，全国的に知られるようになった。1998(平成10)年には「あなたが選んだ灯台50選」にも選ばれ，現在，灯台周辺が公園として整備されている。

塩屋埼灯台から県道豊間《とよま》四倉線を北へ６km，夏井川にかかる新《しん》舞子《まいこ》橋は全長300mにおよぶ大橋で眺望がよい。四倉上仁井田で仁井田川と合流した横《よこ》川が県道に沿って南下し，さらに新舞子橋付近で夏井川と合流し太平洋に注ぎ込む。砂嘴《さし》が形成され，海上にはいわき市の市鳥カモメが群れをなしている。なお，横川に仕掛けられた四手網《よつであみ》も詩情の残る風景である。

平沼ノ内から四倉まで10kmほど続く新舞子海岸の黒松林は，1622(元和《げんな》８)年，平藩に入封した内藤政長《まさなが》が海風や塩害から田畑を守るために植えさせたものである。政長の法名から「道山林《どうざんばやし》」ともよばれ，いわき自然休養林の一部をなしている。

5 城下町平とその周辺を訪ねて

戦国大名に成長した岩城氏，江戸時代の藩主鳥居氏・内藤氏・安藤氏の足跡を中心に平周辺の主な史跡を訪ねる。

磐城平城跡《いわきたいらじょうあと》 ㉟

〈M ► P. 2, 58〉いわき市平字旧城跡《きゅうじょうせき》
JR常磐《じょうばん》線・磐越東《ばんえつとう》線いわき駅 徒歩 5分

塗師櫓石垣と丹後沢にみる平城の名残り

いわき駅の西方2kmの高台に位置する大館《おおだて》は，戦国大名岩城《いわき》氏の居城であり，この大館を含めて東西に縄張りされた城郭は，大館(飯野平《いいのたいら》)城と総称された。

岩城氏は，いわき駅の南東約3kmの夏井《なつい》川と新《しん》川の合流点南側の丘陵に位置する白土《しらど》城から，1483(文明《ぶんめい》15)年，大館に本拠を移した。この一帯は鎌倉時代初期以来，好嶋荘《よしまのしょう》の中枢を占め，飯野八《はち》幡宮《まんぐう》の門前町として発展していた。

岩城氏は伊達《だて》氏や佐竹《さたけ》氏と婚姻関係を結びながら，国人《こくじん》領主から戦国大名へと成長を遂げ，北は相馬《そうま》領境を侵攻し，南は佐竹領と領地を接した。しかし，豊臣秀吉の小田原《おだわら》攻めに出陣した常隆《つねたか》が帰陣途中で急逝し，秀吉の仲介によって親類中もっとも近い佐竹義重《よししげ》の3男能化丸《のげまる》(岩城貞隆《さだたか》)が当主として迎えられた。関ヶ原《せきがはら》の戦い(1600年)で貞隆は実兄佐竹義宣《よしのぶ》とともに上杉景勝《うえすぎかげかつ》討伐に参加しなかったため，領地を没収された。大阪夏の陣(1615年)参加の功により信濃《しなの》国川中島《かわなかじま》(現，長野県長野市)で1万石を与えられ，貞隆の子吉《よし》隆《たか》は出羽《でわ》国亀田《かめだ》2万石《ごく》(現，秋田県由利本荘《ゆりほんじょう》市)の藩主となり，明治維新に至った。

1602(慶長《けいちょう》7)年，徳川《とくがわ》家康《いえやす》は，京都伏見城《ふしみじょう》で討死した鳥居元忠《とりいもとただ》の子忠政《ただまさ》を岩城氏の旧領に封じ，10万石(のち12万石)を与えた。鳥居忠政は，岩城氏が本拠とした大館城を廃棄して，あらたに東方の台地に城を築いた。これがいわき駅の北に接する磐城平城である。

磐城平城跡塗師櫓石垣

いわき駅周辺の史跡

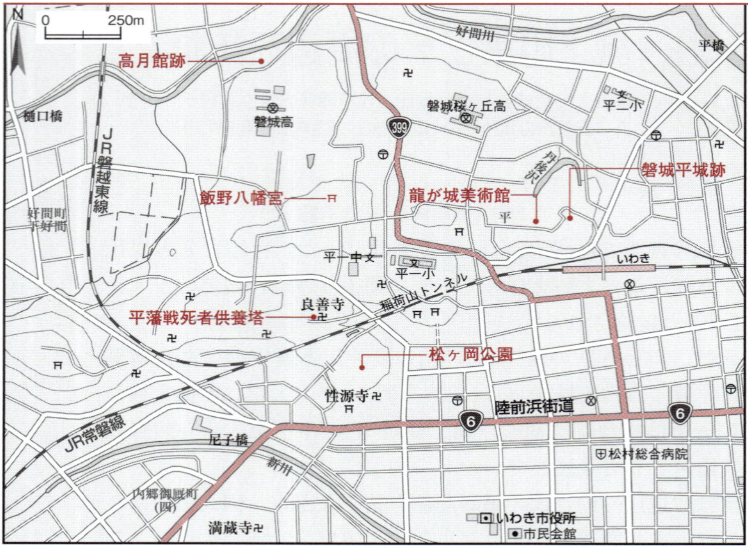

現在，城跡のある台地は「お城山《しろやま》」とよばれ，新穴太積《しんあのうづみ》様式の石垣や人柱伝説で知られる丹後沢《たんござわ》などの水堀が残されている。旧本丸跡には龍《りゅう》が城《じょう》美術館があり，歴代藩主の遺品などを収蔵・展示している。

城下には，紺屋町《こんやまち》・鍛冶町《かじまち》・材木町《ざいもくちょう》・大工町《だいくまち》・鷹匠町《たかじょうまち》・仲間町《ちゅうげんまち》・研町《とぎまち》などの地名が残る。明治時代以降，堀の埋立てや鉄道敷設，第二次世界大戦の空襲などにより，城下町のたたずまいは失われてしまったが，城山の道筋や城下の大木戸《おおきど》にあたる紺屋町や鎌田町《かまだまち》には，枡形《ますがた》が残されている。

1622(元和《げんな》8)年，鳥居氏の山形転封《てんぽう》後，内藤政長《ないとうまさなが》が磐城平に入った。政長の孫義概《よしむね》(のち義泰《よしやす》)は風虎《ふうこ》と号して俳諧をよくし，北村季吟《きたむらきぎん》や西山宗因《にしやまそういん》と交わった。義概の2男義英《よしひで》も露沾《ろせん》と号し，松尾芭蕉《まつおばしょう》を後援した。城内の西にある高月《たかつき》屋敷に住み，多くの作品を残した。

内藤義英の2男政樹《まさき》の時代，1738(元文《げんぶん》3)年に大規模な惣百姓《そうびゃくしょう》一揆《いっき》がおきた。凶作のうえに重税をかけられ困窮した農民およそ2万人が，城下に攻め入って町役所や牢屋・役人宅を襲撃し，藩に20カ条におよぶ訴状を差し出した。一揆は約1カ月におよんだが農民側の要求は認められず，捕らえられた指導者28人のうち7人が鎌田河原《がわら》で処刑された。その慰霊碑は鎌田河原を見下ろす高台，いわき短期大学裏にある。

1746(延享《えんきょう》3)年，内藤氏は日向延岡《ひゅうがのべおか》(現，宮崎県延岡市)に転封となり，その後井上《いのうえ》氏，ついで安藤《あんどう》氏が襲封した。1862(文久《ぶんきゅう》2)年，江戸城坂下門《さかしたもん》で襲撃を受けた老中《ろうじゅう》安藤信正《のぶまさ》は磐城平藩主であった。

1868(慶応《けいおう》4)年の戊辰《ぼしん》戦争では，磐城平藩は泉《いずみ》藩・湯長谷《ゆながや》藩とともに奥羽越列藩《おううえつれっぱん》同盟に加盟し新政府軍と戦ったが，同年7月，総攻撃を受けて落城した。満蔵寺《まんぞうじ》(いわき市内郷小島町台《うちごうおじままちだい》の上《うえ》，浄土《じょうど》宗)に戊辰戦争戦没者供養塔《くようとう》，良善寺《りょうぜんじ》(平字古鍛冶町《ふるかじまち》，浄土宗)には平藩戦死者供養塔，性源寺《しょうげんじ》(平字長橋《ながはし》町，曹洞《そうとう》宗)に官軍墓碑がある。

なお，磐城平城本丸跡のスピーカーから，毎日午後9時に，磐城平出身(北九州出身説もある)の江戸時代の箏曲《そうきょく》家八橋検校《やつはしけんぎょう》作曲といわれる「六段《ろくだん》の調《しらべ》」が流れる。

松ヶ岡公園《まつがおかこうえん》 ㊱

0246-23-2888

〈M ► P. 2, 58〉いわき市平薬王寺台《やくおうじだい》3 Ⓟ
JR常磐線・磐越東線いわき駅 徒歩20分

平の町並みが一望できるツツジ・サクラの名所

いわき駅から南へ400mほどで国道6号線に出る。西へ約800m行き長橋町交差点で右折すると，性源寺北側の高台に松ヶ岡公園がある。1907(明治40)年平町議会は，日露《にちろ》戦争戦勝記念行事として，茶畑・麦畑・竹藪であった矢小路《やこうじ》台(薬王寺台)を拓き，防火用をかねた大貯水池をつくり，これを中心にサクラ・ウメ・ツツジを植えた。その後，東京都文京《ぶんきょう》区大塚《おおつか》の安藤対馬守《つしまのかみ》下屋敷跡のツツジの古木を移植し，ツツジとサクラの名所として知られるようになった。なお，ツツジは現在いわき市の市花である。

安藤対馬守信正の銅像(松ヶ岡公園)

公園には児童遊園地が併設されている。また園内には，幕末の老中安藤対馬守信正の銅像があり，幕末から明治時代初期の歌人天田愚庵《あまだぐあん》が京都伏見で結んだ草庵も移築されている。愚庵は平藩下級武士の甘田《あまだ》家出身で，駿河《するが》(現，静岡県)の侠客《きょうかく》清水次《しみずのじ》郎長《ろちょう》の養子となったこともある。著作『東海道義侠伝《とうかいどうぎきょうでん》』は次郎長物の種本となっている。

飯野八幡宮《いいのはちまんぐう》 ㊲

0246-21-2444

〈M►P. 2, 58〉いわき市平八幡小路《はちまんこうじ》84 P
JR常磐線・磐越東線いわき駅🚌新久保町《しんくぼちょう》循環八幡小路🚶1分

社宝飯野家文書は東北地方屈指の中・近世文書群

いわき駅から国道399号線を北西へ約500m行った所で，平第一小学校の裏手の坂に入る。約300m先で右折し，福島地方検察庁の角を左折すると，飯野八幡宮(祭神品陀別命《ほんだわけのみこと》・息長帯姫尊《おきながたらしひめのみこと》・比売《ひめ》神《がみ》)がある。

宮司飯野《いいの》家に伝わる飯野家文書(国重文)によると，1186(文治《ぶんじ》２)年，源頼朝《みなもとのよりとも》の命により，京都石清水八幡宮《いわしみずはちまんぐう》の御正体《みしょうたい》を捧じた使者が，好嶋荘の中心部赤目崎見物岡《あかめざきみものがおか》(現在地の東方約300m，磐城平城跡内)に，分霊をまつる社を建立したのが当社の始まりで，郷名から飯野八幡宮と称したという。また，前九年《ぜんくねん》(1051～62年)・後《ご》三年《さんねん》(1083～87年)両合戦の際，源頼義《よりよし》・義家《よしいえ》父子が鎌倉より奥州《おうしゅう》にかけて５里《り》(約20km)ごとにまつった八幡社(五里八幡)の１つであるともいわれる。

好嶋荘の荘域は，現在のいわき市北半にあたる。奥州征討(1189年)の功により開発《かいほつ》領主の岩城清隆《きよたか》が地頭《じとう》，有力御家人《ごけにん》の千葉常胤《ちばつねたね》が預所《あずかりどころ》に任じられ，関東御領《ごりょう》の荘園《しょうえん》となった。13世紀初頭，夏井《なつい》川を挟んで東西に分割されると，東荘預所は千葉氏庶流の大須《おおす》賀《が》氏，西荘預所は当社の宮司飯野氏の祖伊賀《いが》氏に継承され，両荘の地頭は岩城氏が保持した。飯野八幡宮はこの好嶋荘の鎮守として発展し，室町時代に岩城氏が磐城の統一を果たすと磐城地方の総鎮守となった。1603(慶長８)年，平藩主鳥居氏の平城築城に際して現在地に移ったが，朱印地《しゅいんち》400石を給されるなど将軍家や歴代藩主の庇《ひ》護《ご》を受け，江戸時代を通じて高い社格を保った。

現在の本殿は，1616(元和２)年の再建，仮殿・神楽殿《かぐらでん》・唐門《からもん》・楼門・宝蔵・若宮《わかみや》八幡神社本殿は，江戸時代前期から中期にかけて創建されたもので，いずれも国の重要文化財に指定されている。社宝には，飯野家文書のほか，「備州長船住盛景《びしゅうおさふねじゅうもりかげ》　貞治《じょうじ》六(1367)年十一月日」銘の大薙刀《おおなぎなた》(国重文)がある。

毎年９月14・15日の大祭では，流鏑馬《やぶさめ》(県民俗)が行われる。また，前九年合戦の際に病を得た源頼義が，当地の農民の献じた生《しょう》姜《が》を食べ治癒した故事から，大祭期間中は生姜市が立ち多くの参拝者で賑わう。

飯野八幡宮の北約500m，県立磐城高校の敷地に伊賀氏の居館高《たか》月館跡《つきたてあと》がある。敷地北側には，土塁《どるい》と空堀《からぼり》の跡が残っている。

忠教寺《ちゅうきょうじ》 ㊳

0246-26-3490

〈M►P. 2〉いわき市平四ツ波《よつなみ》字石森《いしもり》216
JR常磐線・磐越東線いわき駅🚌四ツ波行終点🚶40分

いわき駅の北約４km，石森山(225m)南麓に磐城山《いわきさん》忠教寺(臨済《りんざい》宗)がある。1688(貞享《じょうきょう》５)年の『磐城山忠教寺観音《かんのん》再興記』によると，806(大同《だいどう》元)年，徳一《とくいつ》の創建とされる。

本堂は1593(文禄《ぶんろく》２)年，岩城貞隆によって再建された。1688(元《げん》禄《ろく》元)年に磐城平藩主内藤義孝《よしたか》が寄進した本尊の木造釈迦如来《しゃかにょらい》坐像(県文化)は，寄木造《よせぎづくり》の漆箔《しっぱく》像で，鎌倉時代初期の作と推定される。境内の観音堂は石森観音とよばれ，磐城三十三所観音霊場の第23番札所。また，樹齢800年以上，高さ11mの石森のカリン(県天然)がある。

夢窓疎石も霊験を受けたと伝えられる石森観音

忠教寺の道路を挟んで向かい側に，いわき市フラワーセンターがある。広い園内には約600種５万本の植物があり，年間を通じて四季の花を楽しめる。また，石森山の約85haの山域は，「石森山生活環境保全林」として市の指定を受けている。自然観察遊歩道が設けられ，バードウォッチングなどの森林体験ができる山として市民に親しまれている。山域北側の絹谷富士《きぬやふじ》(217m)は，2000万年前の海底火山の活動で生じた堆積物が隆起してできた山で，凝灰角礫《ぎょうかいかくれき》岩《がん》からなる。急峻だが，山頂から太平洋が望め，眺めは素晴らしい。

いわき市フラワーセンター

専称寺《せんしょうじ》と如来寺《にょらいじ》 ㊴㊵

0246-34-2283／0246-34-7251

〈M ► P. 2, 62〉いわき市平山崎《やまざき》字福山《ふくやま》5／字矢《や》ノ《の》目《め》92 Ⓟ

JR常磐線・磐越東線いわき駅🚌夏井《なつい》西原《にしはら》行専称寺前🚶10分／矢の目🚶すぐ

浄土宗名越派の布教・発展

専称寺前バス停からいわき駅方向に戻ると，左手に専称寺(浄土宗)がある。専称寺は，1395(応永《おうえい》2)年良就《りょうしゅう》によって開かれ，文亀《ぶんき》年間(1501～04)，6世良大《りょうだい》のとき，後土御門《ごつちみかど》天皇より浄土宗名越《なごえ》派の寺院として初めて勅願所の指定を受けた。最盛期には名越派総本山檀林寺《だんりんじ》・宗伝戒《そうでんかい》道場になり，100以上の末寺を有した。1671(寛文《かんぶん》11)年再建の本堂，1690(元禄3)年再建の庫裏《くり》，江戸時代前期の細部意匠が施されている総門は，いずれも国の重要文化財である。また，ウメの名勝地として広く知られている。

専称寺

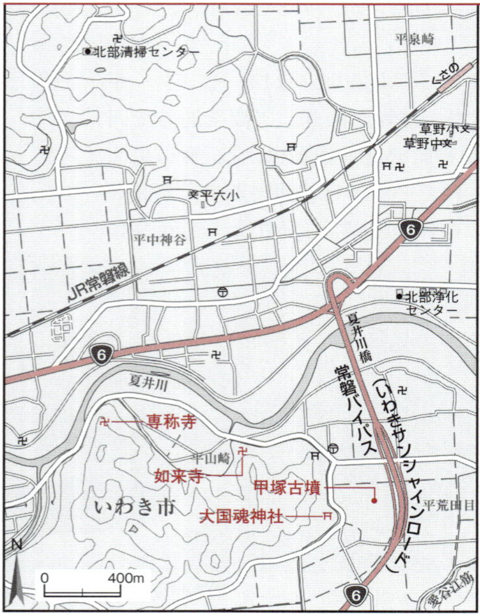

如来寺周辺の史跡

専称寺の東方約800mには，如来寺(浄土宗)がある。この寺は，鎌倉から下向した真戒尼《しんかいに》に帰依した大国魂《おおくにたま》神社の神主山名行阿《やまなぎょうあ》一族によって創建され，1322(元亨《げんこう》２)年，浄土宗名越派３世良山《りょうざん》(専称寺の良就は良山の高弟にあたる)を開山《かいさん》に迎えたと伝えられ，専称寺に檀林が移るまでは，如来寺が名越派本山であった。如来寺に伝来した絹《けん》本著色《ぽんちゃくしょく》阿弥陀三尊像と銅造阿弥陀如来及両脇侍《りょうわきじ》立像(いずれも国重文)は，現在はいわき市が所有し，東京国立博物館(東京都台東《たいとう》区)に寄託されている。いずれも鎌倉時代後期の作で，三尊像は真戒尼が鎌倉より奉持，立像は山名行阿が寄進したものである。

大国魂神社《おおくにたまじんじゃ》 41

0246-34-0092

〈M ► P. 2, 62〉いわき市平菅波《すがなみ》字宮前《みやまえ》26 P
JR常磐線・磐越東線いわき駅🚌西原行大国魂神社🚶5分

如来寺から南東500mほどの所に，大国魂神社(祭神石城国魂《いわきのくにたまの》神《かみ》・大己貴《おおなむち》神ほか)がある。『延喜式《えんぎしき》』神名帳《じんみょうちょう》所載の磐城郡小社七座のうちの首座で，古代には石城国造《くにのみやつこ》や磐城郡司，中世には国魂村(国衙《こくが》領)の地頭で岩城氏庶流の国魂氏などが奉斎したとされる。戦国時代の1522(大永《たいえい》２)年岩城由隆《よしたか》によって再建，その後1679(延《えん》宝《ぽう》７)年に再建されたのが現在の本殿である。

社宝の国魂文書23通(県文化)は，鎌倉時代の「岩城国魂系図」のほか，北畠顕家《きたばたけあきいえ》や足利尊氏《あしかがたかうじ》の袖判軍忠状《そではんぐんちゅうじょう》など，南北朝時代を中心とする文書群である。例大祭は５月４日で，豊間《とよま》浜への神幸が行われる。初子祭《はつねさい》と例大祭には，出雲《いずも》流神楽《かぐら》と大和舞《やまとまい》が奉納される。

大国魂神社の東方200mほどの水田に，甲塚《かぶとづか》古墳(国史跡)がある。高さ8.2m・直径37mの円墳で，石城国造建許呂命《たけころのみこと》の墓と伝えられるが，未調査のため，内部構造も築造年代も明らかでない。付近には，湮滅《いんめつ》した古墳跡や荒田目《あっため》条里遺跡などが確認されている。

甲塚古墳

閼伽井嶽薬師《あかいだけやくし》 ㊷

0246-36-2161

〈M►P. 2, 66〉いわき市平赤井字赤井岳 1 P
JR常磐線・磐越東線いわき駅(並木通《なみきどおり》)🚌赤井岳下行終点🚶60分

安産と縁結びにご利益がある霊場

赤井岳(閼伽井嶽《あかいだけ》, 標高605m)は, 平の北西部, 阿武隈《あぶくま》山地の東端に位置し, 夏井川渓谷県立公園の一部をなしている。

赤井岳の山頂東側に, 水晶山《すいしょうざん》常福寺《じょうふくじ》がある。閼伽井嶽薬師の名で親しまれ, 波立《はったち》薬師(いわき市久之浜町《ひさのはままち》)・八茎《やぐき》薬師(いわき市四《よつ》倉町《くらまち》, 焼失し現存せず)とともに磐城三薬師と称される。寺伝によれば, 734(天平《てんぴょう》6)年, 大和国(現, 奈良県)鷲峰山《じゅぶせん》の源観《げんかん》が疫病退散を祈願して, 水石山剣《みずいしやまけん》が峰《みね》の草庵に薬師如来像を安置し, 806(大同元)年, 徳一が赤井岳に堂を建て, この像を移したのが寺の草創という。真言密教の霊峰として信仰を集め, 現在は新義真言《しんぎしんごん》宗智山《ちざん》派関東北準別格本山となっている。

常福寺では9月1日に夏大祭の柴燈大護摩《さいとうおおごま》が行われ, 多くの参詣者で賑わう。境内の南東斜面には, 通称龍灯杉《りゅうとうすぎ》とよばれる自生のスギの巨木(樹高42m)があり, 霊木として崇《あが》められている。

赤井岳の北西 2 kmには, 水石山(735m)がある。眺望がよく, とくにツツジや紅葉の季節には多くの人が訪れる。

常慶寺周辺《じょうけいじしゅうへん》 ㊸

0246-83-0214

〈M►P. 2, 66〉いわき市小川町上《おがわまちかみ》小川字植ノ内《うえのうち》42 P
JR磐越東線小川郷《ごう》駅🚶15分, またはJR常磐線・磐越東線いわき駅🚌前原高崎《まえはらたかさき》行JA小川🚶5分

元文惣百姓一揆犠牲者の墓・天明飢饉の碑

小川郷駅から北へ約1.5km行った柴原《しばはら》地区に, 遍照寺《へんじょうじ》(浄土宗)がある。この寺には, 西国《さいごく》三十三観音が参拝できる観音堂がある。墓地には, 1738(元文3)年に磐城平藩でおきた惣百姓一揆の指導者の1人として処刑された吉田《よしだ》長次兵衛《ちょうじへえ》の墓がある。

天明飢饉の碑(常慶寺)

ジャンガラ念仏踊り

コラム

芸

新しい仏を弔う鉦と太鼓の念仏踊り

いわき地方では，毎年「盆の入り」の８月13日の夜から14日の朝にかけて，どこからともなく**ジャンガラ念仏踊り**の鉦《かね》と太鼓《たいこ》の音が聞こえてくる。羽織《はおり》姿の提灯持《ちょうちんもち》を先頭に，腰に太鼓を下げた若者3人と鉦叩《たた》きの若者が10人前後で，道中囃子《どうちゅうばやし》を鳴らしながら，新盆の家を訪れる。堤灯持のほかは全員が，浴衣《ゆかた》姿に襷《たすき》を掛け，白の鉢巻，白の手甲，雪駄履きである。枹《ばち》をくるくる回し，腰を曲げ伸ばし，躍動的に太鼓を叩く周りを，鉦叩きが輪になって囲み，後ずさりしながら，リズムに合わせて鉦を叩き踊る。鉦の音が「ジャンガジャンガ」と聞こえることからジャンガラのよび名が付いたとされる。

現在，大字単位の青年らによって作られた保存団体が90余りあり，1992(平成４)年にいわき市の無形民俗文化財に指定されている。

この念仏踊りは，従来，芝の増《ぞう》上寺《じょうじ》(東京都港区)の大僧正《だいそうじょう》となった祐天上人《ゆうてんしょうにん》(四倉町大浦《よつくらまちおおうら》出身)が教授したとされてきた。現在では，「小川江筋由緒書《おがわえすじゆいしょがき》」の記載が再評価され，小川江筋開発の後，讒言《ざんげん》によって切腹させられた郡《こおり》奉行《ぶぎょう》沢村勘兵衛《さわむらかんべえ》の供養《くよう》と報恩のため，1656(明暦《めいれき》２)年，平鎌田《たいらかまた》から四倉に至る10カ村の老若男女が踊った泡斎念仏《ほうさいねんぶつ》踊りに始まると考えられている。この踊りは，慶《けい》長《ちょう》年間(1596～1615)，常陸国に生まれた泡斎坊が勧進《かんじん》のために踊り歩いたとされ，男女とも入り乱れて踊る猥雑さが問題となり，藩政下(1671年)や明治時代初期(1873年)に禁止令が出されたこともあった。いつの頃からか，今日の，仏様を供養する回向として定着した。

ジャンガラ念仏踊り

遍照寺から南へ約900m戻り右折し，国道399号線を西へ500mほど行くと，右手に**常慶寺**(真言律《りつ》宗)がある。境内にある**天明《てんめい》飢饉の碑**は，1783(天明３)年の大飢饉の際，小名浜《おなはま》代官蔭山外記《かげやまげき》がとった救荒策に感謝した上小川の村人らが，1786年に建てた顕彰碑である。

また常慶寺には，常磐線開通に尽力した実業家白井遠平《しらいえんぺい》，マルクス経済学研究の第一人者櫛田民蔵《くしだたみぞう》，詩人**草野心平《くさのしんぺい》の墓**もある。

常慶寺から国道399号線を約４km北上すると，**二ツ箭山《ふたつやさん》**(709.7m)がある。二ツ箭山は，古くから修験者《しゅげんじゃ》によって開かれた。山頂部に

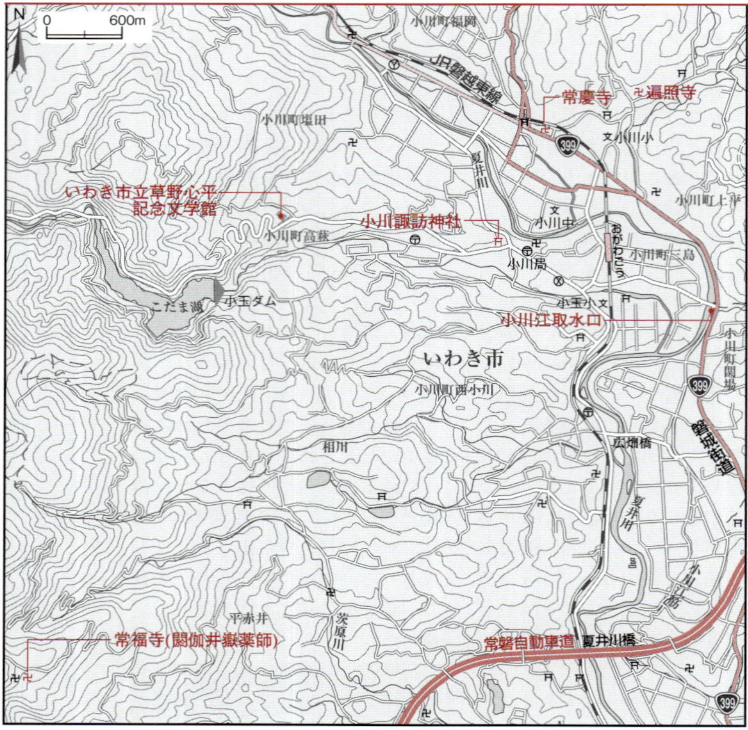

小川郷駅周辺の史跡

は「二ツ箭」の名の由来とされる，男体山・女体山とよばれる急峻な巨岩峰がある。いわき全域から太平洋まで見渡せ，晴れた日には遠く那須《なす》連峰や磐梯山《ばんだいさん》，安達太良山《あだたらやま》を望むことができる。また，4月のアカヤシオ，秋の紅葉の景観も見事で，「うつくしま百名山」に選定されている。

小川郷駅から南へ約400m行った丁字路を右折し，さらに700m行くと小川諏訪《すわ》神社(祭神建御《たけみ》名《な》方命《かたのみこと》・事代主《ことしろぬし》命)に至る。推定樹齢400〜500年のシダレザクラで知られる。

諏訪神社から，小玉《こだま》ダムへ向かって西約1.5kmには，いわき市立草野心平記念文学館がある。いわき市小川町出身の詩人草野心平の生涯を紹介するとともに，自筆原稿・書簡などを展示している。なお，常慶寺のすぐ北側には，心平の生家がある。

小川江取水口《おがわえしゅすいこう》 ㊹

〈M ► P. 2, 66〉いわき市小川町関場《せきば》
JR磐越東線小川郷駅🚶15分

内藤家による領内の開発

小川郷駅の東方約 1 km，国道399号線から小川町への入口にあたる三島橋の東端に，小川江の取水口がある。小川町から四倉町北部に至る全長30kmにおよぶ水路は，丘陵沿いを流れ，夏井川左岸の945haの田畑を潤している。

小川江は夏井川の水を引いて新田を開発するために，内藤氏藩政時代の郡《こおり》奉行《ぶぎょう》沢村勘兵衛《さわむらかんべえ》が藩命を受けて開削した。伝承では，工事は1644(寛永《かんえい》21)年頃に始まり，約 3 年で完成したが，勘兵衛は1655(明暦《めいれき》元)年，その功を妬む者の讒言《ざんげん》によって，平大館の西岳寺《さいがくじ》(現，大寶寺《だいほうじ》。日蓮《にちれん》宗)で切腹を命じられたとされる。しかし，沢村本家の由緒書には追放になったとある。なお，1876(明治 9)年，平下神谷《たいらしもかべや》に沢村神社が建てられ，勘兵衛の霊がまつられている。

県道小川赤井平線を小川郷駅から南へ約 6 km行くと，好間町愛谷《よしままちあいや》に，愛谷江取水口がある。1674(延宝 2)年，三森治右衛門《みつもりじえもん》によって開削された水路は，赤井から高久に至る全長約21km，夏井川右岸の519haの田畑を潤している。

二ツ箭山

6 内郷から湯本・遠野の史跡

国宝白水阿弥陀堂の美しさに触れ，湯本・遠野の中世寺院・史跡を歩く

徳姫建立の国宝
白水阿弥陀堂

白水阿弥陀堂《しらみずあみだどう》 ㊺

0246-26-7008

〈M►P. 2〉いわき市内郷白水町広畑《うちごうしらみずまちひろはた》219 Ⓟ
JR常磐《じょうばん》線内郷駅🚌川平《かわだいら》行あみだ堂🚶7分，または常磐自動車道湯本《ゆもと》IC🚗15分

あみだ堂バス停の西約100mを右折し，白水《しらみず》川に架かる朱塗りのあみだ橋を渡ると，白水阿弥陀堂の屋根がみえてくる。

白水阿弥陀堂(国宝)は，正式には願成寺《がんじょうじ》阿弥陀堂と称する。奥《おう》州藤原《しゅうふじわら》3代の基礎を築いた藤原清衡《きよひら》の養女徳姫《とくひめ》(徳尼)が，1160(永《えい》暦《りゃく》元)年に亡夫の冥福を祈り，平泉《ひらいずみ》の中尊寺《ちゅうそんじ》金色堂《こんじきどう》を模して建立したと伝えられる。「白水」の名は，徳姫の故郷平泉《ひらいずみ》の「泉」を上下に分字したものという。徳姫の夫は，藤原清衡の庇護《ひご》のもと，好《よ》嶋荘《しまのしょう》の開発を進めた岩城《いわき》氏の祖平則道《たいらののりみち》とされているが，隆行《たかゆき》あるいは小太郎業平《こたろうなりひら》(成衡)という説もある。平泉で栄えた浄土《じょうど》教文化が，藤原氏と岩城氏の結びつきによって，いわきの地に開花したことを物語る重要な史跡である。

白水阿弥陀堂境域(国史跡)は，1962(昭和37)年以降の調査により，東西218m・南北327mにおよび，参道中央の大門《だいもん》跡で内院《ないいん》と外院《がいいん》に分かれることが明らかになった。現在は，浄土式庭園が創建当時の姿に復元・整備されている。阿弥陀堂は，内院の中央に位置し，苑池に北から半島状に延びる島の上に南面して立っている。外院は，東側に小堂宇，西側に僧坊があったとみられる。

願成寺阿弥陀如来及両脇侍像

阿弥陀堂は方3間《けん》の堂で，屋根は単層宝形造《ほうぎょうづくり》の柿葺《こけらぶ》き，

常磐炭田

コラム

筑豊・石狩についだ本州最大の炭田の盛衰

常磐炭田《じょうばんたんでん》は，茨城県多賀《たが》郡十王町（現，日立市）から福島県双葉《ふたば》郡富岡町《とみおかまち》に至る南北100kmにおよんだ。

その始まりは1855（安政《あんせい》２）年，材木商片寄平蔵《かたよせへいぞう》が湯長谷《ゆながや》藩領の白《しら》水村《みずむら》弥勒沢《みろくざわ》（現，いわき市内郷《うちごう》白水町）で，石炭の露頭を発見したことによる。

明治時代初期，つぎつぎと地元の地主や商人が炭坑を開いたが，その採掘法は狸《たぬき》掘りとよばれた。炭層の露頭近くに，まるで狸の巣穴のような浅い穴を掘り，先山夫《さきやまふ》が掘り出した炭塊を，後《あと》山夫が田柄（負い籠）や箱ソリに載せて引いて運び出した。

1883（明治16）年，磐城《いわき》炭砿株式会社（社長浅野《あさの》総一郎《そういちろう》・会長渋沢《しぶさわ》栄一《えいいち》）が設立されると，蒸気機関による昇降機，排水・送風設備，軽便《けいべん》鉄道が導入され，近代化が進んだ。1897年に常磐線が開通し，出炭量は以後20年間に10倍になった。一方，坑夫は生活全般の世話をする親方に，労賃をピンハネされる飯場制度の下におかれた。第二次世界大戦中の1943（昭和18）年の出炭量は382万ｔに達し，7200人ほどの朝鮮人労働者が強制労働に従事した。いわき市常磐湯本町《ゆもとまち》の妙覚寺に朝鮮人供養塔がある。

第二次世界大戦後は，1944（昭和19）年に設立された常磐炭砿株式会社を中心に発展し，1952年には128の炭鉱があり，九州の筑豊，北海道の石狩につぐ400万ｔ余を出炭した。

やがて公害問題や石油へのエネルギー転換とともに経営不振に陥り，1976年西部坑の閉山を最後に120年の歴史が閉じられた。

現在，関連施設の多くはすでに消滅しているが，気岳場の赤レンガ煙突（いわき市内郷白水町大神田），坑口と坑内の空気用扇風機の上屋《うわや》（内郷宮町《みやまち》金坂），石炭を列車に積み込む万石《まんごく》（内郷宮町町田，常磐上《かみ》湯《ゆ》長《なが》谷《や》町《まち》梅ケ平）などが残っている。

常磐湯本町向田《むかいだ》のいわき市石炭・化石館では，炭鉱の歴史・仕組み，石炭の利用について紹介し，採掘道具などのほか，採掘の様子を再現した模擬坑道，常磐線での石炭輸送に活躍したD51型蒸気機関車も展示している。

また，白水阿弥陀堂《あみだどう》から弥勒沢まで，約2.5kmの白水川沿いの道は，「みろく沢石炭《すみ》の道」として整備されている。途中，みろく沢炭鉱資料館や片寄平蔵の碑がある。

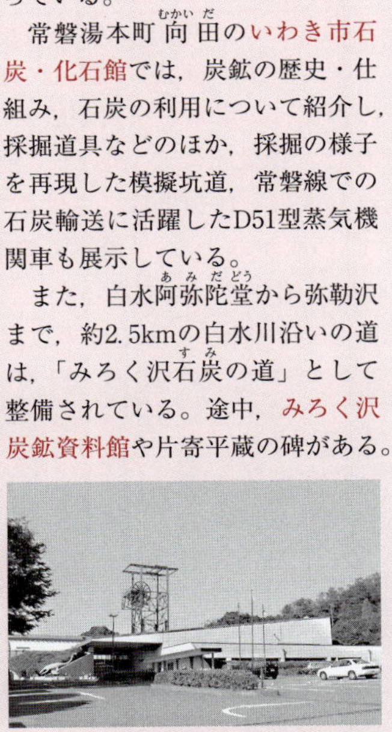

いわき市石炭・化石館

頂には露盤《ろばん》・宝珠《ほうじゅ》を載せている。堂内には，本尊阿弥陀如来《にょらい》像を中心に脇侍《わきじ》の観世音菩薩《かんぜおんぼさつ》立像・勢至《せいし》菩薩立像，さらにその両側に守護の持国天《じこくてん》立像・多聞《たもん》天立像(いずれも国重文)が安置されている。白水阿弥陀堂は，中尊寺金色堂のように四天王ではなく，当初から二天王のみを配した。この5体の仏像は寄木《よせぎ》造で，平安時代後期の作である。堂内の壁や天上には，彩画・宝相華《ほうそうげ》文様《もんよう》などが描かれていたが，ことごとく剝落し，一部が復元されている。

境域西の山腹には，無量寿院《むりょうじゅいん》願成寺(真言《しんごん》宗)の本坊があり，1323(元亨《げんこう》3)年作の法華経《ほけきょう》版木1枚が伝えられている。また，境域の南には願成寺別院の遍照光院《へんじょうこういん》がある。ここにはかつて，1576(天正《てんしょう》4)年に岩城親隆《ちかたか》夫人が寄進した大師堂があった。

白水川に沿って西へ900mほど行くと，弥勒沢《みろくざわ》に至る。1855(安政《あんせい》2)年，片寄平蔵《かたよせへいぞう》が石炭の露頭を発見し，常磐炭田発祥の地となった所である。

湯本温泉《ゆもとおんせん》 46

〈M ► P. 2, 71〉いわき市常磐湯本町
JR常磐線湯本駅 徒歩 10分(湯泉《ゆの》神社)

『延喜式』神名帳にみえる温泉神社と湯本温泉

湯本駅の西側に，湯本温泉街が広がっている。湯本は，古くは三《さ》函《はこ》とよばれた。10世紀に成立した『拾遺和歌集《しゅういわかしゅう》』には，「飽かずして　別れし人の　住む里は　さはこの見ゆる　山のあなたか」(詠み人知らず)の歌がみえる。「湯本」の名がみえるのは南北朝時代の頃で，当時は菊田《きくた》荘の一部であった。江戸時代になると，浜《はま》街道(正規の名称はなく，磐城平《いわきたいら》藩では平以南を水戸路《みとじ》とよんだ)唯一の温泉宿場町として，年間3万人の浴客が訪れ，賑わいをみせたという。幕末には石炭の採掘が始まり，明治時代以降は常磐炭田の発展とともに栄えた。

温泉神社

湯本駅から北へ500mほど進むと，

湯本温泉街の高台に温泉神社がある。町の西方約4 kmに湯ノ岳《ゆのだけ》(593m)を神体とし，大己貴命《おおなむちのみこと》・少彦名《すくなひこな》命を合祀している。『延喜式《えんぎしき》』神名帳《じんみょうちょう》にみえる磐城郡七座の1つで，初め湯ノ岳中腹にあったが，1340(暦応《りゃくおう》3)年に観音山《かんのんやま》中腹，さらに1651(慶安《けいあん》4)年には磐城平藩主内藤忠興《ないとうただおき》によって現在地に移された。

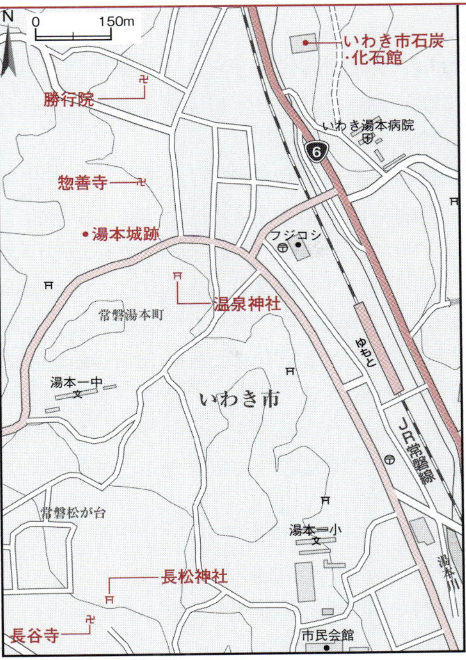

湯本温泉周辺の史跡

温泉神社の北100mほどの所に，観音山がある。ここは南北朝時代の湯本城跡とされ，山頂には観音堂があったが，戊辰《ぼしん》戦争(1868年)で焼失した。麓《ふもと》には，大正時代の一時期，童謡詩人野口雨情《のぐちうじょう》が住んでいた。その縁で，中腹に「七つの子」の詩碑が立っている。観音山には惣善寺《そうぜんじ》入口左側の石段からのぼることもでき，湯本温泉街を一望できる。

観音山の東麓にある惣善寺(浄土宗)は，「下《しも》の寺」ともよばれ，1559(永禄《えいろく》2)年，良恩上人《りょうおんしょうにん》によって開山《かいさん》された。本尊は寄木造の阿弥陀如来坐像(県文化)で，像底の銘文から比丘善来《びくぜんらい》を願主とし，院派の仏師院誉《いんよ》によって「建武貮《けんむに》(1335)年」に造られたことがわかる。比丘善来は，小名浜林城《おなはまりんじょう》にある保福寺《ほふくじ》の木造薬師《やくし》如来坐像造立や，無量寿院願成寺に伝えられた法華経版木の開版でも重要な役割をはたしている。

惣善寺から北へ約300mの所に，勝行院《しょうぎょういん》(真言宗)がある。「中《なか》の寺」ともよばれ，福島八十八所霊場1番札所となっている。本堂右側の釈迦堂《しゃかどう》は，1520(永正《えいしょう》17)年の再建と伝えられ，寄木造の釈迦如来坐像(県文化)が安置されている。この像は中国宋《そう》の影響を受けており，南北朝時代を下らない時期の作とされる。なお，本堂左後方には，1988(昭和63)年に完成した鎌倉時代後期の様式の三重塔が立っている。

温泉神社前の御斎所《ごさいしょ》街道(県道いわき石川《いしかわ》線)を西へ約800m，市立常磐病院前の信号を左折して500mほど行くと長谷寺《はせでら》(曹洞《そうとう》宗)がある。807(大同《だいどう》2)年に徳一《とくいつ》が開山したと伝える。本尊は寄木造の十一面《じゅういちめん》観音立像(県文化)で，胎内・足先裏面の墨書銘から，この像が1318(文保《ぶんぽう》2)年に38日間で完成したことがわかる。藤原川流域の岩崎《いわさき》郡の村々を領有した岩崎氏(岩城氏庶流)が一門の菩提のために造立したもので，一族50人余りの名が記されている。

長谷寺境内から石段をのぼると長松《ちょうしょう》神社がある。京都三十三《さんじゅうさん》間堂《げんどう》において1002筋の矢を射たことで知られる，湯長谷《ゆながや》藩士鈴木吉《すずききち》之丞《のじょう》をまつっている。

能満寺《のうまんじ》 47

〈M ► P. 2, 73〉いわき市常磐西郷町《にしごうまち》忠多《ちゅうだ》385 P
0246-42-2995
JR常磐線湯本駅 西郷行終点 1分

西郷バス停のすぐ前に，能満寺(浄土宗)がある。1469(文明《ぶんめい》元)年，松蓮社良秀《しょうれんしゃりょうしゅう》上人の開山と伝える。当寺に安置される一木《いちぼく》造の木《もく》心乾漆虚空蔵《しんかんしつこくうぞう》菩薩像(国重文)は，もとは奈良東大寺《とうだいじ》にあった仏像といわれている。やや吊りあがった眉や目，直線に延びた高い鼻筋，豊かな頬，口元の微笑などの表現は，天《てん》平《ぴょう》仏の特徴をよく示している。

能満寺木心乾漆虚空蔵菩薩像

山門近くには，袋中《たいちゅう》上人の生誕地碑がある。袋中は，1552(天文《てんぶん》21)年にこの地に生まれ，能満寺・専《せん》称寺《しょうじ》(いわき市平山崎《たいらやまざき》)・足利《あしかが》学校(栃木県足利市)で学んだ。さらに仏教を学ぶため明《みん》に渡ろうとしたが果たせず，1603(慶長8)年琉球《りゅうきゅう》(現，沖縄県)に赴いて琉球念仏《ねんぶつ》宗の開祖となり，『琉球神道記《しんとうき》』を著した。

能満寺から約1km北上し，磐崎《いわさき》

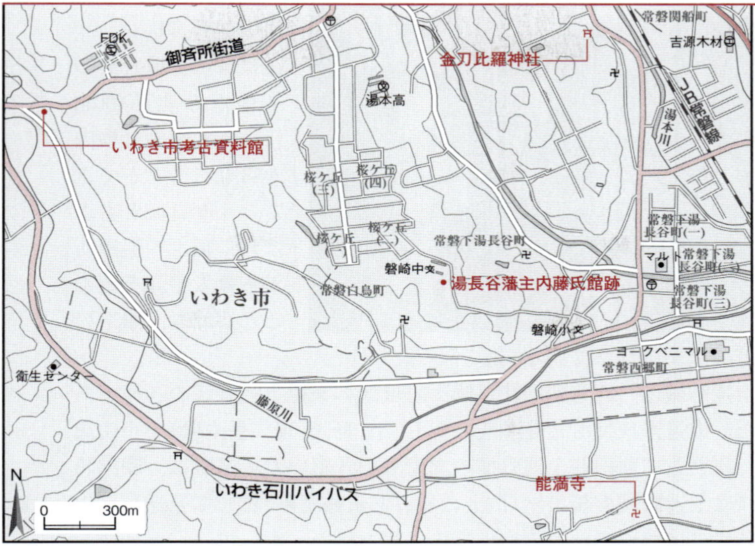

能満寺周辺の史跡

郵便局前で左折して，西へと台地をのぼっていくと，磐崎中学校があり，敷地内は湯長谷藩主内藤氏館跡にあたる。さらに駅方向へ約1.2km行くと，左手に金刀比羅《ことひら》神社がある。1454（享徳《きょうとく》3）年，岩崎氏一族の水谷隆則《みずのやたかのり》が威宝院《いほういん》をおこし，1505（永正《えいしょう》2）年にその孫威宝院弘栄《こうえい》が金毘羅大権現《こんぴらだいごんげん》を勧請《かんじょう》した。現在は，大物主神《おおものぬしのかみ》・金山《かなやま》彦《ひこ》神を合祀している。古くから海の神として知られ，漁業関係者に深く信仰された。毎年1月10日の例大祭は数万人の参詣者で賑わう。なお，当社所蔵の絵馬50面は，奉納の年が不明のものが多いが，中に「天保《てんぽう》6(1835)年」銘のものがある。

湯本駅よりハワイアンズ行または上遠野《かとおの》行のバスに乗り，FDK前で下車して西へ400m歩くと，左側にいわき市考古資料館がある。中田横穴《なかたよこあな》をはじめとする，旧石器時代から江戸時代までの市内の遺跡からの出土品などが展示されている。また，土器などの復元作業や遺物の収蔵状況を見学することもできる。

上遠野城跡《かとおのじょうあと》 ㊽

〈M►P. 2〉いわき市遠野町上遠野字堀切《ほりきり》・遠野町深山田《みやまだ》字大山沢《おおやまさわ》
JR常磐線湯本駅🚌上遠野行上遠野小🚶5分(登山口)

上遠野小学校と中学校の背後の山一帯が，上遠野城跡である。城

上遠野城のろし台

跡には，上遠野小バス停から北へ400m行った八幡《はちまん》神社境内から登ることができる。八潮見城《やしおみ》ともよばれ，頂上の展望所からは太平洋を望むことができ，眼下に遠野の里が広がっている。

上遠野城は，南北朝時代以降，岩城氏の家臣上遠野氏の居城であった。上遠野氏はもと藤井《ふじい》氏と称し，下野《しもつけ》国(現，栃木県)の小山《おやま》氏の一族として菊田荘上遠野郷の支配を引き継いだ。遠野は，戦国時代には上遠野城の根小屋《ねごや》(山上に城のある城下町)として発達し，江戸時代には御斎所街道の宿場町の役割をはたした。

上遠野城の石垣は主郭中央部の南側に多く確認され，高さ10mを超える土塁《どるい》，曲輪《くるわ》・竪堀《たてぼり》・櫓《やぐら》橋の跡もよく保存されている。

上遠野小バス停から北へ約250m行くと，円通寺《えんつうじ》(真言宗)がある。807(大同２)年徳一による開基と伝えられ，1440(永享《えいきょう》２)年宥徳《ゆうとく》が再建し，上遠野氏の庇護を受けた。本尊の木造聖《しょう》観音菩薩像(県文化)は，ヒノキ材寄木造で，室町時代中期の作と考えられる。

上遠野小バス停から御斎所街道を西に６km進むと，左手に御斎《ごさい》所山《しょやま》(600m)があり，その東麓の街道沿いに，田人町《たびとまち》と錦町《にしきまち》の両熊《くま》野《の》神社の奥の院御斎所山熊野神社(祭神伊邪那美《いざなみ》神)がある。この神社は，坂上《さかのうえの》田村麻呂《たむらまろ》が東征のおり，当地で紀州熊野権現の神託を受け，無事東夷《とうい》を討ちやぶることができたので，紀州本宮から分霊を当地に奉斎して御斎所山熊野大権現と称したものと伝えられている。

7 小名浜港と勿来関

いわき市南部の勿来・小名浜地区に，奥州三古関の勿来関や東北唯一の住吉神社など，古代東北の玄関を訪ねる。

泉城跡《いずみじょうあと》 ㊾

〈M ► P. 2〉 いわき市泉町4-13
JR常磐《じょうばん》線泉駅🚶5分

老中松平定信の右腕
本多忠籌の居城

泉駅から南へ約400m，泉公民館の前に毛槍《けやり》を模した石碑が立つ。この周辺が泉城跡である。泉城は，1634(寛永《かんえい》11)年に磐城平《いわきたいら》藩から分家して泉藩２万石を興した内藤政晴《ないとうまさはる》の子政親《まさちか》が，1688(寛文《かんぶん》８)年に造営に着手した。泉藩はその後，板倉《いたくら》氏・本多《ほんだ》氏と領主が交替し，幕末に至った。江戸時代後期の藩主本多忠籌《ほんだただかず》は心学《しんがく》に傾倒し，藩政改革によって農民救済や武士の倹約を勧め，寛政《かんせい》の改革では老中首座松平定信《まつだいらさだのぶ》の右腕として活躍した。

城の遺構は，現在では土塁《どるい》を残すのみだが，通りを１つ隔てた200m東に家老邸跡，泉町滝尻《たきじり》の吉田家に移築された城の裏門が残っている。城跡の南東にある諏訪《すわ》神社から北に延びる町通りや，下《しも》川《がわ》の八帆入《やおいり》橋付近は城下町の面影を残している。

諏訪神社の境内は，中世の滝尻《たきじり》城跡である。当地は，平安時代後期には菊多《きくた》郡が荘園《しょうえん》化した菊田荘《しょう》(八条院《はちじょういん》領)に属し，鎌倉時代以降は下野《しもつけ》国(現，栃木県)の守護《しゅご》小山《おやま》氏一族によって支配された。菊田荘が後醍醐天皇に伝領されたことから，南北朝時代に滝尻城は南朝方の拠点の１つとされ，北朝方の伊賀《いが》氏の攻撃を受けた。諏訪神社境内には，現在も堀や土塁がよく残っている。

住吉神社《すみよしじんじゃ》 ㊿

0246-58-4526

〈M ► P. 2, 76〉 いわき市小名浜《おなはま》住吉字住吉１ Ⓟ
JR常磐線・磐越東《ばんえつとう》線いわき駅🚌八仙回り小名浜行住吉🚶5分

東国で唯一の
海上交通の守護住吉大社

住吉バス停から西へ500m行くと，国道６号線と藤原《ふじわら》川の中間に住吉神社(祭神表筒男命《うわつつのおのみこと》・中《なか》筒男命・底《そこ》筒男命)がある。当社は古代東北地方の海上交通の守護神であり，『延喜式《えんぎしき》』神名帳《じんみょうちょう》所載の磐城郡七座のうちの１つである。『常陸国風土記《ひたちのくにふどき》』にみえる，石城《いわき》における造船の記事とも関わりが深いと考えられる。

本殿は棟札《むなふだ》(ともに県文化)から，1641(寛永18)年に再建されたことが知られ，桃山《ももやま》時代建築の三間社流造《さんげんしゃながれづくり》の様式を伝えている。10月中旬の秋の大祭には，蝦夷《えみし》征討の際，朝廷からの使者が当社に祈

住吉神社本殿

願したという故事に由来する勅使《ちょくし》参向《さんこう》式《しき》や流鏑馬《やぶさめ》が行われる。

住吉神社の北東約150mには，別当寺《べっとうじ》だった医王山《いおうさん》保福寺《ほふくじ》(曹洞《そうとう》宗)がある。1574(天正《てんしょう》2)年門《もん》渓永朴《けいえいぼく》の開山《かいさん》と伝えられているが，これを遡《さかのぼ》る「正中《しょうちゅう》三(1326)年」の胎内銘をもつ院誉《いんよ》作の木造薬師如来《やくしにょらい》坐像(県文化)を安置する。

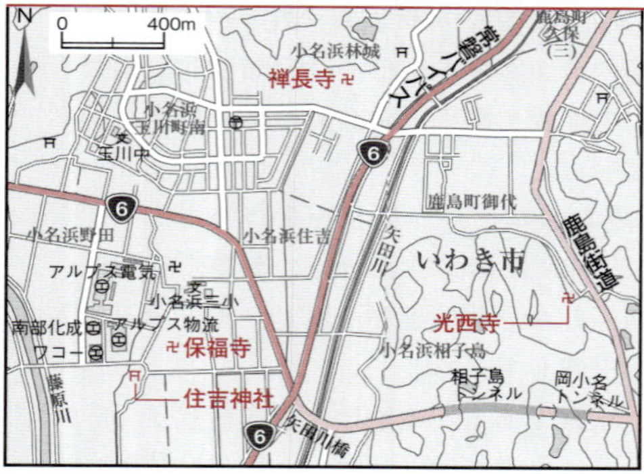

小名浜の史跡

住吉神社の東方約2kmの所に熊野山《くまのさん》光《こう》西寺《さいじ》(臨済《りんざい》宗)がある。いわき駅からは鹿島回り小名浜行のバスに乗り，御代バス停で降りて徒歩４分ほどである。境内の露座《ろざ》の銅造阿《あ》弥陀《みだ》如来坐像は，1767(明和《めいわ》４)年江戸で造像され運ばれてきた。総高3.45mあり，「御代《みよ》の大仏」として親しまれている。また寺宝に，紙本墨書後西《しほんぼくしょごさい》天皇宸翰懐紙《しんかんかいし》(国重美)がある。

禅長寺《ぜんちょうじ》 51

0246-58-9400

〈M►P. 2, 76〉いわき市小名浜林城《りんじょう》字大門《だいもん》9 P
JR常磐線湯本駅 バス 玉川《たまがわ》団地経由小名浜行林城 徒歩 2分

鎌倉文化を味わえる臨済宗の名刹

林城バス停から東へ国道６号線に向かって進むと，左手に普門山《ふもんざん》禅長寺(臨済宗)がある。徳一《とくいつ》による開基と伝えられる古刹で，室町時代には鎌倉建長寺《けんちょうじ》から，五山文学で有名な用林顕材《ようりんけんざい》を住持に迎えている。1579(天正７)年正親町《おおぎまち》天皇の勅願所となり，江戸時代には朱印地30石《こく》を有し，門前に下乗《げじょう》の牌《はい》(下馬札《げばふだ》)を掲げていた。

唐様《からよう》の仏殿には，正親町天皇による「普門山禅長護国《ごこく》禅寺」と「海会《かいえ》」(ともに県文化)の勅額が掛けられている。本尊の木造観音《かんのん》

いわき市内の縄文貝塚遺跡

コラム

発達した漁具に偲ぶ
豊かな漁獲

いわき市内で確認されている30カ所の貝塚のうち，24カ所は縄《じょう》文《もん》貝塚である。約6000年前の縄文海進の時代，海水面は現在より3m上まわっていた。縄文時代前期の弘源寺《こうげんじ》貝塚(平《たいら》鎌田町《かまたまち》字小山)は，現汀線から夏井《なつい》川を西に5.4km遡《さかのぼ》った丘陵東端にあり，西郷《にしごう》貝塚(常磐西郷町《じょうばんにしごうまち》金山)は現汀線から藤原《ふじわら》川を5km遡った丘陵東端にある。一方，薄磯《うすいそ》貝塚(平薄磯三反田)，寺脇《てらわき》貝塚(小名浜小《おなはまこ》湊《みなと》字寺ノ脇)は，現汀線にもっとも近い所にある縄文後期晩期の外洋性貝塚である。

しかし，いずれの貝塚も発掘調査後は団地や道路造成によって湮《いん》滅《めつ》した。近年，いわき市は貴重な遺跡を保護するため，関東系と東北系の縄文土器が出土した西郷貝塚を市史跡に指定し，また大畑《おおはた》貝塚を含む大畑遺跡群を，旧石器時代から平安時代までの複合遺跡公園として整備した。太平洋に突き出た丘陵上にある大畑遺跡からは，臨海工業団地や小名浜港が見渡せ，対岸には綱取《つなどり》貝塚があった三崎《みさき》公園を望める。

なお，市内の貝塚からの出土品は，常磐藤原町《ふじわらまち》のいわき市考古資料館でみることができる。体長30cmの祭祀用大型アワビ(大畑貝塚)，貝層剝《は》ぎ取り断面や線刻礫《れき》(薄磯貝塚)，タイやマグロ漁に用いられた「寺脇型」とよばれる結合式釣針や離頭銛《もり》など(寺脇貝塚出土品一括，県文化)は，縄文人のすぐれた知恵と技術を教えてくれる。

菩薩半跏《ぼさつはんか》像(県文化)は，1410(応永《おうえい》17)年，院尊《いんそん》の作である。岩の上で半跏し，滝を眺めていることから「滝見観音」とよばれ，鎌倉東《とう》慶寺《けいじ》の水月《すいげつ》観音に近似する。

高蔵寺《こうぞうじ》 52

0246-63-3030

〈M ► P. 2〉いわき市高倉町鶴巻《たかくらまちつるまき》50

JR常磐線植田《うえだ》駅🚗7分

浜通り唯一の
三重塔

植田駅前から跨線橋《こせんきょう》を渡って磐城農業高校を通り過ぎ，天神川《てんかんがわ》橋の先の交差点を右折，約1.5km北上すると高蔵寺(真言宗)に至る。寺伝によれば，807(大同《だいどう》2)年，徳一の開山といい，中世以降は観音霊場として栄えた。

境内には，1775(安永《あんえい》4)年建立の三重塔(県文化)がある。浜《はま》通りにおける唯一の三重塔で，高さ約15m，1層目のみ擬宝珠勾欄《ぎぼしこうらん》をもち，塔内部の厨子《ずし》には徳一坐像が安置されている。また近年再建された観音堂には，本尊の千手《せんじゅ》観音坐像がまつられている。

高蔵寺三重塔

植田駅から南へ約1km，鮫川《さめがわ》橋を渡って2つ目の交差点を右折すると，錦《にしき》小学校西側に御宝殿熊野《ごほうでんくまの》神社(祭神須佐之男《すさのお》命)がある。この神社は，平安時代末期に成立した菊田荘の総鎮守であった。毎年7月31日・8月1日の祭礼には，稚児田《ちごでん》楽《がく》・風流《ふりゅう》(国民俗)が行われる。田楽・風流は鎌倉時代に全国で流行し芸能化が進んだが，当社のものはそれ以前の古い時代の姿をよく残している。

熊野神社の南約1.8km，国道289号線がJR常磐線を跨ぐすぐ南に金冠塚《きんかんづか》古墳(県史跡)がある。十数基からなる中田《なかだ》古墳群中の最南端の古墳で，6世紀後半に築造された直径30mの円墳である。1950(昭和25)年の発掘調査では，横穴式石室《よこあなしきせきしつ》から10体分の人骨とともに，金冠・耳環などの金属製の副葬品が多数出土した。出土品は東京国立博物館(東京都台東区)の所蔵となっている。

植田駅の北西約13km，田人町黒田《たびとまちくろだ》には満照寺《まんしょうじ》(真言宗)がある。境内の不動堂《ふどうどう》(県文化)は，宝形《ほうぎょう》造茅葺《かやぶ》き・総欅《けやき》造の三間《さんげん》堂で，元《げん》禄《ろく》年間(1688～1704)に建立《こんりゅう》された。「不動堂」の扁額は，江戸時代後期の老中《ろうじゅう》松平定信の揮毫《きごう》である。

勿来関跡《なこそのせきあと》 53

0246-65-6166
(勿来関文学歴史館)

〈M►P.2〉いわき市勿来町関田《せきた》長沢6-1 P
JR常磐線勿来駅🚗5分，または常磐自動車道いわき勿来IC🚗10分

歌枕として残った勿来関

勿来駅から南方の山の手へ進むと，約2kmで勿来関跡がある。「浜通り」とよばれる福島県の太平洋岸は，古代・中世に海道あるいは東海道と称されていた。『常陸国風土記』は，653(白雉《はくち》4)年，海道の多珂《たが》国を多珂郡と石城郡に2分したと伝えている。さらに『続日本紀《しょくにほんぎ》』によると，718(養老《ようろう》2)年，多珂郡の210戸を割いて菊多郡とし，これに陸奥《むつ》国の石城・標葉《しねは》・行方《なめかた》・宇多《うだ》・亘理《わたり》の5郡をあわせて海道6郡の石城国が成立。719年，石城国への「駅家《うまや》一十

小名浜港今昔

コラム

年貢米・石炭の積出港から国際貿易港へ

小名浜港《おなはま》は，1670(寛文《かんぶん》10)年東廻《ひがしまわ》り海運の要衝の地に選ばれ，幕府をはじめ磐城平《いわきたいら》・湯長谷《ゆながや》・三春《みはる》各藩が米蔵を連ね，江戸への納付米積出港として栄えた。1747(延享《えんきょう》4)年，藩主内藤《ないとう》氏転封の際に幕府領となり，幕末まで代官所がおかれた(小名浜字元陣屋)。

1857(安政《あんせい》4)年に白水《しらみず》で石炭の採掘が始まり，小名浜港は江戸・横浜への積出港となったが，1897(明治30)年常磐《じょうばん》線の開通で衰退した。その後，地元の運動が実って，1927(昭和2)年に重要港湾に指定されたが，戦争のため修築工事が中断された。工事は1948年に再開され，短期間に修築を進めるため，役目を終えた駆逐艦《くちくかん》「澤風《さわかぜ》」「汐風《しおかぜ》」(1921〈大正10〉年建造)が，魚市場前の防波堤と1号埠頭《ふとう》の基礎として，それぞれ沈められた。1951年第1種漁港の指定を受け，小名浜港を中心に，いわきの北洋サケ・マス船の数は1972年の日ソ漁業協定で減船が実施される直前まで全国一であった。

また，1956(昭和31)年外国貿易港となり，現在7つの埠頭をもつ小名浜港は，国際航路コンテナ輸送が急増している。いわき地方(いわき市1966年成立)の市町村が，1964(昭和39)年，斜陽化する石炭産業からの脱皮を図って市町村の枠を越え，国の新産業都市「常磐・郡山《こおりやま》」の指定を受けた。それを契機に，小名浜臨海工業団地は内陸の好間《よしま》・常磐工業団地とともに拡張整備され発展した。

港の全景，太平洋から阿武隈《あぶくま》の山並みを一望できる展望台マリンタワーのある三崎《みさき》公園には，駆逐艦「澤風」のタービンが設置されている。また，1号埠頭には1993(平成5)年再開発事業によって，いわき市観光物産センター「いわき・ら・ら・ミュウ」が誕生し，2000年にはふくしま海洋科学館「アクアマリンふくしま」が開館した。

なお，小名浜港1号埠頭からは観光船が運航されており，港内のほか，塩屋埼《しおやざき》や五浦《いづら》(茨城県北《きた》茨城市)をめぐることができる。

処」の新設にともない，常陸・石城両国の国境に菊多剗《せき》(勿来関)が設置されたと考えられる。799(延暦《えんりゃく》18)年12月10日の太政官符《だいじょうかんぷ》には「白河《しらかわ》・菊多剗守《せきもり》六十人」とあり，この関が坂上田村麻呂《さかのうえのたむらまろ》の征夷軍北上の際，重要な役割をはたしたとみられるが，9世紀末頃には廃絶したと推定されている。

菊多剗が勿来関とよばれるようになるのは，平安時代中期以降といわれ，歌枕として用いられた。現在の勿来関跡は，磐城平藩の儒

勿来関跡

臣葛山為篤《かつらやまためあつ》の『磐城風土記』や，常陸国の国学者中山信名《なかやまのぶな》の『新編常陸国誌』などを参考にして比定された。以来，頼《らい》山陽《さんよう》・菅茶山《かんちゃざん》・幸田《こうだ》露伴《ろはん》・徳富蘆花《とくとみろか》・長《なが》塚節《つかたかし》・斎藤茂吉《さいとうもきち》らが訪れ，その歌碑が立ち並んでいる。また，「吹く風を　なこその関と　思えども　道もせにちる　山桜かな」の歌にちなんだ源義家《みなもとのよしいえ》の騎馬銅像や，いわき市勿来関文学歴史館もある。

勿来関跡の北西約 4 km，勿来第一小学校の近くに菊多国造《くにのみやつこ》がまつったと伝えられる国魂《くにたま》神社（祭神大巳貴《おおなむち》神）がある。この神社の北側台地の大高《おおだか》地区には，縄文時代から平安時代の遺跡が密集している。

勿来町窪田《くぼた》字郡《こおり》の郡遺跡は，俗に長者屋敷とよばれ，正倉《しょうそう》群とみられる礎石や炭化籾《もみ》，平瓦《ひらがわら》・甕形《かめがた》土師器《はじき》などが出土したことから，菊多郡衙《ぐんが》跡と考えられている。この菊多郡衙と，多珂郡衙に比定される茨城県北《きた》茨城市大津町《おおつちょう》の唐帰山《からかいさん》遺跡とを結ぶ線上に，菊多剗がおかれていたとする説もあるが，確実な遺構は発見されていない。

なお，勿来関跡を市街地に向かって山道を北へ下って行った谷間（勿来町関田）は，第二次世界大戦中に強制収用され，大本営直属の部隊350名が駐留して「ふ号作戦」が行われた。風船爆弾をジェット気流に乗せて，アメリカ本土への直接攻撃を試みたのである。風船爆弾は，特産物のコンニャク粉で和紙を張り合わせた気球に，海水からとった水素をつめ，爆弾を吊したものだった。

Nakadōri

中通り

二本松霞ヶ城

郡山市公会堂

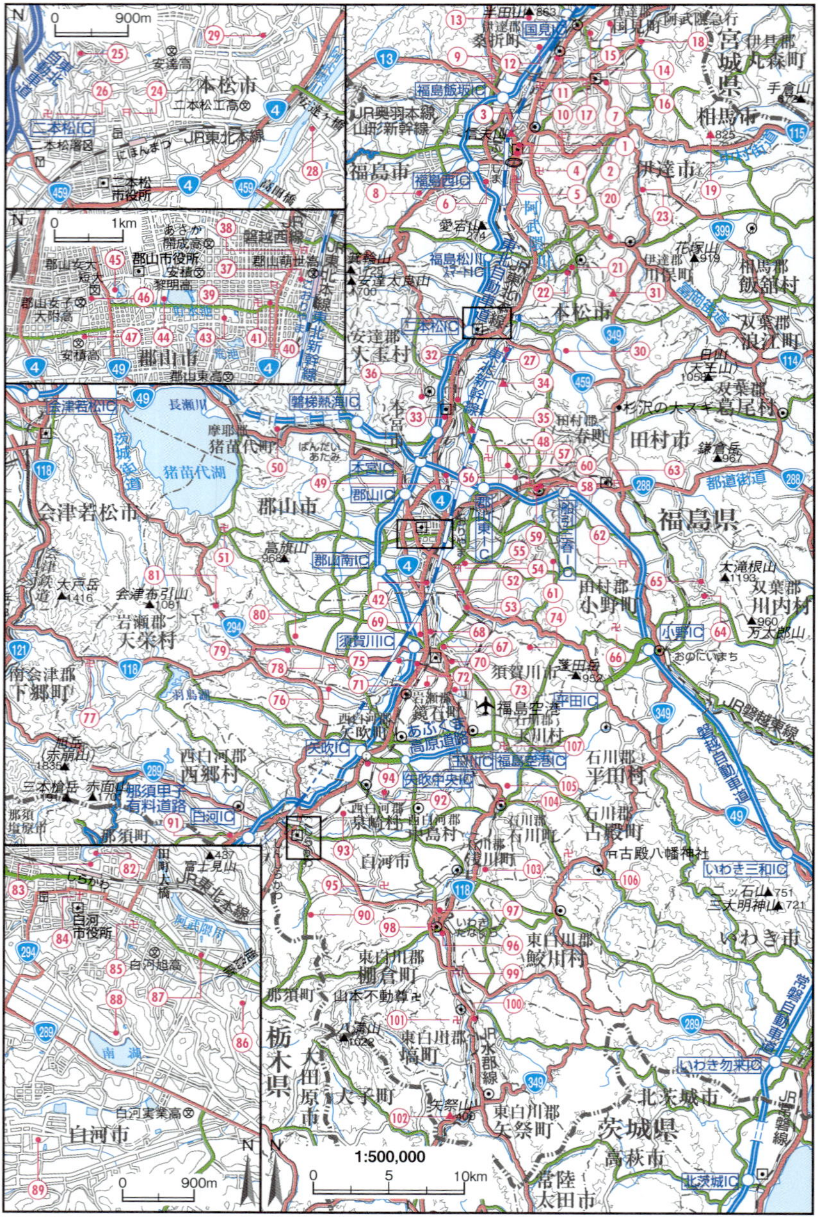

二本松市
安達高
二本松工高
二本松IC
二本松駅
にほんまつ
JR東北本線
二本松市役所
阿武隈川
0 900m
郡山市役所
郡山女大・短大
郡山女子大附高
安積高
安積黎明高
あさか開成高
磐越西線
郡山市
郡山東高
0 1km
福島市
福島飯坂IC
福島西IC
福島松川スマートIC
国見IC
JR奥羽本線
山形新幹線
伊達市
宮城県
相馬市
伊達郡桑折町
伊達郡国見町
伊達郡川俣町
安達郡大玉村
本宮市
二本松市
相馬郡飯舘村
双葉郡浪江町
双葉郡葛尾村
田村郡三春町
田村市
磐梯熱海IC
本宮IC
郡山IC
郡山南IC
郡山東IC
船引三春IC
猪苗代湖
耶麻郡猪苗代町
会津若松市
会津若松IC
郡山市
須賀川IC
須賀川市
福島空港
福島県
田村郡小野町
小野IC
双葉郡川内村
岩瀬郡天栄村
岩瀬郡鏡石町
西白河郡矢吹町
矢吹IC
西白河郡西郷村
白河IC
西白河郡泉崎村
西白河郡中島村
白河市
石川郡玉川村
石川郡石川町
石川郡平田村
石川郡古殿町
石川郡浅川町
東白川郡鮫川村
東白川郡棚倉町
東白川郡塙町
東白川郡矢祭町
いわき市
いわき三和IC
いわき勿来IC
北茨城IC
北茨城市
茨城県
高萩市
常陸太田市
栃木県
大田原市
那須町
大子町
南会津郡下郷町
白河実業高
白河市役所
白河旭高
南湖
1:500,000
0 5 10km
0 900m

◎中通り散歩モデルコース

福島城跡とその周辺コース　JR東北本線・奥羽本線福島駅10康善寺2誓願寺2真浄院2常光寺5宝林寺3御倉邸1御倉河岸跡6福島城跡(紅葉山公園)10長楽寺3宝積寺15ふれあい歴史館(閉館)5稲荷神社10JR福島駅

信夫山と文化施設コース　福島交通飯坂線美術館図書館前駅5福島県立図書館・美術館15花の写真館(休館)15福島県文化センター歴史資料館40羽黒神社20岩谷観音10福島市音楽堂・古関裕而記念館10JR福島駅

福島市郊外の史跡コース　JR東北本線・奥羽本線福島駅20文知摺観音10宮畑遺跡20大蔵寺15満願寺15大森城跡10陽泉寺・下鳥渡供養塔15福島市民家園15四季の里25JR福島駅

西根の郷コース　JR東北本線桑折駅15無能寺10旧伊達郡役所10桑折寺10万正寺の大カヤ6観音寺20桑折西山城跡25JR桑折駅10JR東北本線藤田駅10観月台文化センター2藤田宿10JR藤田駅

東根の郷コース　阿武隈急行高子駅2熊坂家墓所2高子沼2高子駅10阿武隈急行保原駅15長谷寺10仙林寺25保原駅5阿武隈急行大泉駅5旧亀岡家住宅・保原歴史文化資料館5大塚古墳10大泉駅10阿武隈急行やながわ

①福島城跡
②御倉邸
③信夫山
④大蔵寺
⑤満願寺
⑥大森城跡
⑦文知摺観音
⑧福島市民家園
⑨医王寺
⑩福源寺
⑪旧伊達郡役所
⑫桑折西山城跡
⑬半田銀山跡
⑭塚野目古墳群
⑮阿津賀志山防塁
⑯旧亀岡家住宅
⑰長谷寺
⑱梁川城跡
⑲霊山
⑳シルクピア
㉑白山遺跡
㉒和台遺跡
㉓下手渡藩天平陣屋跡
㉔二本松神社
㉕二本松城跡
㉖大隣寺
㉗粟ノ須古戦場
㉘安達ヶ原黒塚
㉙智恵子の生家・智恵子記念館
㉚小浜城跡
㉛木幡山・隠津島神社
㉜本宮宿
㉝仙道人取橋古戦場
㉞岩角山
㉟高松山
㊱馬場ザクラ
㊲郡山代官所跡
㊳阿邪訶根神社
㊴安積国造神社
㊵金透記念館
㊶如宝寺
㊷篠川御所跡
㊸郡山市公会堂
㊹こおりやま文学の森文学資料館
㊺開成山公園
㊻開成館
㊼安積歴史博物館
㊽廣度寺
㊾安積山公園
㊿東京電力沼上発電所
(51)東光寺
(52)田村神社
(53)守山陣屋跡
(54)大藤稲荷神社
(55)大安場古墳
(56)雪村庵
(57)高柴デコ屋敷
(58)三春城跡
(59)三春町歴史民俗資料館・自由民権記念館
(60)龍穏院・高乾院
(61)三春滝ザクラ
(62)堂山王子神社
(63)大鏑矢神社
(64)あぶくま洞
(65)入水鍾乳洞
(66)満福寺
(67)須賀川市立博物館
(68)上人壇廃寺跡
(69)米山寺経塚群
(70)須賀川の牡丹園
(71)須賀川一里塚
(72)岩瀬牧場
(73)乙字ヶ滝
(74)宇津峰
(75)稲村御所跡
(76)竜ヶ塚古墳
(77)満願寺
(78)桙衝神社
(79)須賀川市歴史民俗資料館
(80)長沼城址
(81)勢至堂峠
(82)小峰城跡
(83)白河集古苑
(84)白河ハリストス正教会聖堂
(85)龍蔵寺
(86)白川城跡
(87)白河市歴史民俗資料館
(88)南湖公園
(89)福島県文化財センター白河館
(90)白河関跡
(91)西郷村歴史民俗資料館
(92)泉崎横穴
(93)白河舟田・本沼遺跡群
(94)五本松の松並木
(95)常在院
(96)棚倉城跡
(97)赤館公園
(98)馬場都々古別神社
(99)八槻都々古別神社
(100)向ヶ岡公園
(101)薬王寺薬師堂
(102)矢祭山
(103)青葉城跡
(104)石都々古和気神社
(105)石川町立歴史民俗資料館
(106)西光寺
(107)東福寺

希望の森公園前駅 10 梁川城跡 10 やながわ希望の森公園前駅

二本松市内コース　JR東北本線二本松駅 3 二本松神社 5 二本松市歴史資料館 20 大隣寺 25 霞ヶ城公園 10 智恵子の生家・智恵子記念館 15 JR東北本線安達駅

本宮周辺の史跡コース　JR東北本線本宮駅 5 本宮宿(本宮市立歴史民俗資料館) 20 岩角山 20 天王壇古墳 20 二子塚古墳 15 蛇の鼻遊楽園 15 仙道人取橋古戦場 20 JR本宮駅

郡山市内コース　JR東北本線・磐越東線・磐越西線郡山駅 10 如宝寺 5 麓山公園・郡山市公会堂 10 こおりやま文学の森文学資料館 5 開成山公園 5 開成館 20 荒井猫田遺跡 20 大安場古墳 10 田村神社 20 JR郡山駅

三春町内コース　JR磐越東線三春駅 20 馬頭観音堂 3 龍穏院 5 高乾院 3 法蔵寺 10 福聚寺 15 紫雲寺 10 光岩寺 15 三春城跡 10 田村大元神社 10 州伝寺 5 真照寺 15 三春町歴史民俗資料館 10 雪村庵 10 高柴デコ屋敷 10 JR三春駅

須賀川市内コース　JR東北本線須賀川駅 15 須賀川市立博物館 20 須賀川の牡丹園 10 乙字ヶ滝 15 和田の大仏 20 須賀川芭蕉記念館 20 JR須賀川駅

白河市内コース　JR東北本線白河駅 5 小峰城跡 2 白河集古苑 10 白河ハリストス正教会聖堂 3 白河駅 5 龍蔵寺 5 白河市歴史民俗資料館 5 南湖公園 20 白河関跡 40 JR東北本線新白河駅

東白川コース　JR水郡線磐城棚倉駅 15 赤館公園 15 棚倉城跡 15 馬場都々古別神社 15 JR磐城棚倉駅 7 JR水郡線近津駅 10 八槻都々古別神社 15 向ヶ岡公園 15 薬王寺薬師堂 15 JR水郡線磐城塙駅

石川コース　JR水郡線磐城石川駅 10 薬王寺 20 石都々古和気神社 10 石川町立歴史民俗資料館 30 西光寺 35 JR磐城石川駅 25 東福寺 30 JR東北本線須賀川駅

◎県北

和台遺跡出土人体文土器── P. 109

大蔵寺木造千手観音立像── P. 92

福島市民家園—— P. 95

旧伊達郡役所—— P. 100

木幡の幡祭り—— P. 121

二本松少年隊戦死者供養塔(大隣寺)—— P. 115

旧二本松藩戒石銘碑—— P. 112

◎県南

南湖神社—— P. 174

きうり天王祭—— P. 161

荒井猫田遺跡—— P. 132

東光寺木造阿弥陀如来坐像—— P. 140

白河ハリストス正教会聖堂—— P. 170

旧福島県尋常中学校本館—— P. 137

高柴デコ屋敷—— P. 146

須賀川の牡丹園—— P. 159

1 県都福島とその周辺

かつての信夫の里，現在の県都。小さな城下町の周囲には，
古代から近代までのさまざまな史跡が点在する。

福島城跡《ふくしまじょうあと》 ❶

〈M ► P. 82, 89〉福島市杉妻町《すぎつまちょう》2-16 Ⓟ（休日県庁駐車場）
JR東北本線《とうほくほんせん》・奥羽《おうう》本線，阿武隈《あぶくま》急行阿武隈急行線，福島交通飯坂《いいざか》線福島駅🚶15分

奥州福島3万石
明治時代以降は県政の中心

福島駅東口を出て南に進むと，平和通りに出る。この通りの名前は，第二次世界大戦時の建物強制疎開にちなむものである。この通りを東に約500m進むと，福島県庁がみえる。県庁とその周辺地区が福島城跡であり，江戸時代から140余年を経た今なお，地域の中心となっている。

福島城は，1180(治承《じしょう》4)年頃には信夫庄司《しのぶしょうじ》佐藤基治《さとうもとはる》の家臣杉《すぎの》妻《め》行長《ゆきなが》の居城であり，杉妻城とよばれていた。大仏《だいぶつ》城という異称は伊達《だて》氏支配時代に杉目《すぎのめ》大仏をまつっていたことに由来し，現在でも，県庁東側に架かる大仏橋にその名が残る。1413(応永《おうえい》20)年には，伊達持宗《もちむね》が鎌倉公方《かまくらくぼう》に叛《そむ》いた大仏城合戦がおこっている。豊臣秀吉《とよとみひでよし》の奥羽仕置《おううしおき》により会津《あいづ》に蒲生氏郷《がもううじさと》が入ると，その家臣である木村吉《きむらよし》清《きよ》が，大森《おおもり》城の城下町を大仏城周辺に移すとともに，城の名を福島城と改めた。これが「福島」という地名の由来とされる。その後，上杉景勝《うえすぎかげかつ》時代には本庄繁長《ほんじょうしげなが》が城代となり，江戸時代には幕府領の時期を除けば本多《ほんだ》氏・堀田《ほった》氏・板倉《いたくら》氏による支配が行われた。1702(元禄《げんろく》15)年に板倉重寛《しげひろ》が福島3万石《ごく》を拝領した後は，幕末まで板倉氏による支配が続いた。県庁周辺には，往時の遺構はあまりみられないが，県庁の南側には土塁《どるい》が残っている。

紅葉山公園(福島城庭園跡)

福島県庁の東側には，1882(明治15)年の福島事件で有名な河野広中《こうのひろなか》像が立っている。福島県庁は，河野広中と三《み》

島通庸《しまみちつね》の対立を始め，近代福島における自由民権運動の舞台となった場所でもある。県庁東側から阿武隈《あぶくま》川の河畔《かはん》にかけては，福島城の庭園であった紅葉山《もみじやま》公園が広がる。公園内には，二の丸土塁から出土した大仏城出土宝塔(県文化)が保存されており，また，川沿いには板倉神社があり，藩主板倉氏の事績を伝えている。

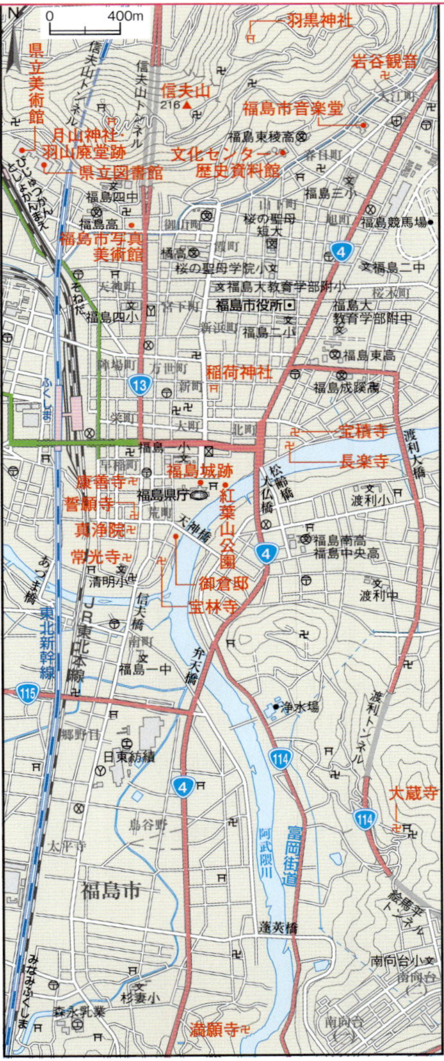

福島市中心部の史跡

県庁を囲むように寺社が点在している。これは近世の町割《まちわり》の名残りである。西《にし》裡《うら》(福島城西側の通り)を南から北にみて行くと，古くは二本松《にほんまつ》畠山《はたけやま》氏の菩提寺《ぼだいじ》であり畠山義継《よしつぐ》をまつる宝《ほう》林寺《りんじ》(時《じ》宗)，1873(明治６)年に県庁の仮庁舎がおかれ模擬県会なども開かれた常光寺《じょうこうじ》(曹洞《そうとう》宗)，鍍金《ときん》金剛鈴《こんごうすず》・金剛杵《こんごうしょ》(ともに国重文)を所蔵し信夫山の羽黒《はぐろ》権現別当《ごんげんべっとう》でもある真浄院《しんじょういん》(真言《しんごん》宗)，福島山の山号をもつ誓願寺《せいがんじ》(浄《じょう》土《ど》宗)，西《にし》根上堰《ねかみぜき》の開削者古河善兵衛《ふるかわぜんべえ》の墓がある康善寺《こうぜんじ》(浄土真《しん》宗)などがある。かつては大森城下にあり，木村吉清の福島移封《いほう》とともに移ってきた寺が多い。一方東側には，上杉時代の城代本庄繁長の墓や明治時代初期の福祉事業家瓜生岩子《うりゅういわこ》像がある長楽寺《ちょうらくじ》(曹洞宗)，伊達晴宗《はるむね》の五輪塔《ごりんとう》が立つ宝積寺《ほうしゃくじ》(曹洞宗)がある。長楽寺は，戊辰《ぼしん》戦争(1868〜69年)の際に西軍の軍事局が設けられたことでも知られる。

御倉邸《おくらてい》 ❷

024-522-2390

〈M►P. 82, 89〉福島市杉妻町2-16 P
JR東北本線福島駅 徒歩10分

昭和時代初期の古建築
阿武隈川に臨む

福島県庁(福島城跡)の西南にある御倉町《おくらまち》は，かつては河岸《かし》や米蔵があり舟運の拠点となった地区である。御倉町河岸跡の周辺は，公園として整備されており，おぐら茶屋という休憩所も設けられている。隈畔《わいはん》とよばれる阿武隈川沿いの美しい景色をみながら，歴史を感じることができる。

公園に隣接して，御倉邸が一般公開されている。福島市は東北で最初に日本銀行の支店がおかれた地であり，御倉邸は，その支店長役宅として，1927(昭和２)年に建築された瓦葺《ぶ》き平屋の建物である。畳廊下や古い手作りガラスなど，昭和時代初期の建築が鑑賞できる。施設は見学だけでなく，会合などにも貸し出されており，市民の新しい憩いの場となっている。

福島県庁から北に1.3kmほど歩くと，稲荷《いなり》神社(祭神豊受比売《とようけひめの》命《みこと》・大国主《おおくにぬし》命・事代主《ことしろぬし》命)がある。境内には，戊辰戦争時の奥州《おうしゅう》鎮撫使参謀《ちんぶしさんぼう》であり阿武隈河畔で殺害された長州《ちょうしゅう》藩士世良修蔵《せらしゅうぞう》の墓を始め，和算《わさん》家丹治明斎《たんじめいさい》の碑や斎藤忍山《さいとうにんざん》の句碑，1692(元禄５)年に造られたと考えられる稲荷神社絵馬殿《えまでん》がある。さらに東へ1.5kmほど行った腰浜町《こしはまちょう》には，腰浜廃寺《こしのはまはいじ》跡がある。７世紀後半から９世紀中頃にかけての寺院遺構から，瓦や唐《とう》銭・宋《そう》銭などの遺物が出土した。白鳳《はくほう》時代の貴重な遺跡であり，有力豪族の活動をうかがわせる。

御倉邸

信夫山周辺の文化施設

コラム

福島市のシンボル信夫山周辺に点在する文化施設

信夫山《しのぶやま》は福島盆地の中央に位置し，信仰・観光の中心となってきた。また，南麓には，多くの文化施設が集中している。

福島市森合《もりあい》の県立福島高校に隣接して福島市写真美術館「花の写真館」(現在休館中)がある。写真家秋山庄《あきやましょう》太郎《たろう》が「福島に桃源郷があり」と紹介した，福島駅南東にある花見山《はなみやま》を題材にした作品を中心に展示されている。花の写真館の建物は，1922(大正11)年に開設された電気試験所福島試験所跡を利用したもので，石造りの優雅な建物である。

福島県立図書館は，かつての福島大学経済学部(福島高等商業学校)跡に造られた。郷土資料も多く，専用のコーナーが設けられているほか，展示コーナーもある。図書館と棟続きの福島県立美術館は，1800点以上の作品を収蔵する。ベン・シャーンやアンドリュー・ワイエスら20世紀のアメリカ絵画を多く収蔵し，また白河市出身の関根正二《せきねしょうじ》ら郷土の画家や，岸田《きしだ》劉生《りゅうせい》や村山槐多《むらやまかいた》らの作品も収められている。

福島県文化センターは，各種のコンサートや展示会で用いられる文化施設で，市民の文化活動の拠点である。また福島県歴史資料館は，地籍図・丈量図や明治・大正時代の県庁文書，そのほか役場文書や地方文書などを収蔵している。また，百姓一揆《いっき》・半田《はんだ》銀山・和算・蚕糸《さんし》関係資料なども収蔵されている。

福島市音楽堂は，パイプオルガンを備える大ホールや小ホールをもつ文化施設である。敷地内には古関裕而《こせきゆうじ》記念館もある。古関裕而は福島市出身の作曲家で，プロ野球の巨人・阪神の応援歌や夏の高校野球の大会歌「栄冠は君に輝く」の作曲などで知られている。

花の写真館(休館中)

信夫山《しのぶやま》 ❸

〈M►P. 82, 89〉福島市御山《おやま》ほか　P(信夫山内各所)
JR東北本線福島駅 バス 市内循環体育館前 徒歩 3分

福島市のシンボル信達平野を一望

信夫山は信達《しんたつ》平野(旧信夫郡・伊達郡にまたがる平野)のほぼ中央に位置し，古くから御山・青葉山《あおばやま》などとよばれ親しまれてきた福島のシンボルである。古くから信仰の対象となった山であり，山頂の羽黒《はぐろ》神社(祭神淳中倉太珠敷《ぬなくらのふとたましき》命・石姫《いわひめ》命)とその境内にある足尾《あしお》神社は，信夫三山《さんざん》暁《あかつき》参りやわらじ祭りなどで，福島市民にはなじみ深い神社である。また，信夫三山の西峰にある月山《がっさん》神社のそばには，羽山《はやま》廃堂《はいどう》跡がある。平安時代から室町時代までの古鏡や武具などが出土し，福島信夫山出土品として県の文化財に指定されている。信夫山東側の五十辺《いがらべ》字岩屋《いわや》には，宝永《ほうえい》年間(1704〜11)に刻まれた50体以上の磨崖仏《まがいぶつ》があり，岩谷観音《いわやかんのん》と称せられている。信夫山は金や白土の採掘なども行われ，また，第二次世界大戦中は巨大な地下軍需工場が造られた。

大蔵寺《だいぞうじ》 ❹

024-523-5215

〈M►P. 82, 89〉福島市小倉寺捨石《おぐらじすていし》7
JR東北本線福島駅🚌川俣《かわまた》行小倉寺前🚶20分

圧巻の木造千手観音
平安時代の仏像群

小倉寺前バス停から南に進み，案内板に従って小倉寺山を登って行くと，中腹に大蔵寺(臨済《りんざい》宗)がみえてくる。大蔵寺境内の収蔵庫には，貞観《じょうがん》様式の木造千手観音《せんじゅかんのん》立像(国重文)が保存されている。カヤを用いた一木造《いちぼくづくり》の仏像で，その大きさは4mにおよび，翻波《ほんぱ》式など平安時代初期の特徴をよく備えている。ほかにも木造観音菩《ぼ》薩《さつ》立像や聖《しょう》観音像など，計28体の仏像群(いずれも県文化)が安置されている。大蔵寺から5kmほど南東の阿武隈川上流には鮎滝《あゆたき》の渡し(国史跡)があり，そばにある鮎滝観音堂には木造菩薩立像(県文化)がまつられている。大蔵寺の仏像群と同じく平安時代の作と考えられる。なお，付近の阿武隈峡(県名勝・県天然)は絶景である。

満願寺《まんがんじ》 ❺

024-546-0096

〈M►P. 82, 89〉福島市黒岩《くろいわ》字上ノ町《かみのまち》43
JR東北本線福島駅🚌南向台《なんこうだい》行黒岩🚶5分

黒岩の虚空蔵様
十六羅漢像

黒岩バス停から南に向かい，阿武隈川を左手にみながら坂道をのぼると，黒巌山《くろいわさん》満願寺(臨済宗)に至る。寺伝によると811(弘仁《こうにん》2)年の創建で，近世初頭に再興されたという。境内に虚空蔵堂《こくぞうどう》があり，黒岩の「虚空蔵さま」として市民に親しまれており，丑寅《うしとら》を守護するとされる。13歳になると虚空蔵様に参詣する十三詣《まい》りの風習がある。健康と学問の守り仏で，夏の例祭も盛大であり，東にみえる阿武隈川の流れも美しい。虚空蔵堂は西根堰開削のお礼として，1635(寛永《かんえい》12)年に古河善兵衛が建立したもので，江戸時代に福島藩・米《よね》沢《ざわ》藩の手厚い保護を受けた。勝海舟《かつかいしゅう》・高橋泥舟《たかはしでいしゅう》とともに幕末の三《さん》舟《しゅう》の1人に数えられる山岡鉄舟《やまおかてっしゅう》の書や，狩野常信《かのうつねのぶ》「三十六歌仙《さんじゅうろっかせん》

満願寺

図《ず》」などを所蔵している。江戸時代中期鋳造の天女の姿が彫られた銅鐘(いぼなし鐘)も現存する。寺の裏手に並ぶ十六羅漢像《じゅうろくらかん》は,1820(文政《ぶんせい》3)年造立《ぞうりゅう》の表情豊かな羅漢像である。

大森城跡《おおもりじょうあと》 ❻

〈M►P. 82, 94〉福島市大森字本丸《ほんまる》 P
JR東北本線福島駅🚌大森行大森本町《もとまち》🚶20分

片倉景綱の居城
16世紀には信夫郡の中心

大森本町バス停の西方の小高い丘陵上に大森城跡がある。現在は大森城山《じょうやま》公園として整備され,城山の愛称で親しまれている。鷹《たか》峰《みね》城・臥牛《がぎゅう》城・白鳥《しらとり》城などの異称があり,伊達実元《さねもと》・成実《しげざね》父子や片倉景綱《かたくらかげつな》の居城であった。上杉氏城代芋川《いもかわ》氏の墓が中腹に残る。頂上部には物見櫓《ものみやぐら》が復元されており,また城山全体がサクラの名所として知られている。1590(天正《てんしょう》18)年に蒲生氏郷が会津に入ると,城代である木村吉清は,大森城から杉妻城(福島城)に居城を移し,城下町も大森から福島に移った。かつての大森城下町は,城の南東に広がっていた。

大森城跡から北西に1kmほど行った所に,市内で唯一埴輪《はにわ》が発見された八幡塚《はちまんづか》古墳と,稲荷塚古墳がある。ともに帆立貝《ほたてがい》式古墳で,地名などから周囲にほかの古墳があった可能性があり,古墳群を形成していたと考えられる。

大森城跡から西へ1.5kmほど進んだ所にある下鳥渡《しもとりわた》には,この地域を領有した二階堂《にかいどう》氏との関係が深いと考えられている朝日館跡《あさひだてあと》がある。二階堂時世《ときよ》が湖山寺《こざんじ》を建立したことが,陽泉寺《ようせんじ》(曹洞宗)にある木造釈迦如来《しゃかにょらい》坐像(国重文)の胎内銘文により明らかになった。

大森城跡

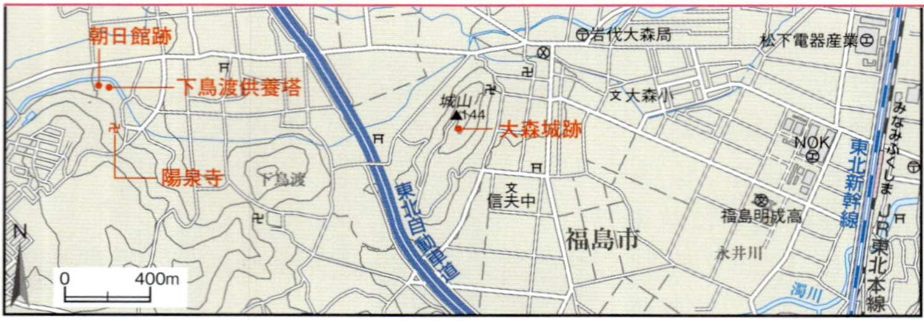

大森城跡周辺の史跡

二階堂氏は鎌倉幕府の有力御家人《ごけにん》二階堂基行《もとゆき》の子孫であり，1189（文治５）年奥州合戦後の論功行賞によりこの地を得ている。湖山寺跡は陽泉寺の南東１kmの所にあり，古山寺《こさんじ》の地名が残っている。

陽泉寺の近隣には中世の供養塔《くようとう》（板碑《いたび》）が多く残る。もっとも有名なものが，陽泉寺の北東すぐの所にある下鳥渡供養塔（国史跡）である。阿弥陀三尊《あみださんぞん》を浮彫りで表現した供養塔は端正な印象で，「正嘉《しょうか》二（1258）年」の銘がある。周囲にも３基の供養塔が並んでいる。

文知摺観音《もじずりかんのん》 ⑦

024-535-1471

〈M►P. 82〉福島市山口《やまぐち》字文知摺前70 Ⓟ
JR東北本線福島駅🚌宮下町《みやしたちょう》経由文知摺行文知摺🚶５分

古今集の悲恋物語
美術史料館も開設

文知摺バス停から案内板に従い東へ300mほど進むと，文知摺観音（安洞院《あんとういん》，曹洞宗）に至る。文知摺（文字摺）とは，平安時代頃から珍重され，狩衣《かりぎぬ》などに使われた織物である。草木の紫や藍色で絹に乱れ模様を付けたもので，なかでも信夫郡の文字摺は有名であった。文字摺の乱れ模様は，心の乱れにかけて和歌に詠まれるようになった。この地には河原左大臣《かわらのさだいじん》源《みなもとの》融《とおる》と虎女《とらめ》の伝承が残っている。陸《む》奥《つ》国按察使《あぜち》として赴任する途中，信夫に寄った源融は村長の娘虎女と恋をし，しばらく逗留するが，やがて都によび戻されてしまう。残された虎女は，融が恋しく，文知摺石を麦草で磨いて鏡のようにし，融の面影を映し出したが，衰弱して亡くなったという伝説である。『古今和歌集《こきんわかしゅう》』に源融の「みちのくの　忍もちずり　誰ゆえにみだれそめにし　われならなくに」という歌が収められている。

文知摺観音は，1709（宝永《ほうえい》６）年に再興された。境内には，観音堂を始め多宝塔《たほうとう》や三十三間堂《さんじゅうさんげんどう》など多くの建物がある。また，伝承の文知摺石が残っており，松尾芭蕉《まつおばしょう》が訪問した際に詠んだ「早苗とる　手もとや昔　しのぶずり」の句碑や正岡子規《まさおかしき》の句碑などがある。また，2002（平成14）年に美術史料館として傳光閣《でんこうかく》が設けられ，板倉氏の奉納絵馬《えま》など数多くの文化財を所蔵している。

文知摺観音の北方約2kmの所に宮畑遺跡《みやはたいせき》(国史跡)がある。三内《さんない》丸山《まるやま》遺跡(青森県)に続く巨大柱穴の発見で全国的に注目を浴び，縄文時代中期の大規模集落の姿が解明されつつある。今後，歴史公園として整備されていく予定である。

福島市民家園《ふくしましみんかえん》 ⑧

024-593-5249

〈M►P. 82, 96〉福島市上名倉《かみなぐら》字大石前《おおいしまえ》(福島県あづま総合運動公園内) P
JR東北本線福島駅 🚌 佐原《さはら》行室石《むろいし》 🚶 5分

近世・近代の建築物を移築
民具の展示も充実

福島市民家園は江戸時代から明治時代初期にかけての建築物を集めた施設であり，福島市西部のあづま総合運動公園内にある。室石バス停から南の総合運動公園内に入り，東に800mほど進むと民家園入口に至る。旧阿部《あべ》家住宅・旧奈良輪《ならわ》家住宅・旧菅野《かんの》家住宅(いずれも県文化)は福島市各地に残っていた民家を移築したものであり，いずれも18世紀中頃から後期にかけて建てられたものと考えられている。ほかに，江戸時代より続いた割烹《かっぽう》旅館で戊辰戦争時には仙台藩士が世良修蔵を尋問した場所である旧客自軒《かくじけん》や，伊達市梁川《やながわ》町《まち》の広瀬《ひろせ》川付近にあった芝居小屋である旧広瀬座(国重文)などが，移築・復元されている。近世から近代にかけての民具などを展示する屋内展示も充実しており，当時の生活を多面的にみることができる。

また，南東の荒《あら》川流域には，氾濫した水を川に戻すために設けられたかすみ堤《てい》の痕跡をみることができる。運動公園の北端には義民《ぎみん》碑が残る。1729(享保《きょうほう》14)年，享保の改革により負担が増加した農民を救おうと，福島藩に越訴《おっそ》し，さらに目安箱《めやすばこ》へ直訴《じきそ》して刑死した佐藤太郎右衛門《さとうたろうえもん》を供養するものである。

旧広瀬座

運動公園の陸上競技場そばの門を出て北西に向かうと，約400mで慈徳寺《じとくじ》(曹洞宗)がある。1585(天正13)年，独眼

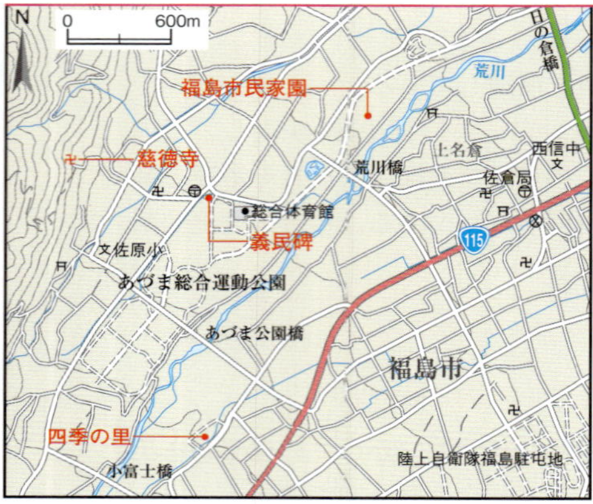

福島市民家園周辺の史跡

竜の名で知られる伊達政宗《まさむね》が二本松城主畠山義継と争った際，義継が政宗の父輝宗《てるむね》を人質に取ったが，政宗は父もろとも義継を撃ったといわれる(異説も多い)。この事件ののちに輝宗の遺体を埋葬したとされるのが慈徳寺であり，境内の五輪塔は輝宗の首塚と伝えられる。

また，運動公園の西端部から荒川を挟んだ対岸に四季の里がある。大規模な農村公園で，敷地内の工芸館にはガラス工房とこけし工房があり，こけしの絵付けなどが体験できる。

医王寺《いおうじ》 ❾

024-542-3797

〈M►P. 82, 98〉福島市平野《ひらの》字寺前《てらまえ》45 P

福島交通飯坂《いいざか》線医王寺前駅 徒歩 10分

信夫庄司佐藤氏の菩提寺
源義経の臣佐藤兄弟をまつる

医王寺前駅から案内板に従い北西へ延びる道を進むと，医王寺(真言宗)に至る。信夫庄司佐藤氏の菩提寺であり，薬師堂は佐藤基治が建立した。佐藤氏は奥州藤原《ふじわら》氏の勢力下にあり信夫郡を治めた一族で，飯坂温泉が近いことから湯の庄司ともよばれた。基治の息子に継信《つぐのぶ》・忠信《ただのぶ》兄弟がいる。兄弟は源義経《よしつね》に従って活躍した。継信は，屋島《やしま》の戦いにおいて義経の身代わりとなり平教経《たいらののりつね》の矢を受けて戦死。忠信は，義経の都落ちの際に，義経を逃すために最後まで追手と戦って討死した。兄弟ともに義経の忠臣と讃えられている。薬師堂のそばに佐藤一族の墓所があり，継信・忠信兄弟の墓(板碑)も立つ。信仰心の篤い人びとが削り取って薬としたため，大きくえぐれている。医王寺には武蔵坊弁慶《むさしぼうべんけい》のものと伝えられる笈《おい》(県文化)や義経のもとの伝えられる刀，佐藤兄弟の遺品とされる鞍《くら》などが残されている。境内には兄弟の母乙和御前《おとわごぜん》の悲しみが移り，花が咲く前につぼみが落ちてしまうという伝承がある乙和の椿がある。また，松尾芭蕉が「笈も太刀《たち》も　五月《さつき》にかざれ　紙幟《かみのぼり》」と佐藤兄弟を詠んだ句碑も残されている。

福島の温泉

コラム

憩

みちのくの名湯
歴史にはぐくまれた温泉

福島盆地周辺は古くから温泉が点在し，多くの観光客や湯治《とうじ》客が訪れる。飯坂《いいざか》温泉，穴原《あなばら》温泉，高湯《たかゆ》温泉，土湯《つちゆ》温泉，岳《だけ》温泉などがその代表である。

飯坂温泉は宮城県の鳴子《なるこ》温泉や秋保《あきう》温泉とともに奥州《おうしゅう》三名湯に数えられる温泉である。福島駅から福島交通飯坂線で直結しているアクセスのよさもあって，全国に名を響かせた。平安時代から「佐波来湯《さはこゆ》」の名が和歌に詠まれており，飯坂温泉の原型があったと思われる。信夫庄司佐藤《しのぶしょうじさとう》氏は「湯の庄司」ともよばれ，1672(寛文《かんぶん》12)年の湯年貢《ゆねんぐ》に関する文書に佐藤勝行《かつゆき》が温泉を開いたことが記されている。以来，江戸時代を通じて温泉街として発展し，1847(弘化《こうか》4)年には飯坂温泉の北西に穴原温泉も湧出した。松尾芭蕉《まつおばしょう》も『奥の細道』の旅の途中で飯坂温泉に宿泊した。福島交通飯坂線飯坂温泉駅前には松尾芭蕉像がある。

福島市の西，奥羽《おうう》山脈に位置する高湯温泉・土湯温泉には古い時代の開湯伝承が残り，『吾妻鏡《あづまかがみ》』にも「土湯」の名がみられる。江戸時代を通じて発展したと考えられる。どちらも奥羽山系の高台に位置し，風光明媚《ふうこうめいび》で情緒豊かである。磐梯《ばんだい》スカイラインなどにも近い。なお，土湯温泉のこけしは有名で，土湯温泉内には土湯こけし館が，福島市南西部の横塚《よこつか》には原郷《げんきょう》のこけし群西田《にしだ》記念館がある。

二本松《にほんまつ》の岳温泉は坂上田村麻呂《さかのうえのたむらまろ》の開湯伝承がある。1824(文政《ぶんせい》7)年の土石流や，明治維新期の戊辰《ぼしん》戦争により壊滅的な被害を受けたが，復興し温泉街を形成している。

佐藤氏の居城であったのが大鳥城《おおとりじょう》である。医王寺駅前から北へ2つ目の飯坂温泉駅から西へ1.5kmほど歩いていく。山城であるため坂道となる。三方を川が流れて堀の役目をしていたと考えられる。現在は館《たて》の山《やま》公園として整備されている。1189(文治《ぶんじ》5)年，佐藤氏は源頼朝《よりとも》の奥州征討の際におこった石那坂《いしなざか》の戦いに参加し，奥州藤原氏の将として前線で戦ったが敗れた。以後一時は許されて，大鳥城を中心に支配して

医王寺

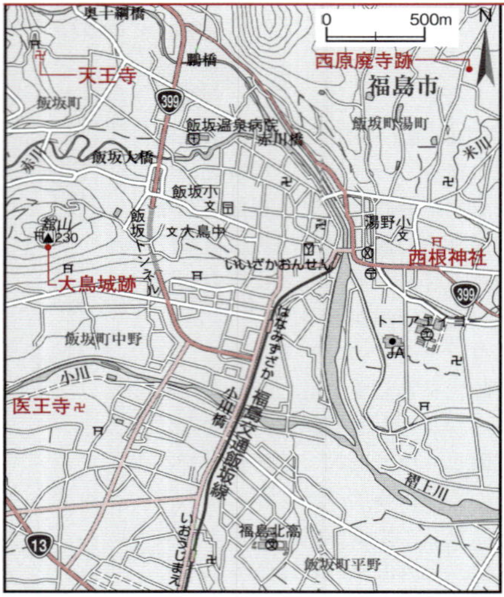

医王寺周辺の史跡

いたが，やがて転封《てんぽう》となった。

飯坂温泉駅から北西1.5kmの所にある天王寺《てんのうじ》(臨済《りんざい》宗)は，天王寺経《きょう》筒《づつ》(国重文)を所蔵する。1899(明治32)年の改修工事中に偶然経塚《きょうづか》が発見され，陶製経筒外筒や陶器が出土した。経筒外筒には「承安《じょうあん》元(1171)年」の銘があり，さらに白井《しらい》友包《ともかね》・糸井《いとい》国数《くにかず》といった名前も刻まれていた。同様の陶製経筒外筒が，伊達郡桑折町《こおりまち》の平沢《へいたく》寺《じ》や須賀川市の米山寺《べいさんじ》などにもあり，当時流行していた末法《まっぽう》思想の影響が考えられる。

飯坂温泉駅前には松尾芭蕉像がある。1689(元禄２)年に，芭蕉は飯坂温泉に泊まっている。駅から南東へ300mほど進むと西根下堰の取水口がある。1618(元和《げんな》４)年に，桑折の郡役佐藤新右衛門《さとうしんえもん》が，湯野《ゆの》の摺上《すりかみ》川から桑折までの約13kmの水路，西根下堰を開削した。さらに1625(寛永《かんえい》２)年に代官古河善兵衛は新右衛門の協力を得て，下堰より２km上流の穴原《あなばら》より取水し，梁川までの水路を開削した。これは1632(寛永９)年に完成し，西根上堰とよばれる。西根上堰・西根下堰の両方をあわせて西根堰とよぶ。これにより西根郷(現，伊達郡桑折町・国見町《くにみまち》など)一帯の水不足は解消され，多くの新田が開墾された。工事は上杉米沢藩時代のことであるが，今も地域を潤し続けている。西根下堰の取水口から東へ約300m進むと西根神社がみえる。佐藤新右衛門と古河善兵衛を祭神としており，西根堰が地域に与えた恩恵の大きさがうかがえる。西根神社より北へ１kmほど進むと西原廃寺《にしはらはいじ》跡(県史跡)がある。発掘調査により大規模な金堂を含む伽藍《がらん》配置が確認され，出土した瓦や土器の形式から９〜10世紀の寺院跡と推定されている。

2 西根の郷

阿武隈川と摺上川に囲まれた西根郷。かつて蚕種・生糸の生産で繁栄した一帯は，現在くだものの生産が盛ん。

福源寺《ふくげんじ》 ⑩

024-583-2312

〈M ► P. 82, 99〉 伊達《だて》市下志和田《しもしわだ》31 P

JR東北本線伊達駅 徒歩 15分

寛延の大一揆の指導者
義民斎藤彦内の墓

伊達市霊山町《りょうぜんまち》の霊山神社の社殿を模して造られた伊達駅を出て1kmほど東へ進み，国道4号線より1本手前で南に折れる。この道が奥州道中《おうしゅうどうちゅう》で，道沿いに史跡が点在する。まず，道中西に八雲《やくも》神社(祭神素盞嗚尊《すさのおのみこと》)が，道中東に熱田神社《あつたじんじゃ》(祭神日本武尊《やまとたける》)があり，道を挟んで対になっている。夏の長岡天王祭《ながおかてんのうさい》は，八雲神社の神体と熱田神社の神体を1つにあわせるというユニークな祭りで，嫁入り祭ともよばれる。かつて，この長岡天王祭は，糸市が立つことで全国に知られ，生糸の値段を左右するほどの盛況であった。

奥州道中をさらに南に200mほど進むと，道中の西側に薬師堂《やくしどう》がある。境内には寛延三義民《かんえんさんぎみん》顕彰碑が立っている。1749(寛延2)年におきた寛延の大一揆《だいいっき》を指導した斎藤彦内《さいとうひこない》・猪狩源七《いかりげんしち》・蓬田半左衛《よもぎだはんざえ》門《もん》を讃えたものである。この寛延の大一揆は，凶作にもかかわらず年貢をふやすなどした桑折《こおり》代官神山三郎左衛門《かみやまさぶろうざえもん》の悪政に抵抗したものであり，天狗廻状《てんぐかいじょう》とよばれる書状が信達《しんたつ》の村々を回り大規模な一揆に発展した。彦内ら3人は信達68カ村の代表として年貢の減免などを勝ち取ったが，一揆後に捕縛され，処刑された。斎藤彦内の墓所は，薬師堂の西400mほどの所にある福源寺《ふくげんじ》(曹洞《そうとう》宗)にある。

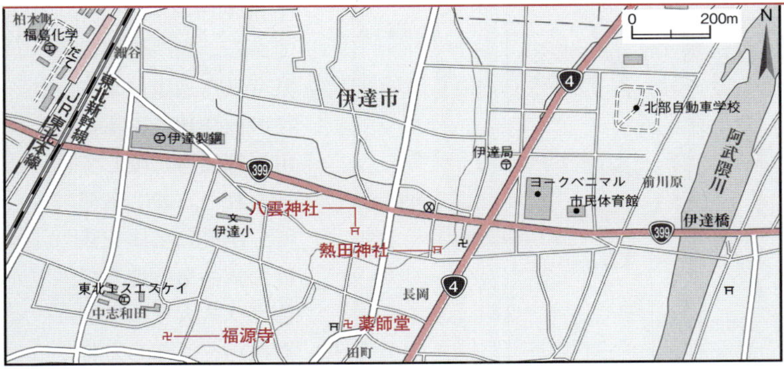

伊達駅周辺の史跡

斎藤彦内の墓所

旧伊達町は阿武隈《あぶくま》川により東西に分断されているが，これをつないでいるのが伊達橋である。伊達橋に沿って架かる歩行者用の橋梁は，かつての飯坂《いいざか》東《ひがし》線の跡で，初め軽便《けいべん》鉄道が，のちには路面電車が通っていた。飯坂東線は福島駅から長岡を経て桑折駅や湯野《ゆの》駅・伊達駅に通じ，また，保原《ほばら》や梁《やな》川《がわ》・掛田《かけだ》・川俣《かわまた》につながる分線もあった。信達の広い地域を走っていた路線であったが，1971(昭和46)年までにすべて廃線となった。

明治時代の擬洋風建築
かつての伊達郡の中心

旧《きゅう》伊達《だて》郡役所《ぐんやくしょ》 ⓫

〈M►P. 82, 100〉 福島県伊達郡桑折町陣屋《こおりまちじんや》12 Ⓟ
JR東北本線桑折駅🚶15分

桑折駅から東へ500mほど進み，十字路を南へ折れると旧奥州道中の桑折宿《しゅく》である。奥州道中を南へ進むと，道沿いには江戸時代中期の名僧無能上人《むのうしょうにん》が再興した無能寺(浄土《じょうど》宗)があり，境内には名代官寺西封元《てらにしたかもと》の墓が残る。さらに，南に800mほど進むと，正面に立派な擬洋風建築がみえてくる。これが1883(明治16)年に建設された旧伊達郡役所(国重文)(2014年再オープン予定)である。当時の福島県令《けんれい》三島通庸《みしまみちつね》により，彼の前任地である西《にし》田川《たがわ》郡役所に模して造られた。総2階建て，中央に塔屋を設けた気品ある造りで，色ガラス入りの欄間《らんま》や技巧をこらした軒

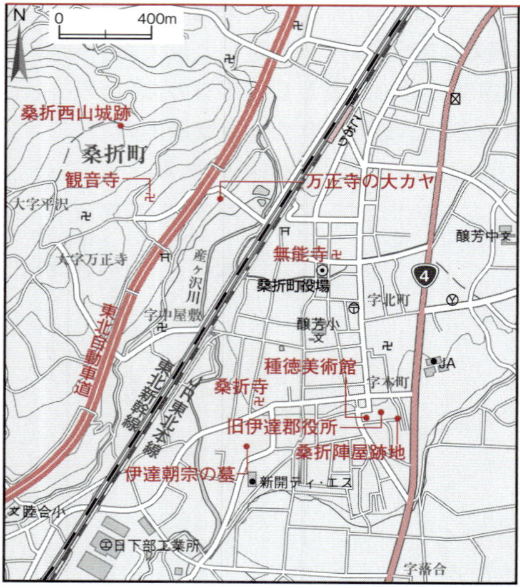

桑折駅周辺の史跡

桑折寺山門

など，見どころの多い建築である。２階には半田《はんだ》銀山関係の資料も展示されている。伊達郡の役所は，1879(明治12)年に保原に設置されたが，この郡役所完成とともに桑折に移り，1926(大正15)に廃止された。旧伊達郡役所の西隣には種徳《しゅとく》美術館がある。貴族院議員であった角田林兵衛《つのだりんべえ》(種徳)の蒐集品をもとに造られた美術館で，叢竹花鳥図《そうちくかちょうず》(県文化)のほか円山応《まるやまおう》挙《きょ》・谷文晁《たにぶんちょう》・渡辺崋山《わたなべかざん》らの作品を収蔵する。また，旧伊達郡役所の東側が桑折陣屋跡地である。

旧伊達郡役所から西に400mほど進むと，桑折寺(時《じ》宗)がある。当寺の山門は西山《にしやま》城の城門を移築したものとされ，切妻《きりづま》の唐破風《からはふ》が優雅である。桑折寺から南西に300m進むと伊達朝宗《ともむね》の墓がある。朝宗は源頼朝《みなもとのよりとも》の奥州攻めに参加し，阿津賀志山《あつかしやま》で藤原国衡《ふじわらのくにひら》の軍と戦った。戦後の論功行賞で信達の領地を与えられ，伊達姓に改めた伊達家の始祖である。

桑折西山城跡《こおりにしやまじょうあと》 ⑫

〈M►P. 82, 100〉伊達郡桑折町万正寺《まんしょうじ》字中館《なかだて》・字西館《にしだて》など

JR東北本線桑折駅🚶15分

伊達氏の居城
信達平野を望む山城

桑折駅から西方にみえる丘陵には，かつて伊達氏の居城である桑折西山城があった。産ヶ沢《うぶがさわ》を越えて１kmほど南西に進み東北自動車道と交差する辺りに，幹囲約５mを超える万正寺の大カヤ(県天然)がある。さらに坂をのぼると伊達五山《ござん》の１つに数えられた観音《かんのん》寺《じ》(浄土宗)がある。伊達五山は室町幕府の五山の制に倣《なら》って伊達政《まさ》依《より》が始めたものだが，伊達氏の仙台移封《いほう》の際に，ともに移ったため，現在残るのは観音寺のみである。観音寺は坂町《さかまち》観音とも称され，木造聖《しょう》観音坐像(県文化)や絵馬・梵鐘《ぼんしょう》・絵画などを所蔵する。

観音寺からさらに西へ500mほど進むと，桑折西山城跡(国史跡)に至る。西山城は伊達氏の居城であり，1189(文治《ぶんじ》５)年の奥州合戦の功により伊達郡を拝領した伊達朝宗が城を築いたことに始まると

される。1532(天文《てんぶん》元)年に，伊達稙宗《たねむね》が梁川城から西山城に居城を移し，ここを本拠地とした。伊達氏が分国法として有名な『塵芥《じんかい》集《しゅう》』を制定するのも，この西山城を居城としていた頃である。その後，伊達稙宗・晴宗《はるむね》父子の対立を契機とした伊達天文《てんぶん》の乱がおこると，西山城周辺では激しい戦いが展開された。内乱は晴宗優位で和睦したため稙宗は隠居，晴宗が米沢《よねざわ》城に居城を移したため，西山城は破却されることとなった。西山城は高館《たかだて》・中館・西館の３つの郭からなっており，西館には野面積《のづらづみ》の石塁や枡形虎口《ますがたこぐち》が残されている。城の東には産ヶ沢川が流れている。

半田銀山跡《はんだぎんざんあと》 ⑬

〈M ► P. 82〉伊達郡桑折町北《きた》半田
JR東北本線桑折駅🚗15分

日本三大鉱山の1つ
幕府直営の御直山

桑折駅の北方3kmほどの所に半田銀山跡がある。半田銀山は，伝承によれば大同《だいどう》年間(806〜809)に発見され，佐渡《さど》金山・生野《いくの》銀山とともに日本三大鉱山とよばれた。ハンダ鏝《ごて》の名は半田銀山に由来するという説もある。鉱山がもっとも繁栄したのは，江戸時代から明治時代にかけてである。1598(慶長《けいちょう》３)年に米沢藩主上杉景勝《うえすぎかげかつ》により本格的な採鉱が始まり，幕府領となってからは幕府直営の御直山として佐渡・石見《いわみ》・生野といった鉱山と同様の運営がなされた。明治時代に五代友厚《ごだいともあつ》が経営に着手，その後は日本鉱業が引き継いだが，1950(昭和25)年に閉山した。

現在，坑道に入ることはできないが，旧伊達郡役所の２階で半田銀山に関する展示がなされている。半田山(863m)には半田山自然公園が設けられ，遊歩道や樹木園のほか，各種の競技場やキャンプ場も整備されており，桑折町民の憩いの場となっている。なお，豪農・思想家として知られ，半田銀山の採鉱も請け負っていた早田伝《はやたでん》之助《のすけ》の邸宅が桑折町北半田の羽州《うしゅう》街道(県道46号線)沿いにある。邸宅からさらに北上すると，小坂峠・満蔵稲荷《まんぞういなり》を抜けて七ヶ宿《しちがしゅく》に至る。この道は出羽《でわ》国(現，秋田県・山形県)の大名が参勤交代《さんきんこうたい》に用いた旧街道である。

塚野目古墳群《つかのめこふんぐん》 ⑭

〈M ► P. 82, 103〉伊達郡国見町《くにみまち》塚野目字前畑《まえはた》
JR東北本線藤田《ふじた》駅🚶30分

藤田駅から南東へ200mほど進むと観月台《かんげつだい》文化センターがあり，

八幡塚古墳

地域文化の拠点となっている。文化センター内に阿津賀志山《あつかしやま》防塁の立体模型が展示されている。隣接する観月台公園の敷地内に，江戸時代の本百姓の典型的住居とされる旧佐藤家住宅(県文化)がある。文化センターの東側がかつての藤田宿であり，旧奥州道中が南北に通り，当時の面影を残している。

藤田宿の南東一帯，国見町塚野目から桑折町伊達崎《だんざき》にかけて塚野目古墳群がある。八幡塚《はちまんつか》古墳ともよばれる塚野目１号墳(県史跡)はその中でも最大の古墳で，５世紀前半に造られた全長70m弱の前方

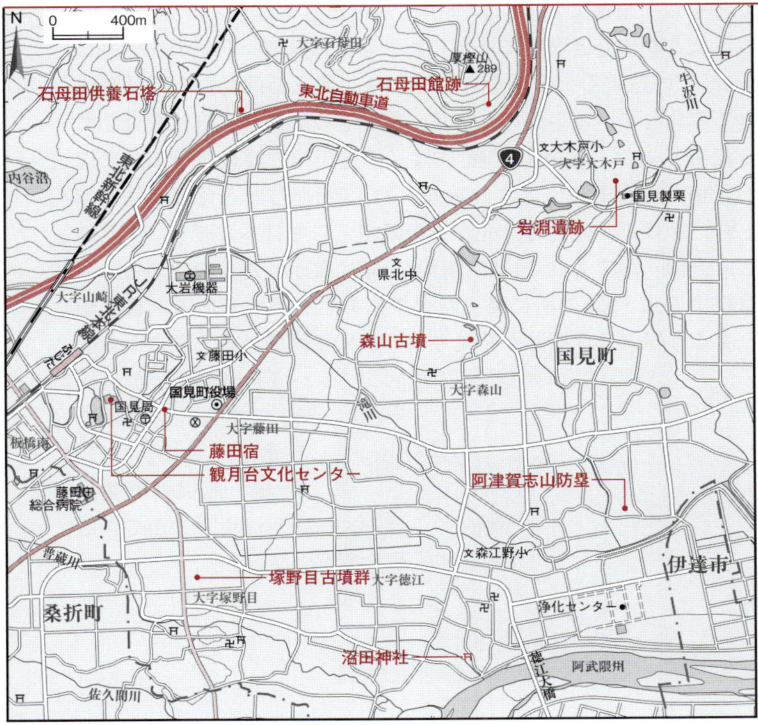

国見町の史跡

県北最大級の古墳
埴輪も出土

後円墳である。前方部が小さい帆立貝状なのが特徴で，周溝から円《えん》筒《とう》埴輪と朝顔形《あさがおがた》埴輪が出土している。

塚野目1号墳の東には沼田《ぬまた》神社があり，本殿には『本朝二十四《ほんちょうにじゅうし》孝《こう》』を題材とした唐様《からよう》のすぐれた浮彫りが刻まれている。沼田神社から北に向かうと森山《もりやま》古墳がある。円墳4基からなる古墳群の1つで，直刀などが副葬されていた。横穴《よこあな》式石室《せきしつ》が保存され，見学できる。

阿津賀志山防塁《あつかしやまぼうるい》 ⑮

〈M►P. 82, 103〉伊達郡国見町大木戸《おおきど》・西大枝《にしおおえだ》ほか
JR東北本線藤田駅🚶30分

奥州藤原氏の決戦場
2重の堀と3段の防塁

藤田駅から北東に2km行った所にある厚樫山《あつかしやま》(289.4m)周辺には，阿津賀志山防塁(国史跡)が残る。これは源頼朝と奥州藤原氏が戦った奥州合戦で最大の戦いである阿津賀志山の戦い(1189〈文治5〉年)の痕跡を残す遺構であり，厚樫山二重堀ともよばれる。信夫庄司《しのぶしょうじ》佐藤氏などが中心となって造営したと考えられる。防塁の総延長は4kmほどに達する大規模なものであり，現在は開発などで地形が大きく変化しているものの，2重の堀と3段の防塁の痕跡を残している場所もある。厚樫山の麓《ふもと》には，伊達氏の守護代石母田《しゅごだいいしもだ》氏の居館石母田館《だて》跡がある。館跡から西へ約1km進むと石母田供養《くよう》石塔(国史跡)が残る。碑文は，元《げん》から勧降使《かんこうし》として日本に渡り，のち帰化した一山一寧《いっさんいちねい》により，1308(徳治《とくじ》3)年に書かれたものである。

厚樫山の東1kmの所に縄文時代中期の岩淵《いわぶち》遺跡がある。複式炉《ふくしきろ》をともなう竪穴式住居跡が発見され，復元されている。そこから北へ1km向かうと貝田《かいだ》宿《じゅく》である。信達地方の北端であり，南に東根《ひがしね》・西根《にしね》の町並みを見渡すことができる。

阿津賀志山防塁

3 東根の郷

阿武隈川の東に広がる東根郷。伊達・保原・梁川・霊山・月舘の５町が合併して伊達市が誕生した。

旧《きゅう》亀岡《かめおか》家《け》住宅《じゅうたく》 ⑯

024-575-1615

〈M►P. 82, 105〉 伊達《だて》市保原町大泉《ほばらまちおおいずみ》字宮脇《みやわき》265 Ⓟ
阿武隈《あぶくま》急行阿武隈急行線大泉駅🚶5分

明治時代の擬洋風建築
歴史文化資料館に隣接

大泉駅の東200mの所に保原総合公園がある。この園内に旧亀岡家住宅(県文化)が移築されている。もとは桑折町《こおりまち》伊達崎《だんざき》(旧伊達崎村)にあった。明治10年代に建築が開始され，完成までに10余年を費やした擬洋風建築である。外観は洋風であるが，内観は和風の意匠が多く興味深い。

園内には伊達市保原歴史文化資料館も設けられ，土器・古文書や農具・養蚕具が展示されている。また，公園の周囲には古墳が多い。開発により失われたものも多いが，公園の東には大塚古墳群の１つ大塚古墳が残り，墳丘上に熊野神社が建てられている。

保原総合公園から東へ１kmほどの所に，菅野八郎《かんのはちろう》の生家がある。八郎は幕末期の思想家で，幕政を批判したため安政《あんせい》の大獄《たいごく》で捕らえられ，八丈島《はちじょうじま》に流された。やがて許されて帰郷するが，1866(慶応《けいおう》２)年の信達《しんたつ》世直し騒動の首謀者と目され捕縛された(のち赦免)。瓦版《かわらばん》で「世直し大明神《だいみょうじん》」と書かれたことが有名である。生家の南

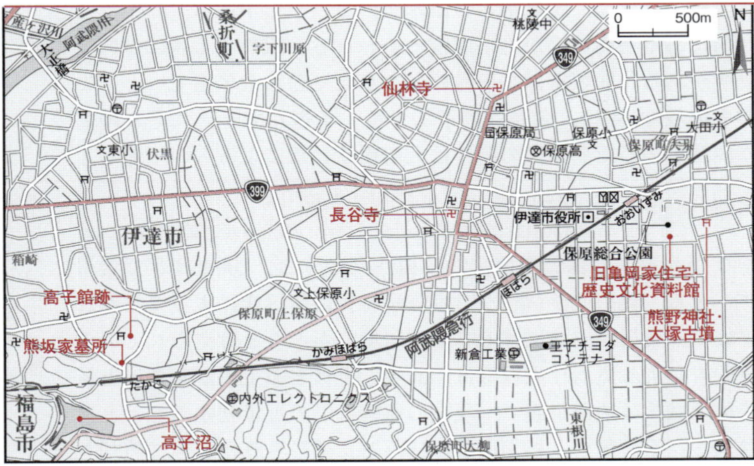

保原町周辺の史跡

旧亀岡家住宅

方400mに八郎の墓がある。また，この近くに「留此而祈直《ここにとどまりてちょくをいのる》」と彫った岩があり，菅野八郎自《じ》彫《ちょう》の碑といわれている。

長谷寺《ちょうこくじ》 ⑰

〈M►P. 82, 105〉伊達市保原町5-30
阿武隈急行阿武隈急行線保原駅 徒歩10分

花頭窓の美しい山門
保原陣屋の遺構を残す

保原駅から北西へ進むと，南北に商店街が延びる十字路に出る。ここを北に向かう道が，保原の旧街道にあたる。街道を北に進むと，西側に長谷寺(真言《しんごん》宗)がある。1381(永徳《えいとく》元)年に定善《じょうぜん》和尚《おしょう》により再興された寺で，花頭窓《かとうまど》の美しい山門は代官所保原陣屋《じんや》の遺構である。境内には熊坂適山《くまさかてきざん》の画碑がある。適山は保原町の蚕種《さんしゅ》業を営む家に生まれ，梁川《やながわ》藩(松前《まつまえ》藩が蝦夷地《えぞち》を召し上げられた際の転地)家老蠣崎《かきざき》波《は》響《きょう》らに師事し，松前藩士となった人物である。さらに街道を北に行くと仙林寺《せんりんじ》(曹洞《そうとう》宗)に至る。ここにも適山の画碑がある。

阿武隈急行で保原駅から福島方面に向かうと，２つ目が高子《たかこ》駅である。駅のそばに，金鉱跡との伝承が残る高子沼がある。高子沼と反対側にある小高い丘が高子館跡といわれる。駅のすぐ西には熊坂家墓所がある。熊坂家は高子村の名主《なぬし》を代々務めた名家で，とくに漢学者熊坂覇《は》陵《りょう》は，名勝「高子二十境」を選んで，それぞれの名勝に漢詩を詠じた。覇陵の墓碑は大田南畝《おおたなんぽ》の筆によるものである。

梁川城跡《やながわじょうあと》 ⑱

〈M►P. 82, 107〉伊達市梁川町桜ヶ岡《さくらがおか》
阿武隈急行阿武隈急行線やながわ希望《きぼう》の森公園前《もりこうえんまえ》駅 徒歩10分

伊達氏のふるさと
現代に蘇った中世庭園

やながわ希望の森公園前駅から西へ向かうと，200mほどで梁川城跡へ至る。梁川城跡(県史跡)は鎌倉時代に伊達氏によって築かれた平城《ひらじろ》で，桑折西山城に移るまでの居城であったと考えられている。豊臣秀吉による奥羽仕置《おううしおき》以降は，蒲生《がもう》・上杉《うえすぎ》と領主がかわる。上杉氏時代の城代は須田長義《すだながよし》で，現在の遺構はこの近世初頭のものと推測される。その後，上杉米沢藩が15万石《ごく》に減じられたときに破却さ

れ廃城となった。江戸時代を通じて梁川の支配体制は転々とするが，城の一部は陣屋などに使用された。現在，城跡には梁川小学校や梁川高校が立ち，本丸跡に室町時代の庭園「心字《しんじ》の池」が復元されている。

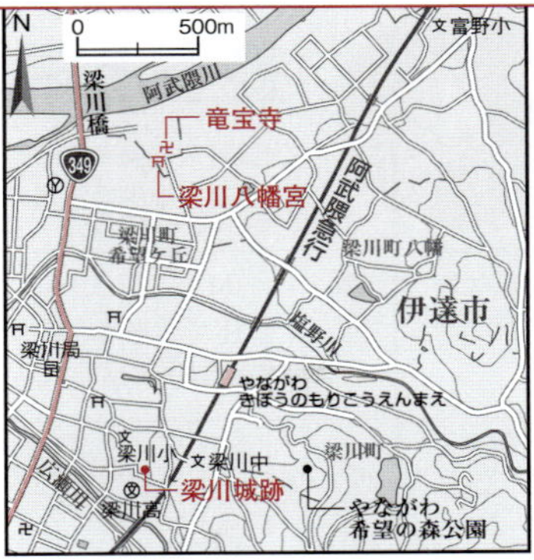

梁川城跡周辺の史跡

梁川城跡の南方には，広瀬《ひろせ》川が流れる。川の畔《ほとり》には，かつて広瀬座《ひろせざ》とよばれる芝居小屋がおかれていた。現在，福島市民家園に復元されている。梁川の中心地から北方1.5kmほどの所には，伊達氏の信仰篤かった竜宝寺《りゅうほうじ》(真言《しんごん》宗)がある。近くには伊達氏の氏神《うじがみ》であった梁川八幡宮《はちまんぐう》もあり，県内最古の「文《ぶん》化《か》十四(1817)年」銘の算額《さんがく》が奉納されている。

霊山《りょうぜん》 ⑲

〈M ► P. 82〉伊達市霊山町大石《おおいし》字霊山 P(登山口)
JR東北本線福島駅🚌相馬《そうま》行行合道《ゆきあいどう》🚶60分

阿武隈の霊峰
南朝拠点の陸奥国府

信達平野の東に聳《そび》える霊峰が霊山(国史跡)で，一帯は県立自然公園に指定されている。行合道バス停から北に約1km入ると駐車場があり，ここに登山口がある。平安時代初期に慈覚大師《じかくだいし》(円仁《えんにん》)が清《せい》和《わ》天皇の命によって開いたとされ，のちに天台《てんだい》宗の拠点として，さらに修験道《しゅげんどう》の霊場としておおいに栄えた。1924(大正13)年に霊山寺跡が発掘され，その規模が明らかになった。霊山寺跡に隣接して日《ひ》吉《よし》神社がある。

また，霊山は南北朝時代に南朝方の拠点が築かれたことでも知られる。北畠顕家《きたばたけあきいえ》は霊山城を築いて陸奥《むつ》国の国府《こくふ》とした。しかし，顕家が1338(暦応《りゃくおう》元)年に和泉《いずみ》国石津《いしづ》(現，大阪府堺《さかい》市)で敗死すると，霊山城も相馬親胤《ちかたね》など北朝方の武将に攻められ，1347(貞和《じょうわ》3)年に落城した。山頂に国司館《こくしだて》の遺跡があり，礎石が残っている。

霊山北西麓にある霊山神社は1881(明治14)年の創建で，南朝正統論の立場から造られたため，北畠氏を祭神としている。会津《あいづ》藩の家老であった西郷頼母《さいごうたのも》が，霊山神社の宮司《ぐうじ》を務めた。霊山太鼓《だいこ》や奉戴《ほうたい》踊《おどり》など，この地域に伝承される文化は多い。

4 養蚕と絹の里小手郷

川俣町・福島市飯野町・伊達市月舘町は，かつて小手郷と称された。小手姫伝承の残る養蚕と機織の郷。

シルクピア ⑳

024-566-5253

〈M►P. 82, 108〉伊達《だて》郡川俣町《かわまたまち》大字鶴沢《つるさわ》字東《ひがし》13-1 P
JR東北本線・奥羽《おうう》本線，阿武隈《あぶくま》急行阿武隈急行線，福島交通飯坂《いいざか》線福島駅🚌川俣方面行絹《きぬ》の里《さと》シルクピア前🚶すぐ

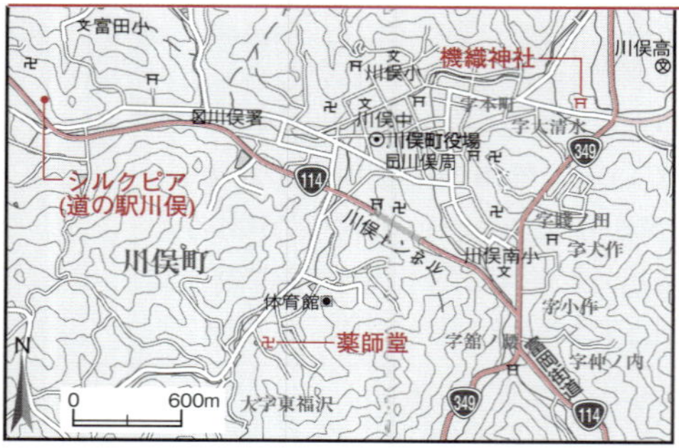

川俣町の史跡

川俣町・福島市飯《いい》野町《のまち》・伊達市月舘町《つきだてまち》は，かつて「小手《おで》郷《ごう》」と称され，信達《しんたつ》平野部と異なる地域性を培ってきた。この名は小手姫《おでひめ》伝承に基づくものである。小手姫は崇峻《すしゅん》天皇の妃であり，政変でこの地に落ち延び，養蚕《ようさん》と機織《はたおり》を伝えたという。実際にこの地域は古来より養蚕業・織物業が盛んで，近代に至っても，川俣羽二重《はぶたえ》の生産で絹織りの町として全国に名をとどろかせた。

絹の里シルクピア前バス停すぐの，道の駅川俣「オアシス in シルクロード」には，絹織物の里川俣にちなんだ展示・体験・販売施設シルクピアがある。織物展示館があり，かつて川俣の織物を支えた大橋《おおはし》式力織機《りきしょっき》などの資料を展示している。また，併設のからりこ館で機織や染色の体験ができるほか，かわまた銘品館では，絹製品を始め，川俣シャモや山木屋《やまきや》牛乳などの特産品が販売されている。

川俣町東部の飯坂《いいざか》字東大清水《ひがしおおしみず》には機織神社(祭神小手姫命《みこと》)があり，付近には小手姫終焉の地とされる大清水機織御前《ごぜん》堂跡がある。また川俣町内の文化財としては，東福沢《ひがしふくさわ》の薬師堂がある。木造薬師如来《やくしにょらい》坐像(県文化)と木造菩薩《ぼさつ》立像(県文化)をまつったもので，一木造《いちぼくづくり》で翻波《ほんぱ》式の影響を受けた作である。

白山遺跡《はくさんいせき》・和台遺跡《わだいいせき》 ㉑㉒

〈M►P. 82〉福島市飯野町《いいのまち》飯野字白山
JR東北本線福島駅🚌川俣方面行金山《かなやま》🚶20分

飯野字白山には，縄文時代中期の白山遺跡(県史跡)があり，竪穴《たてあな》

白山遺跡

住居が復元されている。金山バス停から南に向かい県道40号線を南へ進むと，20分ほどで白山遺跡に至る。白山遺跡は，日本で初めて複式炉をともなう竪穴住居が発見された遺跡である。複式炉とは，土器を埋没させた石囲《いしがこい》炉と敷《しき》石《いし》炉を一体化させたもので，福島県を中心に広がった独自の様式である。

縄文時代中期の遺跡
生き生きと描かれた人体文

白山遺跡から女神《めがみ》川を挟んだ対岸に，和台遺跡(国史跡)がある。この遺跡からは230棟を超える住居跡が発見され，東北南部で最大級の縄文集落であることが確認された。また，人間の姿が生き生きと描かれた人体文《じんたいもん》土器(県文化)が出土して注目された。縄文人の狩りの様子を描いた狩猟文土器なども出土している。

下手渡《しもてど》藩《はん》天平《てんだいら》陣屋《じんや》跡《あと》 ㉓

〈M ▸ P. 82〉伊達市月舘町下手渡字天平
JR東北本線福島駅🚌月舘経由川俣行下手渡🚶10分

山あいの小藩
1万石の面影

伊達市東南部に位置する月舘は，葉わさびが特産の山間の町である。江戸時代には1806(文化《ぶんか》3)年より1万石《ごく》の下手渡藩がおかれ，立花《たちばな》氏による支配を受けた。

下手渡バス停より東へ約800mの所に，下手渡藩天平陣屋跡がある。太郎坊山《たろうぼうやま》中腹に位置し，1902(明治35)年に旧藩士によって建てられた懐古碑が残っている。陣屋跡から西へ1kmほどの所に藩の菩提寺《ぼだいじ》耕雲寺《こううんじ》(曹洞《そうとう》宗)がある。立花氏は善政をしき，藩士や領民に慕われたとされ，それをあらわすかのように，藩主の墓と藩士の墓が向かい合っている。2代藩主種温《たねはる》は天保《てんぽう》の飢饉(1833～39年)に際して領内に餓死者を出さず，3代種恭《たねゆき》は戊辰《ぼしん》戦争の際に奥羽越列藩《おううえつれっぱん》同盟から抜けて新政府軍につき，明治時代には初代学習院院長を務めた。字杉内《すぎうち》の岳林寺《がくりんじ》(曹洞宗)には江戸時代中期の十六羅漢《らかん》像が残る。

5 城下町二本松

安達太良山の麓に広がる丹羽氏の城下町二本松市には，霞ヶ城跡や安達ヶ原，智恵子の生家など多くの見どころがある。

二本松神社《にほんまつじんじゃ》 ㉔

0243-22-1066

〈M ► P. 82, 110〉 二本松市本町《もとまち》1-102 Ⓟ
JR東北本線二本松駅🚶3分

ちょうちん祭りで知られる二本松の総鎮守

二本松神社

二本松駅北方の小高い丘が，二本松神社の森である。二本松神社は，1643(寛永《かんえい》20)年に丹羽《にわ》光重《みつしげ》が入部した際，畠山《はたけやま》氏時代の白旗《しろはた》ヶ《が》峯《みね》の城内にあった熊野《くまの》宮《ぐう》(祭神伊佐奈美命《いざなみのみこと》・事解男《ことさかお》命・速玉男《はやたまお》命)と八幡宮《はちまんぐう》(祭神品陀和《ほむだわ》気《け》命・気長足媛《おきながたらしひめ》命)を合祀《ごうし》し，二本松の総鎮守《そうちんじゅ》としてこの地に遷宮したもので，藩政期を通して御両社《ごりょうしゃ》とよばれていた。領民の守り神を上座に，二本松藩主自身の守り神を下座にまつることで，「敬《けい》神愛民《しんあいみん》」の精神が示されている。現在の社殿は，1805(文化《ぶんか》2)年に

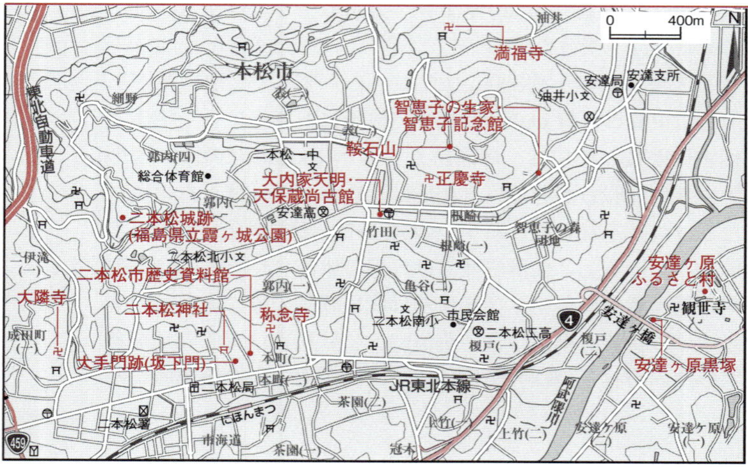

二本松駅周辺の史跡

築造されたものである。

祭礼は，日本三大提灯《ちょうちん》祭りの１つに数えられる二本松のちょうちん祭りである。1841(天保《てんぽう》12)年にまとめられた二本松藩内の記録『相生集《あいおいしゅう》』によると，祭礼の開始は1664(寛文《かんぶん》４)年で，旧暦８月15日を挟んで行われていたが，1918(大正７)年の二本松大火以降は，10月４～6日に行われている。約350個の紅提灯を付けた黄金塗りの７台の太鼓《たいこ》台が，太鼓・笛・鉦《かね》による祭り囃子《ばやし》(二本松の祭り囃子，県民俗)をかなでながら市内を練り歩く４日夜の宵祭りが最大の見どころで，県内外から多くの観光客が訪れる。

二本松城跡《にほんまつじょうあと》 ㉕

〈M ▸ P. 82, 110〉 二本松市郭内《かくない》３ Ⓟ
JR東北本線二本松駅 🚶 20分

サクラや菊人形で彩られる丹羽氏の居城

二本松神社の鳥居の前を通る県道須賀川《すかがわ》二本松線を東に100mほど進み，最初の信号機のある交差点を左折すると，久保丁《くぼちょう》通りとよばれる急な上り坂となる。これは，1655(明暦《めいれき》元)年に二本松城へ通じる道として開かれた切通しである。のぼり始めてすぐに，道路の両側にあらわれる大きな石垣が二本松城の大手門跡で，その配置から「坂下門」ともよばれる。この近くには，二本松市歴史資料館があり，畠山家・丹羽家関係の資料や火縄銃を始めとする古式鉄砲などのほか，地元出身芸術家の作品を収蔵・展示している。また，資料館の東側の山には，畠山家墓所のある称念寺《しょうねんじ》がある。同寺は，時《じ》宗に帰依していた畠山氏が城山麓に道場として建立《こんりゅう》した寺であったが，のちの丹羽氏の城下整備の際に，現在地に移された。墓所には，粟ノ須《あわのす》の戦いで戦死した家臣23人もまつられている。

霞ヶ城公園本丸石垣

切通しを越えると正面にみえる山が二本松城跡で，現在，福島県立霞ヶ城《かすみがじょう》公園となっている。春には約1800本のサクラが咲き，秋には日本最大規模を誇る「二本松の菊人形」(10月１日～11月23日)の会場となる。

奥州探題《おうしゅうたんだい》畠山満泰《みつやす》が1404(応永《おうえい》11)年に白旗ヶ峯の山頂に霧ヶ城《きりがじょう》を築いたのが，二本松城の始まりである。本丸は，1991(平成３)年からの発掘調査の結果，その形状と規模が明らかになり，すでに崩壊し消失したと考えられていた北東面から東面にかけての約80mにわたる遺構が発見された。また，1993年から２年をかけて本丸石垣の全面修築・復元工事が行われた。天守台北東面下部から検出された旧石垣は，本丸近くの通路に移築されている。なお，本丸直下には野面石《のづらいし》と荒割石《あらわりいし》を用いた慶長《けいちょう》年間(1595～1615)の穴太積《あのうづみ》の大石垣が残されている。

畠山氏以降は，伊達《だて》氏の支配ののち会津《あいづ》領主となった蒲生氏・上杉氏・蒲生氏・加藤氏の城代がおかれた。1643(寛永20)年，丹羽光《みつ》重《しげ》が白河《しらかわ》藩から10万7000石《ごく》で入封《にゅうほう》し，10年余りの歳月をかけて城内，城下(郭内)，城下町の整備を行い，それまで混在していた武家屋敷・町屋・寺社を完全に分離した。その際，山腹の三の丸にあった侍屋敷を城下に移し，本丸の性格をもつ御殿である霞ヶ城を造営，1868(慶応《けいおう》４)年７月29日の戊辰《ぼしん》戦争の二本松落城まで，丹羽氏の居城となった。御殿とともに最初に建てられたのが内城門で，箕輪村《みのわむら》(現，二本松市箕輪)山王寺山《さんのうじやま》の神木のカシの木が用いられたことから「箕輪門」と命名された。同門は戊辰戦争の際に焼失したが，1982(昭和57)年に再建された。

霞ヶ城跡には，1873(明治６)年，旧二本松藩士山田脩《やまだおさむ》らにより二本松製糸会社が創設された。牛印が付けられた製品は海外にも輸出され，1878年にはニューヨークに直売所が設けられた。1895年からは山田の個人経営の製糸工場として双松舘《そうしょうかん》と改称され，1925(大正14)年に閉鎖されるまで，安達《あだち》地方の発展に大きな役割をはたした。工場跡には，蚕糸《さんし》関係者が中心となって建立した山田脩の銅像がある。

公園の東入口には旧二本松藩戒石《かいせき》銘碑(国史跡)があり，「爾俸《なんじのほう》 爾禄《なんじのろくは》 民膏民脂《たみのこうたみのしなり》 下民易虐《かみんはしいたげやすきも》 上天難欺《じょうてんはあざむきがたし》」(「お前〈武士〉の俸禄は，人民の汗と脂のたまものである。領民をしいたげることはたやすいが，天を欺くことはできない」の意)と刻まれている。これは５代藩主丹羽高寛《たかひろ》が江戸から招いた儒学者岩井田昨非《いわいださくひ》

二本松少年隊

コラム

戊辰戦争に出陣した悲劇の少年たち

二本松《にほんまつ》藩では正式には数え年20歳であるところを，2歳さばを読むことを黙認し，18歳から成人扱いとする藩独自の「入れ年」制度が存在した。兵役にもこれを採用し，戊辰《ぼしん》戦争の戦況が悪化するなか，1868(慶応《けいおう》4)年7月27日出陣許可を15歳までとし，入れ年により13歳までが対象になった。こうした経緯で，22歳の西洋式砲術師範木村《きむら》銃《じゅう》太郎《たろう》を隊長，33歳の二《に》階堂《かいどう》衛守《えもり》を副隊長にし，13～17歳の少年に，兄について出陣した12歳の久保《くぼ》豊三郎《とよさぶろう》を加えた合計62人が各要所へと派遣された。

城下防衛の要所である大壇口《おおだんぐち》には，木村隊長と二階堂副隊長に率いられた25人が出陣した。7月29日朝8時半頃から開始された戦闘では正確な砲撃で善戦したが，時間とともに新政府軍の激しい反撃の前に，木村隊長を始め8人の死者を出したと伝えられる。出陣した62人のうち，戦死者14人・負傷者7人を数えた。

二本松駅から南西約1.8km，霞ヶ城《かすみがじょう》公園から南西約3.5kmの小高い丘の上の大壇口古戦場には，二本松少年隊隊長木村銃太郎戦死之地の碑，少年隊を援護して壮烈な戦死をした青山助之丞《あおやますけのじょう》・山岡《やまおか》栄治《えいじ》の二勇士の碑，陸軍大将木越《きごし》安綱《やすつな》の歌碑が立っている。木村銃太郎の墓所は市内竹田《たけだ》の正慶《しょうぎょう》寺(真言《しんごん》宗)にある。

勇敢に戦った二本松少年隊であるが，会津《あいづ》の白虎隊《びゃっこたい》にくらべて，世の人びとに知られていない。戊辰戦争後，二本松藩関係者が少年らの戦いについてほとんど語らなかったためである。そもそも出陣許可から実際の出陣まで時間がなかったため，隊名すら決まっていなかった。

1917(大正6)年に行われた戊辰戦没者追悼50回忌法要の際に，木村銃太郎門下として14歳で大壇口に出陣した二本松町助役水野好之《みずのよしゆき》(進《すすむ》)が回想録『二本松戊辰少年隊記』を出版し，少年らの存在が世に知られることになり，少年隊という隊名が用いられるようになった。二本松市内の多くの寺には少年隊士の墓があり，戦死した場所には碑が立っている。また，霞ヶ城公園内には二本松少年隊群像や，「二本松少年隊奮戦の図」のブロンズレリーフと裏面に62人の名前が刻まれた二本松少年隊顕彰碑が立つ少年隊の丘がある。

二本松少年隊群像

の献策により，藩政改革と綱紀粛正の指針として，1749(寛延《かんえん》2)年に藩庁門内にあった巨大な花崗岩《かこうがん》に刻ませたものである。

そのほかにも公園内には，城跡に唯一残る江戸時代の建造物である木造・茅葺《かやぶ》きの茶室洗心亭《せんしんてい》や，日本三井戸の1つとされる日陰《ひかげ》の井戸，智恵子抄詩碑などがある。

霞ヶ城公園から東へ約1kmの竹田《たけだ》地区には，**大内《おおうち》家《け》天明《てんめい》・天保《てんぽう》蔵《ぐら》尚《しゅう》古《こ》館《かん》**がある。大内家は二本松藩の御用菓子や茶の商人であり，戊辰戦争の際には，城下に攻め込んだ薩州《さっしゅう》一番隊番所として本陣に使われた。展示館の2つの蔵は，1785(天明5)年と1843(天保14)年に建造されたもので，藩の御用荷留蔵《にどめぐら》として用いられていた。天明蔵は茶舗《ちゃほ》伝承館として，茶壺や茶箱など家業に関する道具や帳場などが，天保蔵には谷文晁《たにぶんちょう》，狩野尚信《かのうなおのぶ》，二本松藩御用抱《かかえ》絵師《えし》根本《ねもと》愚州《ぐしゅう》らの掛け軸，伊万里《いまり》焼きの陶器などが展示されている。

大隣寺《たいりんじ》 ㉖

0243-22-1063

〈M ► P. 82, 110〉 二本松市成田町《なりたまち》1-532 P
JR東北本線二本松駅 20分，または 岳温泉《だけおんせん》行成田 5分

丹羽氏の菩提寺
複式炉をもつ縄文時代中期の大集落

二本松駅前通りから県道須賀川二本松線を西に進み，最初の信号機のある交差点を右折し，道なりに約700m進むと，案内板がある。その通りを右折するとまもなく**大隣寺**(曹洞《そうとう》宗)がある。大隣寺は丹羽家2代長重《ながしげ》(丹羽光重の父)が父初代長秀《ながひで》のために，1627(寛永4)年，白河に開基した寺であるが，光重の二本松入封とともに移されて以降，二本松藩主丹羽家の菩提寺となった。本堂裏手の木立に囲まれた場所に歴代藩主御廟があり，丹羽家初代藩主光重から9代藩主長富《ながとみ》までが埋葬されている。なお，2代藩主長次《ながつぐ》は1698(元禄《げんろく》11)年6月に江戸上屋敷で亡くなり，夏期であったことから泉岳寺《せんがくじ》(曹洞宗，東京都港区)に埋葬され，のちに青山《あおやま》新墓地に改葬されている。墓所には家族墓と

丹羽家御廟

ともに内室陰墓《ないしついんぼ》とよばれる一角がある。これは側室が跡継ぎを生んだ際に，幕府へは正室の子として届け出ることがあり，その場合は生母である側室は墓標を建てることを許されないために，四角く石を敷いて陰墓としたものである。

境内には，1869(明治２)年建立の戊辰戦争の戦死群霊塔と，それを挟んで戊辰戦争で戦死した木村銃太郎《きむらじゅうたろう》隊長・二階堂衛守《にかいどうえもり》副隊長と14人の二本松少年隊戦死者供養《くよう》塔があり，線香を手向ける人が多い。大隣寺は戊辰戦争直後に10代藩主長国《ながくに》の謹慎所や二本松藩庁の仮事務所にもあてられ，「丹羽家歴代画像」などの丹羽家の宝物や，少年隊士の陣羽織や鏡などの遺品が数多く残されている。

また，二本松駅の西約４kmの安達太良山から東に延びるゆるやかな原瀬《はらせ》川左岸台地上に原瀬上原《うわはら》遺跡(県史跡)がある。1968(昭和43)年に縄文時代中期の３本柱の複式炉をもつ17軒の住居跡や２重の周溝などが発見され，現在，３軒の住居が復元されている。

二本松駅の南南西約４km，杉田駅の東約1.5kmに，郡山台《こおりやまだい》遺跡がある。1976年から７年間にわたる発掘調査で，建物群や10ｔもの焼けた米，素弁九弁蓮華文軒丸瓦《そべんきゅうべんれんげもんのきまるがわら》などが発見され，『延喜式《えんぎしき》』に，906(延喜６)年，安積《あさか》郡から分割して新設されたという記述がある安達郡の郡役所(郡衙《ぐんが》・郡家《ぐうけ》)であることが明らかになった。

粟ノ須古戦場《あわのすこせんじょう》 ㉗

〈M►P. 82〉二本松市沖《おき》２
JR東北本線二本松駅🚌小浜《おばま》行木《き》の崎《さき》🚶５分

伊達政宗の父が悲劇の最期を遂げた古戦場

木の崎バス停のある国道459号線から南に向かい500mほど進むと，「粟ノ須古戦場」と書かれた標柱があり，畠山主従陣没碑や供養塔が立っている。

1585(天正13)年８月，伊達政宗は小浜城主大内定綱《おおうちさだつな》を攻略し，同年９月に小浜城に入った。これに対し，大内氏と同盟関係にあった二本松城主畠山義継《よしつぐ》は政宗の二本松攻撃を回避するため，政宗の父輝宗《てるむね》や大叔父で八丁目《はっちょうめ》城(福島市松川町)の城主伊達実元《さねもと》を介して，服従を条件に講和を申し入れた。政宗も輝宗の説得で，「領地を北は油井《ゆい》川から南は杉田《すぎた》川までの間の五カ村とし，義継の子国王丸《くにおうまる》を人質として渡す」という厳しい条件で講和を受け入れた。同年10月８日，義継は仲介の礼のために訪れていた宮森《みやのもり》城で輝宗を拉致し

粟ノ須古戦場

て，二本松へと向かった。狩りに出ていた政宗は知らせを聞いて追いかけ，粟ノ須で追いつめた。両陣営の膠《こう》着《ちゃく》状態に，輝宗は自分もろとも砲撃することを命じ，政宗も銃撃命令をくだしたといわれる。義継は輝宗を刺殺したうえ自害し，畠山家家臣23人が戦死した。

粟ノ須古戦場のある石井《いしい》地区では，天保《てんぽう》年間(1830～44)に開始されたといわれる七福神と田植踊(国民俗)が，無病息災と豊作を祈願して，小正月に行われている。

安達ヶ原黒塚《あだちがはらくろづか》 ㉘

0243-22-7474(安達ヶ原ふるさと村)

〈M ► P. 82, 110〉二本松市安達ヶ原4-121 P

JR東北本線二本松駅 バス 針道《はりみち》行安達ヶ原 徒歩 10分

岩屋や黒塚が残る鬼婆伝説のふるさと

謡曲《ようきょく》「黒塚」で有名な鬼婆《おにばば》伝説が残る安達ヶ原は，阿武隈川東岸にある小高い丘陵一帯に広がる。『奥の細道』に「二本松より右に切れて，黒塚の岩屋を一見し，福島に宿る」という記述があるように，1689(元禄２)年５月に松尾芭蕉《まつおばしょう》もこの地を訪れている。安達ヶ原バス停から西へ200mほど行くと阿武隈川岸近くの老杉の下に鬼婆を埋めたという黒塚があり，「みちのくの　安達ヶ原の　黒塚に　鬼こもれりと　聞くはまことか」という平兼盛《たいらのかねもり》の歌碑が立っている。丘陵の麓《ふもと》にある真弓山観世寺《まゆみざんかんぜじ》(天台《てんだい》宗)の境内には，鬼婆が住んでいたという巨岩と奇岩が重なり合う岩屋や，出刃包丁を洗った「血の池」などが残っている。寺の宝物館には鬼婆が使ったという出刃包丁・

安達ヶ原黒塚

上川崎の和紙

コラム

産

平安貴族も愛用した「みちのく紙」のふるさと

安達ヶ原《あだちがはら》の東3km，阿武隈《あぶくま》川河畔に広がる上川崎《かみかわさき》地区は，1000年以上の歴史をもつ手《て》漉《す》き和紙の産地である。二本松出身の東野辺《とうのべ》薫《かおる》が，1943(昭和18)年に第18回芥川《あくたがわ》賞を受賞した『和紙』は，少年時代を過ごした上川崎を舞台にしたものである。

上川崎の和紙の起源は，冷泉《れいぜい》天皇の時代といわれる。「みちのく紙」とも称され，清少納言《せいしょうなごん》の『枕草子《まくらのそうし》』には「白く清けなるみちのくの紙にいと細く書くべくは　あらぬ筆して　文書きたる」とあり，平安時代中期には貴族の間で珍重されていたことがうかがえる。楮《こうぞ》の皮を原料とする以前は真弓《まゆみ》(檀《まゆみ》)を原料としたので真弓紙(檀紙)とよばれた。

江戸時代になると上川崎村は，二本松藩の「地障子《じしょうじ》(障子紙)」の生産を一手に引き受けるようになった。他藩への流出をさけるため厳しい統制下におかれ，紙漉札の鑑札を交付された農家のみが生産を許された。明治時代には生産量も増え，ピーク時には280軒の農家が農閑期に紙漉きを行い，東北を代表する和紙の産地となった。

第二次世界大戦後は，機械を用いた洋紙の大量生産の開始や生活様式の変化により，和紙の需要は激減し，現在，伝統の技を受け継いでいるのは3戸だけとなった。そうした状況に保存の動きが高まり，1993(平成5)年に県重要無形文化財に指定された。

国道4号線上り線にある道の駅「安達《あだち》」智恵子の里内の二本松市和紙伝承館では，上川崎和紙商品の展示，販売のほか，実際に和紙漉きが体験できる。

和紙漉き

鍋・壺や，鬼婆を退治した阿闍梨東光坊祐慶《あじゃりとうこうぼうゆうけい》が使ったという笈《おい》や錫杖《しゃくじょう》などが展示されている。

また，観世寺に隣接して，二本松の歴史や文化・伝統を体験できる安達ヶ原ふるさと村がある。村内には，農村生活館や絹の家，江戸時代の中流武士の屋敷，ロボットを使って鬼婆伝説を上演する黒塚劇場，明治時代に衆議院副議長を務めた安部井磐根《あべいいわね》や第二次世界大戦の際に日米開戦阻止に尽力した歴史学者朝河貫一《あさかわかんいち》ら，二本松出身の偉人の業績や遺品を展示しているふるさと伝承館などがある。

阿武隈川の対岸は，戊辰戦争の供中口《くちゅうぐち》古戦場である。二本松藩農兵隊長三浦権太夫義彰《みうらごんだゆうよしあき》は，藩命により老兵・農兵，少年隊の一部を率いて供中口に出陣したが，武力の差は歴然としていた。勤王《きんのう》思想をもつ権太夫は，農兵たちに金子《きんす》を払い解散させ，対岸の新政府軍(西軍)に鏃《やじり》を取り除いた矢を放つことで勤王の志を示し，割腹した。同地には「三浦権太夫義彰戦死之処」の碑が立つ。

智恵子《ちえこ》の生家《せいか》と智恵子記念館《ちえこきねんかん》 ㉙

0243-22-6151

〈M►P. 82, 110〉二本松市油井《ゆい》字漆《うるし》原町《はらまち》36 P
JR東北本線安達駅 徒歩 20分

『智恵子抄』のモデル
高村智恵子の生家

安達駅から南西の安達支所方面に向かい，県道福島安達線の八軒《はちけん》交差点を越えて600mほど進むと，右手に大きな「花霞《はながすみ》」という酒銘が書かれた看板と杉玉が掲げられた木造２階建ての旧家が目に入ってくる。これが1992(平成４)年に開館した智恵子の生家である。高村(旧姓長沼《ながぬま》)智恵子は，1886(明治19)年，裕福な酒造業の長女として生まれ，福島高等女学校から日本女子大学校に進学した。卒業後は洋画家として，1938(昭和13)年に亡くなるまでに，油絵や紙絵など多くの作品を制作した。

生家に入ると，智恵子が好んだというベートーベンの交響曲「田園」が流れ，展示されている蓄音機や智恵子愛用の琴，機織り機などから当時の様子をうかがうことができる。

生家の裏庭には酒蔵をイメージした智恵子記念館があり，当時の女性の作品としては珍しい貴重な油絵，智恵子が表紙絵を描いた雑誌『青鞜《せいとう》』創刊号，病に冒されながら制作に情熱を傾けた紙絵などの智恵子の作品，直筆の手紙，夫である高村光太郎が製作した青森県十和田《とわだ》湖畔の乙女像の原型などが展示されている。

智恵子の生家

生家の裏手にある鞍《くら》

石山《いしやま》は智恵子が光太郎と散策し，光太郎の詩集『智恵子抄』の「樹下の二人」が創作された所で，智恵子の杜《もり》公園として整備されている。山頂付近には「樹下の二人」の詩碑があり，西に安達太良山，東に阿武隈川を望むことができる。生家の前を通る県道二本松安達線は「智恵子純愛通り」と名付けられ，整備が進められている。

鞍石山を北に500mほどくだると満福寺《まんぷくじ》に出る。852(仁寿《にんじゅ》２)年慈《じ》覚大師《かくだいし》(円仁《えんにん》)の開基といわれる古刹《こさつ》で，長沼家の菩提寺でもある。智恵子の命日である10月５日にはレモン忌とよばれる追悼会の会場となり，稚児《ちご》舞や記念講演などが行われ，多くの人が訪れる。また，1893(明治26)年，正岡子規《まさおかしき》が松尾芭蕉の足跡をたどって東北を旅行した際に当寺を訪れており，その際に詠んだ句碑が，本堂前に立っている。

小浜城跡《おばまじょうあと》 ㉚

〈M ► P. 82〉二本松市小浜字下館《しもだて》 P
JR東北本線二本松駅 バス 小浜行小浜新町《しんまち》 徒歩 10分

奥州制覇を目指した若き伊達政宗の居城

小浜新町バス停から左手に進み，岩代《いわしろ》支所を右手にみながら，案内板に従って急な坂をのぼって行くと，小浜城跡に至る。阿武隈川東側の東安達は塩松《しおのまつ》地方とよばれ，南北朝時代，畠山氏とともに奥州へくだった奥州管領《かんれい》吉良《きら》貞家《さだいえ》が塩松城(近世以降は四本松《しおのまつ》城とされる)を居城とした。吉良氏が鎌倉へ召還された後は，石橋《いしばし》氏が塩松城を本拠に塩松地方を支配することになる。小浜城は，1471(文明《ぶんめい》３)年に塩松城の支城として大内晴継《はるつぐ》により築城された。大内氏は長州《ちょうしゅう》(現，山口県)大内氏の支流で，若狭《わかさ》国(現，福井県)小浜に居住していたが，応永《おうえい》年間(1394～1428)に晴継がこの地に移住し石橋氏に仕えたとされ，小浜城の南約1.8kmにある宮森城城主大河内《おおこうち》氏らと並ぶ重臣となった。小浜城という名は，この地の地形や風土が若狭国小浜に似ていることから付けられたといわれる。

小浜城跡

1568(永禄《えいろく》11)年，大内義綱《よしつな》

は石橋氏を滅ぼし塩松地方を支配したが，その子定綱《さだつな》は1585（天正13）年８月末からの伊達政宗の侵攻により，小浜城を脱出して二本松，そして会津へと逃れた。政宗は小浜城に入り下館《しもだて》と，父輝宗は宮森城へ入り上館《かみだて》と称した。翌年まで約１年間小浜城を居城とした後，政宗が米沢に帰ると，家臣白石宗直《しらいしむねなお》が城代を務めた。1590年の奥羽仕置後は，蒲生氏から加藤氏までの会津領主の支配下におかれた。その後，二本松藩主丹羽氏の支配下では，家臣の梅原《うめはら》氏・安田《やすだ》氏が城代を務めた。廃城の詳細な年代などは不明である。

1981（昭和56）年本丸の発掘調査が行われ，梁間《はりま》９ｍ・桁行《けたゆき》23.5ｍの大きな殿舎や主柱４本の櫓《やぐら》状建物など５棟分の建築跡がみつかった。本丸南面に残る石垣には，豊臣氏の城のシンボルとされる鏡石《かがみいし》を中心に８個の石が巻積《まきづみ》されているほか，堀切《ほりきり》や多くの曲輪《くるわ》跡，一曲輪と二曲輪の間の幅20ｍ以上の空堀《からぼり》などが認められ，戦国時代から近世への過渡期の城郭として注目される。

城跡東麓の小浜城下にくだり，江戸時代の交通の要所として栄えた「小浜の四ッ角」から国道459号線を双葉《ふたば》郡浪江《なみえ》町方面へ約９km進んだ所に合戦場《かっせんば》のしだれ桜がある。このシダレザクラは，ここより東約１kmにあり三春滝ザクラの子木と伝えられる福田寺《ふくだじ》の糸桜《いとざくら》の小枝を植えたものとされる。樹齢約150年の２本立てのサクラで，無数の枝が滝が流れ落ちるようにしだれる絢爛《けんらん》な様子が周囲の緑に映え，花の見ごろとなる４月中～下旬には各地から多くの見物客が訪れる。「合戦場」という名称は，前九年合戦《ぜんくねんかっせん》（1051～62年）の際に，この辺りで源義家《よしいえ》と安倍貞任《あべのさだとう》・宗任《むねとう》兄弟が戦ったとの伝承による。

しだれ桜から国道459・349号線沿いに南へ4.7km進むと左手に，青々とした杉沢《すぎさわ》の大スギ（国天然）がみえてくる。樹高50ｍ・幹囲12.3ｍ・樹齢約600年という県内最大のスギで，二本松藩主丹羽光重が領内を巡視した際，このスギの見事さに感動し，「大杉」と名付け，村名を「杉沢」へと改めさせたと伝えられている。

木幡山《こはたさん》と隠津島神社《おきつしまじんじゃ》 ㉛

0243-46-2869（隠津島神社）

〈M►P. 82, 121〉二本松市木幡字治家《じか》 P
JR東北本線二本松駅🚌木幡行田谷《たや》🚶20分

田谷バス停から東へ1.3kmほど行くと，木幡山一の鳥居に至る。木幡山（666ｍ，県天然）は，天台密教によって開かれた山で，1337

(建武《けんむ》4)年の「飯野八幡宮《いいのはちまんぐう》文書」にその名が登場する。神仏習合の山として，山中には多くの神社仏閣が建てられた。長く延びる石段の参道をのぼって行くと，樹齢700年といわれる木幡の大スギ(国天然)と門《かど》神社，三重塔(県文化)，隠津島神社(祭神市杵島姫《いちきしまひめ》命〈隠津嶋命〉・田心《たごり》姫命・湍津《たぎつ》姫命)がある。同社は平安時代に創建された『延喜式』式内社《しきないしゃ》で，木幡弁天《べんてん》と称され，歴代領主から保護を受けた。1585(天正13)年に伊達政宗の兵火により炎上し，現在の本殿と拝殿は，二本松藩主丹羽氏が12年の歳月をかけて1800(寛政12)年に再建したものである。

山頂には，蔵王堂《ざおうどう》跡のほかに，立石祭祀遺跡をともなう平安時代末期の6基の経塚群《きょうづかぐん》(県史跡)が東西の尾根上に並んでおり，その形態をよく残している。この経塚群から出土した銅製経筒と石製外筒は，奈良国立博物館に収蔵されている。

木幡山では，毎年12月第1日曜日に日本三大旗祭りの1つといわれる木幡の幡《はた》祭り(国民俗)が行われる。木製法螺貝《ほらがい》の音が鳴り響くなか，五色に彩られた長い五反旗《ごたんばた》を大空に翻らせ，山中を練り歩き，隠津島神社に参詣する奇祭である。この祭りは，前九年合戦中の1055(天喜《てんぎ》3)年に，数騎でこの付近にこもった源頼義《よりよし》・義家父子が隠津島神社に戦勝を祈願したところ，雪が全山のスギに降り積もり，源氏の「白旗」のようにみえたため，攻めてきた安倍貞任が源氏の大軍と見間違い，戦わずして敗走したという逸話が起源といわれる。以後約950年にわたり地元の人びとによって受け継がれてきた。木幡山という地名もこの故事に由来している。

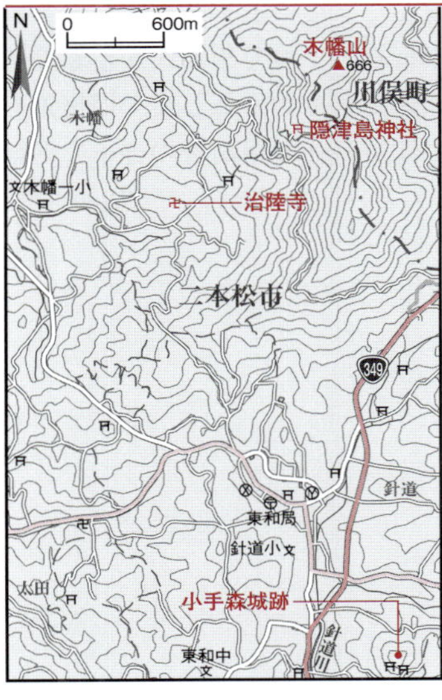

木幡山周辺の史跡

一の鳥居の手前にある木幡山弁財《さんべんざい》宮別当《ぐうべっとう》寺院治陸寺《じろくじ》(天台宗)には，定印《じょういん》を結ぶ寄木造《よせぎづくり》・漆箔押《しっぱくおし》の木造阿弥陀如来《あみだにょらい》坐像(県文化)がある。修理痕はあるが，衣紋《えもん》の美しさに藤原期の作風を残す鎌倉時代初期の作品である。

木幡山から南南東約３kmの針道《はりみち》地区では，1585(天正13)年に始められたあばれ山車《だし》が，体育の日の前日に行われる。凶作により疫病が大流行した際に人形を飾り付けた山車と神楽囃子《かぐらばやし》を奉納したことが起源とされるが，現在では様相をかえて，テレビアニメのキャラクターなどの大型人形が飾られた７台の山車を若連《わかれん》がぶつけ合う勇壮な祭りとして，見物客の目を楽しませている。

国道349号線をさらに1.5kmほど南へ進むと，左手にみえる山が小手森城跡《おてもりじょうあと》(針道字愛宕森《あたごもり》)である。小浜城主大内氏の出城で，1585年８月27日，伊達政宗による総攻撃で落城した際，籠城していた約800人が皆殺しにされたという悲話の舞台となった場所である。城跡には愛宕神社が建てられ，石塁の一部のみが残っている。

小手森城跡から南南西約３kmに，奥州西《にし》街道(相馬《そうま》街道)の白髭《しらひげ》宿《じゅく》がある。奥州西街道は奥州道中《どうちゅう》の二本松・本宮《もとみや》と奥州浜《はま》街道の相馬をつなぐために，1663(寛文３)年，二本松藩と相馬中村《なかむら》藩により開かれた全長約18里(約72km)の街道で，相馬の塩を中通り地方に運んだ「塩の道」としても知られている。白髭は奥州浜街道の重要な宿場の１つで相馬氏が参勤交代《さんきんこうたい》の際に宿泊した本陣《ほんじん》佐藤家や問《とい》屋《や》の遠藤家を始めとして，旧街道を挟んだ両側に民家と石垣が連なり，江戸時代の宿場町の様子を偲ばせる。

6 南安達の史跡

近世の宿場町として栄えた本宮の周辺には，古代から近世まで多くの史跡がみられる。

本宮宿《もとみやじゅく》 32

0243-33-2546(本宮市立歴史民俗資料館)

〈M►P. 82, 123〉 本宮市本宮字大町《だいまち》・字仲《なか》町《まち》・字荒町《あらまち》・字下町《しもまち》・字中條《なかじょう》・字上町《かみまち》

JR東北本線本宮駅🚶2分

奥州道中の宿場町
4つの街道が分岐する交通の要所

本宮駅から駅前通りを西へ約300m進むと，県道須賀川二本松《すかがわにほんまつ》線にぶつかる。これが旧奥州道中《おうしゅうどうちゅう》であり，この道中沿いに約1.4kmにわたって本宮宿が形成されていた。本宮宿は，奥州道中と会津《あいづ》街道(二本松街道)・奥州西街道(相馬《そうま》街道)・岩城《いわき》街道(三春《みはる》街道)が分岐する交通・物流の要所として発展し，井原西鶴《いはらさいかく》の『好色一代男』や『一目玉鉾《ひとめたまぼこ》』にもその名が登場している。

阿武隈《あぶくま》川の支流安達太良《あだたら》川を挟んで北町(大町・仲町・荒町)と南町(下町・中條・上町)に分けられ，それぞれに本陣《ほんじん》・脇本陣・問屋《といや》

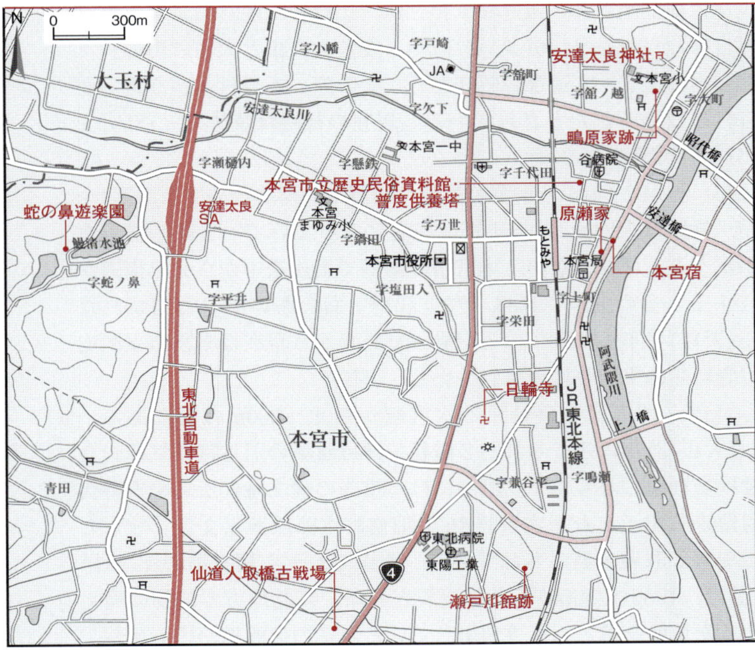

本宮駅周辺の史跡

天王壇古墳出土品

がおかれた。1706(宝永《ほうえい》3)年から北町の本陣・検断・問屋を務めた鳴原《しぎはら》家跡(1844〈弘化《こうか》元〉年から検断は伊藤《いとう》家)は本宮小学校入口の北側の一角で，邸宅は1950(昭和25)年に取り壊された。現在は樹齢200年の「本陣の黒松」と，明治天皇行在所《あんざいしょ》跡の碑を残すのみとなっている。鳴原家の後方の菅森山《すがもりやま》の山頂に安達太良神社(祭神高皇《たかみ》産霊神《むすびのかみ》・神皇《かみ》産霊神・飯豊和気《いいとよわけ》神・飯津比賣《いいつひめ》神・陽日温泉《あさひいでゆ》神・禰宜《ねぎ》大刀自《おおとじ》神)がある。1146(久安《きゅうあん》2)年，安達太良山と大名倉山《おおなぐらやま》の神々を菅森山に遷し，安達郡《あだち》総鎮守《そうちんじゅ》とし，その際，本目村という地名が本宮村に改められたとされている。現在の社殿は焼失後，1816(文《ぶん》化《か》13)年の再建である。

1645(正保《しょうほう》2)年から南町の本陣・検断・問屋を務めた原瀬《はらせ》家(一時期，検断は大内家)は，現在は商店になっていて，当時の様子をうかがうことはできない。本宮宿の南側で奥州道中から会津街道が分岐する。その分岐点には「左　江戸　右　あい津」と刻まれた1843(天保14)年の普度供養塔《ふどくようとう》が立っていたが，現在は本宮市立歴史民俗資料館の玄関脇に移されている。

本宮市立歴史民俗資料館は本宮駅から北へ300mの所にある。1924(大正13)年に建てられた2階建て洋風建築の旧本宮電気株式会社社屋を利用したもので，館内には，市内の縄文時代から平安時代の遺跡から出土した考古資料や，「旧南町本陣原瀬家文書」などの近世史料が収蔵・展示されている。なかでも天王壇古墳出土品(県文化)は，1982(昭和57)年の発掘調査の際，東北地方で最初の発見となった埴輪《はにわ》を棺として再利用している4基の埴輪棺や円筒《えんとう》埴輪，朝顔形《あさがおがた》埴輪，眉庇付冑《まびさしつきかぶと》と三角板短甲《たんこう》を装着した甲冑《かっちゅう》埴輪，女性人物埴輪，犬・猪・鳥などの動物埴輪などバラエティに富み，高度な古墳文化が，この本宮地方にも発達していたことをうかがわせる。

本宮駅の西約 3 km，大名倉山の麓《ふもと》にある**蛇《じゃ》の鼻遊楽園《はなゆうらくえん》**は，1899(明治32)年から本宮の地主であった伊藤弥《わたる》が開発し，「百果園」と名付けて果樹栽培をしたことに始まり，サクラ・ツツジ・バラ・チューリップ・バラ，そして秋の紅葉と，四季を通じて花々が咲き競う。蛇の鼻という地名は，前九年合戦《ぜんくねんかっせん》(1051～62年)の際に源義《みなもとのよし》家《いえ》が逃げる安倍貞任《あべのさだとう》をめがけて矢を放ったという故事から「矢のはな」とよばれるようになり，天明《てんめい》年間(1781～89)に「蛇の鼻」に改められたといわれる。園内にある伊藤氏の別荘**蛇の鼻御殿**(国登録)は荘厳な日本建築で，谷文晁《たにぶんちょう》や勝田蕉琴《かつたしょうきん》の障壁画，伊藤博文《ひろぶみ》や木《き》戸孝允《どたかよし》の書画などの貴重なコレクションが収蔵されている。

仙道人取橋古戦場《せんどうひととりばしこせんじょう》 ㉝

〈M ► P. 82, 123〉本宮市青田《あおた》字茂庭《もにわ》
JR東北本線本宮駅 徒歩 25分

本宮駅前の十字路を右手に進み，500mほど行くと旧会津街道に合流する。この道沿いにJR東北本線の地下道をくぐり，なだらかな坂道をのぼると国道 4 号線に出る。国道 4 号線を郡山《こおりやま》方面に600mほど進むと右手の田園の中に史跡**仙道人取橋古戦場**の標柱が立っている。

1585(天正13)年，粟ノ須《あわのす》の合戦で二本松城主畠山義継《はたけやまよしつぐ》に父輝宗《てるむね》を殺害された伊達《だて》政宗《まさむね》は，初七日が済んだ10月15日から二本松城攻略を開始する。11月に入ると，常陸《ひたち》佐竹《さたけ》・会津蘆名《あしな》・岩城・石川《いしかわ》・二階堂《にかいどう》・相馬の連合軍約 3 万5000の兵が二本松救済のために南から本宮方面に進出した。政宗は約7000の兵で北方から迎え撃ち，両軍が激突して，伊達軍に400人，連合軍に1000人を超える死傷者が出たといわれる。優勢であった連合軍だが，常陸国での佐竹家の内紛により，兵を引き揚げ，合戦は終了した。

仙道人取橋古戦場

伊達軍と佐竹・蘆名連合軍が激突した合戦場

畠山義継の子国王丸《くにおうまる》は，翌年７月相馬義胤《よしたね》の斡旋で二本松城開城を決意し，城に火を放って会津へ逃れた。

古戦場跡には，この合戦で73歳で戦死した伊達家家臣鬼庭左月《おにわさげつ》(子孫が茂庭《もにわ》と改称)の墓である功士壇《こうしだん》がある。また，古戦場の北方約１kmの日輪寺《にちりんじ》(天台《てんだい》宗)が立つ観音堂山《かんのんどうさん》(古観音堂)は伊達政宗が本陣を囲えた地であり，東方700mの瀬戸川館《せとがわやかた》跡は伊達家家臣伊達成実《しげざね》が布陣し，現在は石碑が立っている。

巨岩が露出する霊山岩角山徳一開山の霊場高松山

岩角山《いわづのさん》と高松山《たかまつさん》 ㉞㉟

0243-44-3354(岩角山観光協会)
0243-44-3822(高松山観音寺)

〈M►P. 82〉本宮市和田《わだ》字東屋口《あずまやぐち》 Ⓟ／本宮市糠《ぬか》沢《ざわ》字高松 Ⓟ

JR東北本線本宮駅🚌岩角行岩角山入口🚶15分／本宮駅🚌三春行六角🚶10分

本宮駅の東北東約８kmにある岩角山(337m)は，851(仁寿《にんじゅ》元)年，天台宗の慈覚大師《じかくだいし》(円仁《えんにん》)が開いた山岳信仰の霊場であり，比叡山延《ひえいざんえん》暦寺《りゃくじ》(滋賀県大津市)の直末《じきまつ》寺にあたる和田山常光院岩角寺《わださんじょうこういんがんかくじ》(天台宗)，通称「岩角山《いわづのさん》」(県文化)がある。全山が県の名勝・天然記念物に指定されていて，巨大な花崗岩《かこうがん》が多く露出し，畳石や舟石などその形に応じて名付けられている。また，その岩肌《いわはだ》には江戸時代に線刻された西国霊場《さいごくれいじょう》三十三観世音菩薩《かんぜおんぼさつ》や四天王《してんのう》・天神《てんじん》など808体が残っている。鎌倉時代以降衰退していたが，江戸時代に入り二本松藩主丹羽氏が岩角寺《がんかくじ》を祈願寺として再興した。山中には，鎌倉時代末期作と考えられ，寅《とら》年にのみ開帳される木造毘沙門天《びしゃもんてん》立像・脇侍《わきじ》の吉祥天《きっしょうてん》立像・善膩師童子《ぜんにしどうじ》立像(いずれも県文化)が安置されている毘沙門堂や，那智《なち》観音堂などがある。また，山頂からは北に吾妻《あづま》連峰，西に安達太良山，南に那須《なす》連峰を望むことができる。

岩角山毘沙門堂

本宮駅の南南東約4.5km，岩角山の南西８kmに位置する高松山観音寺(天台宗)は，

807(大同《だいどう》2)年，法相宗《ほっそう》徳一《とくいつ》が薬師如来像を彫って安置し，顕密弘《けんみつこう》道《どう》の霊場として開山したと伝えられている。山頂には月山《がっさん》・羽黒《はぐろ》山《さん》・湯殿山《ゆどのさん》(羽山《はやま》)の三大権現《ごんげん》がまつられており，観音寺は別当《べっとう》として両部神道を行った。一時衰退し，嘉応《かおう》年間(1169～71)に定覚《じょうかく》和尚により再建されたが，1585(天正13)年に伊達政宗が安達郡に進出してきた際，堂塔や古記録などが焼失してしまった。観音寺には治《じ》承《しょう》年間(1177～81)に文覚上人《もんがくしょうにん》が刻んだ不動明王《ふどうみょうおう》という秘仏「汗かき不動」や，1283(弘安《こうあん》6)年頃に制作された徳一宝塔があるほか，薬師堂付近からは唐草文軒平瓦《からくさもんのきひらがわら》と五弁花文《ごべんかもん》軒丸瓦が出土し，福島市腰浜廃寺《こしのはまはいじ》などの影響を受けたと考えられている。

馬場《ばば》ザクラ ㊱

〈M►P. 82〉安達郡大玉村玉井《おおたまむらたまのい》字石橋《いしばし》 🅿
JR東北本線本宮駅🚌糠免《こすげ》行寺久根🚶2分

義家ゆかりのサクラ
田園地帯に点在する古墳群

寺久根バス停から南へ200mほど進むと福満虚空蔵尊《ふくまんこくうぞうそん》があり，その境内に樹齢1000年以上と推定されるエドヒガンザクラの**馬場ザクラ**(国天然)がある。この付近が源義家の軍馬訓練の馬場であったという伝説からその名が付けられた。義家が駒止めするために土に挿した桜木の鞭《むち》が根付いたとされることから，「駒止め桜」ともよばれている。かつては樹高15m・幅25mを誇り，毎年4月下旬に美しい薄紅色の花を咲かせていたが，1986(昭和61)年の干ばつにより，葉が残らず落ち，樹勢が衰退した。馬場桜保存会の活動により，いったん樹勢の回復をみたが，近年再び衰えが目立ち，樹勢回復作業が行われている。

また，大玉村内には大山地区を中心に全長53mの**二子塚《ふたごづか》古墳**・**傾《けい》城壇《せいだん》古墳**(ともに県史跡)，**谷治《やじ》古墳**・**久遠壇《くおんだん》古墳**などが確認されており，大玉古墳群とよばれる。馬場ザクラのある玉井地区には**あだたらふるさとホール**があり，大玉古墳群からの出土品を始め，村内の遺跡出土の縄文土器，伝統的な農具や工芸品などが展示されている。また，1845(弘化2)年に建てられた玉井字稲場《いなば》の農家後藤《ごとう》家の家屋の一部が移築されている。

7 商都郡山

「県都」とよばれる福島市に対して，「商都」とよばれる郡山市。その中心部は，江戸時代には宿場町として栄えていた。

郡山代官所跡《こおりやまだいかんしょあと》と阿邪訶根神社《あさかねじんじゃ》 ㊲㊳

〈M ► P. 82, 129〉 郡山《こおりやま》市駅前１丁目／郡山市大町2-14-1
JR東北本線・磐越東《ばんえつとう》線・磐越西《さい》線・水郡《すいぐん》線・東北新幹線郡山駅🚶５分

商業の中心地郡山
境内には曼陀羅供養塔

1663(寛文《かんぶん》３)年，二本松《にほんまつ》藩の基礎を築いた丹羽光重《にわみつしげ》は，それまでの郡山代官所に加えて，大槻《おおつき》・片平《かたひら》の２つの代官所を郡山に移した。郡山駅前交番前の歩行者用信号を渡り，丸井郡山店横の通りを200mほど進むと左手にマギー陣屋《じんや》駐車場があるがこの一帯が各代官所があった場所である。同駐車場付近に片平代官所が，その南隣に大槻代官所がおかれ，同駐車場と道路を挟んだ所(福島信販代官小路《こうじ》第32駐車場付近)に郡山代官所が置かれていた。

郡山駅西口から駅前大通りを西へ300mほど歩くと中町《なかまち》交差点がある。ここから南北に延びる旧奥州道中《おうしゅうどうちゅう》(県道須賀川《すかがわ》二本松線)沿いを中心に江戸時代の郡山は宿場としての発展をとげた。宿場は中町交差点付近を境に，南を上町《かみまち》，北を下町《しもまち》と称した。町の南端(現，本町)と北端(現，大町)に木戸門《きどもん》を設置し，本陣《ほんじん》や脇《わき》本陣・旅籠屋《はたごや》が軒を並べたという。本陣は，中町交差点の南西角付近におかれていた。

郡山駅から駅前大通りを西へ400mほど進み，国道４号線との大町１丁目交差点を右折して500mほど行くと，旧星《ほし》総合病院の正面に阿邪訶根神社(祭神猿田毘古命《さるたひこのみこと》・平忠通《たいらのただみち》)があり，境内に石造法華曼陀羅供養塔《ほっけまんだらくようとう》(県文化)がある。「治暦《ちりゃく》三(1067)年」の銘がみられるが，後世に刻まれたと考えられている。

阿邪訶根神社の東を南北に走る県道須賀川二本松線を北へ800mほど進むと，左手に郡山久保田《くぼた》郵便局がある。その手前の角を左折して100mほど進んだ富久山町《ふくやままち》久保田山王館《さんおうだて》に日吉《ひよし》神社があり，参道脇には16基の石造塔婆《とうば》(県文化)がある。「正安《しょうあん》三(1301)年」の銘があるものもあり，鎌倉時代末期に造られたと考えられる。境内には，1694(元禄《げんろく》７)年に仙台藩４代藩主伊達綱村《だてつなむら》の命によって建立《こんりゅう》

郡山市中心部の史跡

された伊東肥前《いとうひぜん》の碑も立っている。伊東肥前守重信《ひぜんのかみしげのぶ》は戦国時代末期，伊達政宗麾下《まさむねきか》の武将で，1588(天正《てんしょう》16)年の郡山合戦《かっせん》の際に政宗の身代わりとなって戦死した人物である。

安積国造神社《あさかくにつこじんじゃ》 ㊴

024-932-1145

〈M ► P. 82, 129〉 郡山市清水台《しみずだい》1-6-23

JR東北線郡山駅🚌市役所方面行清水台下車🚶2分

郡山駅の駅前大通りを西へ進み，国道4号線を越えて，さくら通

古代の郡衙跡に立つ安積艮斎を生んだ神社

安積国造神社

りに入った南側に，安積国造神社(祭神和久《わく》産巣日神《むすひのかみ》・天湯津彦《あめのゆつひこの》命《みこと》・比止禰《ひとね》命・誉田《ほむだ》別《わけ》命)がある。この神社は，坂上田村麻呂《さかのうえのたむらまろ》や源頼義《みなもとのよりよし》・義家《よしいえ》が戦勝祈願したとの由緒をもつが，現在の神社は，1683(天和《てんな》3)年に，ここより北の赤木町《あかぎまち》より遷宮したものである。

境内には，安積艮斎《あさかごんさい》記念館と艮斎の像がある。艮斎は，1791(寛《かん》政《せい》3)年，この神社の宮司《ぐうじ》の子として生まれ，のちに昌平黌《しょうへいこう》の教授を務めた。門人には，小栗忠順《おぐりただまさ》や岩崎弥太郎《いわさきやたろう》らも名を連ねており，幕末・明治の動乱期に活躍した人物に大きな影響を与えた。記念館には，艮斎の生涯や功績を知る資料(県文化)が展示されている。また，神社に隣接する幼稚園には，1881(明治14)年の東北巡幸の際，明治天皇が本社に駐輦《ちゅうれん》したことを記念する石碑が立っている。

この神社から北西に広がっているさくら通りを挟んだ一帯は，安積郡衙《ぐんが》跡と考えられている。このことは，数次にわたる清水台遺跡の発掘によって明らかにされた。現在，発掘跡地は芳山《ほうざん》公園として整備され，市民の憩いの場所となっている。

また，芳山公園の一帯は虎丸《とらまる》といい，さくら通りをさらに西に進むと長者《ちょうじゃ》という所もある。これらの地名は，虎丸長者にちなんだものと考えられている。伝説によると，源義家が奥州に遠征した際，この地の長者に食料の供給を求めて拒まれたため，義家は長者の館を焼き払い，長者は金銀財宝を埋めて逃げたという。

安積国造神社の南西側の裏手には，郡山市商工会館があり，正面入口右側に，皿沼水神祠《さらぬますいじんし》がある。かつてこの地は，皿沼とよばれる灌漑用水池であったが，1722(享保《きょうほう》7)年に，付近の名主《なぬし》らの働きかけにより，皿沼水道が築かれ，飲料水として利用できるようになった。現在，皿沼はなくなり，祠《ほこら》のみが残っている。

金透記念館《きんとうきねんかん》 ㊵

024-932-5291

〈M ► P. 82, 129〉郡山市堂前町《どうまえまち》5-21

JR東北本線郡山駅🚶15分(東日本大震災の影響で見学不可)

郡山駅から駅前大通りを西へ400mほど進み，国道4号線との大町1丁目交差点を左折して200mほど行くと善導《ぜんどう》寺《じ》(浄土《じょうど》宗)がある。善導寺本堂・庫裡《くり》(国登録)は，1909(明治42)年に，9代伊藤平左《へいざ》衛門《えもん》の手によって上棟されたものである。伊藤は洋風建築もこなした宮大工で，この本堂は欄間《らんま》彫刻で飾った内陣廻りなどに特色がみられる。

金透記念館

木戸孝允が命名
尋常小学校の建物を復元

国道4号線をさらに南へ進み，消防署前交差点を西へ100mほど進むと郡山市立金透小学校(旧郡山尋常小学校)がある。この名称は，1876(明治9)年に，明治天皇の東北巡幸に随行した木戸孝允《きどたかよし》が，郡山尋常小学校を訪れた際，『朱子語類《しゅしごるい》』中の「陽気発処金石亦《ようきのはっするところきんせきもまた》透《とおる》，精神一到何事不成《せいしんいっとうすればなにごとかなさざらん》」から命名したものである。現在，敷地内には，創立時の建物を移転・復元した洋風建築の金透記念館があり，八角形を基調とした正面ポーチとバルコニーは，明治のモダンを現代に伝えている。

如宝寺《にょほうじ》 ㊶

024-922-0607

〈M ► P. 82, 129〉郡山市堂前町4-24

JR東北本線郡山駅🚶15分

三条実美を接待した
陽春館を移築

消防署前交差点から西へ200mほど進むと如宝寺(真言《しんごん》宗)に至る。境内にある如宝寺書院(国登録)は，1884(明治17)年に太政大臣三《だじょうだいじんさん》条実美《じょうさねとみ》が東北を視察した際に，白河《しらかわ》の有志が接待のために建築した陽春館《ようしゅんかん》を，1895(明治28)年に移築したものである。1階玄関の上部は板敷でベランダの用途をもち，西洋建築の要素があるという。

如宝寺には，「建治《けんじ》二(1276)年」の銘がある板石塔婆《いたいしとうば》(国重文)が立っている。この板碑は塔身の上方に四角と丸の3重の輪郭を彫り，中には17の種字《しゅじ》(梵字《ぼんじ》)が配置され，阿弥陀曼陀羅《あみだまんだら》をあらわしている。そのほかに「承元《じょうげん》二(1208)年」銘の石造笠塔婆《かさとうば》(国重文)があり，

如宝寺書院

阿弥陀如来《にょらい》が彫刻されている。また，「寛延《かんえん》四(1751)年」銘の銅《どう》鐘《しょう》(国重文)がある。鐘の上部に施される乳《にゅう》がないことから「いぼなしの鐘」とよばれ，鋳造には強度や音響の面で難しい技術を要したという。

また，如宝寺の東南側にある墓地には，明治時代に社会事業につくした鈴木信教《すずきしんきょう》の墓(県史跡)がある。

篠川御所跡《ささがわごしょあと》 ㊷

〈M ▸ P. 82〉郡山市安積町笹川字高瀬《たかせ》
JR東北本線・水郡《すいぐん》線安積永盛《ながもり》駅 徒歩10分

鎌倉公方足利満兼の弟、満直の館跡

室町時代に奥州は鎌倉府の支配地となったが，政情は不安定であった。このため，1399(応永《おうえい》6)年に鎌倉公方足利満兼《くぼうあしかがみつかね》の弟の足利満《みつ》直《なお》・満貞《みつさだ》が奥州に派遣された。満直は安積郡篠川に，満貞は岩瀬《いわせ》郡稲村《いなむら》に派遣されて，各々篠川公方・稲村公方とよばれた。安積永盛駅の南方約500mにある笹川公民館付近一帯が満直が館を構えた篠川御所跡で，当時は阿武隈《あぶくま》川西岸段丘上に南北18町・東西3町の規模を誇ったという。現在，その一角に高瀬稲荷《たかせいなり》神社がある。

この篠川御所跡から北に約2kmの複合コンベンション施設ビッグパレットふくしまとその隣接地(旧国鉄操車場跡)に，総面積約5万7000m^2の荒井猫田《あらいねこた》遺跡が広がっている。中世の「奥大道《おくのたいどう》」と考えられる道路が南北に通り，鎌倉時代の町跡，堀で囲われた室町時代の館跡などが発掘された。土師器《はじき》・須恵器《すえき》・土師質《はじしつ》土器や木製品・炭化米，また青磁《せいじ》・白磁《はくじ》・褐釉《かつゆう》陶器などの輸入陶磁器，常滑《とこなめ》・古瀬戸《こせと》の国産陶器などが出土し，郡山市文化財調査研究センターに展示されている。

郡山市公会堂《こおりやましこうかいどう》 ㊸

024-934-1212(郡山市中央公民館)
〈M ▸ P. 82, 129〉郡山市麓山《はやま》1-8-4 P
JR東北本線郡山駅 バス 池の台方面行図書館前 徒歩1分

如宝寺前の，はやま通りを西へ約500m進むと，麓山公園へ至る。1824(文政《ぶんせい》7)年に，郡山村が宿場町に昇格したことを記念して造ら

安積疏水麓山の飛瀑

れた公園で，樹齢200年の赤松が，弁財天《べんざいてん》をまつった池に美しい姿を映し出している。また，公園内には，安積疏水《そすい》の水を利用した，長さ14m・高さ８m・水路延長23mにおよぶ石造の滝，安積疏水麓山の飛瀑《ひばく》(国登録)もある。

安積開拓の地に立つ大正時代の公会堂

公園の西方に，郡山市歴史資料館がある。ここでは，市内の各遺跡から出土した埋蔵文化財や，江戸時代の地方文書《じかたもんじょ》，近代以降の郡山の発展を示す資料などが展示されている。

資料館の西隣に，郡山市の市制施行を記念して1924(大正13)年に建てられた郡山市公会堂(国登録)がある。オランダのハーグにある平和宮《へいわきゅう》をモデルに設計されたもので，地方都市における本格的な公会堂建築である。連続半円アーチの柱廊や垂直性を強調した塔屋などが設けられている。2004年に，内部は大正時代当時に近づけるよう修復され，現在は市民ホールとして利用されている。

公会堂から北東へ約500mの細沼町《ほそぬままち》には，日本基督《キリスト》教団郡山細沼教会礼拝堂(国登録)がある。1929(昭和４)年に建てられたもので，３階建てで塔屋を備えている。

こおりやま文学《ぶんがく》の森文学資料館《もりぶんがくしりょうかん》 ㊹

024-991-7610

〈M►P. 82, 129〉郡山市豊田町《とよたまち》3-5　P（総合体育館）

JR東北本線郡山駅バスさくら循環郡山総合体育館前徒歩2分

郡山にゆかりある作家の資料を公開

はやま通りを西に進んで，内環状線が交差する地点には，郡山市文学資料館と久米正雄《くめまさお》記念館からなるこおりやま文学の森文学資料館がある。資料館は，『明治事物起源《めいじじぶつきげん》』を著し，雑誌『小国民』『世界之子供』などを刊行し，金透小学校で教壇に立ったこともある石《いし》井《い》研堂《けんどう》や，宮本《みやもと》(中条《ちゅうじょう》)百合子《ゆりこ》(中条政恒《まさつね》の孫)，金透小学校や旧制安積中学校に学び，『碑《いしぶみ》』などの歴史小説を著した中山義秀《なかやまぎしゅう》ら，郡山ゆかりの作家の作品や資料を収蔵・展示している。記念館の建物は，旧制安積中学校に学んだ久米正雄の鎌倉市の邸宅を移築・復元したものである。

文学の森文学資料館の前を南北に走る内環状線を南へ進むと，国道49号線と交差する。そこを東へ約300m進むと，五百渕《ごひゃくぶち》公園へと至る。灌漑用の溜池を中心とする公園であるが，自然のままの森が息づく池の周辺は，野鳥の楽園となっている。その池畔《ちはん》には，日本野鳥の会の創始者で歌人の中西悟堂《なかにしごどう》の歌碑が立っている。

開成山公園《かいせいざんこうえん》 ㊺

〈M ▸ P. 82, 129〉 郡山市開成1-5 Ⓟ
JR東北本線郡山駅 麓山経由または市役所経由大槻《おおつき》行開成館前 2分

安積開拓の中心地
現在はサクラの名所

開成館前バス停の北方100mの所に，開成山公園がある。開成山公園の辺りは明治時代，安積開拓の中心になった所で，開成社が一帯にサクラを植えたことに始まる。開拓当時の灌漑用池として五十《いす》鈴《ず》湖が現存し，公園内には久米正雄・宮本百合子らの文学碑がある。

久米正雄は，初代桑野村《くわのむら》(現，郡山市開成付近)村長であった立岩《たていわ》一郎《いちろう》の孫で，長野県上田《うえだ》市に生まれ，７歳のときに桑野村に移住した。旧制安積中学校を経て，東京帝国大学に進学し，菊池寛《きくちかん》や芥《あくた》川龍之介《がわりゅうのすけ》らと第３次『新思潮《しんしちょう》』を立ちあげて，作品を発表した。初期の作品には，郡山を題材としたものが多く，「阿武隈心中《あぶくましんじゅう》」や「三浦製糸場主」「牛乳屋の兄弟」などがある。久米は中学時代に開成山にあった３つの池にちなみ，俳号を三汀《さんてい》とした。園内の句碑には「松柏《しょうはく》の　嵐の底や　返り花」と刻まれている。また，郡山市立開成小学校にも久米の歌碑がある。

宮本百合子は，「安積開拓の父」といわれる中条政恒の孫，建築家中条精一郎の娘で，東京小石川《こいしかわ》(文京区)に生まれた。1916(大正５)年，『中央公論』に発表した「貧しき人々の群」は，祖母の住む開成山の貧しい開拓村(桑野村)が舞台となっている。第二次世界大戦後の第１作目となった『播州平野《ばんしゅうへいや》』は，開成山の終戦当時の様子から書き始めている。

公園の周辺には中条政恒の邸跡・記念碑があり，開成社を設立した阿部茂兵衛《あべもへえ》の銅像なども立っている。

中条政恒

コラム

人

安積開拓・安積疏水の父

不毛の原野であった郡山《こおりやま》西部を変貌させた安積《あさか》開拓は，1873(明治6)年に始まった。開拓は，県や中央政府が主導したものと郡山の有力者が設立した開成社《かいせいしゃ》による事業が，関連しあって展開された。

開拓の推進者中条政恒《ちゅうじょうまさつね》は，米《よね》沢《ざわ》藩士の子として生まれ，藩士時代には蝦夷《えぞ》・樺太《からふと》にも強い関心をもち，米沢藩12代藩主上杉斉憲《うえすぎなりのり》に北方経営を建言した。明治維新後，越後《えちご》府判事試補・置賜《おきたま》県大属《だいぞく》を経て，典事《てんじ》として福島県に赴任した。着任早々，政恒は大蔵大輔《おおくらたいふ》井上《いのうえ》馨《かおる》に大槻原《おおつきはら》開墾資金の貸与を要請し，また安積郡の戸長に開拓の必要性を説き，士族対策としての開拓計画を立案した。1873年，県は「告諭書《こくゆしょ》」を発して開拓者を募った。

開拓は開成山一帯を中心とする大槻原の開墾から開始されることになった。1873年，政恒のすすめに応じた二本松士族が，現在の県道郡山湖南《こなん》線(安高《あんこう》通り)と国道49号線の交差する地域付近に入植し，翌年までに28戸が移住した。さらに，政恒は阿部茂兵衛《あべもへえ》らの郡山の商人を説得して，開拓事業を行う開成社を設立させた。1874年には，開成社の小作人家屋61戸が現在の開成山大神宮《だいじんぐう》付近の国道49号線沿いに完成し，開成館(安積地方第10区区会所)や遙拝所《ようはいじょ》(現在の開成山大神宮)も建築された。

政恒は1876年，明治天皇巡幸の先発として郡山を訪れた内務卿《ないむきょう》大久保利通《おおくぼとしみち》と会見して，開拓を安積全域に拡大する計画を説明し，安積疏水《そすい》事業の実施を要望した。事業は具体化し，猪苗代《いなわしろ》湖水東注は沼上《ぬまがみ》峠からに決定し，1879年10月に起工。1882年に52kmの幹線と78kmの分水を有する安積疏水が完成した。

明治政府は約4000町歩の田を開き，士族500戸の移住を計画した。政府の勧奨《かんしょう》に応じて移住してきたのは，久留米《くるめ》・高知・鳥取・岡山・松山・米沢・会津・二本松・棚倉《たなくら》の9藩の士族およそ500戸(2000人弱)。最初に移住してきたのは旧久留米藩の士族で，1878年11月11日に先発隊が到着した。開成山公園西側の国道49号線沿いに立つ開墾率先《かいこんそっせん》碑は，この入植を記念したものである。

中条政恒は安積疏水工事の期間中の1881年，太政官《だじょうかん》少書記官に転じ東京に移り住んだが，桑野村民の要請を受け，1897年に開成山のこの地に移住した。政恒は1900年に死去したが，その後も妻がここで生活を続け，孫の(宮本《みやもと》)百合《ゆり》子《こ》がたびたびここを訪れている。開成山公園の南には「中條邸趾」記念碑がある。中条政恒は，安積開拓と安積疏水事業の最大の功労者といえよう。

開成館《かいせいかん》 ㊻
024-923-2157

〈M ► P. 82, 129〉 郡山市開成3-3-7 P
JR東北本線郡山駅🚌麓山・市役所経由大槻行開成館前🚶2分

錦絵を参考にして建てられた擬洋風建築物

安積開拓一番官舎

バスを降り，開成山交番前交差点を西へ100mほど進んだ所にある開成館(県文化)は，安積開拓を象徴する建物の１つで，1874(明治７)年に地元棟梁《とうりょう》が錦絵《にしきえ》などを参考に建てたという擬洋風３層の建築物である。安積開拓の指導者であった中条政恒によって「開成館」と命名され，当初は区会所として使用された。1876・81年の２回，明治天皇東北巡幸の行在所《あんざいしょ》などとして使用された。その後，安積郡役所，県立農学校，桑野村役場として使用され，現在は安積開拓を伝える資料館として公開されている。

敷地内には，安積開拓官舎(旧立岩一郎邸)が立っている。この官舎は，安積開拓の中心となった福島県開拓掛《かかり》の職員宿舎として1875(明治８)年頃に建てられたもので，官舎は，一番官舎から三番官舎まであったが，現在は一番官舎のみが残っている。官舎は，政府の高官が出張してきたときの宿舎にもあてられた。

また，安積開拓入植者住宅(旧小山《おやま》家)も移築されている。旧小山家は，1882年に松山から牛庭原《うしにわはら》に移住した「愛媛松山開墾」の18戸のなかで唯一現存するもので，間口５間《けん》・奥行２間・床面積９～10坪，草屋根で土壁，内部は土間と板の間造りの質素なものである。

開成館の北隣には，1876(明治９)年に創建された開成山大神宮《だいじんぐう》がある。境内には，開成社の初代社長阿部茂兵衛銅像や安積疏水の起工および通水記念碑(1882年)が立っている。

安積歴史博物館《あさかれきしはくぶつかん》 ㊼
024-938-0778

〈M ► P. 82, 129〉 郡山市開成5-25-63
JR東北本線郡山駅🚌大槻方面行安積高校前🚶1分

開成館の東側の通りを南に400mほど進むと，県道郡山湖南《こなん》線(安《あん》高《こう》通り）に出る。ここを右折して200mほどの所に福島県立安積高校があり，敷地内に安積歴史博物館がある。もとは1889（明治22）年に建設された旧福島県尋常中学校本館（国重文）で，木造白塗，２階にバルコニーを備えた洋風学校建築である。当時，「桑野御殿」とも称された。現在は，明治時代から昭和時代の福島県の教育資料が保存・展示されている。それらのなかには，「日本主義」や「美的生活論」を唱え，明治時代の知識者層に大きな影響を与えた高山樗《たかやまちょ》牛《ぎゅう》や，「入来文書《いりきもんじょ》」の研究で名高い歴史学者の朝河貫一《あさかわかんいち》の名もみられる。

旧制安積中学の歩みと「桑野御殿」とよばれた洋風学校建築

安積高校の前を通る，県道郡山湖南線をさらに７km西へ進んだ逢瀬町多田野《おうせまちただの》地区には，浄土松山《じょうどまつやま》（県天然）がある。標高300mの丘に，点在する奇岩と松の緑が美しく，「陸の松島」ともよばれている。

ここから北西の高篠山《たかしのやま》森林公園南の道路を10kmほど進むと，逢瀬町多田野と湖南町の境にあり，江戸時代には会津の廻米路《かいまいろ》であった御霊櫃峠《ごれいびつ》へと至る。この峠の名は，源義家に仕えた鎌倉権五郎景《かまくらごんごろうかげ》政《まさ》が，御霊の宮をまつり，その櫃石に村人が五穀豊穣を祈願したことに由来する。戊辰《ぼしん》戦争の際には戦場となり，郡山から進駐した仙台藩の軍勢が，会津勢を打ち破った所でもある。

廣度寺《こうどじ》 ㊽

024-972-2714

〈M ▸ P. 82, 138〉 郡山市西田町鬼生田《にしたまちおにうた》字前田《まえだ》119 Ｐ
JR東北本線郡山駅🚗20分

南北朝時代末期の梵鐘
奥州道中の鋳物師の町

郡山駅から北へ10kmほど行った所にある廣度寺（曹洞宗《そうとう》）には，南北朝時代末期に鋳物師《いもじ》の秦景重《はたかげしげ》によって造られた「永徳《えいとく》二（1382）年」銘の銅鐘《どうしょう》（県文化）がある。景重作の銅鐘は栃木県や千葉県の寺にも多い。

廣度寺銅鐘

廣度寺から東に約４kmの丹伊田《にいた》地区には鹿島《かしま》神社のペグマタイト岩脈《がんみゃく》（国天然）がみられる。ペグマタイト（巨晶花崗岩《きょしょうかこうがん》）は石英《せきえい》や長石《ちょうせき》などからなる火成岩で，この境内で露出している岩石面の延長は約40m，幅14m・地

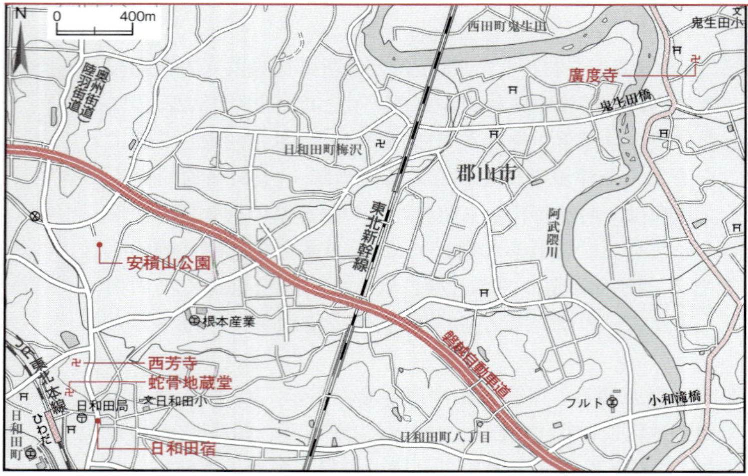

廣度寺周辺の史跡

下10mにおよぶと推測されている。

廣度寺から県道二本松金屋《かなや》線を南に2.5kmほど進み，県道三春日和田《ひわだ》線との交差点を右折して3.5kmほど行くと日和田駅に至る。日和田駅から東へ200mほど進むと旧奥州道中(県道須賀川二本松線)にぶつかる。この旧奥州道中沿いの南北500mの坂の町は日和田宿があった所である。日和田は南北朝時代から鋳物の町で，関東の鋳物師が東北に進出する際の拠点となった町といわれている。

西芳寺木造大日如来坐像

町並みの北には，1718(享保《きょうほう》3)年に再建されたという蛇骨地蔵堂《じゃこつじぞうどう》がある。郡山市内にあっては，田《た》村町細田《むらまちほそだ》の光照寺《こうしょうじ》念仏堂《ねんぶつどう》とともに，江戸時代後期の建築様式を保った仏堂建築といえる。境内には日和田のイチイ(県天然)がある。

地蔵堂の北隣には，西芳寺《さいほうじ》(天台《てんだい》宗)がある。永正《えいしょう》年間(1504～21)の開基と伝えられ，もとは1kmほど西方にあったが，享保年間(1716～36)にこの地に移った。寄木《よせぎ》造・漆箔《うるしはく》の木造大日如来《だいにちにょらい》坐像

郡山の和菓子

コラム

食

郡山《こおりやま》は，和菓子の町としても有名である。開成山《かいせいざん》公園の北側には，1853(嘉永《かえい》6)年創業という柏屋《かしわや》の開成店がある。ここでは「薄皮饅頭《うすかわまんじゅう》」の手作り体験も行っている。

郡山駅前には，かんの屋の郡山駅前店がある。かんの屋は1660(万治《まんじ》3)年頃に三春《みはる》において創業し，1860年には「ゆべし」の製造を開始している。

駅前大通り沿いには，1946(昭和21)年創業の三万石《さんまんごく》本店がある。和菓子の製造のほか，洋菓子「ままどおる」も好評という。

福島みやげの代表格
郡山の和菓子

(県文化)が安置されている。また，境内には樹齢約250年といわれるカサマツがある。

また，日和田駅前の日和田公民館内の高倉人形《たかくらにんぎょう》資料館には，江戸時代に人形浄瑠璃《じょうるり》に用いられた高倉人形(県民俗)が保管されている。

安積山公園《あさかやまこうえん》 ㊾

〈M►P. 82, 138〉 郡山市日和田 P
JR東北本線日和田駅 徒歩20分

枕詞に詠まれた安積山・
安積沼にちなむ場所

日和田駅から北へ1.5kmほどの所に安積山公園がある。この公園内の小山が安積山である。「安積山」は，「白河の関」「信夫《しのぶ》」などとともに福島県にある有名な枕詞《まくらことば》の地である。『万葉集《まんようしゅう》』にも「安積山　影さへみゆる　山の井の　浅き心を　わが思はなくに」の歌がある。また，『古今和歌集《こきんわかしゅう》』仮名序《かなじょ》には葛城王《かつらぎおう》が陸奥《むつ》国にくだったとき，王は国司《こくし》のもてなしに不満を抱いたが，1人の娘がこの歌を詠んだところ王はたいへん喜んだとあり，「あさかやま」「あさかの沼」は多くの歌人によって詠まれてきた。

公園の北側には采女《うねめ》の古歌碑があり，道沿いには「おくのほそ道」の碑がある。安積山の頂上から南西の方向をみると，地元でもう1つの安積山といわれている片平町の額取山《ひたいとりやま》がみえる。

安積山公園から約200m北にある姉ヶ茶屋《あねがぢゃや》集落は，松並木も残っていて，旧奥州道中の茶屋として明治時代中期まで賑わった。姉ヶ茶屋から旧奥州道中を2kmほど北上すると，高倉宿《しゅく》に入る。高倉宿の東南の高倉山は，戦国時代には畠山《はたけやま》氏の居城で，山麓にある山清寺《さんせいじ》(真言宗)には，石造浮彫阿弥陀二尊《うきぼりあみだにそん》供養塔(非公開)が残る。

東京電力沼上発電所《とうきょうでんりょくぬまがみはつでんしょ》 ㊿

〈M ▸ P. 82〉郡山市熱海町《あたみまち》安子島《あこがしま》字鞍手《くらて》山3-1 P

JR磐越西線中山宿《なかやまじゅく》駅 50分

明治時代中期に建設
県内で2番目に古い発電所

中山宿駅の西方約 3 kmの所に，東京電力沼上発電所(内部の見学は不可)がある。この発電所は，郡山絹糸《けんし》紡績会社(のちの日東紡《にっとうぼう》)によって1899(明治32)年に設立された。アメリカのマコーミック社製の水車とゼネラル・エレクトリック社製の発電機，ウェスチングハウス社製の変圧器を用いて電気事業を展開した。とくに，2000Vから 1 万1000Vに昇圧し，24km離れた郡山町の郡山絹紡変電所まで送電する中距離特別送電は，黒瀬《くろせ》川《がわ》広島《ひろしま》線(黒瀬川発電所—広島変電所間，26km)と並んで日本初のものであった。送電された電気によって郡山絹糸紡績工場の機械化も進展し，また民家にも電灯がともることになった。さらに，電気事業の展開によって地元資本による化学工業の発達も促され，県外からも東洋《とうよう》曹達《ソーダ》(現，保土谷《ほどがや》化学工業)や日本化学工業が進出してきた。

東光寺《とうこうじ》 (51)

024-983-2723(千手院)

〈M ▸ P. 82〉郡山市湖南町中野《なかの》字堰内《せきうち》2488

JR東北本線郡山駅 50分

中地大仏とよばれる
寄木造の大型坐像

郡山駅方面から県道郡山湖南線を西へ進み，三森《さんもり》トンネルを通過し 4 kmほど直進して最初の信号の 2 つ手前の角を右へ進むと，東光寺(真言宗豊山《ぶざん》派)がある。東光寺は，1054(天喜《てんぎ》 5)年に源義家が前九年合戦の際に創建したといわれ，大仏殿には寄木造・漆箔，像高約3. 3mの木造阿弥陀如来坐像(中地大仏，県文化)が安置されている。『新編会津風土記《ふどき》』によると，この仏像は源義家が中地村《なかじむら》(現，湖南町中野)の東30町ほどの山中に堂を建てて安置し，寛文《かんぶん》年間(1661～73)になって会津藩 8 代藩主保科正之《ほしなまさゆき》がこの地に移したという由来があるが，鎌倉時代後期の作ともいわれている。胎内墨書銘には，1563(永禄《えいろく》 6)年から 5 年を要して大修理が行われたことが記されている。境内には，樹高22m・径2. 8mの大仏のケヤキ(県天然)が聳《そび》えている。

東光寺から西南へ約 4 km，福良《ふくら》字寺前《てらまえ》の千手院《せんじゅいん》には木造千手観《かん》音《のん》立像(県文化)が安置されている。鎌倉時代の作といわれ，頭部と胴部はヒノキ材の一木《いちぼく》造，千手などには別材を用いている。なお，

磐梯熱海温泉

憩 コラム

新緑・紅葉が美しい五百川清流域の温泉地

郡山《こおりやま》市熱海町《あたみまち》にある磐梯熱海《ばんだい》温泉は，800年ほど前に開湯したと伝えられている。磐梯熱海の名は，鎌倉時代に安積《あさか》郡の領主となった伊東《いとう》氏が出身地の伊豆《いず》(現，静岡県)を偲んで名付けたという。

現在，磐梯熱海にはおよそ30の温泉宿が軒を並べている。アルカリ性単純泉で，泉温は53.0℃。切り傷・やけど・神経痛などに効能があるという。温泉街の近くには五百《ごひゃく》川の清流が流れており，観光客の散策ルートとなっている。

また，磐梯熱海温泉から母成《ぼなり》グリーンラインに向かう石筵《いしむしろ》牧場入口には，石筵のシダレグリの自生地(県天然)が広がっている。

東光寺木造阿弥陀如来坐像・千手院木造千手観音立像を見学する際には，千手院へ事前の問い合わせが必要である。

千手院から南へ約８kmの福良字福良山には『延喜式《えんぎしき》』式内社《しきないしゃ》隠津島《おきつしま》神社があり，その境内には隠津島神社社叢《しゃそう》(県天然)がみられる。数百年ものあいだ，人の手が加わらず，原生林の形態を残している。

さらに，湖南町の赤津《あかつ》から猪苗代湖《いなわしろこ》にそそぐ常夏《とこなつ》川に沿って，会津布引山《ぬのびきやま》への道を約８kmほど進んだ赤津字西岐《にしまた》には赤津のカツラ(国天然)がある。樹高約25m・推定樹齢350年以上といわれている。

千手院木造千手観音立像

8 城下町三春と田村郡

城下町三春町，伝説豊かな小野町，平成の大合併で誕生した田村市とがあり，古くは田村荘といわれた。

田村神社《たむらじんじゃ》 52

〈M ► P. 82, 142〉 郡山《こおりやま》市田村町山中《たむらまちさんちゅう》字本郷《ほんごう》135
JR東北本線・磐越東《ばんえつとう》線・磐越西《さい》線・水郡《すいぐん》線・東北新幹線郡山駅🚌守山《もりやま》行田村神社🚶3分，またはJR水郡線磐城《いわき》守山《もりやま》駅🚶30分

松尾芭蕉も訪れた田村66郷の総鎮守

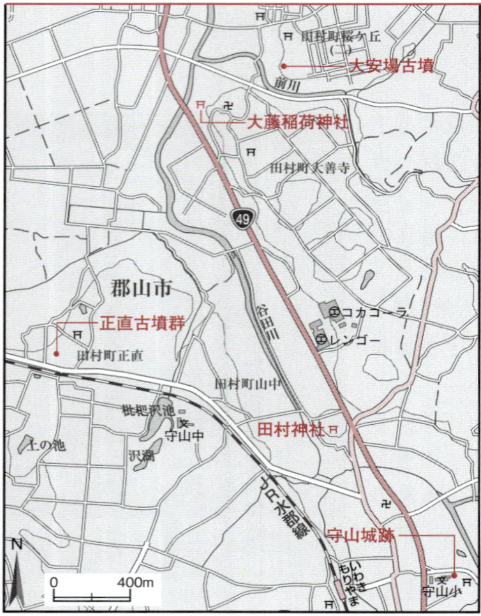

田村町の史跡

田村神社バス停から，西へ250mほど行くと，阿武隈《あぶくま》川の支流谷田《やた》川北岸の小高い地に立つ田村神社(祭神坂上田村《さかのうえのたむら》麻呂《まろ》)がある。暗く急な石段の参道をのぼって行くとスギの大樹に覆われた中に仁王門《におうもん》，その奥に拝《はい》殿《でん》がある。

田村神社は，南北朝時代末期に，宇津《うつ》峰《みね》西麓の須賀川《すかがわ》市の塩田《しおだ》地内からこの地に遷座したものともいわれている。代々領主の尊崇篤く，戦国時代の三春田村氏支配下では，1504(永正《えいしょう》元)年に，本拠地の三春に分社田村大元神社を分霊している。1665(寛文《かんぶん》5)年には，5代将軍徳川綱吉《つなよし》の代に朱印領300石を与えられている。その後，鎮守山泰平寺《たいへいじ》とよばれ，学頭の善法院《ぜんほういん》(天台《てんだい》宗)，別当の帥継院《すいけいいん》(真言《しんごん》宗)の両寺によって維持されてきた。両寺とも廃仏毀釈運動で廃寺となった。

本殿は1663(寛文《かんぶん》3)年の再建，内部の厨子《ずし》(県文化)は桃山様式の豪壮な造りである。1689(元禄《げんろく》2)年4月，松尾芭蕉《まつおばしょう》が門人曾良と

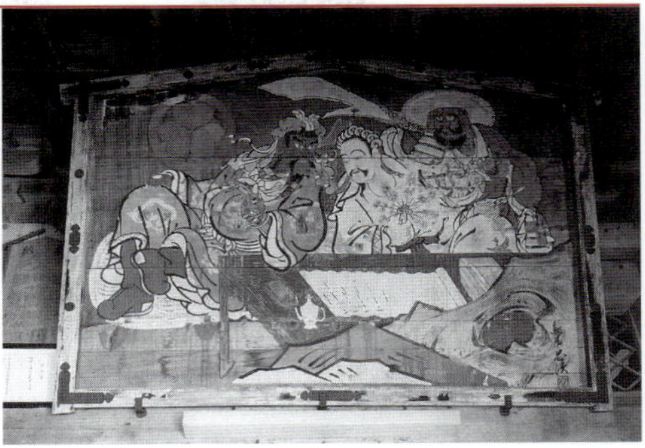

絵馬三国志三傑図

ともにここを訪れている。本殿内には奉納絵画が多く，1570(元亀《げんき》元)年と71年の蒔絵《まきえ》神馬《しんめ》図額２面のほかに，鳥居《とりい》清信《きよのぶ》画絵馬大江山図・鳥居忠《ただ》次《つぐ》画絵馬三国志三傑図・遠藤《えんどう》田一《たいち》画絵馬佃島《つくだしま》南望之図(いずれも県文化)，絵馬繋《つなぎ》馬図(県民俗)がある。

田村66郷の総鎮守として，天下泰平・国家安泰を祈願する霊場で，「お山」と尊称されている。また仙道《せんどう》三十三カ所巡礼の第１番札所として，幅広い信仰を集めてきた。今でも11月３日の秋季大祭には，近郷近在から多くの人びとが集まり，賑わいをみせる。

田村地方にあるほとんどの古社が坂上田村麻呂の勧請《かんじょう》とされ，寺の多くも田村麻呂の縁起を伝えている。また，自然にまつわる伝説や寺社名の由来・地名などにも田村麻呂の話が残されているが，史実としては明らかではない。

守山陣屋跡《もりやまじんやあと》 53

〈M ▶ P. 82〉郡山市田村町守山中町《なかまち》36
JR水郡線磐城守山駅🚶１分

物資流通の中心地として栄えた守山

守山は田村町の中心で，近世守山藩の守山陣屋がおかれていた。守山藩は，徳川御三家水戸《みと》藩から水戸新家(額田《ぬかた》藩)として，1661(寛文《かんぶん》元)年に創設されたのが始まりである。その後，５代将軍徳川綱吉から陸奥《むつ》２万石を与えるとする朱印状を得て，1700(元禄13)年に額田領を返上して水戸藩から独立し，陸奥の本領である守山村を藩名として守山藩が誕生した。

守山藩は，現在の郡山市の東部，阿武隈川東岸の村々31カ村で現在の郡山市田村町・西田町《にしたまち》の一部がこれに相当する。阿武隈川東岸における物資流通の中心であった守山は，現在でも道路を挟んで両側に家屋が並び，鉤《かぎ》形に折れた道路などが，かつての宿駅の様子を残している。しかし，中町《なかまち》にあった守山陣屋は壊されて現存していない。中世の守山城のあった所には守山小学校があり，現在発掘が進み，城塁などが注目を集め，今後の調査が期待されている。

また，谷田川と阿武隈川に挟まれた沖積地《ちゅうせきち》は，弥生時代から古墳時代にかけての遺跡が多い。守山中学校から西へ約500m，県道沿いの雑木林の中に正直《しょうじき》古墳群がある。開拓によって多くが破壊され，現在は20基余りが残されている。古墳内部からは木炭郭の主体部が検出され，5世紀中頃のものと推測されている。

大藤稲荷神社《おおふじいなりじんじゃ》と大安場古墳《おおやすばこふん》 ㊹㊺

東北南部を代表する
東北最大の前方後円墳

〈M►P. 82, 142〉 郡山市田村町大膳寺《だいぜんじ》／田村町大膳寺字大安場 🅿
JR水郡線磐城守山駅🚶50分／JR郡山駅🚌栃本《とちもと》・栃山《とちやま》行大膳寺🚶30分

田村神社から国道49号線を北へ2kmほど行くと，谷田川に架かる大膳寺橋手前東方に大藤稲荷神社(白幡《しらはた》神社，祭神倉稲魂神《うかのみたまのかみ》)がある。この境内にはフジの木(県天然)がある。また，北隣集落の田村町上行合《かみゆきあい》地区に残されている上行合人形(県民俗)は，江戸時代から明治時代にかけて，この地域で人形浄瑠璃《じょうるり》が演じられてきたことを示すもので，庶民の芸能資料として貴重である。

ここから県道飯豊郡山線を東へ阿武隈山地へ入ると赤沼《あかぬま》のおしどり伝承で有名な赤沼(中田町《なかたまち》赤沼)がある。沿道に板碑《いたび》が1基あり，南側の水田はかつて赤沼と称する沼であったということが記されている。さらに東へ行き，柳橋地内で北に折れると，中田町駒板《こまいた》字表《おもて》地内の水月観音堂《すいげつかんのんどう》に着く。堂内に木造観音菩薩半跏《かんのんぼさつはんか》像(県文化)がある。水月観音とよばれ，像高約92cm，江戸時代に2度修理されているが，水面に映った月をみつめるような優雅な姿は，鎌倉時代末期から南北朝時代の作といわれている。堂内には，享保《きょうほう》年間(1716〜36)以前の古絵馬7点が奉納されている。

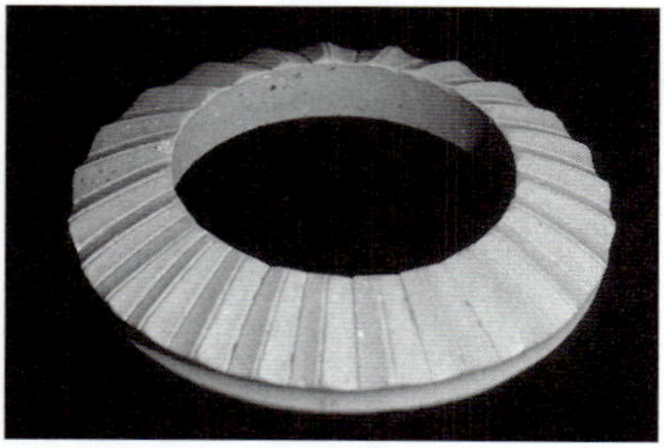

大安場古墳出土の石釧

また，郡山市北東部の阿武隈川右岸の丘陵地帯に，大安場古墳(1号墳・2号墳は国史跡)がある。大安場古墳は5つの古墳からなり，1号墳は4世紀後半の古墳時代前期後半に築造されたものといわれている。全長83m，前方後円墳としては東北地方最大で，全国でも

柳橋歌舞伎

コラム 芸

江戸時代より受け継ぐ幻想的世界

柳橋《やなぎばし》歌舞伎《かぶき》は，郡山《こおりやま》市中田町柳橋地区に伝わる伝統芸能で，現在，福島県内で歌舞伎が行われているのは，檜枝岐《ひのえまた》歌舞伎と柳橋歌舞伎だけである。

柳橋歌舞伎は農民が収穫に感謝するために地元の菅布禰《すがふね》神社に奉納するもので，約300年前の江戸時代中期に始まったという。明治時代，一時，中断したものの，1980(昭和55)年に復活した。現在では，毎年９月15日に菅布禰神社において奉納・披露するほか，毎年11月23日に柳橋地区の柳橋歌舞伎伝承館黒石荘の野舞台で歌舞伎が上演されている。

演目は日本の伝統歌舞伎で上演されている「義経千本桜《よしつねせんぼんざくら》」「菅原《すがわら》伝授手習鑑《でんじゅてならいかがみ》」「仮名手本忠臣蔵《かなでほんちゅうしんぐら》」などで，お馴染《なじみ》の場面が演じられている。

19位の大きさである。緑色凝灰岩《ぎょうかいがん》製の石釧《いしくしろ》(腕輪形石製品)，鉄製太刀《たち》・鎌・斧・槍が副葬されていた。石釧は，この地方に大和政権の支配がおよんでいたことを裏付けるものといわれている。２号墳以下の小規模な古墳は，５世紀後半に造られたものと考えられている。出土した遺物は郡山市喜久田町《きくたまち》にある郡山市文化財調査研究センターでみることができる。また，大安場古墳は古墳公園に整備される予定である。

雪村庵《せっそんあん》 56

〈M ▸ P. 82, 147〉 郡山市西田町太田《にしたまちおおた》字雪村《せっそん》174-2 P
JR磐越東線三春《みはる》駅🚶20分

水墨画の巨匠雪村晩年の住処

駅からJRの線路沿いに西へ約1.5km，山間に小高い竹林を背にした庵《いおり》がある。中世水墨画の画聖周継《しゅうけい》雪村が晩年を過ごした家で，雪村庵といわれている。

雪村は常陸太田《ひたちおおた》の生まれともいわれ，会津蘆名《あしな》氏の知遇を得て福聚寺《ふくじゅうじ》(三春町御免町《ごめんまち》)の住職になった。70歳頃，ここに隠棲《いんせい》し，1589(天正《てんしょう》17)年に80歳で没するまで創作を続けたとされているが，三春における雪村については不詳の部分が多い。

雪村の没後，1657(明暦《めいれき》３)年，三春高乾院《こうけんいん》高僧一元紹碩《いちげんしょうせき》が三春藩秋田家２代藩主盛季《もりすえ》に願い出て荒廃した庵を再建し，これを桜梅《おうばい》山観音寺《さんかんのんじ》(雪村庵)としたという。庵内には，紹碩筆の「雪村庵」と「桜梅山」の２面の扁額《へんがく》，雪村庵由緒書なども残されている。庵には，山号にちなむ樹齢数百年の七重のベニシダレザクラと老梅があり，雪村桜・雪村梅とよばれている。庵の裏の竹林に大きな自然石の墓があり，雪村の墓と伝えられている。

また，雪村の紙本墨画《しほんぼくが》四季山水図屏風(六曲一双)が郡山市美術館に収蔵・展示されている。

高柴《たかしば》デコ屋敷《やしき》 57

三春人形で有名な民芸の里
高柴デコ屋敷

〈M►P. 82〉郡山市西田町高柴字館野《たての》・福内《ふくうち》 P
JR磐越東線三春駅 徒歩 40分

阿武隈山地の西端，雪村庵から北方約1kmの山伝いの集落に高柴デコ屋敷(デコ屋敷)がある。デコとは張子《はりこ》人形のことで，三春藩高柴村(現，郡山市西田町高柴)では，元禄時代より三春人形がつくり続けられてきた。

明治時代には衰退の道をたどり，数件の農家が細々とつくってきたが，昭和30年代後半，大阪で大量の三春人形コレクションがみつかり，昭和40年代の民芸ブームによって，三春人形として復活した。

三春人形は，木型に和紙を丹念に貼り付けながらつくる張子人形である。ダルマを始め天狗《てんぐ》面・七福神・歌舞伎人形・十二支の動物などのほか，三春駒《みはるごま》(高柴木馬)や三春羽子板《はごいた》などもつくられてきた。現在，人形の張り型に使われた木型の代表的なもの28点(三春人形木型，県民俗)が残されている。

三春城跡《みはるじょうあと》 58

東北の小鎌倉
城下町三春

〈M►P. 82, 147〉田村郡三春町《たむらぐんみはるまち》・大町《おおまち》 P
JR磐越東線三春駅 徒歩 40分

寺院が多く，「東北の小鎌倉」として知られる三春町は，秋田三春藩5万石の城下町である。駅の北側の県道飯野三春石川線を南東に1.5kmほど進むと，国道288号線と交差する。そこから800m東へ行った所にある三春城(舞鶴城《まいづるじょう》)は，市街地の東方にある大志多山《おおしだやま》(405m)に築かれたもので，現在は城山公園になっている。築城の跡が残っており，昔の面影を偲ぶことができる。

三春城は，戦国時代三春田村氏の居城として永正《えいしょう》年間(1504～21)に田村義顕《よしあき》によって築かれ，その後，隆顕《たかあき》・清顕《きよあき》(娘の愛《めご》姫は伊《だ》達《て》政宗《まさむね》夫人)と続く，田村氏3代が近隣に覇を唱えた所である。田村氏は，伊達氏と連携して常陸佐竹《さたけ》・会津蘆名《あいづあしな》・須賀川二階堂《すかがわにかいどう》などに対抗するが，清顕の没後は政宗の配下となった。1590(天正18)年，

三春城(舞鶴城)跡

豊臣秀吉《とよとみひでよし》の奥羽仕置《おううしおき》により改易となり，家臣の多くは政宗に従い仙台に移った。

その後の三春は，会津領支配(蒲生氏郷《がもううじさと》・上杉景勝《うえすぎかげかつ》・蒲生秀行《ひでゆき》・蒲生忠郷《たださと》・加藤嘉《かとうよし》明《あきら》)となったが，1628(寛永《かんえい》5)年，松下長綱《まつしたながつな》が二本松から三春に移封となり，松下三春藩を築いた。しかし，1644(寛永21)年に松下長綱は改易となり，三春藩領は一時幕府領となる。その後1645(正保《しょうほう》2)年，秋田俊季《としすえ》が常陸宍戸《ししど》から三春に移封され，秋田三春藩が成立する。

秋田氏は，北奥羽の名門安倍《あべ》氏(のち安東《あんどう》氏)の末裔である。初代俊季が拝領した石高は田村郡内のうち5万5000石で，2代盛季《もりすえ》の時に5000石を分地し，三春藩5万石として幕末まで存続する。

三春城は明治時代初期に廃城となり，建造物・石垣のほとんどを失ったが遺構の保存状態はよく，また中世から近世にかけて同じ場所に築かれた城は県内でも少ないため，貴重な史跡である。

また，城山の南西麓にある三春小学校は，かつて藩主の御殿跡で

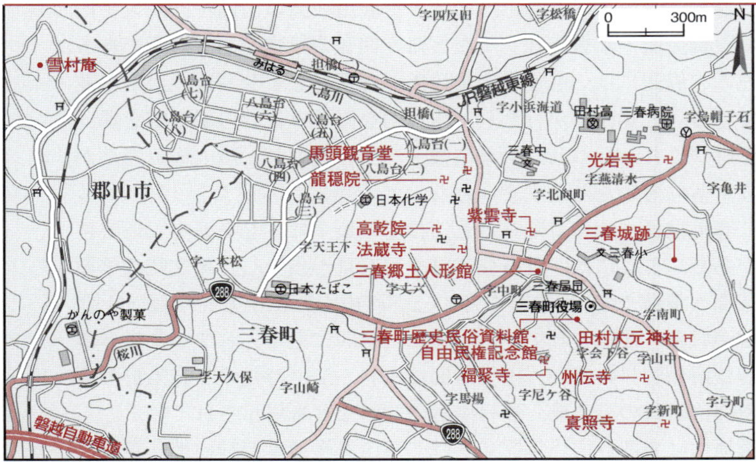

三春町中心部の史跡

あった。校門は旧藩校明徳館《めいとくかん》の正門を移築したもので，正面には，7代信季《よしすえ》筆の「明徳館」の扁額がある。

城山の南麓にある田村大元《たいげん》神社(通称明王様)は，1504(永正元)年に田村義顕《よしあき》が田村神社から分霊したものである。「永仁《えいにん》三(1295)年」銘の銅製松喰鶴鏡《まつくいつるのかがみ》(国重美)がある。秋田三春藩時代も，領内総鎮守・祈願所として尊崇された。本殿・拝殿は明治時代初期に壊され，現存する本殿は1899(明治32)年に再建されている。山門は1867(慶《けい》応《おう》3)年の建立で，それを飾る彫刻類は領内石森《いしもり》出身の彫刻家伊東《いとう》光運《こううん》の作である。

城山の北麓，亀井《かめい》の光岩寺《こうがんじ》(浄土《じょうど》宗)は，松下氏夫人の加藤氏の菩提寺《ぼだいじ》で，ここには木造阿弥陀如来《あみだにょらい》立像(県文化)がある。像高約70cm，頭部から両手にかけて破損もみられるが，顔や衣紋がよく整い，鎌倉時代中期の美しい彫刻である。「弘安《こうあん》三(1280)年」の胎内銘により肥後《ひご》国(現，熊本県)で造られ，常陸弘経寺《こうきょうじ》を経て光岩寺に移されたことがわかる。

三春町歴史民俗資料館《みはるまちれきしみんぞくしりょうかん》・自由民権記念館《じゆうみんけんきねんかん》 ㊾

0247-62-5263

〈M►P. 82, 147〉田村郡三春町桜谷《さくらだに》5

JR磐越東線三春駅🚶20分，またはJR郡山駅🚌三春行三春町役場🚶3分

郷土玩具三春駒
自由民権運動の息吹

三春駅から南東へ2.6kmほど行った城山公園の南側付近が大手門跡で，御会所《ごかいじょ》・永倉《えいそう》・代官所など藩庁関係の建物があった所である。現在この周辺には，町役場・公民館・郵便局など公共施設が立ち並んでいる。近年改修が行われ，現代的な町並みに昔の城下町を偲ばせる町づくりが行われ，武家屋敷・商家の蔵屋敷・職人横町などが残り，落ち着いたたたずまいとなっている。

三春町役場バス停で降りると，役場の裏手に三春町歴史民俗資料館がある。ここには，敷石住宅跡や配石墓が出土した縄文時代後期の柴原《しばはら》A遺跡や堂平《どうだいら》遺跡などの三春町内から出土した土錘《どすい》・土偶《どぐう》などが収蔵・展示されている。また，学問に力を入れていた三春藩の藩校関係資料のほか，田村藩関係資料，江戸時代の三春人形の優品や明治時代の三春駒，農村生活の資料なども展示されている。

敷地内にある自由民権記念館は，自由民権運動発祥の地三春町出

身の河野広中《こうのひろなか》を始め，東北各地の民権運動家の遺品や資料が展示されている。

三春町歴史民俗資料館から桜川に沿って西へ300mの所，中央大町バス停の前には，２棟の土蔵を利用した三春郷土人形館があり，三春張子人形・三春駒，東北地方の土人形やこけしを展示している。

また，歴史民俗資料館の西方600mの御免町《ごめんまち》にある福聚寺《ふくじゅうじ》(臨済《りんざい》宗)は田村氏の菩提寺で，義顕以下田村氏３代の墓がある。田村氏掟書２軸 附《つけたり》 １，大般若《はんにゃ》経(ともに県文化)，伝雪村《せっそん》筆の「達磨《だるま》図」が所蔵されている。福聚寺の東，新町の州伝寺《しゅうでんじ》(曹洞《そうとう》宗)は松下氏の菩提寺で，松下家３代の墓がある。その南の真照寺《しんしょうじ》(真言《しんごん》宗)は三春藩主の祈願寺で，本尊不動明王《ふどうみょうおう》像・木造四天王《してんのう》立像などがある。本堂の古四王堂《こしおうどう》は正徳《しょうとく》年間(1711～16)の建立である。

龍穏院《りゅうおんいん》・高乾院《こうけんいん》 ㊿

〈M►P. 82, 147〉田村郡三春町荒町《あらまち》160 P／三春町荒町171 P
JR磐越東線三春駅🚶10分／３分

歴代の城主秋田家の霊をまつる

三春藩主秋田氏は，北奥羽の名門安倍《あべ》氏の末裔である。関ヶ原の戦いの後の1602(慶長《けいちょう》７)年に，秋田から常陸宍戸５万石に転封となり，秋田姓に改める。1645(正保２)年に三春転封となり，宍戸から龍穏院と高乾院を移築している。いずれも藩主秋田家の菩提寺で，三春城の西方荒町にある。

龍穏院(曹洞宗)は，初代藩主秋田俊季《としすえ》の祖父愛季《ちかすえ》の法名から名付けられ，藩政時代は寺領50石を拝領していた。寺は三春城の出城の役割をはたしていたといわれる。本堂は1839(天保《てんぽう》10)年の再建で，槍を立てたまま出入りできる高い向拝《こうはい》，銃眼をかねた花頭窓《かとうまど》など豪壮な出城建築となっている。佐久間《さくま》派和算家による奉納算額があり，寺の裏山には４代頼季《よりすえ》が1720(享保《きょうほう》５)年に建立した三春就封以前の一族の霊をまつる秋田家累代の尊霊塔《そんれいとう》などがある。

龍穏院の北隣には坂上田村麻呂伝説に由来する馬頭《ばとう》観音堂(華生《かしょう》院《いん》)があり，堂内には奉納絵馬が数多くある。かつて当地方が有数の馬(三春駒《みはるごま》)の産地であったことを物語っている。なかでも馬奉行で，駒絵で有名な初代徳田研山《とくだけんざん》のものが知られている。

龍穏院の南100mの所にある高乾院(臨済《りんざい》宗)は，初代藩主秋田俊

秋田家累代の尊霊塔

季の実父実季《さねすえ》の法名から名付けられたものである。秋田家累代の菩提寺で，「高乾」の扁額は7代倩季の筆になる。大正期に取り壊され，現在の本堂は2002年に新築され，大きな手水鉢《ちょうずばち》と寺の礎石が残っている。

寺の南高台には，秋田家歴代藩主の墓と御霊屋《おたまや》がある。この南隣には，甘酒地蔵として親しまれている室町時代の地蔵尊像のある法蔵寺《ほうぞうじ》(時《じ》宗)がある。

大町《おおまち》の紫雲寺《しうんじ》(浄土宗)には，1923(大正12)年に建てられた福島自由民権運動の指導者河野広中の遺髪を納めた墓がある。大通りから紫雲寺に至る通りは，民権通りともよばれている。

三春町の北方，富沢《とみさわ》字山中《やまなか》に中山家住宅(国重文)がある。17世紀末のもので，馬の産地であった阿武隈山系の古い民家の特徴として3軒どりの広さをもつ。

三春滝《みはるたき》ザクラ 61

〈M►P. 82〉田村郡三春町滝《たき》字桜久保《さくらくぼ》 P
JR磐越東線三春駅🚗60分

サクラの咲く春は多くの観光客で賑う

三春町の三春とは，梅・桜・桃がいっせいに咲き競い，三つの春が同時に訪れることから名付けられたという地名伝承があり，なかでも桜の名所は多い。ことに三春滝ザクラ(国天然)は，日本三大桜の1つとして有名で，樹齢1000年以上のエドヒガン系ベニシダレザクラである。樹高12m・根回り11m。幹から北へ4.6m・東へ10.7m・南へ13.9m・

三春ダム

河野広中と三春

コラム

人

自由民権運動発祥の地

自由民権運動発祥の地三春町《みはるまち》は，自由民権運動の指導者を多く輩出した。

明治時代初期，藩閥専制政治に抗して，自由と平等の旗を掲げ，憲法制定・国会開設・地租軽減・不平等条約の改正・地方自治の確立などを要求しておこった国民的政治運動が自由民権運動である。

運動をリードしたのは，三春町生まれの河野広中《こうのひろなか》である。彼は田村郡常葉《ときわ》区長のときに自由民権思想に目覚め，独自の「民会」を創設し，仲間とともに政治結社「石《せき》陽社《ようしゃ》」を創設した。20歳の頃には福島県内はもとより，東北の自由民権運動の指導者として全国に知られ，愛国社結成や国会開設請願書の奉呈委員となっている。

福島県は1878(明治11)年に独自の代議制「民会」を発足させ，翌79年には全国初の県会を設置している。河野広中は1881年，県議会議長となり，福島事件にかかわり，獄中生活を送った。大日本帝国憲法発布の特赦により，出獄。衆議院議員となり，第１回総選挙から連続14回当選し，衆議院議長・農商大臣などを歴任，74歳でその生涯を閉じた。彼の墓は東京の護国《ごこく》寺《じ》にあったが，1994(平成６)年に河野家の菩提寺でもある三春町の紫雲寺《しうんじ》に頭髪を埋め盛土した瘞髪《えいはつ》塚《づか》として改葬されている。

また，三春町からは田母野秀《たものひで》顕《あき》・松本茂・佐久間昌言《しょうげん》・三輪正治・安積《あさか》三郎らも輩出している。

自由民権運動に対しては，自由党撲滅を豪語して就任した県令三《み》島通庸《しまみちつね》による弾圧もまた熾烈《しれつ》をきわめた。1882(明治15)年，河野ら三春地方の民権家28名・自由党幹部46名をはじめ，県下2000名の逮捕者をだす福島事件がおこった。さらに栃木県令も兼ねることになった三島通庸の強権的政治に抗しておこった1884(明治17)年の加波《かば》山《さん》事件には，琴田岩松《ことだいわまつ》・山口守太郎・河野広躰《ひろおみ》・五十川元吉・天野市太郎らの青年たちも加わっている。

三春町から自由民権運動に参加し，多くの指導者を輩出した背景には，河野広中という優れた指導者がいたということだけでなく，民権家を育む教育機関があったということが大きい。1878(明治11)年，河野広中らによって政治結社三師社が結成され，1881年には三春正道館が創立されている。三春正道館は，旧藩校明徳堂《めいとくどう》跡に建てられ，近代的な政治教育をする青年の教育機関で，当時，県内唯一の政治教育の学塾でもあった。設立費から維持費，すべてに公費(町費)があてられていたこともほかに類がない。ここから政治に目覚めた有為な青年たちが巣立っていったのである。

西へ14.5m枝を張る巨木である。

開花期は４月中〜下旬，四方に伸びた太い枝から薄紅の小さな花が無数に咲き，まさに滝が流れ落ちるようにみえることから，「滝ザクラ」とよばれるようになったといわれている。夜の闇の中で，咲き誇る滝ザクラをみると幽玄な趣が感じられるのも，その大きさと樹齢からくるものかもしれない。

滝ザクラの近くには，三春ダム資料館があり，三春ダムと春田大《はるたおお》橋《はし》・大滝根《おおたきね》川の役割や水質保全の仕組みについて展示している。

堂山王子神社《どうやまおうじじんじゃ》 62

〈M ► P. 82〉田村市船引町門沢《ふねひきまちかどさわ》字堂山 Ⓟ
JR磐越東線船引《ふねひき》駅🚌堀越《ほりこし》行門沢支所前🚶15分

観音信仰の広まりと馬の飼育

船引町の南部，磐城《いわき》街道沿いにある門沢支所前でバスを降り，南へ町道を約１km行くと，道路から山に登る所に堂山王子神社(国重文)がある。もとは東堂山観音寺《とうどうさんかんのんじ》といい，准胝観世音《じゅんていかんぜおん》をまつっていたが，1870(明治３)年に堂山王子神社と改称している。1968(昭和43)年に文化庁による解体修理が行われた際に，「明応《めいおう》七(1498)年」銘の巡礼札，木製旧堂山寺観音堂巡礼納札(県文化)が発見され，室町時代中期の建造物であることがわかった。桁行《けたゆき》５間・梁間《はりま》４間，寄棟造《よせむねづくり》・四面地放《しめんちはな》し切目縁《きりめえん》をもつ単層で重壮な建物で，内部は内陣・外陣《げじん》に分かれている。堂内には奉納絵馬が多く，田村市でもっとも古い1670(寛文10)年に奉納された絵馬がある。

堂山王子神社から東方にみえる双六山《そうろくさん》城は，戦国時代田村氏の臣，門沢六郎満定《かどさわろくろうみつさだ》の居城で，1589(天正17)年，岩城常隆《いわきつねたか》の田村侵攻の際に落城した。このとき，田村軍の援兵として伊達政宗より派遣され討死した茂庭定直《もにわさだなお》の墓が，堂山王子神社の西側にある飛龍寺《ひりゅうじ》(曹洞宗)にある。

大鏑矢神社《おおかぶらやじんじゃ》 63

0247-82-0817

〈M ► P. 82, 153〉田村市船引町東部台《とうぶだい》6-1 Ⓟ
JR磐越東線船引駅🚶10分

疫病退散の神事で知られる大鏑矢神社

駅から南へ約500m，船引町の中心を流れる大滝根川の南岸に船《ふね》引館《ひきだて》跡がある。この館は，田村清顕《きよあき》没後の1588(天正16)年に起こった田村家騒動ののちに，清顕未亡人(相馬顕胤《あきたね》の娘)が隠居したことで知られる。現在はサクラの名所館山公園として親しまれている。

大滝根川を挟んで北岸にある大鏑矢神社(祭神高皇産霊神《たかみゆいのかみ》)には，

佐久間庸軒と和算

コラム 人

和算をひろめた農民の学塾

和算《わさん》とは，江戸時代に発達した日本独自の数学である。

佐久間庸軒《さくまようけん》は，1819(文政《ぶんせい》２)年，田村郡石森町《いしもりまち》(現，田村市船引町《ふなひきまち》石森)に生まれ，幼少の頃から父の影響を受けて算学を勉強し，和算の能力は非凡な才能を有していた。1836(天保《てんぽう》７)年，18歳の時，二本松藩の最上《さいじょう》流和算家渡辺治《じ》右衛門《うえもん》に入門し，翌年の３月には東堂山観音寺《とうどうさんかんのんじ》(堂山王子《どうやまおうじ》神社)に初めて算額を奉納している。師が亡くなった後は和算研鑽《けんさん》の旅を続け，1854(嘉永《かえい》７)年には，それまでの研究成果として『当用算法《とうようさんぽう》』を著した。この本によって佐久間庸軒の名声は高まり，最上流和算に佐久間派を築かせる基となった。その後，三春藩明徳堂(藩校)の教授，新政府の絵図編纂御用も勤めた。

しかし，新政府の職員として測量の仕事をしているなかで，「自分だけが国のために働くより，和算を教えて多くの人が国のために働けるように」と考え，故郷の石森に戻り庸軒塾を開いた。門人は田村郡を中心に県内はもとより県外にもおよんだ。そのために塾内には，遠隔地の門人を寄宿生として宿泊させる施設もあった。門人層も幅広い階層から集まり，その数2000人ともいわれている。その多くが農民で，向学心に燃えて学んだ。幕末から明治へという時代的背景に加えて，庸軒の人柄と塾の教えが実学として役立つものであったからだろう。

佐久間庸軒は「秋寒し　七八の西の旅」の辞世を残し，1869(明治２)年，78歳でこの世を去った。石森には，生家とともに庸軒の書斎があり，和算書や書画類も残され，和算研究の貴重な資料となっている。

社法仏具の御鉄鉢《おかなばち》(国重美)がある。この鉄鉢は口径41.5cm・高さ約16 cm，胴部に「文明《ぶんめい》十九(1487)年」の銘があり，鉄鉢としては県内最古のものである。また，大鏑矢神社は，正月３日に町内各所で行われる夫婦獅子舞祭や，1651(慶安《けいあん》４)年に始まり，現在は夏祭

船引町の史跡

大鏑矢神社

りとして毎年７月30日に行われる疫病退散の神事でも知られる。

田村市船引町の西方約３km，移《うつし》街道沿いの石森《いしもり》字戸屋《とや》地区内に和算家佐久間庸軒《ようけん》の書斎が生家とともに現存している。庸軒塾の南方，文殊山《もんじゅやま》山頂に，平安時代中期に安倍貞任《さだとう》によって建てられた安倍文殊《もんじゅ》菩薩堂《ぼさつどう》がある。日本五大文殊の１つで，安倍文殊の知恵にあやかろうと，合格祈願などで訪れる人が多い。庸軒の門人が奉納した縦91cm・横540cm，県内最大の奉納算額もある。

船引駅の北東，移《うつし》ヶ《が》岳《だけ》南麓の船引町北鹿又《きたかのまた》字平畑に，前田遺跡がある。約4000年前の縄文時代中期の環状列石《かんじょうれっせき》群(ストーンサークル，県史跡)が出土した。現在，遺跡は埋め戻され，敷石住居跡１基が保存されている。

なお，磐城街道(県道57号線)沿い，船引町芦沢・堀越地区にはオニンギョウサマ製作(県無形)の習俗が残されている。

あぶくま洞《どう》・入水鍾乳洞《いりみずしょうにゅうどう》 64 65

大自然がつくった美しい幻想の世界

0247-78-2125(あぶくま洞管理事務所) / 0247-78-3393(入水鍾乳洞管理事務所)

〈M ► P. 82〉 田村市滝根《たきね》町《まち》菅谷《すがや》字東釜山《かまやま》／字入水 P
JR磐越東線神俣《かんまた》駅 徒歩60分／ JR菅谷《すがや》駅 徒歩50分

神俣駅から北へ約５km行くと，阿武隈山系の最高峰大滝根山《おおたきねやま》(1192m)の東麓にあるあぶくま洞に至る。大滝根山の山麓は石灰岩の台地で，大正時代の初めから採掘されてきた釜山《かまやま》石灰石場の跡地である。あぶくま洞はおよそ8000万年という歳月をかけてつくられた鍾乳洞で，全長約2.5km。そのうち600mが探勝可能である。内部は３層になっており，その規模は大きく，みるものをしばし幻想の世界へと導いてくれる。

あぶくま洞から西へ約3.7km，菅谷駅から東方へ約３kmの菅谷字入水地区内にあるのが，1927(昭和２)年に発見された入水鍾乳洞

小野小町伝説のロマン

伝

コラム

平安歌人、小野小町のふるさと伝説の町

小野小町《おののこまち》は，平安時代初期の歌人で「六歌仙」「三十六歌仙」の１人，出羽国の郡司小野良真《よしまさ》の女《むすめ》といわれ，美人の代名詞ともなっている。情熱的な恋歌の作者としても知られ，なかでも『古今《こきん》和歌集《わかしゅう》』の「思ひつつ　寝ればや人の　みえつらむ　夢としりせば　さめざらましを」などは有名である。

しかし，彼女にまつわる史料は何ひとつ残されておらず，真実の姿は謎に包まれている。小野小町の伝説は，全国各地にあり，小野町にも，古くから「小野小町誕生の地」としての伝説がある。

平安時代初期，公家の血を引く小野篁《おののたかむら》が，救民撫育《ぶいく》のために七里ヶ沢といわれたこの地に来た。都の教養人であった篁は，この地を「小野六郷《おのろくごう》」と称して治めた。

篁は，荘園に仕えていた息をのむほどに美しい愛子《めずらこ》(珍敷御前)という娘と文を交わしあう仲となり，まもなく玉のような愛らしい比古《ひこ》姫が生まれた。やがて比古姫が6歳になった頃，篁は妻愛子をこの地に残し，姫を連れて都へ上がっていったという。この伝説の比古姫が，のちの小野小町であるという。

小野町には，矢大《やだい》神社(小野篁をまつる)・鬼石(愛子が篁と小町を想い佇んだ大石)・愛子神社・五輪塔(愛子の墓)・小野篁の館跡など，伝説にまつわる遺跡が残されている。

(国天然)である。約900mのコースはA・B・Cのコースに分かれ，Bコースから奥はほとんど手が加えられていない。洞内は暗く狭く，この中をカルスト川が流れている。洞内の奥に入るには案内人がつき，電灯をもって探勝する。あぶくま洞とは異なった洞窟探検の気分を味わうことができる。

入水鍾乳洞

仙台平の東斜面はカルスト台地特有のドリーネとよばれる凹地で，大多鬼丸《おおだきまる》伝説で知られる達谷窟《たやのくつ》(通称鬼穴)がある。大多鬼丸はここを根拠地としていた土豪で，坂上田村麻呂東征のおりに，勇猛果敢に戦い，最期を遂げたという伝説がある。

あぶくま洞から南方に500mほどくだった所に星の村天文台があり，昼も夜も宇宙を体験できる。

菅谷駅から西へ約5km，大越町栗出《おおごえまちくりで》地区内の国道349号(石城《いわき》街道)風越《かざこし》トンネル入口近くにある永泉寺《えいせんじ》(曹洞宗)には，ベニシダレザクラ(県天然)の古木がある。

満福寺《まんぷくじ》 ㊱

0247-73-2713

〈M►P. 82〉田村郡小野町小戸神《おのまちおとかみ》字日向《ひゅうが》 Ⓟ
JR磐越東線小野新町《おのにいまち》駅🚌東堂山《とうどうざん》行大名内《だいみょううち》🚶20分

人びとの心をいやす「昭和羅漢」

大名内バス停で降りると前方に東堂山(659m)がみえる。東堂山満福寺(浄土宗)は，東堂山の600m付近に立っている。807(大同《だいどう》2)年に徳一《とくいつ》によって開山されたといわれる。坂上田村麻呂が観世音に戦勝を感謝し，人馬の供養のために御堂を建てたとも伝えられている。古くから家畜繁盛・守護の御利益があるとして広く信仰を集めてきた。幕末期に活躍した須賀川出身の洋風画家亜欧堂田善《あおうどうでんぜん》の奉納絵馬「油彩洋人曳馬《ひきうま》図」(県文化，現在は小野町ふるさと文化の館保管)を所蔵する。

堂の裏手には，1985(昭和60)年，町制施行30周年を記念して奉納が始まった昭和羅漢《らかん》が400体以上も並んでいる。

小野町小野赤沼字寺前の無量寺《むりょうじ》(浄土宗)には，いわき市内郷白《うちごうしら》水町《みずまち》にある白水阿弥陀堂《しらみずあみだどう》と同時期の，優美な藤原文化の流れを汲む木造阿弥陀如来坐像及び両脇侍観音菩薩・勢至《せいし》像(県文化)がある。また，同町内の夏井《なつい》駅前にある諏訪神社参道には，樹齢1200年の諏訪神社の翁《じじ》スギ・媪《ばば》スギ(国天然)とよばれる巨木がある。これより北東方の同町湯沢字館《たて》ノ越《こし》の地蔵堂には，木造地蔵《じぞう》菩薩半跏《ぼさつはんか》像(県文化)がある。また，毎年塩釜《しおがま》神社の例祭(9月最終土曜日)に奉納される小野の獅子舞(県民俗)が残されている。

諏訪神社の翁スギ・媪スギ

9 須賀川盆地を訪ねて

阿武隈川と釈迦堂川に挟まれた須賀川盆地は，商都郡山の南に位置し，古くから岩瀬地方の中心として栄えてきた。

須賀川市立博物館《すかがわしりつはくぶつかん》 67

0248-75-3239

〈M ► P. 82, 158〉須賀川市池上町《いけがみちょう》 6
JR東北本線須賀川駅🚌並木町《なみきちょう》行北町《きたまち》🚶5分

須賀川の町人文化の歴史を収蔵

駅から県道355号線を１kmほど南へ進み，釈迦堂《しゃかどう》川に架かる橋を渡ると商人の町須賀川に入る。北町バス停から東に進むと，翠ヶ《みどりが》丘《おか》公園の木立の中に須賀川市立博物館がある。博物館は中世の保土《ほど》原館《わらたて》跡に建設された。

博物館には岩代米山寺経塚《いわしろべいさんじきょうづか》出土品(国重文)，絹本著色釈迦如《けんぽんちゃくしょくしゃかにょ》来十六羅漢《らいじゅうろくらかん》図(国重美)，上人壇廃寺跡《しょうにんだんはいじあと》出土品，太田貞喜《ていき》の亜欧堂《あおうどう》田善《でんぜん》コレクション，1672(寛文《かんぶん》12)年頃の白河・石川・岩瀬・田村・安積《あさか》・安達《あだち》六郡絵図(いずれも県文化)などがあり，定期的に展示されている。また，５万点もの考古資料の，首藤保之助阿武隈《しゅどうやすのすけあぶくま》考古館コレクションや須賀川の旧家に伝わる500点以上の雛人形などもあり，一部は常時展示されている。

また，博物館に隣接する五老山《ごろうざん》(翠ヶ丘公園内)は，毎年11月第２土曜日の夜に行われる松明《たいまつ》あかしの会場になっている。この公園は，戦国時代に須賀川・岩瀬地方を支配していた二階堂氏の居城須賀川城のあった所である。

上人壇廃寺跡《しょうにんだんはいじあと》 68

〈M ► P. 82, 158〉須賀川市上人壇・岩瀬森《いわせもり》
JR東北本線須賀川駅🚌旧道経由郡山駅前行二中入口🚶3分

平安時代初期の中央政府の進出を示す遺跡

須賀川駅のホームから北を望むと，丘の上に立つ市立第二中学校とその南側に広がる緑地がみえる。この緑地一帯が上人壇廃寺跡(国史跡)である。第二中学校の敷地からここに入ることができる。

『続日本紀《しょくにほんぎ》』には，「白河，石背《いわせ》，会津，安積，信夫《しのぶ》五郡置石背国」とあり，それまでの陸奥国から石背国を分割し，設置したことがわかる。東北本線の電化にともなう発掘調査により，上人壇廃寺も石背国設置とほぼ同時期の遺跡であることがわかった。中門・(金堂)・講堂跡と推定される南北に並ぶ建物遺構と築地《ついじ》跡がみつかり，また発見例の少ない六角瓦塔《がとう》を始め数多くの瓦類・円面硯《すずり》などの

須賀川市中心部の史跡

遺物が発掘された。このことから，上人壇廃寺跡を，国分寺《こくぶんじ》とみる説，国府《こくふ》が寺として造りかえられたという説などがある。

米山寺《べいざんじ》 経塚群《きょうづかぐん》 ㊾

仏教の広まりを示す経塚の出土地

〈M►P. 82, 158〉須賀川市西川《にしかわ》字坂の上
JR東北本線須賀川駅🚌矢沢《やざわ》経由北横田《きたよこた》行桐陽《とうよう》高前🚶3分

上人壇廃寺跡から国道4号線を越えた北側の丘陵地に米山寺経塚群(国史跡)がある。米山寺跡は米山寺公園として整備されており，その背後の丘陵地頂部には日枝《ひえ》神社という小さな社がある。1884(明治17)年，神社本殿の改修にあたって裏手にあった塚群を整地したところ，銅製経筒の入った陶製の外筒・刀子《とうす》・銅鏡などが出土した。出土品(岩代米山寺経塚出土品，国重文)は，須賀川市立博物館に収蔵・展示されている。

米山寺跡

経塚は全部で10基あったというが，今ではその原形はみられない。出土した経筒の外側には，「承安《じょうあん》元(1171)年」の銘がヘラ状のもので刻まれ，米山寺の名と施入者名も記されていた。この施入者と同一人物の経筒が，福島市の天王《てんのう》寺《じ》経塚，伊達《だて》郡桑折町《こおりまち》の平沢寺《へいたくじ》経塚からも出土している。

須賀川《すかがわ》の牡丹園《ぼたんえん》 70

〈M ► P. 82, 158〉須賀川市牡丹園80-1
JR東北本線須賀川駅🚌牡丹園・竜崎《りゅうざき》経由石川駅前行牡丹園🚶1分

百花の王ボタンが咲く名勝地

翠ヶ丘公園から南へ進むと国道118号線に突き当り，最寄りのバス停から石川駅前行きのバスに乗るか，2kmほど歩けば，須賀川の牡丹園(国名勝)に至る。約220年前に須賀川の薬種商が，薬用とするため摂津《せっつ》国(現，大阪府)からボタンの苗を買い求めて植栽したのが始まりである。明治時代以降には観賞用として整備され，現在では10haの園内に約290種，7000株の牡丹が植えられ，東洋一の規模をもつ。4月下旬から5月中旬が見ごろで，シーズン中は夜間も開園する。また毎年11月第3土曜日に，ボタンの古木を供養《くよう》する牡丹焚火《たきび》が行われる。

牡丹園の東口から出ると，なだらかな坂道が東へとくだっている。ナシ・リンゴの果樹園の道を行くと丁字路になり，右に曲がれば杉木立の中に像高約3mの磨崖浮彫阿弥陀《まがいうきぼりあみだ》像の「和田の大仏」が，左に曲がれば蝦夷穴《えぞあな》古墳(県史跡)がある。蝦夷穴古墳は東北でも最大級の大きさで，開口しているが，個人宅敷地内にあり，見学には注意が必要である。出土品は東京国立博物館に収蔵されている。

須賀川一里塚《すかがわいちりづか》 71

〈M ► P. 82, 158〉須賀川市一里坦《いちりだん》・高久田《たかくだ》境《さかい》
JR東北本線須賀川駅🚌鏡石《かがみいし》方面行一里坦東🚶1分

旧奥州道中に今も残る一里塚跡

一里坦東バス停を降りると，すぐに須賀川一里塚(国史跡)がある。交通量の多い国道4号線の東側に旧道があり，この道が当時の奥州道中である。ここに今も残る数本のマツとサカキが往時を偲ばせて

須賀川一里塚

くれる。

一里塚は，日本橋を起点として，各街道に1里(約4km)ごとに設けられたもので，須賀川の一里塚は日本橋から59番目のものとされている。ここの一里塚は徳川家康《いえやす》の命により全国の主要街道を改修した際，築造されたものといわれている。道の両側に塚が2基，相対して残存しているのは全国的に珍しい。

塚のある旧道にはかつて見事な松並木があったが，第二次世界大戦中に伐採されたり，枯れたりして，数本を残すのみとなった。

岩瀬牧場《いわせぼくじょう》 ㉜

0248-62-6789

〈M►P. 82〉岩瀬郡鏡石町《かがみいしまち》大字鏡田桜町《さくらまち》225 P
JR東北本線鏡石駅 15分

明治時代初期の酪農牧場の先駆け

「ただいちめんに立ちこめた牧場の朝の霧の海……」と旧文部省唱歌「牧場《まきば》の朝」で歌われる岩瀬牧場は，鏡石駅から東へ約2km，桜並木が連なる道路の南側に位置している。岩瀬牧場は，明治時代の初めに御料《ごりょう》牧場として開かれた。第二次世界大戦後，民間に払い下げられ，幾度かの変遷を経て，現在は観光牧場として四季を通して多くの観光客が来場している。

岩瀬牧場が開かれた明治時代初期には，日本では酪農がまったく行われていなかったことから，農具や乳牛などはすべてオランダから取り寄せた。冒頭の歌の中に出てくる鐘の音は，このときオランダから贈られた「鐘」の音をイメージしてつくられたものである。

敷地内には，牧場がつくられた明治時代初期に建築されたものが，今も何棟か残っている。道路沿いの玉蜀黍《とうもろこし》貯蔵所は茅葺《かやぶ》きの建物で，高床式で格子状の壁をもち，湿気や湿気や小動物などの害を防ぎ，穀物の貯蔵保存ができるように考えられている。旧事務所の建物は，現在は牧場の朝歴史資料館となっている。ほかにも旧牛舎などがあり，明治の面影を今に伝えている。

きうり天王祭と松明あかし

祭 コラム

須賀川の夏の風物詩と晩秋の炎の祭り

須賀川《すかがわ》の祭りといえば松明《たいまつ》あかしが有名だが，地元の人にとって身近なのが，毎年７月14日に行われるきうり天王祭《てんのうまつり》である。

この夏祭りは，かつてこの地方で悪い病気が流行したとき，旭ヶ丘の岩瀬神社にまつられている牛《ご》頭《ず》天王《てんのう》の祟《たた》りだとして，きゅうりを供えて祈ったところ，病気が治まったということに由来している（もともとは，きゅうりの種の交換を目的としていたようである)。今でもこの祭りでは，きゅうりを２本供えてお詣りした後，護符《ごふ》代わりに１本を持ち帰り，それを食べると無病息災・家内安全などの御利益があるという珍しい祭りである。現在の形式になったのは，宝暦《ほうれき》年間(1751～64)のことともいわれている。

参詣する人の多くは浴衣《ゆかた》姿で集まり，南町の東北電力前に建てられる仮殿の辺りは，きゅうりを手にする人びとで賑わい，供えられるきゅうりは5000～6000本にもなるという。

一方，晩秋の須賀川で行われる勇壮な炎の祭りが，松明あかしである。

1589(天正《てんしょう》17)年，会津《あいづ》の蘆名氏を滅ぼした伊達政宗《だてまさむね》が，二階堂氏の勢力下にあった須賀川城攻略を始めた。この動きに対して10月10日の夜，二階堂家家臣や領民が松明を手にして集まり，須賀川城を死守することを決めた。しかし戦いが始まると，須賀川城内にいた伊達側の内通者が城に火をつけたため，須賀川城は多くの犠牲者とともに落城した。祭りは，この戦いで戦死した人びとを弔うために，旧暦10月10日に行われていたが，現在は11月第２土曜日に行われている。

乙字ヶ滝《おつじがたき》 ⑬

〈M ▸ P. 82〉 須賀川市前田川《まえだがわ》
JR東北本線須賀川駅🚌石川行乙字ヶ滝🚶1分

『奥の細道』に詠まれた阿武隈川の景勝地

1689(元禄《げんろく》２)年，当地を訪れた松尾芭蕉に「五月雨《さみだれ》の　滝降りうづむ　水かさ哉」と詠まれ，現在は日本の滝百選にも選ばれている乙字ヶ滝は，福島県を縦断して流れる阿武隈川が，須賀川市と石川郡玉川村《たまがわむら》との境界となっている場所にある。阿武隈川本流にある唯一の滝であるこの滝は，水が乙字の形をして流れ落ちている姿から命名され，水かさが増したときの100ｍの川幅いっぱいに落下する姿は雄大なものである。

江戸時代後期，阿武隈川を舟運に利用するようになったが，乙字ヶ滝がその障害となっていた。そこで，滝の北側の岸壁を掘削して運河をつくり，舟運の利便を図った。現在でも滝の北側にこの運河の跡をみることができる。

なお，乙字ヶ滝の東方約 8 kmの所には，2001年に開催された「うつくしま未来博」博覧会会場跡地を利用してつくられたムシテックワールド(ふくしま森の科学体験センター)がある。福島県は日本の南北の昆虫の生態系が交わる地で，これからの世界を生きていく子どもたちが，昆虫を入口として，広く科学や環境問題に興味や関心をもてるようなプログラムが組まれている。

宇津峰《うつみね》 ㉔

〈M ► P. 82〉 須賀川市塩田《しおだ》字雲水峰《うつみね》ほか
JR水郡線小塩江《おしおえ》駅 60分，または東北自動車道須賀川IC 30分

南北朝時代における南朝方の拠点

須賀川市北東の市境にある宇津峰(676m，国史跡)は，阿武隈山系に属する独立峰で，三角錐状のシルエットをもつ美しい山である。

宇津峰は南北朝時代，東北地方における南朝方の一大拠点であった。当時，南朝方に与《くみ》していた田村氏の勢力下にあったことと，自然の要害の地であったことから，城が築かれたものらしい。1340(暦応《りゃくおう》3・興国《こうこく》元)年，鎮守府将軍北畠顕信《きたばたけあきのぶ》を吉野から迎え入れ，さらに義良《のりよし》親王を奉じてここに国府と鎮守府を開き，北朝方と対峙した。1347(貞和《じょうわ》3・正平《しょうへい》2)年，宇津峰城は落城し，落ちのびた義良親王と北畠顕信は，北朝方の分裂に乗じて多賀城を占拠したが，長くは続かなかった。北朝方に追われ，伊達《だて》・日和田《ひわだ》と後退し，1353(文和《ぶんな》2・正平8)年5月，南朝方の拠点宇津峰もついに陥落し，東北における南北朝動乱は幕を閉じた。

山頂は20m四方の土塁で囲まれ，本丸跡と考えられる千人溜《せんにんだまり》や鐘撞堂《かねつきどう》跡・空堀《からぼり》などが残っている。山麓には矢柄《やがら》城・滑津《なめつ》館・綱《つな》の輪《わ》城などの出城が築かれ，宇津峰を本城として，雄大な城構えであったことが偲ばれる。

稲村御所跡《いなむらごしょあと》 ㉕

〈M ► P. 82〉 須賀川市稲《いな》字御所館《ごしょだて》
JR東北本線須賀川駅 横田《よこた》経由長沼行稲村 10分

室町時代の岩瀬地方支配の拠点

稲村バス停で降りると，南方300mほどの所に小高い丘陵を望むことができる。この丘陵全体が土地の人びとが御所館とよぶ稲村御所跡である。1399(応永《おうえい》6)年，鎌倉公方足利満兼《あしかがみつかね》は弟満貞《みつさだ》を稲村に，満直《みつなお》を安積《あさか》郡篠川《ささがわ》に配置し，その居住地を稲村御所・篠川御所とよ

須賀川と松尾芭蕉

コラム 人

須賀川に残る芭蕉の足跡

1689(元禄《げんろく》2)年，俳人松尾芭《まつおば》蕉《しょう》は門人の河合曾良《かわいそら》を伴い，『奥の細道』の旅に出た。同年6月，俳諧の知人である相楽等躬《さがらとうきゅう》の住む須賀川宿に到着，相楽宅に8日間滞在した。

芭蕉は梅雨時期で，田植えの頃であった須賀川に滞在中，地元の俳人たちとの交流や須賀川周辺の散策に出かけている。江戸時代の須賀川は白河《しらかわ》藩などの支配下にあり，代官・町会所の下で民政が行われた町で，俳諧などの町人文化が栄えていた。芭蕉がその時に詠んだ句が，現在も句碑として市内の十念寺《じゅうねんじ》や可伸庵《かしんあん》跡に残されている。須賀川市役所の敷地内に芭蕉ゆかりの品を集めた須賀川市芭蕉記念館があり，また，市内各地に芭蕉ゆかりの話が伝えられている。

松尾芭蕉句碑(可伸庵跡)

び，陸奥《むつ》・出羽《でわ》両国のおさえとした。その後，満貞は鎌倉公方持氏《もちうじ》(満兼の子)の反乱に与《くみ》して幕府と戦って敗れ，滅んだ(永享《えいきょう》の乱)。篠川御所にいた満直はこの乱では幕府側につき，滅亡は逃れた。

現在，丘陵地の東にある赤城寺《あかぎでら》の境内からさらに階段をのぼると，200m四方ほどの平場があり，周囲に土塁が残っている。北側の土塁には土橋も残されている。礎石らしいものはみられず，発掘もされていないので建物などについては不明である。

竜ヶ塚古墳《りゅうがつかこふん》 76

古代の岩瀬地方の歴史を語る遺跡

〈M ▸ P. 82〉岩瀬郡天栄村白子《てんえいむらしろこ》字龍ヶ塚30
JR東北本線須賀川駅🚌鏡石経由竜生《りゅうき》行上白子《かみしろこ》🚶5分

須賀川市の西方に位置する天栄村は，奥羽山脈の分水嶺である鳳《ほう》坂《さか》峠の東西，数十kmの長さを有する村である。須賀川駅からバスで約50分，上白子バス停で降りると，東西に広がる田畑の中に竜ヶ塚古墳(県史跡)がある。この古墳は東西方向に主軸をもち，墳丘の長さ36m・後円部の径14mほどの前方後円墳で，6世紀中頃の築造である。周辺は開田や圃場整備により著しく変化したが，墳丘自体は頂部に淡島《あわしま》神石祠《いしぼこら》があったため保護されてきた。

竜ヶ塚古墳

この白子一帯は古代の遺跡が多数分布する地域である。古墳南方300mの丘陵地が志古《しこ》山《やま》遺跡で，奈良・平安時代の廣門郷家《ひとどごうけ》の役所跡と推定される遺構が発見された。また「丈《はせ》龍私印《たつしいん》」と刻まれた銅印もみつかり，竜ヶ塚古墳との関連も推測される。天栄村役場から西方に向かうと牧之内《まきのうち》の集落に入る。この集落は本陣《ほんじん》・脇本陣などもあった宿場町で，会津街道はここから北へ丘陵を横断する。

牧之内から南へ1.5kmほど行くと，安養寺《あんようじ》というかつての寺名が地名になった小さな集落に入る。この集落の入口にあるお堂に，木造法燈国師《ほうとうこくし》坐像(県文化)が保管されている。法燈国師は信州(現，長野県)の人で，中国五台山《ごだいさん》などに遊学し，紀州(現，和歌山県)由《ゆ》良町《らちょう》の西方寺《さいほうじ》(興国寺《こうこくじ》)に住した人である。この像の制作年代は鎌倉時代末，1289(永仁《えいにん》6)年前後と考えられている。

満願寺《まんがんじ》 77

0248-84-2475(湯本公民館)

〈M ► P. 82〉岩瀬郡天栄村大字湯本《ゆもと》字高寺《こうでら》50

JR東北本線須賀川駅🚌湯本行湯本温泉口🚶5分

山里の湯治場に残る馬頭観音像

牧之内に戻り，湯本行のバスで鳳坂《ほうさか》峠を越えると，羽鳥《はとり》湖が眼下に広がる。この湖は，会津地方を流れる大川(阿賀《あが》川)の支流鶴沼《つるぬま》川をせきとめ，この水を中通り地方の矢吹ヶ原《やぶきがはら》に導き，農業開発に利用するため，1956(昭和31)年に建設された人造湖である。湖の南側の羽鳥湖高原は，リゾート地として開発が進んでいる。

満願寺

湖を迂回する急な坂

道とトンネルをくだると，山に囲まれたひなびた湯治場《とうじば》の面影を残す湯本の集落に入る。この集落の南側丘陵中腹に満願寺(真言宗)があり，鎌倉時代から室町時代頃の作といわれる寄木造《よせぎづくり》の木造馬頭《ばとう》観音《かんのん》坐像(県文化)が安置されている。この寺は無住のため，拝観する場合には前もって湯本公民館に連絡が必要。

桙衝神社《ほこつきじんじゃ》 78

古代の民間信仰跡が残る岩瀬地域の古社

〈M►P. 82. 166〉須賀川市長沼桙衝《ほこつき》字亀居山《かめいやま》97
JR東北本線須賀川駅 矢田野《やだの》経由長沼行桙衝神社 1分

桙衝神社バス停前にある神社の由来を記した立て札の左脇の道を西に向かい，石段をのぼって行くと，『延喜式《えんぎしき》』式内社《しきないしゃ》，桙衝神社(祭神日本武尊《やまとたけるのみこと》・建御雷命《たけみかづちのみこと》)がある。参道から境内にかけてヒノキの大木に覆われ，古社の趣を感じさせる。境内の正面には白河藩主榊原忠次《さかきばらただつぐ》より1648(慶安《けいあん》元)年に寄進された3間四方・切妻造《きりつまづくり》・柿葺《こけらぶ》きの本殿(附《つけたり》棟札《むなふだ》12枚，県文化)がある。

日本武尊がこの地にヒイラギの八尋矛《やひろほこ》を立てたのが社名の謂われだが，中世には桙衝鹿島大明神ともよばれた。社殿は亀居山の中腹に東面しているが，社殿裏をさらにのぼると大きな岩が露出した要石《かなめいし》とよばれる磐座《いわくら》があり，周辺から古墳時代の祭祀《さいし》遺物が大量に出土している。

閏年《うるうどし》の10月1日に催される太鼓獅子舞は，古く奈良時代からの行事で，賑やかな太鼓・笛の調べにあわせた囃子《はやし》の中，獅子が先駆となって舞い進み，御輿渡御《みこしとぎょ》が行われる。

須賀川市歴史民俗資料館《すかがわしれきしみんぞくしりょうかん》 79

山間の小さな城下町の歴史を伝える

0248-67-2030

〈M►P. 82, 166〉須賀川市長沼《ながぬま》字門口《もんぐち》186
P
JR東北本線須賀川駅 長沼車庫行終点 5分，または東北自動車道須賀川IC 20分

バスを降りて西方へ400mほど，国道118号線沿いにある蔵造《くらづくり》風の建物が須賀川市歴史民俗資料館である。

旧長沼町の歴史や文化に関連する資料を展示しており，塚越《つかごし》遺跡出土の縄文時代中期の人面取手付土器，古墳時代の才合地山《さいごうちやま》横穴古墳群出土の馬具(鉄器)のほか，「慶安《けいあん》元(1648)年」銘の桙衝神社本殿棟札(神社本殿の附で県文化)，江戸時代から明治時代の長沼染型

長沼の史跡

紙や明治・大正時代に生産された長沼焼などがある。

長沼城址《ながぬまじょうし》 ⑳

〈M ► P. 82, 166〉須賀川市長沼字日高見山《ひだかみやま》ほか Ⓟ
JR東北本線須賀川駅🚌長沼行長沼小学校🚶1分

戦国時代，伊達・二階堂・蘆名の争奪が続いた平山城

1260(文応《ぶんおう》元)年，長沼隆時《たかとき》がこの地に築城したのが長沼城の始まりというが，明らかではない。千世《ちよ》城・牛臥《ぎゅうが》城ともよばれる。

戦国時代，ここは会津へつながる勢至堂《せいしどう》峠の麓にあたることから，南奥州の戦国大名である伊達《だて》・二階堂《にかいどう》・蘆名《あしな》の激突が続き，1566(永禄《えいろく》9)年蘆名領となった。以後，長沼城は蘆名氏の会津防衛・仙道攻略の拠点となった。しかし1589(天正17)年，蘆名滅亡後は伊達氏に服属，翌年の奥羽仕置《おううしおき》では豊臣秀吉が宿営し，のち会津に入った蒲生《がもう》氏の家臣が城主となっている。1598(慶長《けいちょう》3)年には越後から移された上杉氏の領地となり，1600年の関ヶ原の戦いでは，長沼城は上杉軍の前線基地となっている。

その後，再び蒲生領となったが，元和《げんな》元(1615)年の一国一城令により長沼城は廃城となった。しかし，今でも平山城だった長沼城の曲輪《くるわ》跡や堀跡・土塁跡・石垣などが残され，

長沼城趾

かつての雰囲気を感じることができる。春には約300本のサクラが咲き誇り，満開時には全山を淡い桜色に染める。

勢至堂峠《せいしどうとうげ》 81

〈M►P. 82〉須賀川市勢至堂
JR東北本線須賀川駅🚗60分，または東北自動車道須賀川IC🚗35分

会津から中通りに出る峠道は幾つかあるが，猪苗代湖《いなわしろこ》南部の湖南町から長沼へ抜けるのが勢至堂峠である。須賀川駅から西へ行き，国道４号線を越えて須賀川ICへ向かうと国道118号線と合流する。国道118号線を西へ約19km，江花《えばな》の交差点から国道294号線に入り６kmほど行った所で，この峠の麓には勢至堂の集落がある。かつて会津の柳津より勢至菩薩を移し，まつったのが名称の由来である。

この街道は，豊臣秀吉が伊達政宗《だてまさむね》に命じて1590(天正18)年に小田原から会津まで幅３間の道を整備させたことに始まる。奥羽仕置の際には，秀吉自身もこの峠を通って会津入りしている。また，江戸時代には佐州《さしゅう》(佐渡《さど》)への道として，会津を経由して佐渡の金を運ぶのにも利用されている。会津藩の参勤交代もここを通っていたため，勢至堂の集落は宿場も兼ね，本陣・問屋・旅宿が軒を連ねていたという。多くの荷物が馬によって運ばれていたことから，道中の安全を祈願して，勢至堂の集落の中には馬頭観音がまつってある。また，集落から国道294号線を南へくだる道路沿いに，馬尾滝《うまおだき》などの勢至堂五滝がある。

豊臣秀吉が整備させた峠道は太閤道《たいこうみち》とよばれ，勢至堂峠の旧国道途中にある殿様清水から峠の頂上へ向かい会津へと抜ける道が残っている。峠には茶屋跡や会津藩領と長沼藩領の藩界表石《はんかいひょうせき》がある。1994(平成６)年に勢至堂トンネルが開通したので，旧国道の峠には車が入れなくなった。勢至堂トンネル入口にある駐車場から歩く道は，昔の旅の大変さを実感させるだろう。

馬尾滝

10 白河から東白川・石川へ

福島県南の白河・東白川と石川は，久慈川と阿武隈川の上流に位置し，古来より奥州への入口であった。

小峰城跡《こみねじょうあと》 ㉜

〈M ► P. 82, 169〉 白河《しらかわ》市郭内《かくない》1-8 P

JR東北本線白河駅🚶5分(石垣工事中，本丸･三重櫓は見学不可)

戊辰戦争の傷を残す
奥州関門の平山城

小峰城

1887(明治20)年に，東北本線が旧城郭と町屋の間を東西方向に走るようにして開通したため，白河の市街地は東北本線の南側に広がっている。白河駅舎は，1921(大正10)年に建てられた木造平屋建て，中央に大きな三角破風《はふ》をもつ瀟洒《しょうしゃ》な洋風建築である。この白河駅の北方約500mの所に，小峰城跡がある。小峰城は，1340(暦応《りゃくおう》3・興国《こうこく》元)年，南朝方に与《くみ》した結城親朝《ゆうきちかとも》が，この地に城を構えたのを始まりとする。現在の城郭は，1627(寛永《かんえい》4)年に白河藩初代藩主として入部した丹羽長重《にわながしげ》が，1632年に完成させたもので，丹羽家以来，7家21代の親藩《しんぱん》・譜《ふ》代《だい》の大名の居城となった。寛政の改革で知られる老中松平定信《まつだいらさだのぶ》もその1人で，1783(天明《てんめい》3)年に養父定邦《さだくに》の跡を継いで，白河藩11万石の藩主となった。

1868(明治元)年の戊辰《ぼしん》戦争の際に焼失し，それ以後は石垣を残すのみであったが，白河市市制40周年を記念して三重櫓《やぐら》と前御門《まえごもん》が再建され，1991(平成3)・94年に完成した。三重櫓は，高さ約14m，復元にあたっては，戊辰戦争の激戦地であった稲荷山《いなりやま》の樹齢約400年のスギを用いたため，柱や床板などに当時の弾痕が残っている。

本丸跡には，築城の際に人柱となったという伝説にちなむ乙女《おとめ》桜《ざくら》や，1876(明治9)年の明治天皇の東北巡幸の際，馬を天覧した記念碑がある。周囲の腰曲輪《こしくるわ》はバラ園となっており，6月の開園時期には，約8000m^2の敷地に300種類6000本ものバラが咲き誇る。

白河駅周辺の史跡

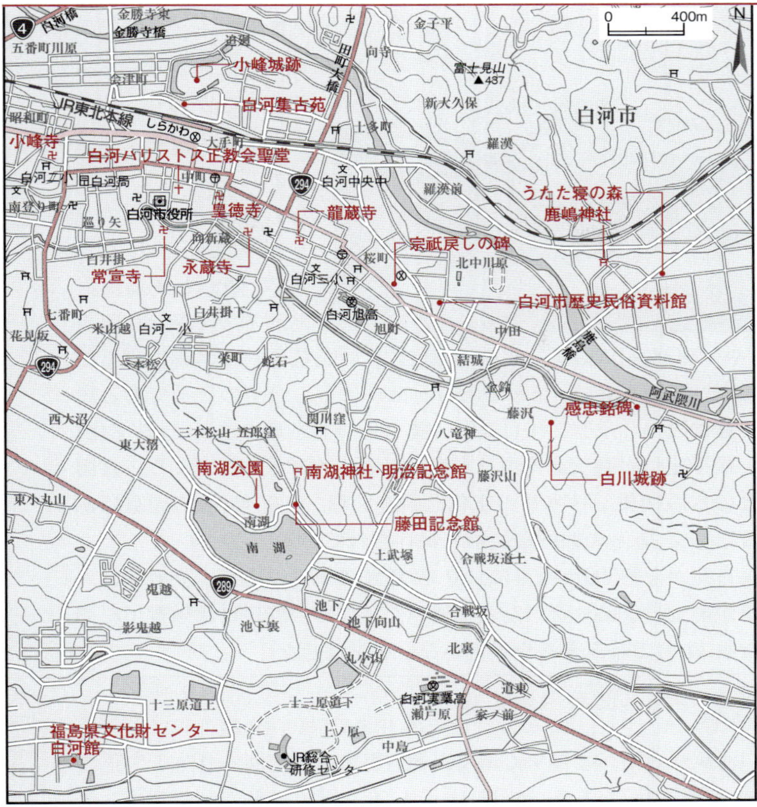

白河集古苑《しらかわしゅうこえん》 ㊸

0248-24-5050

〈M ► P. 82, 169〉 白河市郭内1-73(小峰城跡城山公園) Ⓟ
JR東北本線白河駅 徒歩 5分

白川結城家の古文書と阿部家の名品を展示

小峰城の二の丸跡には，「ハルマ和解《わげ》翻訳の地」の記念碑がある。長崎通詞《つうじ》(オランダ語通訳)であった石井庄助は，幕府の老中《ろうじゅう》を辞して白河に戻る松平定信に随行した。石井は，オランダのフランソワ・ハルマの『蘭仏辞典』を持ち帰り，翻訳作業を白河で進めた。その草稿を稲村三伯《いなむらさんぱく》らが校訂して，1796(寛政《かんせい》８)年に刊行したのが，日本で最初の蘭和辞典『ハルマ和解』である。

二の丸跡の一角には，中世にこの地域を支配した白川(河)結城家の古文書を収蔵した結城家古文書館と，1823(文政《ぶんせい》６)年より1866(慶応《けいおう》２)年まで白河藩主であった阿部家の名品を展示した阿部家名

白河集古苑

品館の2館からなる白河集古苑があり，約1万5000点の資料が収蔵されている。北畠親《きたばたけちか》房《ふさ》の御教書《みぎょうしょ》(将軍の意を承って出される奉書)を始めとする白河結城家文書90通(国重文)や，阿部家伝来の『享保名物牒《きょうほうめいぶつちょう》』に記載された名物刀剣1口「横須賀郷《よこすかごう》」(国重文)などがある。ほかにも，白河の氏神である鹿嶋神社神殿の「永徳《えいとく》二年(1382)」銘をもつL字形の鉄製鍵《てっせいかぎ》(県文化)や，松平定信と親交があり，『集古十種《しゅうこじっしゅ》』(松平定信による古書画などの木版図集。日本初の文化財調査図録，1800年刊)の編纂にあたった谷文晁《たにぶんちょう》らの絵画が展示・保存されている。

集古苑から約500m西方に，立教館《りっきょうかん》跡の石碑がある。立教館は，定信が藩士の子弟教育のために開いた藩校《はんこう》で，庶民には須賀川に開いた敷教舎《ふぎょうしゃ》で読み書きや手習いなどを学ばせた。

白河《しらかわ》ハリストス正教会聖堂《せいきょうかいせいどう》 ㉞

0248-23-4543

〈M ► P. 82, 169〉白河市愛宕町《あたごまち》50

JR東北本線白河駅 徒歩 3分

大正4年建立のビザンチン様式の聖堂

白河駅から南へまっすぐ進んだ愛宕町には，白河ハリストス正教会聖堂(県文化)がある。1915(大正4)年に建立されたビザンチン様式による正教会系の聖堂には，48点のイコン画(聖像画)が架けられている。その中に，山下りんのイコン画7点(うち5点は県文化)も含まれている。山下は，宣教師ニコライによってロシアの女子修道院へ派遣され，イコン画を学んだ。帰国後，東京の神学校で300点を超えるイコン画を描き，作品は日本全国の教会に送られた。イコン画や建物の内部を見学するには，事前の予約が必要である。

この教会から東方約200mの所にある大工町《だいくまち》の皇徳寺《こうとくじ》(臨済《りんざい》宗)には，民謡「会津磐梯山《ばんだいさん》」の囃子《はやし》文句で有名な小原庄助《おはらしょうすけ》と，新撰組隊士で，戊辰戦争の際に白河口の戦いで戦死した元津軽藩士の菊地《きくち》央《たのむ》の墓がある。庄助は，「朝寝，朝酒，朝湯が大好きで，それで身《しん》上《しょう》つぶした」と謡われる無類の酒好きで，墓も徳利《とっくり》をかたどった墓石の上に，盃《さかづき》をかたどった笠がかけられたユニークなものである。

大工町から南に進んで谷津田《やんだ》川を越えた向新蔵《むかいしんくら》に常宣寺《じょうせんじ》(浄土《じょうど》真《しん》宗)があり，絹本著色受苦図《けんぽんちゃくしょくじゅくず》(附御用留帳3点，県民俗)を所蔵する。これは，間引《まび》きの罪深さを訴えるための説話絵図で，藩主松平定信が，この受苦図を使って領民の教化を図ったといわれる。

龍蔵寺《りゅうぞうじ》 85

0248-23-3522

〈M ▸ P. 82, 169〉白河市年貢町《ねんぐまち》60

JR東北本線白河駅🚌石川・浅川方面行本町四辻《もとまちよつつじ》🚶3分

松平家が寄贈した「奥州白河いぼなしの鐘」

白河駅の北西にある道場町《どうじょうまち》から，大工町・本町《もとまち》を経て年貢町へ至る国道294号線と，年貢町から桜町《さくらまち》にかけての通りは，かつての目抜き通りである。旧城下町らしく道が曲折し，昔ながらの商家も点在し，通りの奥には，多くの寺院が点在している。

それらのうち，道場町にある白河山小峰寺《しょうほうじ》(時《じ》宗)は一遍《いっぺん》上人開基を伝える寺で，白河結城氏の菩提寺である。本堂内の小峰寺厨《しょうほうじず》子《し》(県文化)は，「永禄《えいろく》二(1559)年」の銘をもち，不動尊《ふどうそん》・毘沙門天《びしゃもんてん》の漆絵がほどこされ，内部に地蔵菩薩《じぞうぼさつ》が安置されている。また，一遍の筆と伝えられる六字名号《みょうごう》(南無阿弥陀仏)の札も所蔵している。

本町の永蔵寺《えいぞうじ》(天台《てんだい》宗)は，後醍醐《ごだいご》天皇の討幕計画に参加した高僧円観《えんかん》により，1336(建武《けんむ》3・延元《えんげん》元)年に開かれた。計画は失敗して流罪となり，結城《ゆうき》宗広《むねひろ》に預けられたが，宗広は円観を厚くもてなし，同寺を創建した。本尊は，楠木《くすのき》正成《まさしげ》が後醍醐天皇から下賜《かし》された千手《せんじゅ》観音像である。

龍蔵寺銅鐘

年貢町の雨宝山龍蔵寺《りゅうぞうじ》(真言《しんごん》宗)には，1691(元禄4)年に白河藩6代藩主松平忠弘《ただひろ》が寄進した銅鐘《どうしょう》(国重美)がある。総高135.5cm・口径93cmで，乳《にゅう》(釣鐘《つりがね》上部の表面に並んでいる疣《いぼ》状の突起)がないため，「奥州白河いぼなしの鐘」として知られている。また，龍蔵寺末寺の密蔵院法雲寺《みつぞういんほううんじ》(明治初年廃寺)に伝わる鍍金装笈《ときんそうおい》(国重美)は，

「慶長六(1601)年」銘をもち，桃山時代のものとして貴重で，金屋町《かなやまち》の虚空蔵堂《こくぞうどう》に安置されている。

白川城跡《しらかわじょうあと》 86

〈M ► P. 82, 169〉白河市藤沢山《ふじさわやま》 P
JR東北本線・東北新幹線新白河駅 15分

感忠銘の碑を残す結城宗広の居城跡

白河駅から市街地の大通りを約 2 km東に進んだ所に宗祇《そうぎ》戻《もど》しの碑がある。1481(文明《ぶんめい》13)年に，連歌《れんが》師飯尾《いいお》宗祇が，結城氏主催の鹿嶋神社連歌興行に参加するため白河へ来た際，ここで綿を背負った娘に出会ったとされる。宗祇はその娘に，「綿は売りものか」とからかい半分で尋ねた。すると，「阿武隈《あぶくま》の　川瀬にすめる　鮎《あゆ》にこそ　うるかといへる　わたはありけれ」と歌で答え，その巧みさに驚いて，宗祇は都へ引き返したという。

この場所を100mほど東に進むと，道が 2 つに分かれ，右が棚倉《たなくら》，左が石川《いしかわ》への街道となる。これを右側に進み，谷津田川に架かる橋を渡った東側の丘陵に白川城跡(県史跡)がある。これは，奥州南朝派の中心人物であった結城宗広を始めとする結城氏の本拠地であった。頂上の本丸跡は，広さは約80m四方で，後村上天皇の記念碑などがある。本丸跡を中心とした藤沢山《ふじさわやま》・搦目《からめ》山一帯がかつての城跡で，各所に曲輪《くるわ》・空堀・出丸・土塁などの遺構がみられる。

白川城の裏門は，石川街道に面している城の北東部搦目にあったが，山の岩壁に感忠銘碑《かんちゅうめいひ》(県史跡)が刻まれている。高さ約 8 m・幅約 3 mの大きな磨崖《まがい》碑は，1807(文化《ぶんか》4)年に，後醍醐天皇につくした結城宗広・親光《ちかみつ》の父子を顕彰するために建てられたもので，題字の「感忠銘」の文字は松平定信の書になる。

白河市歴史民俗資料館《しらかわしれきしみんぞくしりょうかん》 87

0248-27-2310

〈M ► P. 82, 169〉白河市中田《なかだ》7-1 P
JR東北本線白河駅 石川・浅川方面行文化センター前 3 分

古代から現代までの白河の歴史を展示

旭町《あさひちょう》にある棚倉と石川へ至る道の分岐点を左にとり，石川街道とよばれる道を500mほど行くと，白河市歴史民俗資料館がある。ここには，縄文時代中期の南堀遺跡出土のヒスイやコハク，黒曜石製の深鉢などの考古資料や，古代白河郡衙《ぐんが》に付属する寺院跡と思われる借宿廃寺跡《かりやどはいじ》(県史跡)から出土した瓦などの借宿廃寺跡出土品(県文化)が保存・展示されている。ほかにも結城義綱《よしつな》・晴綱《はるつな》父子が寄進した「天文十三(1544)年」の銘をもつ龍蔵寺所有の最勝寺《さいしょうじ》の銅鐘，灰釉印花文瓶子《かいゆういんかもんへいし》，白河城《しらかわじょう》御《お》櫓《やぐら》絵図(いずれも県文化)など，白河地方の歴史と文化に関する資料が展示されている。

資料館から石川街道を進んで，県道母畑《ぼばた》白河線に入り，阿武隈川を越えると，左手の森の中に，白河の総鎮守である鹿嶋神社がみえる。この神社は811(弘仁《こうにん》2)年，常陸《ひたち》国(現，茨城県)の鹿島神宮を勧請したものと伝えられ，神社の例祭である白河提灯《ちょうちん》まつり(9月敬老の日直前の金・土・日曜日)は，弥彦燈籠まつり(新潟県弥彦神社)，一色大提灯祭り(愛知県諏訪神社)とともに日本三大提灯まつりの1つに数えられている。

鹿嶋神社の東方には，うたた寝の森と称される所がある。源義家が奥州遠征の際，ここでうたた寝をしたと伝えるものであるが，現在はカエデの木が残るだけである。うたた寝の森よりさらに東方の丘陵には天王山《てんのうざん》遺跡がある。阿武隈川対岸の板橋地区にある明戸《あけど》遺跡とともに，東北地方における弥生時代後期の遺跡である。天王山遺跡出土品一括(県文化)は，口縁部の交互突刺文《しとつもん》と磨消《すりけし》縄文に特徴があり，「天王山式土器」として東北南部の弥生時代後期の標識土器となっており，資料館に保管されている。

南湖公園《なんここうえん》 ⑧⑧

〈M ▸ P. 82, 169〉白河市南湖 P
JR東北本線・東北新幹線新白河駅 棚倉行南湖公園 3分

松平定信の造園による「四民共楽」の公園

新白河駅の南東約3kmに南湖公園(国史跡・国名勝)が広がる。これは1801(享和《きょうわ》元)年に，白河藩12代藩主松平定信が江戸と白河に作庭した5つの庭園の1つである。定信は，アシ・カヤなどが生い茂る大沼とよばれた沼沢地《しょうたくち》を浚渫《しゅんせつ》し，東側の堰堤《えんてい》を改修した。完成した湖の周囲は約2km，湖水は灌漑用水として荒地に注ぎ，新田が開かれた。湖畔にはアカマツを中心として，吉野桜や嵐山《らんざん》楓などが移植され，庭園として整えられた。

定信は，唐の詩人李白《りはく》の「南湖秋水夜無煙」の詩句と，居城の南方にあることから，南湖公園と名付け，庶民にも開放した。そして，湖畔の17景16勝を選び，諸国の名士・文人に詩歌を求め，歌碑を建てた。定信自身も，湖を一望する西側の高台にある共楽亭《きょうらくてい》を「やま水の　高きひききも　隔なく　共にたのしき　円居《まどい》すらしも」と詠んだ。歌のように，部屋をしきる鴨居《かもい》や敷居のない茶室である。

公園内には，1922(大正11)年に建立された定信をまつる南湖神社がある。神社の建設にあたっては，定信の伝記『楽翁公伝《らくおうこうでん》』を著した渋沢栄一《しぶさわえいいち》の多大な援助を受けた。神社の境内には，定信が愛用した茶室松風亭蘿月庵《しょうふうていらげつあん》(県文化)が移築されている。蘿月とは定信が水盥《みずたらい》に書いた文字で，ツタの葉の間にみえる月のことである。境内には，定信ゆかりの品々を集めた宝物館もある。

神社に隣接する明治記念館は，1887(明治20)年に建立された白河郡役所の一部を移設したもので，白河の歴史や美術に関する資料などをみることができる。同じ敷地内にある藤田記念館では，南湖公園をつくる際に寄せられた詩歌や絵画をまとめた「南湖名勝図并詩歌」などを展示している。

現在，公園の一角には，池泉回遊式《ちせんかいゆうしき》の日本庭園，翠楽園《すいらくえん》がつくられ，園内には4畳台目《だいめ》で遠州好《えんしゅうごの》みの茶室「秋水庵《しゅうすいあん》」などがある。

福島県文化財《ふくしまけんぶんかざい》センター白河館《しらかわかん》 ⑧⑨

0248-21-0700

〈M ▸ P. 82, 169〉白河市白坂一里段《しらさかいちりだん》86

P

JR東北本線・東北新幹線新白河駅 バス 白坂行まほろん 徒歩 1分

古代生活を体験するフィールドミュージアム

かつての奥州道中である国道294号線を南に向かい，ニュータウン開発が進む三坂《みさか》の丘陵を越えた辺りで道を東に行くと，「まほろん」の愛称をもつ福島県文化財センター白河館へと至る。ここには，福島県の埋蔵文化財調査で収集された関和久官衙《せきわくかんが》遺跡出土品一括(県文化)などが収蔵・展示されている。また，屋外のフィールドミュージアムでは，縄文時代の家屋などが復元され，体験を通して学習できるようになっている。

ここからさらに国道294号線を南へ進み，皮籠《かわご》地区に至ると金売《かねうり》吉次《きちじ》兄弟の墓と伝えられる宝篋印塔《ほうきょういんとう》がある。三条吉次季春《さんじょうきちじすえはる》，通称金売吉次は，源義経《みなもとのよしつね》を奥州の藤原秀衡《ふじわらのひでひら》のもとに連れて来たとされる京の商人である。言い伝えによると，吉次は1178(治承《じしょう》2)年に，この地で盗賊に砂金の入った皮籠を奪われ殺害された。里人は吉次を手厚く葬り，義経が1180(治承4)年にここに立ち寄ったおり，吉次を哀れみ，その霊を源氏ゆかりの八幡《はちまん》神社に合祀したといわれる。なお，この地区を中心とした国道294号線沿いには松並木があり，かつての奥州道中の面影を残している。

この皮籠地区から，西方約１kmの三輪台《みわだい》道中地区に，アウシュヴィッツ平和博物館がある。アウシュヴィッツは，第二次世界大戦中，ナチス・ドイツがポーランドにつくったユダヤ人の強制収容所があった所で，ポーランドのオシフィエンチム博物館から借り受けた資料や，アンネ・フランクに関する資料などが展示されている。

国道294号線を南下していくと，栃木県との県境に至る。ここには，「従是《これより》北白川領」の藩界標石があり，陸奥《みちのく》の玄関口であることを示している。また，ここは奥の細道自然遊歩道の起点にもなっている。県境を挟んで，福島県側に住吉《すみよし》神社，栃木県側に玉津島《たまつしま》神社が立っており，これらは境《さかい》の明神《みょうじん》と称されている。1689(元禄２)年，「春立てる霞の空に，白川の関越えん」として，『奥の細道』の旅に出た松尾芭蕉が，奥州に第１歩を印したのはこの地点である。そして，その折に詠んだ句が，「早苗《さなえ》にも　我色黒き　日数哉《かな》」とされる。

ここより４kmほど東を通っている県道76号坂本白河線が，古代の東山道《とうざんどう》と考えられる。芭蕉は，奥州道中の白坂宿の付近から東に折れ，山間の小道を通り，旗宿《はたじゅく》にある白河関を訪れたのである。

白河関跡《しらかわのせきあと》 ⑨⓪

〈M►P. 82, 176〉白河市旗宿　Ⓟ
JR東北本線白河駅・新白河駅🚌白河の関行終点🚶１分

西行や芭蕉も通った奥州の入口

白河の関バス停の前にある独立丘陵が，白河関跡(国史跡)で，白河駅から南方約12km，栃木県境からは北へ約３kmの所にある。この関は，常陸《ひたち》の勿来《なこそ》関・羽前《うぜん》の念珠《ねず》関と並ぶ奥羽古三関の１つで，５世紀頃に蝦夷《えみし》対策として設けられた東山道口における奥州への関門であった。その後，交通検断としての機能を失ったが，その後も，能因《のういん》法師が，「都をば　霞とともに　たちしかど　秋風ぞふく　白河の関」と詠んだように，歌枕として名高かった。しかし，その位置は判然としないままであった。

これを現在の地に比定したのが，松平定信である。彼は考証の結果，旗宿の現在地を白河関とし，1800(寛政《かんせい》12)年に古関蹟碑《こかんせきひ》を建立した。1959(昭和34)年から５年間にわたって行われた関の森遺跡の発掘調査で，柵列《さくれつ》に囲まれた施設跡が発見されたことなどから，こ

白河関跡の古関蹟碑

こが白河関跡の条件にかなうとされた。

この丘陵上には白河神社があり，平《たいらの》兼《かね》盛《もり》・能因法師・梶原景《かじわらかげ》季《すえ》の歌碑，藤原家隆《いえたか》の植えたという従二位《じゅにい》のスギや義経伝説を伝える木々がある。またこの西側は，白河関の森公園になっている。

この関跡から約500m北東にある，旗宿集落のはずれの道路脇に霊桜《れいおう》の碑がある。これは，信夫《しのぶ》の庄司《しょうじ》(荘官)である佐藤元治《もとはる》が，義経に従って戦いに赴く２人の息子と，ここで別れたことにちなむものである。この碑の近くで，道は北方の白河市街方面と東方の表郷金山方面へと別れるが，分岐点より３kmほど東方にある峰全院《ほうぜんいん》(曹洞宗)には，鋼製雲板《こうせいうんばん》(県文化)がある。これは，禅宗寺院で，食事の合図にたたく円盤状の鳴器《めいき》で，縦43cm・幅39.2cm，雲板状の輪郭で，撞座の左右に「応仁《おうにん》亥年(1467)」の銘がある。

また，この岐路から約2.5km北東には，関山《せきやま》(618m)が聳《そび》えている。東南麓から山頂へと通じる参道入口には，自然石の岩肌に刻まれた硯石磨《すずりいしま》崖《がい》三十三観音がある。ほぼ中央に，阿弥陀《あみだ》三尊来迎《さんぞんらいごう》像がある33体の観音像で，江戸時代中期の作といわれる。

白河関跡周辺の史跡

山頂には，聖武《しょうむ》天皇の勅願《ちょくがん》により，行基《ぎょうき》が730(天平《てんぴょう》2)年に開山したと

関辺のさんじもさ踊と奥州白河歌念仏踊

芸　コラム

安珍の命日に奉納される念仏踊

白河《しらかわ》市関辺《せきべ》地区には，関辺のさんじもさ踊《おどり》(県民俗)とよばれる祭礼が伝えられており，毎年7月第1日曜日に関辺八幡神社で行われる。浴衣《ゆかた》をきた青年たちが，五穀豊穣を祈り太鼓に合わせて踊るものである。

白河市萱根《かやね》地区には，安珍《あんちん》堂がある。能や歌舞伎の娘道成寺物《むすめどうじょうじもの》で扱われる「安珍清姫《きよひめ》」の安珍が，この地区の出身であることに由来している。またこの堂から約500m離れた所には安珍の墓と伝えられるものがある。

安珍の命日とされる3月27日には，その後生《ごしょう》を弔う奥州白河歌《おうしゅうしらかわうた》念仏踊《ねんぶつおどり》(県民俗)が催される。安珍念仏踊とも称され，オヤ・シヘン・ナガシの3部に分かれ，オヤとシヘンは扇子《せんす》をもち，ナガシは素手で躍動的に踊る。

ほかにも，西白河郡西郷村《にしごうむら》の上《かみ》羽太《はぶと》地区では，6月第1日曜日に五穀豊穣を祈願する上羽太の天道《てんとう》念仏踊(県民俗)が行われる。これは，浴衣姿でたすき掛け，豆絞りの手拭いの鉢巻をした踊り手が，念仏を唱えながら踊るものである。

伝えられる満願寺《まんがんじ》(真言宗)がある。この満願寺の銅鐘(国重美)は，1664(寛文《かんぶん》4)年，白河藩主本多忠平《ただひら》が寄進した由来をもつ。山頂から，西に遠く那須《なす》連峰，南に八溝山《やみぞさん》を望むことができる。なお，芭蕉は白河関を訪ねたあと，この山にのぼって白河の町へと入った。

西郷村歴史民俗資料館《にしごうむられきしみんぞくしりょうかん》 91

0248-25-0959

〈M ▸ P. 82〉西白河《にししらかわ》郡西郷村小田倉《おだくら》字上野原463 P

JR東北本線・東北新幹線新白河駅🚗15分

旧陸軍による軍馬育成の歴史を展示

新白河駅から西へ600mほど行くと，国道4号線に出る。そこから南西へ4kmほど行った所にある西郷村の小田倉地区に西郷村歴史民俗資料館がある。この地区には，1897(明治30)年，旧陸軍により軍馬補充部がおかれていた。ここを中心として，周辺の各地域に厩《うまや》や牧場が設置され，西郷村の面積の3分の1を占め，軍馬の育成が行われていた。

資料館では，軍馬補充部に関連する資料が，西郷村の考古・民俗や養蚕に関する資料とともに展示されている。なお，建物は，1935(昭和10)年に軍馬補充部白河支部事務所として建設されたもので，入口のマツは，1916(大正5)年，当時皇太子であった昭和天皇が，補充部を行啓《ぎょうけい》した際に植えたものである。

騎馬人物像などが描かれる装飾古墳

泉崎横穴《いずみざきよこあな》 ㉒

0248-53-4777(泉崎資料館)

〈M►P. 82〉西白河郡泉崎村《いずみざきむら》泉崎字白石山《しろいしやま》 P
JR東北本線泉崎駅 徒歩20分

泉崎駅から東方へ約2km，中島村《なかじまむら》へ通ずる道路が白河市から矢《や》吹町《ぶきまち》を結ぶ道路と直交する所に，低い丘陵に凝灰《ぎょうかい》岩を掘ってつくられた泉崎横穴(国史跡)がある。これは1933(昭和８)年に発見され，７世紀前半に造られたと思われる横穴古墳で，装飾壁画のある遺跡として名高い。横穴は幅約2m，高さ1mほどで，玄室《げんしつ》の奥壁と左右の壁および天井に，騎馬人物・男女群像などが赤色塗料で描かれている。中に入るためには，泉崎村役場の許可が必要であるが，復元されたものは，泉崎駅のすぐ北側にある泉崎資料館でみることができる。

この遺跡から南へ約3kmの県道75号泉崎塙《はなわ》線と県道139号母畑《ぼばた》白河線が合流する関和久《せきわぐ》地区には，大網本廟跡《おおあみほんびょうあと》がある。これは，浄土真宗の如信《にょしん》が，結城朝広の請いに応じて，1275(建治《けんじ》元)年に開基した寺院の跡である。

大網本廟跡の前に広がる水田から，古代白河郡の郡衙《ぐんが》跡である関和久官衙遺跡(国史跡)が発掘された。この遺跡は，1972(昭和47)年から10年間続いた発掘調査により，奈良・平安時代の役所，正倉などの建物跡が検証されている。現在は地表下に保存されているが，将来的には歴史学習の拠点として整備・活用する予定となっている。なお，泉崎資料館で復元模型をみることができるほか，白河市の福島県文化財センター白河館に，関和久官衙遺跡出土品(県文化)として所蔵されている。

泉崎横穴

また，泉崎駅より北西4km，矢吹町方面へ向かった泉崎村踏瀬《ふませ》地区には，観音山磨崖《かんのんやままがい》供養塔婆群《くようとうばぐん》(県史跡)がある。これは，山の岩肌に高さ約10m・幅38mにわたって，320基の供養塔が刻まれたものである。

白河舟田《しらかわふなだ》・本沼遺跡群《もとぬまいせきぐん》 93

〈M ► P. 82〉白河市舟田中道《なかみち》・本沼岩井戸《いわいと》
JR東北本線白河駅🚌中島経由石川行芦《あし》の口《くち》🚶10分

古代白河郡の豪族の動向を示す古墳群

大綱本廟跡の前を通る，県道139号母畑白河線を西に約1.5km進むと，白河市本沼地区に入る。この地区と，阿武隈川の対岸にある舟田地区には，面積約3万m^2の地域に，6世紀後半から8世紀初頭の遺跡が点在している。これらは，白河市舟田中道の下総塚《しもふさづか》古墳・舟田中道遺跡，白河市本沼岩井戸の谷地久保《やちくぼ》古墳からなる白河舟田・本沼遺跡群(国史跡)で，この地域における中央の文化の流入と地方豪族の動向を伝える重要な遺跡群である。下総塚古墳は，古墳時代後期のものとしては東北地方最大の前方後円墳(墳長約71.8m)であり，舟田中道遺跡は豪族の住居跡と考えられる。また，谷地久保古墳は，東北地方では珍しい横口式石槨をもつものである。

五本松《ごほんまつ》の松並木《まつなみき》 94

〈M ► P. 82〉西白河郡矢吹町赤沢《やぶきまちあかさわ》・五本松
JR東北本線矢吹駅🚗10分

現在の矢吹駅の辺りは，奥州道中の宿場の1つで，松尾芭蕉も白河から須賀川へ向かう途中，この矢吹に一宿している。駅から南西へ約4km，赤沢《あかさわ》地区と五本松地区の境界には，かつての道中沿いに五本松の松並木が1kmほど延びている。白河藩藩主松平定信が領内の街道に2300本のマツを植えさせたのが，その始まりといわれている。現在の松並木は，1885(明治18)年の道路改修の際に補植されたものである。

五本松の松並木

また，矢吹町東部の中畑《なかはた》地区には，陣屋《じんや》の二本カヤ(県天然)がある。旗本の陣屋にあったもので，樹高20m・樹齢400年以上とされる。なお，白河市大信町屋《たいしんまちや》にも，樹高15m・樹齢1000年におよぶ町屋の二本カヤ(県天然)がある。

矢吹町東端の阿武隈川沿いにある神田《かんた》

江戸時代の面影を残す松並木

東《ひがし》地区には，鬼穴古墳群《おにあな》(県史跡)がある。7世紀前半の横穴式石室をもつ円墳で，1号墳は直径約26m・高さ約4.1m，両袖式石室が残っている数少ない例である。ここから中島村《なかじまむら》，白河市へと至る阿武隈川沿岸には遺跡が多く，中島村の松崎《まつざき》地区には蝦《え》夷《ぞ》穴《あな》横《よこ》穴《あな》墓《ぼ》群《ぐん》，白河市には笊内《ざるうち》古墳群がある。

常在院《じょうざいいん》 95

0248-32-2595

〈M►P. 82〉白河市表郷中寺《おもてごうなかでら》字屋敷《やしき》79

JR東北本線・東北新幹線新白河駅[バス]棚倉《たなくら》行磐城金山《いわきかねやま》[徒歩]60分

能「殺生石」で名高い玄翁の開基による寺院

白河市金山地区の表郷中学校に隣接して，表郷民俗資料館がある。ここには，付近から発見された人面付弥生式土器(県文化)と，平安時代初期の瑞《ずい》花《か》双《そう》鳥《ちょう》八《はち》稜《りょう》鏡《きょう》(県文化)が展示されている。後者は，鈕座《ちゅうざ》(鏡背面の中心部にある鈕を通す凸部)を中心に，鳥と瑞花文《ずいかもん》が表現されている。なお，民俗資料館は，約300年前に建てられた古い民家を，移転・改修したものである。

民俗資料館から北東へ1.5kmほど行った所に，常在院《じょうざいいん》(曹洞宗《そうとう》)がある。南北朝時代の源翁心昭《げんのうしんしょう》(能照)が，1375(永和《えいわ》元・天授《てんじゅ》元)年に開いたものである。源翁は，那須の殺生《せっしょう》石を破砕して，妖怪である九《きゅう》尾《び》の狐《きつね》を去らせたと，能の「殺生石《せっしょうせき》」などで語られている僧である。同寺に保存されている紙《し》本《ほん》著《ちゃく》色《しょく》源翁和尚行状縁起(県文化)は，源翁の出生から仏道修行と遍歴，常在院の開基や殺生石の破砕に至るまでを描いたもので，毎年8月7日に開帳される。また，同寺には，ホウ材・寄木造・黒漆仕上げの木造源翁和尚坐像(県文化)も保存されている。

また，民俗資料館から，約4km南西にある犬神《いぬがみ》地区では，金銅《こんどう》装笈《そうおい》(県文化)が保存されている。これは慶長《けいちょう》年間(1596～1615)の作と推定され，高さ約83cmで，多くの仏像や瑞鳥獣などが表現されている。

白河市表郷金山地区から，棚倉方面に国道289線を1kmほど進んだ所にある標高403mの小丘陵が建鉾山《たてほこやま》である。山頂や山腹には珪《けい》岩《がん》質の母岩が露出し，神の磐座《いわくら》として信仰を集めていた東北地方を代表する祭祀遺跡である。頂上に建鉾石とよばれる巨岩があり，日本武尊《やまとたけるのみこと》の東征のおり，山頂に鉾を立てたと伝えられている。

金山のビャッコイ

コラム

白河《しらかわ》市表郷《おもてごう》金山《かねやま》地区にある表郷小学校裏の清流に，ビャッコイ(県天然)とよばれるカヤツリグサ科ビャッコイ属に属する多年生の水草がある。氷河期の名残りをとどめる植物といわれ，スウェーデンとこの地区の，水温が常時10～12℃の清冽な清水の湧水口にのみ自生する珍しい草である。

この「ビャッコイ」の名は，1904(明治37)年にこれを鑑定した植物学者牧野富太郎《まきのとみたろう》が，採種地を会津若松《あいづわかまつ》と勘違いし，会津の白《びゃっ》虎隊《こたい》と「い草」を組み合わせて命名したといわれている。

牧野富太郎命名のカヤツリグサ科の水草

棚倉城跡《たなぐらじょうあと》 96

〈M ▶ P. 82, 182〉 東白川郡棚倉町《たなぐらまち》城跡 P
JR水郡線磐城棚倉《いわきたなくら》駅 🚶10分

磐城棚倉駅から市街地を南に行くと，棚倉城跡がある。この城は，1622(元和《げんな》8)年に入部した丹羽長重の築城による平城である。長重は，1624(寛永元)年に，近津明神《ちかつみょうじん》(都々古別《つつこわけ》神社)を馬場の地に遷し，その跡地に棚倉城を築城して，1627年に完成させた。それ以後，1868(慶応4)年，戊辰戦争で落城するまでの240余年間に，8家16代もの城主交代があった。この城は，濠に住む大亀が水面に浮かぶと，決まって城主が転封されたということから，亀ヶ城の別称をもつ。

亀ヶ城の別称をもつ8家16代の平城

追手口と内堀・土塁に囲まれた本丸跡，棚倉中学校側の長さ約160mの石垣が残る。本丸を取り囲む土塁の上には，南北朝時代の板碑《いたび》や棚倉城規模碑，極東国際軍事裁判でA級戦犯に問われた畑《はた》俊六《しゅんろく》陸軍元帥《げんすい》終焉の碑などがある。

棚倉城跡の大ケヤキ

追手門跡付近にある棚倉城跡の大ケヤキ(県天然)は，かつて近津明神の社木で，樹齢570余年・幹囲9.5mにもおよぶ巨木で，町のシンボルとなっている。移築された阿部正《まさ》備《たか》茶室(町文化)は棚倉藩主ゆかりの茶室である。濠の内外

蓮花寺銅鐘

磐城棚倉駅周辺の史跡

には，約500本ものサクラが植樹されており，春には賑わいをみせる。

棚倉城の本丸跡の北方約300mには，蓮家寺《れんげじ》(浄土宗)がある。この寺は，丹羽長重についで1627年に入部した内藤氏らによって手厚く保護された寺で，内藤氏が寄進した銅鐘(国重美)などがある。

赤館公園《あかだてこうえん》 97

〈M►P. 82, 182〉東白川郡棚倉町風呂ケ沢《ふろがさわ》 P
JR水郡線磐城棚倉駅 徒歩 15分

久慈源流の要害にたつ棚倉を一望の中世城址

磐城棚倉駅の北方約１kmの所にある標高345mの丘陵に，赤館公園がある。ここからは，眼下に広がる棚倉の市街地と，遠くに久慈川の流れを展望できる。この丘陵は，久慈川沿いの平地を扼《やく》する要地で，丹羽長重が棚倉城を築城するまで館が築かれていた。館は赤《あか》館城《だてじょう》とも称され，建武《けんむ》年間(1334～38)までに建てられたとされる。また，1627(寛永４)年におきた紫衣《しえ》事件に連座した大徳寺《だいとくじ》の玉室《ぎょくしつ》宗珀《そうはく》は，1629年に棚倉に配流《はいる》され，赤館の南麓に庵を結んだ。

この赤館城跡と国道289号線を挟んで並ぶ向かいの丘陵に，棚倉の鎮守である宇迦《うか》神社がある。現在の社殿は，1701(元禄)14年に，再建されたものである。

ここから東へ約10km進むと，東白川郡鮫川村《さめがわむら》の西山宝木《にしやまほうき》地区に至る。ここには，西山のイチイ(県天然)と称される，樹齢約400年・高さ約７mの２本のイチイの木が，民家の庭に立っている。

同じ西山折戸《おりど》地区には，追分石とよばれる碑がある。これは，棚倉と磐城を結ぶ旧道のこの地点に，1721(享保《きょうほう》６)年に建てられたと伝えられるもので，碑の裏面には「江戸五十里，水戸弐十五里，

白棚線に乗って

コラム

田園地帯の専用通路を走る元祖「高速」バス

東北本線の白河《しらかわ》駅および東北新幹線・東北本線の新白河駅と水郡《すいぐん》線磐城《いわき》棚倉《たなくら》駅の間の約25kmのバス路線は白棚線《はくほう》ともよばれ，現在，JRバスで結ばれている。

1916(大正５)年から1944(昭和19)年までは，鉄路が敷かれ，蒸気機関車による輸送が行われていたが，第二次世界大戦の進行にともない，レールが戦争資材として取り外され，営業休止に至った。

戦後は，地元から鉄道復活の声が起こったが，復活にあたっては，鉄道としてではなく，鉄道の路盤跡を自動車専用道路とし，そこをバスによって輸送する方式が採用された。そのために，かつての路盤を舗装し，バスを行き違わせるための待避所を設けた。そして，1957(昭和32)年に「白棚高速線」として再開通したのである。

その後，1964年に，国鉄バス名神高速線が開業したことにより，「高速」の文字は削除され，白棚線となった。しかし，現在でも，白棚線のバスは，かつての鉄道路線上のバス専用道と国道289号線を交互に走り続け，白河と棚倉の間を約35〜40分で結んでいる。

京都百七十四里，仙台三十八里，会津弐十四里」と主要地への里数が刻まれている。

馬場都々古別神社《ばばつつこわけじんじゃ》 98

0247-33-6441

〈M ▸ P. 82, 182〉東白川郡棚倉町馬場39
JR水郡線磐城棚倉駅 15分

陸奥一宮である近津三社の上宮

磐城棚倉駅から西へ１kmほどの，棚倉町役場の先に馬場都々古別神社(祭神味耜高彦根命《あじすきたかひこねのみこと》・日本武尊)がある。都々古別三社の１社で，江戸時代に「近津三社」と総称された上宮にあたる(中宮は八槻都々古別神社，下宮は近津神社〈茨城県久慈《くじ》郡大子《だいご》町《まち》〉)。この神社は，かつて日本武尊が建鉾山(白河市表郷)にまつった鉾を，807(大同２)年に坂上田村麻呂が，現在の棚倉城跡の地に移したことに始まるとされる。現在の社殿は，1594(文禄３)年の造営で，1624(寛永元)年に，棚倉藩主

馬場都々古別神社

丹羽長重が棚倉城を築城するため，この地に遷宮したものである。鎌倉時代末期の作とされる無銘の長覆輪太刀《ながふくりん》２口・赤糸威鎧残闕《あかいとおどしよろいざんけつ》(ともに国重文)，御正体《みしょうたい》４面(県文化)などを伝えている。

この馬場都々古別神社から西へ延び，栃木県へ至る道が県道60号黒磯《くろいそ》棚倉線である。その途中の，大梅《おおうめ》地区には，1864(元治《げんじ》元)年の天狗党《てんぐとう》の乱の際，八溝山《やみぞさん》に立てこもったが，棚倉藩兵に捕らえられて斬刑に処せられた20余人の水戸天狗党の墓がある。その近くには，当時の棚倉藩16代藩主であった松平康英《やすひで》による供養碑も立っている。またこの県道は，かつて棚倉藩が参勤交代の際に通ったルートで，県境の戸中《とちゅう》峠付近はサクラの名所となっている。

磐城棚倉駅から１駅南にある中豊《なかとよ》駅の東方の丘陵に，平安時代初期の寺院跡である流《ながれ》の廃堂《はいどう》跡(県史跡)がある。寺院の範囲は，尾根部を中心に600ｍ四方と思われるが，その付近からは古瓦や礎石ばかりでなく，金銀象嵌鉄剣(県文化)なども出土している。

八槻都々古別神社《やつきつつこわけじんじゃ》 ㊾

0247-33-3505(八槻家)

〈M►P. 82〉東白川郡棚倉町八槻字大宮66 Ⓟ
JR水郡線近津《ちかつ》駅🚶10分

陸奥一宮である近津三社の中宮

近津駅から国道118号線に出て南へ進み，交差点を西へ折れてバイパスに入る。300ｍ余り進んで西へ折れる道を４kmほど進み，樹齢100年を超える杉並木を抜けた山の麓に山本不動尊(真言宗)がある。この不動尊は，807(大同２)年に，空海《くうかい》が東北行脚の途中に護《ご》摩壇《まだん》を築き，八溝山系に住む悪鬼を調伏《ちょうぶく》祈願《きがん》したのが始まりとされる。130段もの石段をのぼりつめた所に，本尊の不動明王像が安置されている。

八槻家住宅

先のバイパスの分岐点をまっすぐ南に200ｍほど進むと，「近津三社」の中宮にあたる八槻都々古別神社(祭神味耜高彦根命・日本武尊)に至る。社宝として，仏に米を供える鉢として使用した銅鉢《どうはつ》

東白川地方における熊野信仰

コラム

八槻文書が伝える東白川地方の熊野信仰

神社本庁の調査によると，47都道府県のなかで，社名に「熊野《くまの》」を冠する神社の数が一番多いのは，福島県の275社である。このことは，福島県には，熊野三山を本宮として勧請した神社が多く，熊野信仰がとりわけ盛んだったことを示すものであろう。

東白川地方も例外でなく，奥州一宮とされる２つの都々古別神社《つつこわけじんじゃ》も，熊野信仰と深くかかわっていた。全国的に広まった熊野信仰の影響を受け，熊野への修験《しゅげん》を組織するようになり，両社は修験を束ねる別当《べっとう》を設け，檀那《だんな》とよばれる信者を熊野へ案内する役割をはたしていたのである。そして，この檀那には，中世に白河郡から高野郡にかけての地域を支配した結城《ゆうき》氏を始めとして，農民までもが名を連ねていたという。

熊野信仰の普及ぶりを示すのが，八槻都々古別神社《やつきつつこわけじんじゃ》の宮司でもあり，かつて別当《べっとう》職をつとめていた八槻家に伝わる中世文書である。そこには，「過所《かしょ》」と題された，各国の領主に宛てられた，熊野へ向かう参詣者に便益を求める一群の文書がある。

これらの文書から，八槻別当による熊野への参詣者の人数は，1463(寛正《かんしょう》４)年では約100人，1478(文明《ぶんめい》10)年では約200人，1495(明応《めいおう》４)年では，約700人にもなったといわれる。隆盛をみせる熊野詣を扱う八槻修験の範囲は，東白川地方ばかりでなく，隣の白河地方にもおよんだ。

中世に白河を支配した結城氏は，大檀那として八槻都々古別神社に，たびたび寄進を行った。このことは，結城氏の熊野信仰の篤さを示すだけでなく，民衆間に広まっている熊野信仰にかかわる八槻都々古別神社を支援することによって，自国領域の支配の実をあげようとしたとも考えられよう。

と木造十一面観音立像(ともに国重美)がある。ほかにも同社は，御正体３面・銅造十一面観音菩薩坐像(町文化)・八槻都々古別神社の古面《こめん》(いずれも県文化)などを伝えている。これらのうち銅鉢は，福島県立博物館(会津若松市)で展示されているが，ほかはいずれも非公開である。

この神社では，毎年旧正月６日に，狂言風に問答を繰り返しながら田植の神楽を奉納する御田植《おたうえ》の神事(国民俗)と，旧11月１日の大祭のときに，七座の神楽(県民俗)が行われる。前者は，拝殿で巫女舞・田植えの準備・代掻き・田植えなどの稲作過程の所作を，餅で

二柱神社の大杉

つくった農具や松枝を用いて演じる。後者には，その年の新籾《しんもみ》を「ツトッコ」とよばれる藁苞《わらづと》に入れて奉納し，かわりにほかの人が供えたツトッコを持ち帰る風習がある。

この神社からさらに国道118号線を500mほど南下すると，宮司の八《や》槻《つき》家がある。中世の館を思わせる堀と土塁をめぐらせた屋敷(県文化)は，江戸時代初期の建築とみられる書院造《しょいんづくり》の社家住宅である。ここには，豊臣秀吉の朱印状などを含む八槻文書，聖《しょう》護《ご》院道興短冊《いんどうこうたんざく》，銅製釣燈籠《つりとうろう》(いずれも県文化)などがある。なお，見学にあたっては，八槻家へ事前連絡が必要である。

八槻都々古別神社からさらに1.3kmほど進んで東に折れ，双《そう》ノ平《たいら》地区に至ると二柱《ふたはしら》神社の大杉(県天然)がある。樹齢約1000年・樹高37mにもおよぶ巨樹である。

向《むこう》ヶ《が》岡公園《おかこうえん》 100

〈M►P. 82, 187〉東白川郡塙町《はなわまち》塙字桜《さくら》木《ぎ》町《ちょう》204-1 P
JR水郡線磐城塙《いわきはなわ》駅 徒歩10分

代官寺西封元がつくった日本最初の庶民公園

磐城塙駅は，森林をイメージした円錐と四角錐の形の屋根が連なる「木の町はなわ」を象徴した建物で，駅舎はコミュニティプラザや町立図書館と合築されている。

駅の東方には，羽黒山(364m)が聳え，その全域が羽黒山城址となっている。この山城は，佐竹氏が南奥州進出のために築いたもので，発掘調査により平場や土塁の様子や建物跡が明らかにされ，戦国時代におけるこの地方の様子を語る遺構となっている。

駅から南へ600mほど行った所に，塙代官所跡がある。奥州への入口となるこの地域は，近世に幕府領となり，1729(享保14)年から1868(慶応《けいおう》４)年までの139年間，塙代官所がおかれた。かつての代官所は，敷地約1650坪で，表御門を始め，御殿・元締・公事方《くじかた》・手代長屋・板倉などが立ち並び，周囲には堀がめぐらされていたが，現在は，その威容をみることはできない。

ここから，さらに南へ下り，川上川を渡った先に，塙代官所の代官である寺西封元《てらにしたかもと》によりつくられた向ヶ岡公園がある。1792(寛政４)年に塙代官所に着任した寺西は，在陣中の22年間に，子供の間引きを諌めるための「子孫繁昌手引草《しそんはんじょうてびきぐさ》」を各村に配布して，民風改正のために尽力し，荒廃した農村を建て直すさまざまな施策を行った。

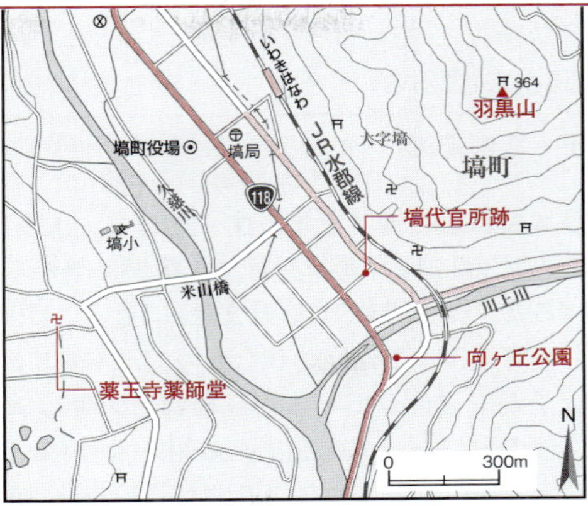

磐城塙駅周辺の史跡

向ヶ岡公園も，救民事業の一環として1793年につくられたもので，公園内には，寺西の植樹による向ヶ岡公園のサクラ(県天然)や，「誕育冢」という封元の民政を讃えた石碑などがある。この公園は，松平定信が白河に作庭した南湖公園より先につくられており，庶民に開かれた最初の公園といえる。

また，川上川の上流には，湯岐《ゆじまた》温泉がある。これは幕政改革を指導した水戸《みと》藩の藤田東湖《とうこ》が，湯治のおりにこの名を付けたと伝えられている。

向ヶ丘公園から南に進んで，国道118号線を渡ると，道の駅はなわ(天領の郷《さと》)がある。ここの駐車場の一角に田中愿蔵《げんぞう》の石碑が立っている。愿蔵は，1864(元治元)年におこった水戸藩の尊攘派による天狗党の乱の際，別働隊を組織し，筑波山《つくばさん》を拠点に軍資金を求めて放火・略奪を行った。那珂湊《なかみなと》の戦いで敗れた後，八溝山に逃れたが，幕府に捕らえられ，付近の久慈《くじ》川の河原で処刑された。なお，愿蔵の墓は町内の安楽

向ヶ岡公園

寺(浄土宗)にある。

薬王寺薬師堂《やくおうじやくしどう》 (101)

0247-43-1771

〈M►P. 82, 187〉 東白川郡塙町台《だい》宿《じゅく》字大久保53 P
JR水郡線磐城塙駅 10分

米山信仰の中心
天井のない薬師堂

磐城塙駅前の通りをまっすぐ進むと，国道118号線に出る。国道を南方に300mほど進み右折，久慈川に架かる米山橋《よねやまばし》を渡って坂をのぼると，薬王寺薬師堂(県文化)に至る。1790(寛政２)年に，檀徒たちの寄進により建立されたもので，本堂には，薬師如来像をまつる厨子《ずし》が安置されているが，回廊と天井は未完成で，内部から斗《と》栱《きょう》(柱の上にあって軒を支える組み木)がみえるのが大きな特徴である。この本堂は，ここより北へ約1.5kmの米山《よねやま》の頂にある奥の院の祭殿として営まれたことから，御仮屋のよび名が残っている。

矢《や》祭山《まつりやま》 (102)

〈M►P. 82〉 東白川郡矢《や》祭《まつり》町《まち》関岡《せきおか》 P
JR水郡線矢祭山駅 ５分

西行もたたえた
奥久慈の名勝

水郡線東《ひがし》館《だて》駅の前を通る国道118号線を挟んで東に聳える丘陵には，戦国時代の佐竹氏にかかわる東館城跡がある。ここは東北と関東の接点で，この山城が重要視されたことが土塁や空堀《からぼり》にうかがわれる。また江戸時代，この東館は，関東と東北を結んだ常陸太田《ひたちおおた》街道の宿駅の１つであった。現在もこの街道は，国道349号線として，常陸太田を経て水戸へと通じている。

国道118号線と並行して走るJR水郡線で南に進み，矢祭山駅で降りると，福島県の最南端で，茨城県との境をなす矢祭山に至る。この奇岩に富む山は，麓を流れる久慈《くじ》川とともに雄大な景色をつくり，「東北の耶馬渓《やばけい》」とも称される。とくに５月は，自生する約５万本の山ツツジで，全山が紅色となる。

矢祭渓谷

矢祭の地名は，1051(永承《えいしょう》６)年に源義家《よしいえ》がこの景色を賞賛し，背負っていた弓矢を岩《がん》窟《くつ》に納めて，武運長《ぶうんちょう》久《きゅう》を祈ったことに由来する。また，西行《さいぎょう》は「心ある　人に見せばや　みちのくの　矢祭山の　秋のけしきを」と，徳川光圀《みつくに》は「見る人に　なにを語らん　みちのくの　矢祭山の　秋の夕暮れ」と詠んで，その美景を讃えた。現在は，それらの歌碑が立っている。

青葉城跡《あおばじょうあと》 ⑩③

〈M ► P. 82〉石川《いしかわ》郡浅川町城山《あさかわまちしろやま》 Ⓟ
JR水郡線磐城浅川駅🚶15分

城山を紅色に染める
伝統の地雷火の会場

磐城浅川駅から東へ約 1 kmの所に聳える標高407mの城山山頂に青葉城跡がある。戦国時代にこの地域を支配していた石川氏の一族である浅川氏の城があった所である。現在は，堀跡などをわずかに残すにすぎないが，城山公園として整備され，約300本のサクラが植えられている。

また，この公園は毎年 8 月16日に催される浅川花火大会の会場となっている。浅川花火は江戸時代中期に始まり，第二次世界大戦中も中断することなく続けられたもので，地雷火《じらいか》と称される仕掛け花火は，城山の山肌につぎつぎと花火が炸裂し，まるで火山が噴火したかのように扇形の火花が降りそそぐ。

この城山の南西約 2 kmの所に，吉田富三記念館《よしだとみぞうきねんかん》がある。吉田富三は，浅川町出身の癌《がん》研究の第一人者で，世界で初めてラットの肝臓癌の生成に成功した。また，「吉田肉腫《にくしゅ》」とよばれる腹水《ふくすい》癌細胞株を発見し，癌研究の基礎を築いた。この記念館には，吉田の生涯と癌研究にかかわる資料を展示している。

浅川駅から西へ約 3 kmの所にある小貫《おぬき》地区の貫秀寺《かんしゅうじ》(曹洞宗《そうとう》)の薬師堂には，入定《にゅうじょう》ミイラが保存されている。ミイラとなった僧の宥貞《ゆうじょう》は，伝染病の平癒《へいゆ》を祈願するために，生きたまま石棺《せっかん》に入ったという。

また，浅川町蓑輪《みのわ》，および棚倉町の福井《ふくい》・玉野《たまの》・一色《いっしき》の集落では，お枡明神《ますみょうじん》の枡送り行事(県民俗)とよばれる伝統行事が行われる。これは，4 地区で 4 年ごとの旧暦10月17日に，御仮殿を造って五穀豊穣を祈り，御神体である枡《ます》を遷座するものである。

石都々古和気神社《いわつつこわけじんじゃ》 ⑩④

0247-26-7534

〈M ► P. 82, 190〉石川郡石川町下泉《いしかわまちしもいずみ》296
JR水郡線磐城石川《いわきいしかわ》駅🚶10分

磐城石川駅から500mほど東にある丘陵に，薬王寺《やくおうじ》(真言宗)があ

自由民権の母胎となった石川氏奉納の神社

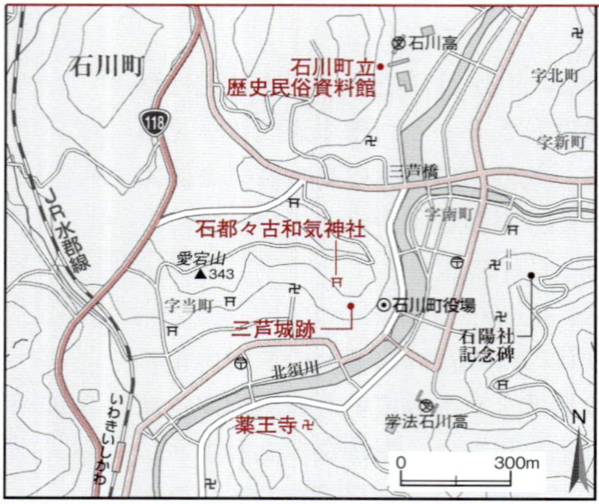

磐城石川駅周辺の史跡

る。福島県内には，徳一《とくいつ》が創建したと伝えられる寺院が多い。この薬王寺もその1つで，1357(延文《えんぶん》2)年に制作された日《にっ》光《こう》・月光《がっこう》菩薩《ぼさつ》像などがある。また，薬王寺の南側にある片倉《かたくら》温泉は，日本の代表的製糸会社であった片倉製糸の保養所であったものである。

町内を二分して流れる北須《きたす》川を挟んで，向かい側にある丘陵には，三芦《みよし》城《じょう》跡《あと》がある。ここは中世石川氏の城館跡で，主郭跡には石都々古和気神社が鎮座している。また神社は，1423(応永《おうえい》30)年に，城主の石川氏が奉納した銅製鰐口《わにぐち》(県文化)を所蔵している。

この石都々古和気神社の宮司であった吉田光一は，民権家として知られている。彼は1875(明治8)年に，当時，磐前《いわさき》県の石川区長であった河野広中らとともに，のちに石陽社《せきようしゃ》となる有志会議を結成し，関東・東北でいち早く自由民権運動ののろしをあげた。現在，そのことを顕彰する記念碑が，石川小学校近くの市街地を一望する石尊《いしたか》山《やま》公園内に立っている。

石川町立歴史民俗資料館《いしかわちょうりつれきしみんぞくしりょうかん》 ⑩⑤

0247-26-3768

〈M►P. 82, 190〉石川郡石川町字高田《たかだ》218 P

JR水郡線磐城石川駅 25分

鳥内遺跡出土品とペグマタイト鉱物を展示

磐城石川駅から北須川にそって1.3kmほど北東に進み，御斎所《ごさいしょ》街道とよばれる県道14号線を渡って200mほど進むと，左手の高台に高田ザクラ(県天然)とよばれる樹齢約500年のウスベニヒガンザクラがある。樹高約18m・幹径2m近くにもおよぶものである。

そして，このサクラの北方に石川町立歴史民俗資料館がある。薬王寺に伝わる鎌倉時代末期から南北朝時代にかけて開版された薬王寺の版木(県文化)や，石川地方の修験道《しゅげんどう》のあり方を示す大蔵院《だいぞういん》文書(県文化)が収蔵されているほか，町内の西部を流れる阿武隈川東岸

大壇古墳群

の新屋敷《あらやしき》地区で発掘された鳥《とり》内《うち》遺跡出土資料(県文化)や大《おお》壇《だん》古墳群，中野地区の悪戸《あくど》古墳群(ともに県史跡)などの出土品も収蔵・展示されている。鳥内遺跡は再葬墓の特色をもつとともに，東海地方で出土する水神平《すいじんぴら》式土器(全面に粗い条痕《じょうこん》があり，壺の口縁などに凸帯がみられる)が出土し，東北地方への弥生文化の伝播を知ることができる遺跡である。

また，石川町は，岐阜県苗木《なえき》や滋賀県田《た》ノ《な》上山《かみやま》と並ぶ，日本三大鉱物産地の１つである。資料館には，ペグマタイト(巨晶《きょしょう》花《か》崗岩《こうがん》)から産した球状花崗岩(県天然)など，さまざまな岩石が展示されている。

西光寺《さいこうじ》 ⑯

〈M ► P. 82〉石川郡古殿町《ふるどのまち》田口《たぐち》字久保田《くぼた》299
JR水郡線磐城石川駅🚌仁田《にだ》行田口山下《たぐちやました》🚶10分

仏師乗円作の阿弥陀如来像を安置

石川町から古殿町を経由して，いわき市に至る御斎所街道をいわき方面に進み，鎌田《かまた》地区の八幡宮下から，鮫《さめ》川に沿う国道349線を南へ行くと東白川郡鮫川村《さめがわむら》に至る。この村の中心地区である赤坂中《あかさかなか》野《の》には，村内の歴史や民俗に関する資料を展示した鮫川村歴史民俗資料館がある。また，同地区から約２km南西の富田《とみた》地区にある東《とう》光寺《こうじ》(真言宗)は，鎌倉時代中期の慶派《けいは》の特徴を示している木造薬師如来立像(県文化)を安置している。

八幡宮下より，御斎所街道をいわき市方面へ1.5kmほど進み，田口山下のバス停から北に入ると西光寺(臨済《りんざい》宗)がある。この阿弥陀堂(県文化)は，方３間の宝形造《ほうぎょうづくり》で，須《しゅ》弥壇《みだん》には玉冠をつけた木造阿弥陀如来坐像(県文化)が安置

西光寺阿弥陀堂

され，本堂には本尊の木造地蔵菩薩《じぞうぼさつ》坐像(県文化)が納められているが，ともに仏師の乗円《じょうえん》が，14世紀後半に制作したものである。

石川郡古殿町の中心部，竹貫《たかぬき》地区には，中世に石川氏の一族であった竹貫氏の居館跡である竹貫城跡がある。この城跡の東には竹貫氏の氏神をまつる古殿八幡宮があり，毎年10月第2日曜日の祭礼には流鏑馬《やぶさめ》と笠懸《かさがけ》が行われている。

東福寺《とうふくじ》 ⑩⑦

〈M ► P. 82〉石川郡玉川村《たまかわむら》大字南《みなみ》須釜《すがま》字久保宿《くぼじゅく》70
JR水郡線川辺沖《かわべおき》駅 徒歩 25分

弥勒浄土思想をあらわす鎌倉時代の石塔

川辺沖駅から国道118号線に出て1kmほど北方に川辺八幡神社がある。これは，1051(永承《えいしょう》6)年に，この地方を領した石川氏の始祖である源(石川)有光《ありみつ》が建立したもので，石川氏の氏神として崇敬されている。現在の本殿(県文化)は，江戸時代初期の特徴を示す一《いっ》間社流造《けんしゃながれづくり》で，境内にはさかさスギ(県天然)もある。また，国道を挟んだ西には，古墳時代後期の横穴式石室をもつ宮ノ前《みやのまえ》古墳(県史跡)がある。

川辺八幡神社から6kmほど東の南須釜には，須釜東福寺舎利石《しゃりせき》塔《とう》(国史跡)と秘仏の木造薬師如来立像(県文化)などを有する東福寺(真言宗)がある。この東福寺も，福島県内の多くの寺院と同様に，徳一《とくいつ》により開かれたという由緒をもつものである。境内にある石塔は，正面が扉造りで，周囲に弥勒浄土《みろくじょうど》四十九院の名が刻まれており，鎌倉時代の往生思想をあらわしている。また，この地区には，少女たちが，4月3日と8月14日に東福寺と新盆にあたる家々をまわって踊る南須釜の念仏踊が伝えられている。

須釜東福寺舎利石塔

川辺八幡神社から約5km北にある岩《がん》法寺《ぼうじ》地区には，五輪塔(国重文)がある。これは，高さ180cmほどの石造五輪塔で，1181(治承5)年，源有光の子石川基光のために造立したと刻銘されている。

Aizu 会津

若松城天守閣

磐梯山とソバ畑

①若松城跡
②福島県立博物館
③若松城周辺
④大町通り・七日町通り
⑤小田山
⑥御薬園
⑦天寧寺
⑧会津藩主松平家墓所
⑨飯盛山
⑩旧滝沢本陣
⑪会津大塚山古墳
⑫延命寺地蔵堂
⑬八葉寺阿弥陀堂
⑭猪苗代城跡
⑮土津神社
⑯野口英世記念館・会津民俗館
⑰天鏡閣
⑱慧日寺跡
⑲喜多方蔵の里
⑳熊野神社長床
㉑松野千光寺経塚跡
㉒願成寺
㉓示現寺
㉔勝福寺観音堂
㉕弾正ケ原
㉖中善寺
㉗北山薬師
㉘勝常寺
㉙亀ケ森古墳
㉚恵隆寺
㉛心清水八幡神社
㉜円蔵寺
㉝久保田三十三観音

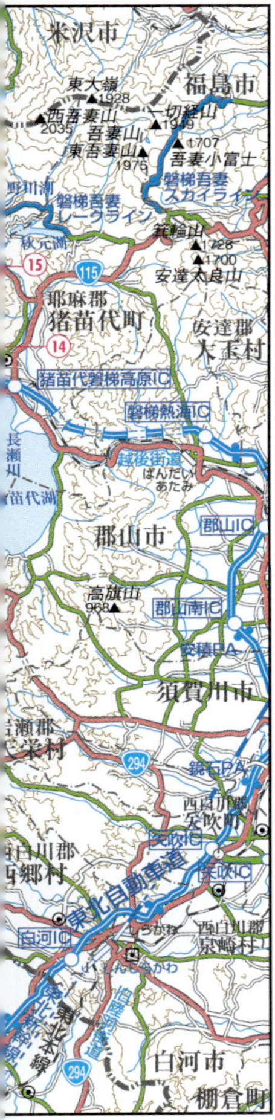

◎会津散歩モデルコース

会津若松市内コース　JR磐越西線・只見線(現在会津川口・只見駅間不通)会津若松駅10若松城跡7御薬園7会津武家屋敷10会津藩主松平家墓所10飯盛山5JR会津若松駅

磐梯山南麓コース　JR磐越西線猪苗代駅20猪苗代城跡10土津神社・磐椅神社20慧日寺跡20JR猪苗代駅

猪苗代湖北岸コース　JR磐越西線猪苗代駅10野口英世記念館・会津民俗館5天鏡閣5十六橋水門20JR猪苗代駅

喜多方市コース　磐越自動車道若松IC20熊野神社長床15願成寺10示現寺15勝福寺観音堂7中善寺15別府の一里塚3弾正ケ原15若松IC

湯川村・会津坂下町・柳津町コース　JR磐越西線・只見線会津若松駅15勝常寺10恵隆寺・心清水八幡神社10円蔵寺30久保田三十三観音30JR会津柳津駅

三島町・金山町・昭和村コース　磐越自動車道会津坂下IC25三島町生活工芸館25金山町歴史民俗資料展示室30からむし織の里70会津坂下IC

只見町コース　磐越自動車道会津坂下IC70河井継之助記念館15田子倉ダム30会津只見考古館7成法寺40会津鉄道会津田島駅

会津美里町コース　JR磐越西線・只見線会津若松駅20向羽黒山城跡15冨岡観音10伊佐須美神社5龍興寺10法用寺10中田観音10田子薬師堂25JR会津若松駅

飯豊山南麓と阿賀川のほとりコース　JR磐越西線山都駅10そば資料館10一ノ戸川鉄橋20旧一戸村制札場45塩坪遺跡45如法寺10大山祇神社35円満寺観音堂15JR磐越西線野沢駅

古民家集落コース　会津鉄道湯野上温泉駅10大内宿10湯

㉞三島町生活工芸館
㉟金山町歴史民俗資料展示室
㊱からむし工芸博物館
㊲河井継之助記念館
㊳旧五十嵐家住宅
㊴田子倉ダム
㊵会津只見考古館
㊶成法寺
㊷向羽黒山城跡
㊸会津本郷焼資料展示室
㊹龍興寺
㊺伊佐須美神社
㊻冨岡観音
㊼法用寺
㊽中田観音
㊾田子薬師堂
㊿そば資料館
51一ノ戸川鉄橋
52旧一戸村制札場
53塩坪遺跡
54如法寺
55大山祇神社
56円満寺観音堂
57大内宿
58鴫山城跡
59田出宇賀神社・熊野神社
60奥会津地方歴史民俗資料館
61奥会津南郷民俗館
62久川城跡
63檜枝岐の舞台

野上温泉駅 50 会津鉄道会津高原駅 25 前沢曲家集落 25 会津鉄道会津高原駅

会津田島コース　会津鉄道会津田島駅 5 田出宇賀神社・熊野神社・会津田島祇園会館 15 鳴山城跡・旧南会津郡役所・南山義民碑 10 会津田島駅 10 会津鉄道会津山村道場駅 15 奥会津地方歴史民俗資料館 15 会津山村道場駅

南郷・伊南・檜枝岐コース　会津鉄道会津田島駅 50 奥会津南郷民俗館 30 久川城跡 20 大桃の舞台 15 檜枝岐の舞台 70 会津田島駅

大内宿の町並み—— P. 263

七日堂裸参り—— P. 240

檜枝岐歌舞伎—— P. 270

杉山集落の蔵—— P. 225

若松城天守閣—— P. 199

勝常寺木造薬師如来及両脇侍像—— P. 236

龍興寺一字蓮台法華経—— P. 250

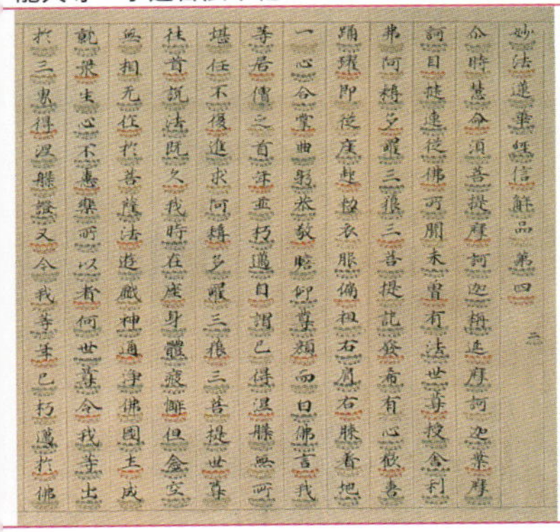

妙法蓮華經信解品第四
爾時慧命須菩提摩訶迦旃延摩訶迦葉摩
訶目揵連從佛所聞未曾有法世尊授舍利
弗阿耨多羅三藐三菩提記發希有心歡喜
踊躍即從座起整衣服偏袒右肩右膝著地
一心合掌曲躬恭敬瞻仰尊顏而白佛言我
等居僧之首年並朽邁自謂已得涅槃無所
堪任不復進求阿耨多羅三藐三菩提世尊
往昔說法既久我時在座身體疲懈但念空
無相无作於菩薩法遊戲神通淨佛國土成
就眾生心不喜樂所以者何世尊令我等出
於三界得涅槃證又今我等年已朽邁於佛

会津大塚山古墳出土三角縁神獣鏡—— P. 212

1 城下町会津若松市とその周辺

会津藩23万石の城下町会津若松市。若松城跡や飯盛山など戊辰戦争関連の史跡が多い。漆器・酒造など伝統産業も息づく。

若松城跡《わかまつじょうあと》 ❶

0242-27-4005
(会津若松市観光公社)

通称「鶴ヶ城」
戊辰の籠城戦に耐えた名城

〈M ► P. 194, 200〉 会津若松《あいづわかまつ》市追手町《おうてまち》1-1 Ⓟ
JR磐越西《ばんえつさい》線・只見《ただみ》線会津若松駅🚌まちなか周遊バスハイカラさん・飯盛山鶴ヶ城《いいもりやまつるがじょう》線鶴ヶ城北口🚶1分，または🚌米《よね》代《だい》バスセンター方面行鶴ヶ城西口🚶3分，レンタサイクル：鶴ヶ城ステーション

会津若松駅から南へ約2.5km，市街地南部にある若松城跡(鶴ヶ城跡，国史跡)は，東山《ひがしやま》から会津盆地へ流れ出る湯《ゆ》川によって形成された扇状地上に立地している。

蘆名《あしな》氏のうち，初めて鎌倉から会津に来て直接支配を行ったという蘆名直盛《なおもり》が，1384(至徳《しとく》元)年にこの地に城を築き，鶴城《かくじょう》と名付けたと伝える(『新編会津風土記』)。しかし，それ以前から東側の小《お》田垣《だがき》方面に館(小高木館《おだがきのたて》)が存在していたという。

1590(天正《てんしょう》18)年，会津の領主となった蒲生氏郷《がもううじさと》は，1592(天正20)年から2年がかりで城の大改修工事を行い，7層の天守閣《てんしゅかく》を設け，本格的な城郭を築いた。鶴ヶ城の呼称は氏郷の幼名鶴千代《つるちよ》にちなむものと考えられている。

一時，会津を領した上杉景勝《うえすぎかげかつ》は，市街地西方阿賀《あが》川のほとり神指《こうざし》に新城の築造を始めるが，関ヶ原の戦いで西軍石田三成《いしだみつなり》方が敗れ，頓挫した。現在は神指城跡《こうざしじょうあと》として，如来堂《にょらいどう》集落北側に本丸跡が，高瀬本田《たかせほんでん》集落の南に二の丸土塁《どるい》跡が残り，土塁跡には高瀬のケヤキ(国天然)が立っている。

若松城天守台石垣

その後，再び蒲生氏の支配を経て加藤《かとう》嘉明《よしあき》が入部《にゅうぶ》，その子明成《あきなり》が慶長《けいちょう》の大地震(1611年)で傾い

若松城廊下橋

ていた若松城天守閣を５層に改め，また，北出丸《でまる》・西出丸を拡張して大手門《おおてもん》を東側の三の丸から北出丸に移すという改修を1639(寛永《かんえい》16)年から行い，現在の姿になった。1643年，徳川３代将軍家光《いえみつ》の異母弟保科正《ほしなまさ》之《ゆき》が会津23万石の藩主となった。保科氏は1696(元禄《げんろく》９)年から松《まつ》平《だいら》姓を名乗り，若松城は1868(明治元)年まで松平氏の居城となった。

1868年の戊辰《ぼしん》戦争では，薩摩《さつま》・長州《ちょうしゅう》・土佐《とさ》藩などを相手に5000人の老若男女が１カ月間籠城《ろうじょう》したが，ついに降伏，開城した。

1874(明治７)年，陸軍省の命令で天守閣は解体され，1909年，若松に陸軍歩兵第65連隊がおかれると，三の丸跡地は練兵場となった。第二次世界大戦後は，一時，本丸跡が競輪場として利用されるなどしたが，その後，1965(昭和40)年にコンクリート造りの天守閣が造られた。天守閣は現在，鶴ヶ城博物館として利用され，近世の若松城と城下町，会津藩を中心に会津地方の封建時代の歴史がたどれるようになっている。また，2001(平成13)年には南走長屋《みなみばしりながや》と干飯《ほしいい》櫓《やぐら》が伝統工法によって復元されている。また，天守台石垣内にはかつての塩蔵が再現されている。天守閣の最上層からは市街を展望でき，観光会津のシンボルとして親しまれている。

蘆名氏時代の遺構は明らかでないが，本丸・北出丸・西出丸・二の丸などの土塁・石垣や堀には，蒲生氏郷や加藤明成による修築の足跡をたどることができる。本丸の東南には，千利休《せんのりきゅう》の子少庵《しょうあん》の作という茶室麟閣《りんかく》(県文化)がある。明治維新後に市内の森川家に移されていたが，1990(平成２)年に，もとあったこの場所に戻され，復元された。

本丸の南東隅，麟閣の南側，月見櫓《つきみやぐら》跡の下には，詩人土井晩翠《どいばんすい》の「荒城の月」(若松城が詩の構想のヒントになったといわれる)の詩碑がある。

会津若松市内は路線バスのほか，まちなか周遊バス「ハイカラさ

会津若松市中心部の史跡

ん」やレンタサイクルでの移動が便利である。レンタサイクルは鶴ヶ城・飯盛山・御薬園・大町にステーションがあり，どこで返却してもよいので便利である。

福島県立博物館《ふくしまけんりつはくぶつかん》 ❷

0242-28-6000

〈M►P. 194, 200〉会津若松市城東町《じょうとうまち》1-25 P
JR磐越西線・只見線会津若松駅🚌まちなか周遊バスハイカラさん鶴ヶ城三の丸口🚶1分，または🚌飯盛山鶴ヶ城線県立博物館🚶4分

福島の歴史・文化を学ぶ
貴重な文化財を間近にみる

若松城跡東の旧三の丸跡地には，福島県立博物館がある。原始から近・現代までの通史と「自然と人間」からなる総合展示と，民俗・自然・考古・歴史美術の各部門展示によって，福島県を紹介している。

戊辰戦争と会津

コラム

会津の歴史を変えた藩主の京都守護職就任

幕末の困難な政局が続く1862(文久《ぶんきゅう》2)年，会津《あいづ》藩松平《まつだいら》家9代藩主容保《かたもり》は京都守護職《しゅごしょく》に任命される。藩内にはこれを辞退せよとする反対論もあり，容保自身も当初固辞していたが，結局，初代藩主保科正之《ほしなまさゆき》が残した家訓《かきん》十五箇条の第一条「大君の儀，一心大切に忠勤を存すべく……若し二心を懐かば，即ち我が子孫にあらず」に従って受け入れたという。

容保は藩士約800名とともに京に駐在し，武力を背景に公武合体《こうぶがったい》のため奔走《ほんそう》した。八月十八日の政変(1863年)では，薩摩《さつま》藩と提携して長州《ちょうしゅう》藩など尊王攘夷《そんのうじょうい》派を追放した。この際，容保が孝明《こうめい》天皇から与えられた御宸翰《ごしんかん》(直筆の書状)・御製《ぎょせい》(和歌)には天皇の厚い信任が示されている。また，新撰組《しんせんぐみ》を配下におき尊攘過激派の取締りなど京都の治安にあたった。

1868(慶応《けいおう》4)年1月，鳥羽《とば》・伏見《ふしみ》の戦いで敗れた徳川慶喜《とくがわよしのぶ》は，容保らを伴い早々に江戸に戻り，恭順の意を示して蟄居謹慎《ちっきょきんしん》した。4月には江戸城が無血開城され，会津藩も恭順の意を示そうとするが，武力倒幕に固執する新政府はそれを受け入れず，仙台藩などに会津藩追討を命じた。東北諸藩の多くは会津藩に同情的で，まもなく会津藩を中心に越後(現，新潟県)長岡藩なども加わり，奥羽越列藩《おううえつれっぱん》同盟が結ばれ，新政府軍に対抗した。

新政府軍は越後・日光《にっこう》・白河《しらかわ》・平潟《ひらかた》の各方面から進攻，県内の平《たいら》藩・中村藩・三春《みはる》藩などはつぎつぎと降伏，二本松《にほんまつ》藩も激しい戦闘の末に降伏した。猪苗代《いなわしろ》方面を破った新政府軍は8月には若松《わかまつ》城下に侵入し，このとき家老西郷《さいごう》頼母《たのも》一族婦女子の自害や，武家屋敷の火災を落城と取り違えて自刃した白虎隊《びゃっこたい》などの悲劇がおこった。戦いは1カ月の籠城戦《ろうじょうせん》となり，9月22日に会津藩は降伏した。この直後，戦争で大きな被害を受けた会津地方ではヤーヤー一揆とよばれる世直し一揆がおこった。

戦後，容保の嗣子容大《かたはる》による藩の再興が認められ斗南《となみ》藩3万石が与えられると，旧会津藩士とその家族のうち約1万7000名が斗南(下北半島と青森県東南部)へ移住した。

原始・古代では，県内最古級の桑折町平林《こおりまちひらばやし》遺跡出土石器(後期旧石器時代)，新地町三貫地《しんちまちさんがんじ》貝塚の人骨・犬骨出土状況実物大模型(縄文時代晩期)，会津若松市墓料《ぼりょう》遺跡の再葬墓出土状況復元(弥生時代)，東北地方唯一で最北のものである仿製三角縁神獣鏡《ぼうせいさんかくぶちしんじゅうきょう》を含む会津若松市**会津大塚山《おおつかやま》古墳出土品**(古墳時代前期，国重文)，泉崎《いずみざき》村原山《むらはらやま》1号墳出土埴輪(古墳時代中期，県文化)，全国的にも珍しい

福島県立博物館

装飾品である南相《みなみそう》馬《ま》市真野《まの》20号墳出土の金銅製双魚佩金具《こんどうせいそうぎょはいかなぐ》(古墳時代後期，県文化)，湯川村《ゆがわむら》勝《しょう》常寺《じょうじ》の木造薬師如《やくしにょ》来《らい》坐像(国宝)の複製などが目を引く。

中世では武士の生活・信仰にかかわって，馬場都々古別《ばばつつこわけ》神社(棚《たな》倉町《ぐらまち》)に伝わる残欠から復元製作された赤糸威大鎧《あかいとおどしおおよろい》，八槻《やつき》都々古別神社(棚倉町)の御正体《みしょうたい》である銅造十一面観音菩薩《かんのんぼさつ》立像懸仏《かけぼとけ》(県文化)・「応永《おうえい》十八(1411)年」銘の銅鉢(国重文)，籾山《もみやま》遺跡(須賀川《すかがわ》市)出土の板碑群などがある。

近世では，四季農耕図屛風や農具，さまざまな商店の看板，会津田島祇園祭西屋台《たじまぎおんまつりにしやたい》(復元製作)など，人びとの生活・生産・信仰にかかわる資料が多い。

近・現代では，戊辰戦争や自由民権運動，明治時代以降に福島県の主要産業に成長した製糸・絹織物業などの諸産業，木炭バスなど十五年戦争下の生活に関する資料などが展示されている。

また，部門展示では，民俗は「ふくしまの子供の世界」，考古は「容器と利器の変遷」といったテーマを設けている。自然の「県土の形成」では，県内で発見されたフタバスズキリュウ(広野町《ひろのまち》)の全身骨格模型，大型哺乳《ほにゅう》動物パレオパラドキシア(伊達市梁川町《やながわまち》)の全身骨格標本模型が子どもたちの人気を集める。また，体験学習室では，昔のおもちゃで遊んだり，時代衣装を身に付けたりすることができる。

若松城周辺《わかまつじょうしゅうへん》 ❸

〈M►P. 194, 200〉会津若松市追手町・花春町《はなはるまち》・栄町《さかえまち》ほか
JR磐越西線・只見線会津若松駅まちなか周遊バスハイカラさん・飯盛山鶴ヶ城線鶴ヶ城北口 1分(北出丸交差点)，または米代バスセンター方面行神明《しんめい》通り 2分(興徳寺)レンタサイクル：鶴ヶ城ステーション

現在，官庁や学校などが集中している若松城の周辺には，かつて

旧郭内武家屋敷跡
城下町の基礎をつくった蒲生氏郷の墓

甲賀町口門跡

外堀と土塁によって郭外と隔てられた郭内武家屋敷があった。しかし，戊辰戦争で焼失し，その後の復興の過程で町割さえかわってしまった所も多い。

若松城大手門(追手門)口から北出丸交差点に出る。東西に走る通り沿いは家老《かろう》などの屋敷が立ち並んでいた所で，交差点に面した西郷頼母《さいごうたのも》邸跡には石碑があり，内藤介右衛門《ないとうすけえもん》邸の白《はく》露庭《ろてい》が，現在，裁判所敷地内に残っている。交差点から東へ約1km，若松小田垣《おだがき》郵便局前の交差点を左折して150mほど行くと，天寧寺町《てんねいじまち》土塁(国史跡)がある。当時を偲《しの》ぶことができる数少ない遺構である。

また，北出丸交差点から北出丸大通り(甲賀町《こうがまち》通り)を北へ600mほど行った市街地中心部に，甲賀町口門跡(国史跡)がある。16カ所あった郭内から郭外へ通じる郭門のなかでも，もっとも厳重な門で，唯一石垣遺構を残している(西側のみで東側は残っていない)。

現在，市街地の中心部を貫いている神明通り東裏のビルの谷間に興徳寺《こうとくじ》(臨済《りんざい》宗)がある。近世に郭内(北隅)におかれた唯一の寺院で，かつては神明通り辺りまで寺地が広がっていた。1287(弘安《こうあん》10)年，蘆名泰盛《やすもり》が建立したと伝える古刹で，1417(応永《おうえい》24)年には関東十刹《じっさつ》に列せられた。

1590(天正18)年，小田原《おだわら》攻めを終え，天下を統一して会津に入った豊臣秀吉《とよとみひでよし》は，この興徳寺で奥羽仕置《おううしおき》(東北地方の大名の再配置)を行った。境内には秀吉により会津に封ぜられた蒲生氏郷の墓(五輪塔)があり，遺髪が納められているという。なお，「館《たて》の薬師様」として親しまれている市内館脇町《たてわきまち》の弘真院《こうしんいん》(真言《しんごん》宗)の境内に，氏郷の子秀行《ひでゆき》を葬った蒲生秀行廟(県文化)がある。江戸時代初期のもので，切石積《きりいしづみ》の基壇，入母屋《いりもや》造《づくり》・茅葺《かやぶ》き屋根の方3間の廟屋《びょうおく》である。廟屋内には五輪塔がまつられている。

北出丸交差点から西へ約800m，竹田綜合病院前交差点北西側のビル裏手に諏方《すわ》神社(祭神武御名方命《たけみなかたのみこと》)がある。この神社が郭内の北西隅であった。当社は，蘆名氏によって勧請《かんじょう》されたという「永《えい》仁《にん》二(1294)年」銘のある鉄製注連《しめ》(県文化)が伝来している。室町時代や戦国時代には，蘆名氏の勢力拡大にともない，会津の総鎮守《ちんじゅ》的な地位についた。近世に入ると，蒲生氏が100石の社領を寄進《きしん》し，以後，歴代の会津藩主もこれに倣《なら》った。境内の灯籠《とうろう》には，院内御廟にみられるような亀石《かめいし》を台座にしているものもみられる。

国道121号線を挟んで若松城跡の西側に，会津藩校日新館跡《にっしんかんあと》がある。家老田中玄宰《かろうたなかはるなか》は，1787(天明《てんめい》7)年，会津藩松平《まつだいら》家5代藩主容《かた》頌《のぶ》へ教育改革を含む藩政改革を建議。以後，藩校の整備・改革が進められ，1799(寛政《かんせい》11)年には新しい校舎の造営がこの場所で始められ，「日新館」と名付けられた。東西約220m・南北約110mの敷地に孔子《こうし》らをまつる泮宮《はんきゅう》や水練《すいれん》に使う池などがあった。現在，当時の遺構として残るのは，謹教《きんきょう》小学校グランド東側の路地を挟んだ場所にある天文台《てんもんだい》跡のみである。

なお，会津若松市北部の河東町高塚山《かわひがしまちたかつかやま》に，会津藩校日新館が復元・公開されている。

大町通《おおまちどお》りと七日町通《なぬかまちどお》り ④

〈M►P. 194, 200〉会津若松市大町《おおまち》・七日町《なのかまち》ほか

JR磐越西線・只見線会津若松駅🚶12分(大町四つ角)，レンタサイクル：大町ステーション(会津町方伝承館《あいづまちかたでんしょうかん》)

西軍墓地

市街地北端にある会津若松駅前から南に延びる大町通りには，漆器《しっき》店など古くからの商店が立ち並び，また幾つかの寺院が目に入る。寺院の多くは文禄《ぶんろく》年間(1592～96)，蒲生氏郷による城下町整備

御三階

の際に現在地に移されたものである。

会津町方伝承館前の参道を入った融通寺《ゆづうじ》（浄土《じょうど》宗）も，かつては融通寺町（現在の本《ほん》町《まち》）にあった。氏郷の子秀行のとき，後陽《ごよう》成《ぜい》天皇から扁額《へんがく》と宸翰《しんかん》の和歌を賜り勅願《ちょくがん》寺《じ》となった。木造扁額「融通寺」（県文化）が残されている。融通寺には，戊辰戦争の際に新政府（西）軍の本陣《ほんじん》がおかれた。南側の東明《とうみょう》幼稚園との間には西軍墓地があり，薩摩・長州・土佐・肥前《ひぜん》・大垣《おおがき》など各藩の戦死者が葬られている。

大町通りをさらに南へ進むと大町四つ角に至る。ここは江戸時代以来，諸街道の起点になっている所で，東北隅に道路元標《どうろげんぴょう》がある。元標のある四つ角北東の建物は旧郡山商業銀行若松支店だが，この近辺には蔵造りの商店などとともに古い洋風建築がみられる。四つ角をそのまま南へ進むと，野口英世《のぐちひでよ》の火傷の手術を行った渡部鼎《わたなべかなえ》医師が開業した会陽《かいよう》医《い》院《いん》跡《あと》があり，英世が書生としてすごしたという２階の部屋が，野口英世青春館として公開されている。また，その南西200mほどの所，県立葵《あおい》高校正門前には，英世も洗礼を受けた日本キリスト教団若松栄町《さかえまち》教会がある。大町四つ角を西へ折れると七日町通りで，越後《えちご》街道に沿って町並みが形成された所である。四つ角から50mほどで白木屋《しろきや》漆器店がある。店舗は1914（大正３）年に完成した土蔵《どぞう》造りの３階建て洋風建築で，店内には会津漆器の資料館も設けられている。

七日町通りをさらに西へ進むと，JR只見線七日町駅前に阿弥陀寺（浄土宗）がある。境内には，かつて若松城本丸書院庭園にあり（本丸に基壇が残る），戊辰戦争後に移築された御三階《おさんかい》がある。また，戊辰戦争で戦死した会津藩士の墓地や，新撰組《しんせんぐみ》隊士斎藤一《さいとうはじめ》（藤田五《ふじたご》郎《ろう》）の墓がある。阿弥陀寺の南方約300mの長命寺《ちょうめいじ》（浄土真《しん》宗）の辺りは，戊辰戦争の際，激戦が繰り広げられた所で，修復された築地《ついじ》塀《べい》にも当時の弾痕が再現されている。長命寺にも，会津藩士など東軍戦死者の墓がある。

小田山周辺《おだやましゅうへん》 ❺

〈M►P. 194, 200〉会津若松市花見ヶ丘《はなみがおか》・建福寺前《けんぷくじまえ》・門田《もんでん》町黒岩《まちくろいわ》
JR磐越西線・只見線会津若松駅🚌市内3・4コース小田橋🚶10分

小田橋バス停から東方へ200mほど行った所にある小田山は，戊辰戦争のとき，若松城を攻撃するために西軍が砲陣をしいた所である。若松城の南東1.2km，盆地東縁の山地に位置し，山頂には天明の飢饉(1782～87)後の藩政危機を乗り切るため改革を行った，会津藩家老田中玄宰《はるなか》の墓などがある。

小田山の北麓一帯は蘆名氏の墓地で，花見ヶ丘の住宅街に蘆名家廟所がある。五輪塔をいただく3基の塚があり，蘆名氏中興の祖とされる16代盛氏《もりうじ》，17代盛興《もりおき》，18代盛隆《もりたか》の墓とされる。

北側を流れる湯川を挟んだ所にある宗英寺《そうえいじ》(曹洞《そうとう》宗)は，9代盛政のとき，蘆名家の御影堂《みえいどう》として建立された。厨子《ずし》入木造蘆名盛氏坐像(国重文)がある(非公開，福島県立博物館にレプリカを展示)。

同じく花見ヶ丘の住宅街に小田山忠霊堂《おだやまちゅうれいどう》がある。会津若松におかれた陸軍歩兵第65連隊・第29連隊の戦没者などの遺骨・遺髪が安置されるかつての陸軍墓地である。歩兵連隊は，市立第二中学校付近におかれていた。現在も校庭西側の路地にレンガ造りの門柱が残っている。また，中学校東の県立会津総合病院はかつて陸軍病院であった。

善竜寺山門

小田山西麓の恵倫寺《えりんじ》(曹洞宗)は蒲生氏郷が父賢秀《かたひで》の菩提《ぼだい》を弔うために創建した寺である。会津の僧禄司《そうろくし》(曹洞宗の総本山)として大きな規模を誇ったが，戊辰戦争の兵火で焼失した。木造蒲生賢秀坐像があり，墓地には最上部に柴四朗《しばしろう》(東海散士《とうかいさんし》)・柴五郎(陸軍大将)ら柴家累代の墓もある。恵倫寺の南にある建福寺《けんぷくじ》(臨済宗)は，保科正之の転封に従って

この地に移ってきた。山際にある同寺の墓地には，戊辰戦争で活躍した長岡《ながおか》藩(現，新潟県)家老河井継之助《かわいつぐのすけ》の墓がある。

その南，善竜寺《ぜんりゅうじ》(曹洞宗)も正之に従って信州《しんしゅう》(現，長野県)高《たか》遠《とお》・山形・会津へと移った寺で，山門は1階部分が丸みのある白壁の楼門《ろうもん》で竜宮城《りゅうぐうじょう》を思わせる。戊辰戦争時の会津藩家老西郷頼母夫妻の墓などがある。境内には「奈与竹《なよたけ》の碑」があり，籠城している頼母の足手まといにならぬようにと一族とともに自決した妻千重子《ちえこ》の辞世「なよ竹の　風にまかする　身ながらも　たわまぬ節は　ありとこそきけ」という句碑もある。

寺の裏山一帯は保科正之が定めた大窪山《おおくぼやま》墓地で，藩士の葬地となった。善竜寺参道入口から200mほど青木団地への坂道をのぼり，最上部の棟を行き過ぎて左脇に山道を入るとすぐの所に碑と説明板があり，そこから小田山山頂まで墓地内を歩くことができる。無縁仏となって草間に埋もれた数多くの墓石がある。

御薬園《おやくえん》 ❻
0242-27-2472

〈M ► P. 194, 200〉 会津若松市花春町8-1 Ⓟ
JR磐越西線・只見線会津若松駅🚌東山《ひがしやま》行御薬園入口🚶3分，または🚌まちなか周遊バスハイカラさん御薬園🚶すぐ，レンタサイクル：御薬園ステーション

戊辰戦争の傷跡も残る国名勝の大名庭園

若松城の東1.3kmにある会津松平氏庭園(国名勝)は，御薬園として親しまれている。永享《えいきょう》年間(1429～41)，会津の領主蘆名盛久《もりひさ》は霊泉が湧くというこの地に別荘を建てた。

1643(寛永20)年，会津の領主となった保科正之は，ここを保養地とし，2代正経《まさつね》が各種の薬草を栽培させてから「御薬園」の名がおこった。元禄《げんろく》年間(1688～1704)，3代正《まさ》容《かた》は江戸から近江(現，滋賀県)出身の目黒浄定《じょうてい》を招き，遠州《えんしゅう》流によって回遊・舟遊《しゅうゆう》式の本格的な借景庭園として整備した。

御薬園

東の東山の峯，北西の飯《いい》

豊《で》連峰を借景とし，庭園の心字《しんじ》の池には数寄屋《すきや》造の楽寿亭《らくじゅてい》がある。御茶屋《おちゃや》御殿《ごてん》とともに元禄年間の整備で建てられたという。戊辰戦争では西軍負傷者の診療所にあてられたため，戦火を免れた。建物に当時の刀痕が数カ所残っている。

また，園内には鎌倉時代のものとされる石造三層塔(県文化)や「大永《たいえい》五(1525)年四月十三日」銘の石灯籠がある。

天寧寺《てんねいじ》と会津《あいづ》藩主《はんしゅ》松平《まつだいら》家《け》墓所《ぼしょ》 ⑦⑧

会津藩士の墓地がある天寧寺
国史跡の大名家墓所

〈M►P. 194, 200〉会津若松市東山町石山《ひがしやままちいしやま》字天寧208 Ⓟ／字墓山《はかやま》甲1731-1・2 Ⓟ(東山温泉駐車場内)
JR磐越西線・只見線会津若松駅🚌東山行・まちなか周遊バスハイカラさん奴郎ケ前《やろうがまえ》🚶3分／院内🚶10分

会津若松市内から東山温泉へ向かう山際に奴郎ケ前交差点があり，その先を左手山側にのぼって行くと天寧寺(曹洞宗)がある。1421(応永28)年，蘆名盛信《もりのぶ》により建立されたという同寺は，絹本墨画《けんぽんぼくが》著色寒山《ちゃくしょくかんざん》図・拾得《じっとく》図(2幅)，絹本著色達磨《だるま》図(いずれも県文化)などを伝える。裏山の墓地には，戊辰戦争で自刃《じじん》した会津藩家老萱野《かやの》権兵衛《ごんべえ》ら多くの会津藩士が葬られている。遊歩道を北へ，愛宕《あたご》神社方面に進んだ所には新撰組局長近藤《こんどう》勇《いさみ》の墓がある。

院内御廟の5代藩主の亀趺と碑石

奴郎ケ前交差点から東山温泉方面に300mほど進むと，西白河《にししらかわ》郡矢吹《やぶき》町《まち》から移築された旧中畑陣屋主屋《きゅうなかはたじんやおもや》(県文化)や復元した西郷頼母邸などがある会津武家屋敷がある。

そこからさらに200mほど東山温泉方面に行った院内集落内の道を左折する。突き当りの院内山一帯が会津藩主松平家墓所(国史跡)となっている。「御廟《ごびょう》」あるいは「院内御廟」とよばれているこの墓所は，会津藩松平家2代藩主保科正経から9代藩主松平容保《かたもり》までの歴代藩主，藩主の継室や子女らが葬られている。２代正経の墓は仏式だが，ほかの藩主の墓は神式でまつられ，それぞれ平場に設けられた拝所の脇には亀趺《きふ》(亀石)を台座にして事績を刻んだ碑石，１段高くなった墓域には名を記した表石《おもていし》，その奥の墳丘に墓石である鎮石《しずめいし》が配されている。深閑とした墓所には23万石の大名家墓所にふさわしい風格と荘厳さが漂う。なお，初代保科正之の墓所は，猪苗代町《いなわしろまち》の土津神社《はにつじんじゃ》にある。

東山温泉街から北側の羽黒山《はぐろさん》上に向かう長い階段(1205段)をのぼって行くと羽黒山《はぐろさん》湯上《ゆがみ》神社がある。もとは神仏習合で羽黒山東光寺《とうこうじ》と称し，修験道の拠点の１つだった。明治維新後の廃仏毀釈《はいぶつきしゃく》を経て今に至る。近在の元朝《がんちょう》詣りの名所として親しまれている。

飯盛山《いいもりやま》 ⑨

〈M►P. 194, 200〉会津若松市一箕町八幡《いっきまちやはた》字弁天下《べんてんした》 Ⓟ(市営駐車場)
JR磐越西線・只見線会津若松駅🚌飯盛山鶴ヶ城線飯盛山🚶3分，または🚌まちなか周遊バスハイカラさん飯盛山下🚶3分，レンタサイクル：飯盛山ステーション

会津若松駅から東へ約２km，白虎隊《びゃっこたい》自刃の地として知られる飯盛山は，近世には宗像《むなかた》神社(現在この地にある厳島《いつくしま》神社。明治時代初期に改称)を中心とする霊地であった。

飯盛山参道の階段をのぼると広場があり，左奥に白虎隊士の墓がある。自刃した十九士の墓の右には会津各地で戦死した隊士の墓もある。広場にはほかに，1928(昭和３)年にイタリア首相ムッソリーニから贈られた碑，駐日ドイツ大使館付武官寄贈の碑，佐原盛純《さわらもりずみ》作の白虎隊漢詩の碑など数多くの石碑が立っている。広場から南側に降りると，隊士として自害を図ったものの蘇生して白虎隊の悲劇を伝えることになった飯沼貞吉《いいぬまさだきち》の墓があり，さらに進むと自刃の地の記

白虎隊士の墓

さざえ堂

念碑がある。ここから南西方向に若松城を小さく望むことができるが，白虎隊は城下の炎上を城の落城と誤認したため自害したという。

広場のすぐ下のみやげ品店の脇から北側へ回ると宇賀神堂《うがじんどう》があり，十九士の像がまつられている。その先にある風変わりな堂が，さざえ堂の名で親しまれている旧正宗寺三匝堂《きゅうしょうそうじさんそうどう》(国重文)である。平面六角形の縦長のお堂で，内部は螺旋《らせん》状のスロープをのぼり詰めるとそのまま下りスロープとなり，同じ所を通らずに出口に至るという構造になっている。かつては堂内に三十三観音が配されていたが，明治時代初期の廃仏毀釈で廃された。

さざえ堂から北側にくだると厳島神社があり，その脇に戸ノ口堰《とのくちせき》洞穴《どうけつ》がある。猪苗代湖の水を若松城下に引くため，1835(天保《てんぽう》6)年に開削されたものである。自害した白虎隊士中二番隊の隊士は，猪苗代湖畔の戸ノ口原の戦いに参加した後，この洞穴を通って飯盛山の北側から東側に出た。

参道の途中，北側に白虎隊記念館，参道入口の北側に白虎隊伝承史学館があり，戊辰戦争に関する資料が陳列されている。また，飯盛山の北西約500mにある妙国寺《みょうこくじ》(日蓮《にちれん》宗)は，自刃した白虎隊士が最初に埋葬された所で，供養碑がある。

旧滝沢本陣《きゅうたきざわほんじん》 ⑩

0242-22-8525

〈M ► P. 194, 200〉 会津若松市一箕町八幡字滝沢《たきざわ》122 P
JR磐越西線・只見線会津若松駅 飯盛山鶴ヶ城線・金堀《かねほり》行滝沢 1分，または まちなか周遊バスハイカラさん飯盛山下 5分

国史跡の本陣跡

飯盛山の北麓を東西に走るのが白河《しらかわ》街道(滝沢街道)で，近世における主要な街道であった。

飯盛山の参道前を南北に通る飯盛街道との交差点から50mほど強《こわ》清水《しみず》方面に向かうと旧滝沢本陣横山《よこやま》家住宅(主屋・座敷，国史跡・

伝統工芸の体験

コラム

体

工芸体験で
会津の歴史を体感！

会津《あいづ》には，会津塗・会津絵蠟燭《えろうそく》など，さまざまな伝統工芸品がある。それらの多くは，会津藩の殖産興業政策の一環として藩の保護の下で製作され，なかには専売品として，領外への持ち出しに制限を加えられたものもあった。とりわけ会津塗は，藩から「御国産第一」の製品として専売の対象とされ，漆木の栽培や職人の育成などが組織的に行われた。また，漆木の実からは蠟が採取されたので，絵蠟燭の生産も盛んに行われた。

伝統工芸品を扱う店は，会津若《わか》松《まつ》市七日町通りや飯盛山《いいもりやま》周辺などに多い。会津塗をはじめ，徳一《とくいつ》にゆかりのある郷土玩具である赤べこ，また会津地方の縁起物として初市に並ぶ起上《おきあ》がり小法師《こぼし》，江戸時代初期から会津地方で親しまれている唐人凧《とうじんたこ》，そのほか絵蠟燭や蒔絵《まきえ》の絵付け体験ができる店もある。また，本郷焼で知られる会津美里町《みさとまち》でも，窯元で手びねりや絵付け体験ができる所がある。いずれも予約の必要な店が多いので，確認が必要である。

近年，各市町村が開設している観光施設・資料館などでも伝統工芸を体験できる所が多くなっている。

本州唯一のからむし生産地である昭和村《しょうわむら》の織姫《おりひめ》交流館ではからむし織を，南《みなみ》会津町《まち》の奥会津地方歴史民俗資料館では，絞り染めハンカチなどの藍《あい》染めや藁《わら》細工を，三島町《みしままち》生活工芸館では特産の会津桐を利用した木工体験ができる。只見町《ただみまち》には，廃校となった小学校の分校を改装し，キノコ料理などの食文化体験や農村体験もできる滞在型の体験学習施設「森林《もり》の分校・ふざわ」があり，藁《わら》細工や蔓《つる》細工などの伝統工芸体験ができる（いずれの館も予約が必要）。

赤べこ絵付け体験

国重文）がある。ここは若松城から約3kmの地点にあたり，滝沢組郷頭《ごうがしら》横山家の住宅に付設された座敷が，歴代会津藩主の参勤交代《さんきんこうたい》などの際に旅支度を整えるための休憩所として使用された。戊辰戦争の際には藩主松平容保の出陣により本営ともなり，座敷には当時の弾痕や刀傷が十数カ所も残っている。

滝沢街道は，旧滝沢本陣前からさらに東へ向かい，堂ヶ作《どうがさく》山に突き当ると北側に大きく迂回するが，迂回せずまっすぐ細い坂道を行

旧滝沢本陣横山家住宅

くのが旧道である。徒歩で5分ほど行くと石畳が残る峠道(旧滝沢峠)となる。自動車は通れない。新道と交差する金堀集落までは約2km。さらに山道に入り約2kmで強清水に至り，国道49号線に出る。

会津《あいづ》大塚山《おおつかやま》古墳《こふん》 ⑪

古墳時代前期の大型前方後円墳

〈M►P. 194, 200〉会津若松市一箕町八幡字北滝沢 🅿
JR磐越西線・只見線会津若松駅🚌松長《まつなが》団地行一箕公民館5分，または🚌一箕学校前経由高塚《たかつか》団地方面行大塚山入口🚶5分

国道49号線から千石《せんごく》バイパスを田島《たじま》方面へ向かうとまもなく飯盛街道との交差点となる。その北東の丘陵が大塚山で，山上に全長約114mの会津大塚山古墳(国史跡)がある。

1964(昭和39)年の発掘調査で，主体部から2基の割竹形木棺《わりたけがたもっかん》の痕跡が検出され，三角縁神獣鏡・三葉環頭大刀《さんようかんとうたち》・硬玉《こうぎょく》製勾玉《まがたま》など豊富な副葬品は会津大塚山古墳出土品として国の重要文化財となっている(福島県立博物館に展示)。とくに畿内を中心に出土する三角縁神獣鏡がみつかったことは，4世紀にすでに会津地方が大和《やまと》政権と強いつながりをもっていたことを物語る貴重な発見となった。

会津大塚山古墳

近年，飯盛山の山上に全長約60mの飯盛山古墳が，また，滝沢街道を挟んだ北側の山上に全長約84mの堂ヶ作山《どうがさくやま》古墳が確認された。北西約1kmに位置する会津大塚山古墳とともに，いずれも古墳時

代前期の4世紀に築造された大型の前方後円墳《ぜんぽうこうえんふん》で，一箕古墳群を構成するのではないかと考えられるようになった。

会津大塚山古墳の北東約500m，松長団地への道と一箕中学校への道が交差する辺りに村北瓦窯《むらきたがよう》(山口瓦窯)跡がある。会津地方唯一の古代の瓦窯跡で，雷文縁複弁四葉蓮華文《らいもんえんふくべんよんようれんげもん》の軒丸瓦《のきまるがわら》が出土している(福島県立博物館に展示)。近年，この窯《かま》で焼かれたと思われる瓦が，ここから北西4.5kmの所にある古代会津郡の郡衙《ぐんが》に比定される会津若松市河東町《かわひがしまち》郡山の郡山《こおりやま》遺跡から出土している。

なお，会津若松市街から国道118号線を10kmほど南下した同市大《おお》戸町《とまち》に，大戸古窯跡《こようせき》群がある。古代・中世に多くの窯が営まれ，南東北から北関東にかけて製品を供給していた。

延命寺地蔵堂《えんめいじじぞうどう》・八葉寺阿弥陀堂《はちようじあみだどう》 ⑫⑬

室町時代の「藤倉二階堂」
会津の高野山「冬木沢」

〈M►P. 194, 214〉会津若松市河東町倉橋《くらはし》字藤倉《ふじくら》甲160-2 P／会津若松市河東町広《こう》野《や》字権現塚《ごんげんづか》4 P

JR磐越西線・只見線会津若松駅熊倉《くまぐら》経由喜多方《きたかた》行藤倉 5分，または磐越自動車道会津若松IC 8分／熊倉経由喜多方行熊野堂 16分，または会津若松IC 15分

会津若松駅の北方約3km，藤倉集落の西端に延命寺(真言宗)がある。境内にある延命寺地蔵堂(国重文)は，方3間の主屋の四方に各6本(計20本)の円柱を建てて吹き放しの廂《ひさし》の間を設け，そこに裳階《もこし》が付く珍しい構造になっている。裳階が付いているために2階建てにみえるので藤倉二階堂とよばれている。内法長押《うちのりなげし》を用い，裳階の軒は平行垂木《たるき》だが，主屋の軒には扇《おうぎ》垂木を用い，粽《ちまき》付きの柱，頭貫《かしらぬき》と木鼻《きばな》，台輪《だいわ》，中備《なかそなえ》の詰組《つめぐみ》など，禅宗様の色彩が濃い。室町時代の建築と考えられている。

延命寺地蔵堂

藤倉集落の北東隅に鎌倉時代に築かれた藤倉館跡がある。堀・土塁が残り，中

八葉寺阿弥陀堂

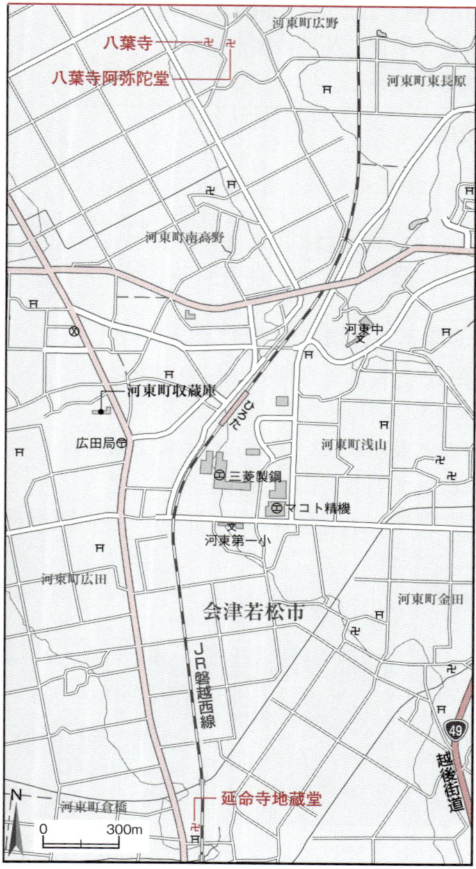

広田駅周辺の史跡

世城館の様子を今に伝えている。

藤倉の北約1.5km，広田の会津若松市河東公民館に隣接して河東町収蔵庫がある。かつて河東町稲荷原《とうかはら》で営まれていた火消《ひけし》壺《つぼ》・行火《あんか》などの石製品づくりに関する資料や，古代の会津郡に関連すると考えられる郡山遺跡などの出土品が展示され，河東公民館(TEL0242-75-2127)に受付すれば見学できる。

広田のさらに北方約2kmの冬木沢《ふゆきざわ》集落にある八葉寺(真言宗)は，964(康保《こうほ》元)年，空也《くうや》の創建と伝えられる古刹で，会津の高野山と称され，信仰を集めてきた。毎年8月初旬(現在は1～7日)の高野山参りには，この1年の間に家族に不幸があった人びとが訪れる。その際，死者の歯・爪・毛髪

湊町地区の板碑

コラム

石に刻まれた古文書
鎌倉時代の板碑の宝庫

会津若松《あいづわかまつ》市内の板碑《いたび》は14基が確認されているが，そのうちの12基は猪苗代湖《いなわしろこ》西岸に位置する湊町《みなとまち》地区に集中している。そのうち紀年銘があるものが11基を数える。もっとも古いのが「正応《しょうおう》元(1288)年」，新しいのが「観応《かんのう》元(1350)年」で，鎌倉時代が10基で室町時代は1基のみである。

主尊はキリーク(阿弥陀如来《あみだにょらい》)が7基，バン(金剛界大日《こんごうかいだいにち》如来)が2基，ア(胎蔵界《たいぞうかい》大日如来)が2基，アン(普賢《ふげん》菩薩)が1基である。

なお，大戸町上三寄《おおとまちかみみより》字南原《みなみはら》の「応永《おうえい》十四(1407)年」の板碑は，正面に阿弥陀三尊，左側面に年月日が刻まれている。このように2面を使用している板碑は珍しい。

湊町地区岩倉山の板碑

などを納める風習があり，室町時代に遡《さかのぼ》る八葉寺奉納小型納骨塔婆および納骨器(国民俗)が舎利殿《しゃりでん》に納められている(一部を福島県立博物館で展示)。

高野山参り期間中の8月5日に奉納される冬木沢の空也念仏踊《ねんぶつおどり》(県民俗)は，1922(大正11)年に東京神田の空也念仏講中の人びとが伝授したものである。

八葉寺阿弥陀堂(国重文)は，入母屋造・妻入りの三間堂で，軒の出が深く，反りの美しい茅葺き屋根が印象的である。建物は1589(天正17)年，伊達氏の侵攻の際に焼かれ，文禄年間(1592～96)に再建されたものという。

2 磐梯山南麓と猪苗代湖

磐梯山の麓から猪苗代湖に広がるこの地域は，古代・中世には慧日寺が栄え，明治時代には「医聖」野口英世を生んだ。

猪苗代氏の居城亀ヶ城

猪苗代城跡《いなわしろじょうあと》 ⑭

〈M►P. 195, 216〉耶麻《やま》郡猪苗代町《いなわしろまち》字古城跡《こじょうあと》7150-1 P
JR磐越西線猪苗代駅🚶20分

猪苗代駅から北へ約1.5km行くと猪苗代城跡（附《つけたり》鶴峰城跡，県文化）がある。この城は，江戸時代には一国一城の例外として幕末まで残されたまれな城で，若松《わかまつ》城が鶴ヶ城とよばれるのに対して亀ヶ城とも称された。規模は，南北250m・東西200m，標高562mで，現在でも石垣や土塁，深い空堀をみることができ，本丸跡も残されている。また，規模の大きな掘割を挟んで，1585（天正《てんしょう》13）年に猪苗代盛国《もりくに》が隠居した場所で，本城防備の備えとしても機能した鶴峰城の跡がある。

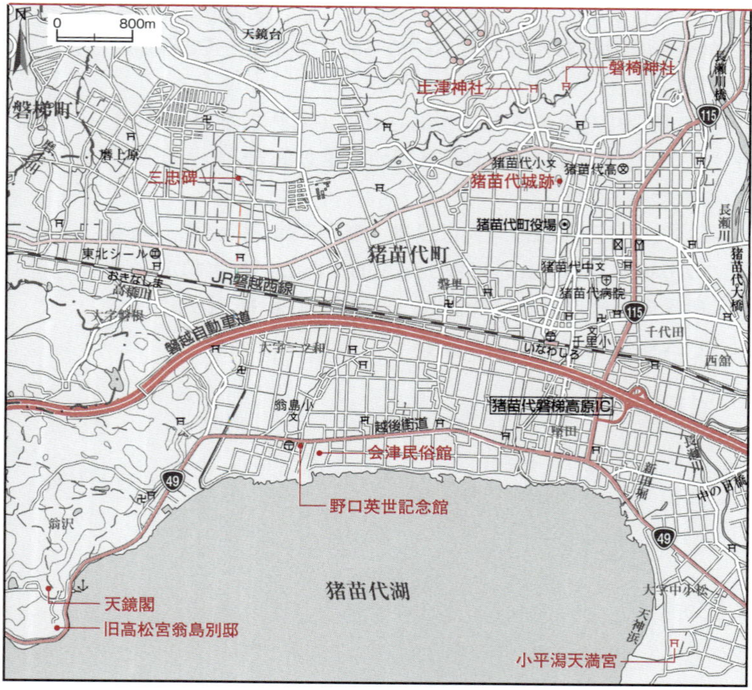

猪苗代町の史跡

猪苗代城跡

猪苗代城は，鎌倉時代から戦国時代にかけて猪苗代の領主であった猪苗代氏の祖経連《つねつら》が鎌倉時代初期に築いたとされている。猪苗代氏は戦国時代には，同族の蘆名《あしな》氏とたびたび争い，伊《だ》達《て》政宗《まさむね》侵攻のときには，盛国が伊達方と内応し，磨上原《すりあげはら》の戦い(1589〈天正17〉年)で，蘆名氏滅亡のきっかけをつくった。このとき，盛国は蘆名方についた子の盛《もり》胤《たね》から城を奪っている。盛国は伊達氏の仙台移封とともにこの地を去り，猪苗代氏は明治維新まで伊達家の家臣として代々仕えた。

江戸時代には，会津藩から城代がおかれた。猪苗代城代の第一の勤めは会津藩松平家初代藩主保科正之《ほしなまさゆき》をまつる土津《はにつ》神社を守ることであった。1868(明治元)年，戊辰《ぼしん》戦争で西軍が猪苗代東方の母成《ぼなり》峠を突破したことが知らされると，城代高橋権太夫《たかはしごんだゆう》は，城を焼き払い，土津神社にも火を放って若松城に退去した。

なお，ここから県道7号線を塩川方面に進み，県立猪苗代養護学校に入る道を右折して，約1km進んだ旧二本松街道沿いには，1850(嘉永《かえい》3)年に会津藩松平《まつだいら》家9代藩主容敬《かたたか》が建立した三忠碑《さんちゅうひ》が立っている。磨上原の戦いで敗れた蘆名勢の殿《しんがり》を務めて奮戦し，戦死した金上盛備《かながみもりはる》ら3人の武勲を称えたもので，唐《とう》の顔真卿《がんしんけい》の書跡を集めて刻んでいることに特徴がある。

土津神社《はにつじんじゃ》 ⑮

〈M ► P. 195, 216〉耶麻郡猪苗代町字見祢山《みねやま》1 P
JR磐越西線猪苗代駅 🚶30分

初代藩主保科正之をまつる国内最大級の墓碑

猪苗代城跡から北西約1kmの所に，会津藩松平家初代藩主保科正之がまつられた土津神社がある。

保科正之は，3代将軍徳川家光《いえみつ》の異母弟で，信濃《しなの》国高遠《たかとお》藩(現，長野県)3万石から出羽《でわ》国最上《もがみ》藩(現，山形県)20万石を経て，1643(寛永《かんえい》20)年に本領23万石，預かり地5万石の領主として会津に入《にゅう》部《ぶ》した。1651(慶安《けいあん》4)年に家光が亡くなると，後見《こうけん》役として幼少の4代将軍家綱《いえつな》を補佐し，明暦《めいれき》の大火(1657年)後の江戸を復興し，玉《たま》

土津霊神之碑

川上水《がわじょうすい》の導水に力をつくした。また，武断政治から文治政治への幕政の転換を図った。

藩政では，朱子《しゅし》学を山崎闇斎《やまざきあんさい》，神《しん》道《とう》を吉川惟足《よしかわこれたり》に学んで学問を奨励したほか，家訓《かきん》十五箇条を制定し，幕府への絶対的忠誠を示した。会津藩が幕末の動乱に巻き込まれるのは，この家訓によるものとの解釈もある。

正之が1672(寛文《かんぶん》12)年に亡くなると，遺言をもとに，土津霊神の称号を得た正之をまつる土津神社が造営された。その社殿は，日光東照宮《にっこうとうしょうぐう》にも匹敵する豪華なものであったといわれるが，戊辰戦争の際に焼失し，現在のものは1880(明治13)年に再建されたものである。神社奥の院に会津藩主松平家墓所(国史跡)があり，境内にある高さ７m余りの土津霊神之碑がひときわ目に付く。墓碑としては国内最大のものとされ，山崎闇斎の撰になる正之の来歴を記した碑文が1943の３寸四方の文字で刻まれている。碑の台石の亀石《かめいし》には，その精巧さから，最初南向きにおかれたが，眼下にみえる猪苗代湖の水が飲みたくなり，一夜のうちに這い出したので，北向きに直したとする伝説がある。なお，２代正経《まさつね》以降の歴代藩主の墓は，会津若松市東山町の松平家墓所にある。

磐椅神社

土津神社鳥居前から東に300mほど行った所には，『延喜《えんぎ》式《しき》』式内社《しきないしゃ》で，中世には猪苗代氏一族によって重んじられた磐椅《いわはし》神社(祭神大山《おおやま》祇神《つみのかみ》・埴山姫《はにやすひめ》神)がある。また，国道49号線を経由して郡《こおり》山《やま》方面に進み，標識を右折して小平潟《こひらがた》地区に入り約1kmの所に小平潟天満宮《てんまんぐう》がある。会津藩歴代藩主の信仰も篤く，九州大宰府《だざいふ》，京都北野《きたの》と並び三大天満宮に数えられ，受験期を中心に多くの参拝者が訪れる。境内を出てすぐの猪苗代湖天神浜《てんじんはま》は，長瀬《ながせ》川が湖に流れ込んで遠浅となっているので行楽客で賑わう。

野口英世記念館《のぐちひでよきねんかん》と会津民俗館《あいづみんぞくかん》 ⑯

0242-65-2319 / 0242-65-2600

〈M ► P. 194, 216〉 耶麻郡猪苗代町三《み》ッ和《わ》字前田《まえだ》81／字前田33-1 P
JR磐越西線猪苗代駅🚌会津若松行野口英世記念館前🚶3分

「千円札の顔」生誕地
「志を得ざれば再び此地を踏まず」

国道49号線を，国道115号線との交差点から2kmほど西へ行った猪苗代湖畔の三城潟《さんじょうがた》に野口英世記念館がある。記念館には，母シカがアメリカの英世に帰国を促した手紙や，英世が用いた実験器材・写真などが展示されている。築後200年を超えるとされる生家も屋根をかけて保存され，英世が1歳半のときに左手に火傷を負った囲炉裏《いろり》や，「志を得ざれば再び此地を踏まず」という上京の際の決意を刻んだ床柱《とこばしら》が残されている。

野口英世は，1876(明治9)年に当地で生まれた。火傷による障害や貧困の境遇にありながら，1896年に上京後，医術開業試験に合格した英世は，1898年に北里柴三郎《きたざとしばさぶろう》の伝染病研究所に入る。その後，渡米してロックフェラー医学研究所の助手となり，蛇毒や梅毒を研究した。1927(昭和2)年，黄熱病《おうねつびょう》研究のためにアフリカに渡り，翌年5月，ガーナのアクラで黄熱病に感染して51歳で没した。

英世の人生は，それを支えた母親の愛情とともに，逆境をはねのけた立志伝中の人物として生前から伝記がつくられ，小説や映画の題材としてもたびたび取り上げられている。2004(平成16)年秋からは，1000円札の肖像として採用され，さらに脚光を浴びることと

野口英世生家

なった。

記念館に隣接して会津民俗館があり，会津各地から収集した民具などを展示している。また，南会津郡南会津町小塩《こしお》から中層農民民家の旧馬場家《ばばけ》住宅(国重文)が，大沼《おおぬま》郡金山町玉梨《かねやままちたまなし》から名主《なぬし》階級民家の旧佐々木家《ささきけ》住宅(県重文)が移築されている。旧馬場家住宅は，18世紀前半の建造とされ，突き出した「曲り」が浅いことから，馬屋中門造《ちゅうもんづくり》の発生の頃の構造と考えられている。そのほか，会津藩が保護育成に努めた製蠟《せいろう》技術と，243点の製蠟用具が，会津の製蠟用具及び蠟釜屋《ろうかまや》(国民俗)として保存されている。会津の仕事着コレクション(県民俗)や会津地方の寝具コレクション(県民俗)など，庶民の生活文化を考えるうえで貴重な資料も収蔵・展示されている。

天鏡閣《てんきょうかく》 ⑰

0242-65-2811

〈M►P. 194, 216〉耶麻郡猪苗代町大字翁沢《おきなざわ》字御殿山《ごてんやま》1048-14
P
JR磐越西線猪苗代駅🚌会津若松行長浜《ながはま》🚶5分

ルネサンス風洋風建築
昭和天皇、新婚旅行に

長浜バス停で降りて西方，猪苗代湖の遊覧船が発着する長浜の喧騒を横目に坂道を約400mのぼり，レンガ造りの表門を入ると，ルネサンス風の洋風建築がみえてくる。竣工直後に来遊した，時の皇太子嘉仁親王《よしひとしんのう》(のちの大正天皇)が，李白《りはく》の「明湖落天鏡」から命名した天鏡閣(国重文)である。

天鏡閣は，1908(明治41)年，有栖川宮威仁《ありすがわのみやたけひと》親王の別邸として建造され，のちに高松宮家《たかまつのみやけ》へ継承され，その後，1952(昭和27)年に福島県に下賜され，1982(昭和57)年に修復工事が完成した。

天鏡閣

1908年に嘉仁親王，1909年に韓国皇太子および伊藤博文《いとうひろぶみ》を迎えているほか，1924(大正13)年には，皇太子裕仁《ひろひと》親王(のちの昭和天皇)が，皇太子妃を伴って成婚後初の旅行地として，約1カ月滞在してい

十六橋水門

る。

２階建て・天然スレート葺《ぶ》きの八角塔屋付の明治時代末期における本格的木造洋風建築で，外観は変化に富む。１階に食堂・客間・撞球《どうきゅう》（ビリヤード）室，２階に客室・居間・寝室などを備えている。天鏡閣の名にふさわしく，館内には７面の鏡と，アール・ヌーボーの大理石のマントルピース（暖炉）が26個ある。調度品も復元・展示され，豪華なシャンデリアや絨毯など，意匠をこらした各部屋の様子は，明治時代後期における皇族別邸のありさまを知ることができる。本館の北には従業員の宿舎として同時期に建てられた別館もある。表門はレンガ造りの柱門で，両袖付きの鉄柵扉がある。

そのほか，敷地内には，1984（昭和59）年に移設・再建された有栖川宮威仁親王銅像や昭和天皇御製碑がある。また，南方300mには，1922（大正11）年に，高松宮宣仁《のぶひと》親王が，有栖川宮威仁親王妃の静養のために建てた旧高松宮翁島《おきなじま》別邸（福島県迎賓館《げいひんかん》，国重文）がある。木造平屋建てで，江戸時代の上層貴族や武士住宅の様子を今に伝えている。1952（昭和27）年に福島県に下賜された。現在は修復を終え，期日を限って公開している。

天鏡閣から，西方へ，山間の道をぬけて約２km進むと，戊辰戦争で若松城下防衛の生命線とされた十六橋《じゅうろくきょう》をめぐる攻防戦が行われた戸ノ口原がある。この地にはまた，明治時代の一大国家プロジェクトであった安積疏水《あさかそすい》に引水するために猪苗代湖の水位を調整した，十六橋水門がある。水門脇には，疏水の設計にかかわったオランダ人長工使（技師長）ファン＝ドールンの銅像が立っている。

慧日寺跡《えにちじあと》 ⑱

0242-73-3000（磐梯山慧日寺資料館）

〈M►P. 194〉 耶麻郡磐梯町《ばんだいまち》磐梯字堂東5030-1 P

JR磐越西線磐梯町駅 徒歩15分

磐梯町駅を北西に約１km行き，県道７号線を渡ると，その突き当りが慧日寺跡（国史跡）である。この寺の辺りは大寺《おおでら》という地名で，

3800寺坊を有した大寺院
徳一、最澄との執念の論争

二本松《にほんまつ》と会津若松を結ぶ街道沿いの会津盆地への入口にあたる。この地に，法相《ほっそう》宗の僧徳一《とくいつ》が9世紀初め頃，慧日寺を建立した。平安時代後期には，子院3800坊，寺僧・僧兵数千を擁し，会津4郡にその支配がおよんだとされる。

徳一は，藤原仲麻呂《ふじわらのなかまろ》(恵美押勝《えみのおしかつ》)の子ともいわれ，奈良仏教の腐敗をきらい，常陸《ひたち》国筑波《つくば》山中禅寺《さんちゅうぜんじ》を経て会津に入り，本寺のほか，勝常寺《しょうじょうじ》(河沼《かわぬま》郡湯川村《ゆがわむら》)・円蔵寺《えんぞうじ》(同郡柳津町《やないづまち》)など多くの寺院を建立し，仏都としての会津の地位を高めた。

徳一は，会津の地において，「真言宗未決文」を著して空海《くうかい》に真言宗の教理について11カ条の疑問を提示したほか，最澄《さいちょう》に対しては，法相教学の立場から天台《てんだい》教学の最澄の思想を批判した。このとき，空海からの反論の有無は明らかではないが，最澄との間には，三一権実《さんいつごんじつ》論争とよばれる大論争を，817(弘仁《こうにん》8)年から5年間にわたって書簡を通じて展開している。徳一はこの地で没したとされ，平安時代建立の5重の石塔で徳一の墓と伝えられる徳一廟が，慧日寺跡に現在も残されている。

慧日寺には，淳和《じゅんな》天皇下賜と伝える「余戸郷印」の銅印や奈良法隆寺《ほうりゅうじ》などに伝わるものと同じ古尺があった。また，徳一が請来したとされる白銅三鈷杵《はくどうさんこしょ》(国重文)は，類例は正倉院御物《しょうそういんぎょぶつ》と日光男《にっこうなん》体山《たいさん》山頂出土品のみである。

慧日寺は，平安時代における東国を代表する寺院として位置付けられ，その勢力も強大であったものと推察される。しかし，平安時代末期の源平《げんぺい》争乱には，慧日寺の衆徒頭(僧兵の頭)であった乗丹《じょうたん》坊《ぼう》が，平氏方の越後《えちご》(現，新潟県)の豪族城長茂《じょうながもち》と同盟して，1182(寿永《じゅえい》元)年，4万余騎で木曾義仲《きそよしなか》に攻撃を加え，信濃《しなの》国(現，長野県)横田河原の戦いで大敗し，勢力が後退した。戦国時代末期には，1589(天正17)年，伊達政宗が侵攻し，堂塔伽藍《がらん》のほとんどが焼失した。江戸時代には，初代保科正之による寺院修築と50石の寺領寄進をはじめ，会津藩歴代藩主の保護の下での寺領経営がなされるが，明治時代に入ると廃仏毀釈《はいぶつきしゃく》により，廃寺を余儀なくされた時期もあった。慧日寺跡の南西部にある現在の恵日寺(真言宗)は，大正年間に復興されたものである。

会津の祭り

祭

磐梯神社の舟引き祭り（磐梯町）

磐梯《ばんだい》神社は，磐梯町慧日寺《えにちじ》の境内に磐梯明神としてあったものが，明治時代の神仏分離令により神社として独立し，金堂跡に社殿が建立された。

当社では，春分の日（3月20日）に舟引き祭りが行われている。社殿の前に舟の形をした台をおき，米俵3俵を積み重ね，台の両端に縛りつけた綱を東西に分かれて引き合い，東が勝てば豊作で米の値が上がり，西が勝てば凶作で値が下がるという。このような作占《さくうらない》は，俵引きという名でかつては会津各地で行われた。現在は，当社のほかに会津坂下町《あいづばんげまち》・会津美里町《あいづみさとまち》高田地区で，初市の日に行われる。

田島の祇園祭（南会津町）

田島の祇園祭《ぎおんまつり》（国民俗）は，中世にこの地域の領主であった長沼《ながぬま》氏によって牛頭天王《ごずてんのう》の祭りとして始められた。現在は田出宇賀《たでうが》神社と熊野《くまの》神社（同一地内にある）の共同祭礼として7月22～24日に行われ，参拝者には神酒（どぶろく）がふるまわれる。

祭りは順回りの党屋《とうや》（頭屋）を中心に進められ，党屋から七行器《ななほかい》行列による神社への神酒・サバ・赤飯の奉納，党屋への神輿渡御《しんよとぎょ》が中心である。22・23日は，子供歌舞伎を上演する屋台が町内を練り歩く。

慧日寺跡には，徳一廟や，乗丹坊供養塔と伝えられる宝篋印塔《ほうきょういんとう》などがある。鎌倉時代末期から室町時代初期に描かれたと推定される絹本著色《けんぽんちゃくしょく》恵日寺絵図（国重美）には，仁王門《におうもん》（南門）・中門・金堂・根本《こんぽん》堂・両界《りょうかい》堂が一直線に配置され，仏堂・社殿や鳥居，礎石などが描かれ，東西約12km・南北約8kmの壮大な伽藍であったことをうかがわせる。

1985（昭和60）年から，史跡慧日寺跡の調査・保存・整備事業が進められ，現在，発掘成果を反映した金堂の復元計画など，史跡整備が進められている。また，磐梯山慧日寺資料館には山岳信仰に関する資料や徳一の足跡などがわかりやすく展示され，慧日寺の歴史を知ることができる。

3 喜多方市とその周辺

熊野神社・願成寺などの名刹があり，明治時代には自由民権運動の拠点となった喜多方地方。今は蔵とラーメンで有名。

喜多方の歴史を物語る蔵と古民家

喜《き》多《た》方《かた》蔵《くら》の里《さと》 ⑲

0241-22-6592

〈M ▸ P. 194, 226〉 喜多方市字押切《おしきり》２丁目109 Ⓟ(喜多方プラザ)

JR磐越西《ばんえつさい》線喜多方駅 徒歩25分

喜多方駅正面の道を北に800mほど進み，西へ600mほど行く。市の西郊にある，喜多方プラザ文化センターの南側，喜多方市美術館に隣接して喜多方蔵の里がある。ここには２軒の古民家と７軒の蔵が移築され，近世からの「蔵の町喜多方」の生活を知ることができる。

古民家は，江戸時代後期から明治時代初期に下三宮村《しもさんみやむら》(現，喜多方市上三宮町下三宮)の肝煎《きもいり》(名主《なぬし》)を務めた旧手代木《てしろぎ》家住宅と，江戸時代初期から幕末まで郷頭《ごうがしら》を務めた旧外島《としま》家住宅(ともに県文化)である。旧手代木家住宅は天保《てんぽう》年間(1830～44)に建てられたもので江戸時代後期の村役人層の住宅遺構として貴重である。

また，蔵は旧井上家穀物蔵・旧唐橋《からはし》家味噌醸造蔵・旧東海林《しょうじ》家酒造蔵などで，それぞれ復元・整備され，特徴ある資料が展示されている。このうち旧東海林家酒造蔵は，1923(大正12)年に銘酒「白山」の酒造蔵として建てられたもので，２階が喜多方地方郷土資料展示室になっていて，漆《うるし》掻《か》き工具・木《き》地《じ》師《し》道具など，喜多方地方の民俗・考古資料などが展示されている。会津の考古学の礎《いしずえ》を築いた二瓶《にへい》清《きよし》のコレクションもある。

喜多方蔵の里

そのほか，旧井上家穀物蔵には，小《お》野《の》寺《でら》家より寄贈された会津型紙《かたがみ》の資料が展示されている。会津型とよばれる独特の絣《かすり》文様は東北地方で製作された唯一の

コラム

喜多方の蔵

町中蔵だらけ
蔵のデパート

喜多方《きたかた》市は,「蔵《くら》の町《まち》喜多方」とよばれている。現在，蔵は2600棟を数え，市街地のみならず周辺の農村部でもみることができる。

喜多方に蔵が多く造られる契機となったのは，市街地の西半分を焼きつくした1880(明治13)年の大火であるといわれている。蔵は白壁の土蔵《どぞう》造りが一般的だが，レンガや粗壁でつくられているのもある。屋根は赤褐色の瓦屋根がほとんどである。

土蔵造りの蔵が家並みをなしているのは喜多方駅から北東，約9kmのところにある杉山《すぎやま》集落で，レンガ造りの蔵は杉山に行く途中の三津谷《みつや》集落がとくに有名である。

蔵は穀物や味噌《みそ》などを収蔵するだけでなく，蔵座敷など日常生活の場としている所も多い。

三津谷集落

型紙である。小野寺家は，型紙の本場伊勢などの型紙も，東北地方全体を商圏として販売した型屋で，2003(平成15)年，小野寺家の着物の型紙・型紙製作用具・古文書などは，県の重要有形民俗文化財に指定された。

熊野神社長床《くまのじんじゃながとこ》 ⑳

〈M►P. 194, 226〉 喜多方市慶徳町新宮《けいとくまちしんぐう》字熊野2258 Ⓟ
JR磐越西線喜多方駅🚗15分

会津熊野信仰の拠点

喜多方駅の西側400mほどの所を南北に走る県道21号線に入り，約4km南下して右折すると県道61号線に出る。1.5kmほど西進して参宮橋を渡り，さらに1kmほど直進すると熊野神社がある。

『新宮雑葉記《しんぐうぞうようき》』によれば，熊野神社は源義家《みなもとのよしいえ》が1057(天喜《てんぎ》5)年の前九年合戦《ぜんくねんかっせん》のときに紀伊《きい》国(現，和歌山県)の熊野三社(本宮・新宮・那智《なち》)を河沼《かわぬま》郡熊野堂村《くまのどうむら》(現，会津若松市)に勧請，さらに1085(応徳《おうとく》2)年の後三年《ごさんねん》合戦のときに三社のうち新宮を耶麻《やま》郡小松村《こまつむら》に移し，以後，その村を新宮村《しんぐうむら》と称するようになったという。この新宮村が現在の慶徳町新宮である。新宮の造営は4年後の1089(寛治《かんじ》3)年に完成したと伝えるが，建築様式や手法からみて鎌倉時代初期のものと推定されている。

喜多方駅西部の史跡

熊野神社の拝殿・修験道場にあたる熊野神社長床(国重文)は，桁行9間(27.27m)・梁間4間(12.12m)で約180畳，寄《よせ》棟造《むねづくり》・茅葺《かやぶ》きの大きな屋根と，5列に並んだ太いケヤキの円柱44本が壮観である。1611(慶長16)年の会津大地震で倒壊し，1614年に再建され，江戸時代に2回の修復を行っている。1974(昭和49)年に3年がかりの大規模な修理工事が終わり，慶長の会津大地震以前の姿に復元された。

長床の裏山中腹には，3棟で構成される熊野神社本殿(県文化)があり，中央に新宮証誠殿《しんぐうしょうせいでん》，右(北)側に本宮十二権現殿《ほんぐうじゅうにごんげんでん》，左(南)側に那智山飛竜権現殿《なちざんひりゅうごんげんでん》が鎮座している。長床の南側の鐘楼《しょうろう》にある「貞和《じょうわ》五(1349)年，七月二十一日」銘の銅鐘(県重文)は，平明継《たいらのあきつぐ》ら新宮荘地頭(新宮城主)一族が寄進したもので，県内最古の銅鐘である。その西側の文殊堂《もんじゅどう》には，鎌倉時代初期の木造文殊菩薩騎獅像《きしぞう》(県文化)などがある。宝物殿には，「暦応《りゃくおう》四(1341)年」銘の銅鉢(国重文)，「文保《ぶんぽう》二(1318)年」銘の牛王版木《ごおうはんぎ》(県文化)，「康応《こうおう》二(1390)年」銘の銅製鰐口《わにぐち》(県文化)，年代不詳の熊野神社御神像6体(県文化)，そのほか

熊野神社長床

数多くの貴重な文化財が保存・公開されている。境内の樹齢約800年の大イチョウも見事である。秋になり境内を埋めるイチョウの絨毯は，長床とあいまって一見の価値がある。

熊野神社の北東500m，高舘山《たかだてやま》丘陵の南麓にある新宮城跡(国史跡)は，新宮荘を治め，のちに蘆名《あしな》氏と争って滅亡した地頭新宮氏の居城である。主郭である字「館内」地内を中心に２つの郭があり，外側には天然谷を利用した外堀と，東辺・西辺の外堀が連結している。外堀まで含めた城の規模は約35万m^2と広大で，本丸跡の規模は東西120m・南北130m，周囲には幅15mの内堀がめぐらされ，その南側が二の丸跡，西側が三の丸跡とされている。金銅仏・青磁《せいじ》・石硯など，中世武士の生活の一端を物語る遺物も出土し，2002(平成14)年からの発掘調査によって，より正確な規模が明らかにされつつある。また，2006年の発掘調査では，中世の地下木組遺構や中国景徳鎮《けいとくちん》製のゾウ形青白磁人形など重要な発見があいついでいる。

また長床のすぐ北側にある駿河館《するがだて》跡は，新宮氏滅亡後，蘆名氏から熊野神社の守護に任ぜられた西海枝《さいかち》駿河守《するがのかみ》の居館である。

熊野神社の南約１kmにある山崎集落の裏山には会津盆地西部最大(37基)の山崎横穴古墳群があり，1893(明治26)年に人骨・勾玉《まがたま》・銅鏡・直刀・馬具・土器類が発掘されたが，その多くは散逸した。近年，範囲確認のための発掘調査によって，13号横穴からは保存状態の良好な鉄剣が出土している。また，この山崎集落の裏山頂上付近には，前方後円墳１基と円墳２基からなる天《て》神《じ》免《め》古墳群がある。

松《まつ》野《の》千光《せんこう》寺《じ》経《きょう》塚《づか》跡《あと》 ㉑

〈M►P. 194, 226〉喜多方市慶徳町松舞家字金山4304-4
JR磐越西線喜多方駅🚗10分

東北最古の経塚

熊野神社から北へ1.3km行った慶徳集落の南約500mの県道脇には，毎年７月２日の御田植祭に田植神事(県民俗)が行われている慶徳稲荷神社がある。この神社は南北朝時代末期に示現寺《じげんじ》を開いた玄《げん》翁《のう》和尚が再興したと伝えられている。

慶徳稲荷神社の北2.3km，磐越西線の北側の丘陵先端部に，東北地方最古の経塚として知られる松野千光寺経塚跡がある。1670(寛《かん》文《ぶん》10)年に「大治《だいじ》五(1130)年四月二日」銘の石櫃《せきひつ》などが発見された後，藩主の命で埋め戻され，1934(昭和９)年に地元の郷土史家二瓶清らによって再発掘調査された。その際，石櫃とともに青銅製経筒・金銅板経筒・磬《けい》・五鈷鈴《ごこれい》２個・独鈷杵《とっこしょ》・甕６個・刀剣などが出土した。さらに喜多方市史編纂にかかわる発掘調査によって経塚の位置が判明し，保存状況良好で経巻が残る経筒などが発見された。現在，これら松野千光寺経塚出土品(県重文)は，喜多方市立図書館内にある喜多方市郷土民俗館に収蔵・展示されている。

慶徳稲荷神社の北方3.3km，新町《あらまち》集落西側の山腹に古四王神社《こしおうじんじゃ》がある。越後《えちご》国五十公野《いじみの》(現，新潟県新発田《しばた》市)・出羽《でわ》国秋田(現，秋田市)のものとともにわが国三古四王の１つとされる。現在の社殿は1557(弘治《こうじ》３)年に建てられたと伝えられる。社殿が北を向いているのは蝦夷《えみし》追捕のためとされており，拝殿には平安時代末期の造りで，北方の守護神とされる多聞天《たもんてん》と思われる像がある。

願成寺《がんじょうじ》 ㉒

0241-22-1565

〈M ▸ P. 194, 226〉喜多方市上三宮町《かみさんみやまち》上三宮字籬山《まがきやま》833 P
JR磐越西線喜多方駅🚗20分

「会津大仏」荘厳な阿弥陀如来

喜多方駅から県道333・335号線を北方へ６kmほど行き，上三宮郵便局近くの交差点を右折し，400mほど行くと願成寺がある。

叶山《かのうさん》願成寺(県重文)は，1227(嘉禄《かろく》３)年に浄土《じょうど》宗多念義《たねんぎ》派の祖隆寛《りゅうかん》の法弟実成《じつじょう》が建立した，京都知恩院《ちおんいん》の末寺である。文禄《ぶんろく》年間(1592〜96)には一時荒廃したが，入田付村《いりたつきむら》(現，喜多方市岩月町《いわつきまち》入田付)光徳寺《こうとくじ》の僧行誉《ぎょうよ》が，1665(寛文《かんぶん》５)年，会津藩に願い出て再興したものである。

多彩な彫刻が美しい山門をくぐると本尊阿弥陀如来《あみだにょらい》坐像のある客殿，右側に庫裏《くり》がある。さらに奥に進むと大仏殿があり，手前右側の収蔵庫には，会津大仏とよばれて親しまれている木造阿弥陀如来及び両脇侍坐像(国重文)が安置されている。阿弥陀如来坐像は像高2.41m，千体仏をつけた舟形光背《ふながたこうはい》を背にし，上品下生《じょうぼんげしょう》の来迎相《らいごうそう》で

伝佐原義連の墓

蓮台上に結迦趺座《けっかふざ》する。脇侍は向かって右が観音菩薩で両手に蓮の台をささげ，左が勢至《せいし》菩薩で合掌し，どちらも跪座《きざ》している。この形式は，京都三千院《さんぜんいん》の来迎三尊像によったもので，東北地方では珍しい。これらは，もとは2kmほど東の中村の来迎寺阿弥陀堂にあったものを，延宝《えんぽう》年間(1673〜81)に願成寺に移したもので，鎌倉時代の作とされる。

願成寺の北にある三島神社は，佐原氏が伊豆国から勧請したといわれ，毎年9月9日には太々神楽《だいだいかぐら》(県民俗)が行われている。

願成寺の西側の丘陵上に，南北300mにおよぶ平城青山城跡があり，現在は西城の遺構のみが残る。城跡の北西2kmの半在家《はんざいけ》集落には会津蘆名氏の祖，伝佐原義連《さはらよしつら》の墓(県史跡)がある。佐原義連の孫の五郎左衛門尉盛時《ごろうざえもんのじょうもりとき》の子孫が加納《かのう》荘を領してここに住み，加納殿とよばれたが，1402(応永《おうえい》9)年に新宮荘地頭の新宮盛俊《もりとし》に攻められて滅亡したという。青山城はこの盛時の築城とされる。

示現寺《じげんじ》 ㉓

〈M ► P. 194〉喜多方市熱塩加納町《あつしおかのうまち》熱塩字熱塩甲795
JR磐越西線喜多方駅🚌熱塩温泉・日中行熱塩温泉🚶7分

高僧源翁開祖の名刹
豊富な古文書群

示現寺(曹洞《そうとう》宗)は，会津盆地北端の名湯熱塩温泉の坂をのぼりきった奥にある。熱塩温泉バス停からは東へ400mほどである。この寺は，もと真言《しんごん》宗の道場で五峯山慈現寺《ごほうざんじげんじ》と称した。鎌倉時代末期には衰微したが，那須の殺生石《せっしょういし》で名高い越後国(現，新潟県)出身の源翁《げんのう》が，会津の領主蘆名詮盛《あきもり》らの帰依を受け，1375(永和《えいわ》元)年に再興して曹洞宗となり，護法山《ごほうさん》示現寺と改めた。

「第一義」の扁額を掲げる総門をくぐると鐘楼があり，正面にある本堂に本尊の虚空蔵《こくぞう》菩薩坐像を安置する。本堂と並ぶ庫裏をみながらさらに奥に進むと，木立の中に歴代住職の木像をまつる開山堂がある。

当寺には示現寺椿とよばれる肉厚の優美なツバキを彫刻としてあ

しらった会津工人の作とされる椿彫木彩漆笈《つばきちょうぼくさいしつおい》(国重文，福島県立博物館寄託)や「示現寺文書」とよばれる中世文書などがある。

示現寺の山門から左へ曲がると，会津三十三カ所巡礼の1つで千手観音を安置する観音堂があり，観音堂に向かって右に，自由民権運動喜多方事件の指導者として活躍し，のちに加波山《かばさん》事件に参加して刑死した三浦文治《みうらぶんじ》と横山信六《よこやましんろく》の墓がある。

勝福寺観音堂《しょうふくじかんのんどう》 ㉔

0241-24-5200

〈M►P. 194, 231〉喜多方市関柴町三津井《せきしばまちみつい》字堂ノ前630-1
JR磐越西線喜多方駅🚗15分

信仰集める勝の観音様
名刀工の銅鐘

喜多方駅から北へ200mほどのビジネスホテルのある交差点を右折し，県道337号線(通称熊倉街道)を2kmほど東進すると北側に勝《すぐれ》の観音堂の別名をもつ勝福寺観音堂(国重文)がある。

勝福寺(真言《しんごん》宗)建立の年代は定かではないが，1529(享禄《きょうろく》2)年に焼失し，1558(永《えい》禄《ろく》元)年，蘆名盛興《もりおき》によって再建されたことが知られている。3間4面，茅葺きの寄棟造で和様《わよう》・唐様《からよう》の折衷建築である。また全面解体修理が行われた際，内陣の木材に「天文《てんぶん》八(1539)年」銘の棟札《むなふだ》が発見されている。

勝福寺観音堂

糠塚古墳

本尊は観音菩薩であるが，その脇侍である「弘安《こうあん》二(1279)年四月一日」銘の木造不動明王《ふどうみょうおう》立像と「弘安二年三月二十九日」銘の木造毘沙《びしゃ》門天《もんてん》立像2体(とも

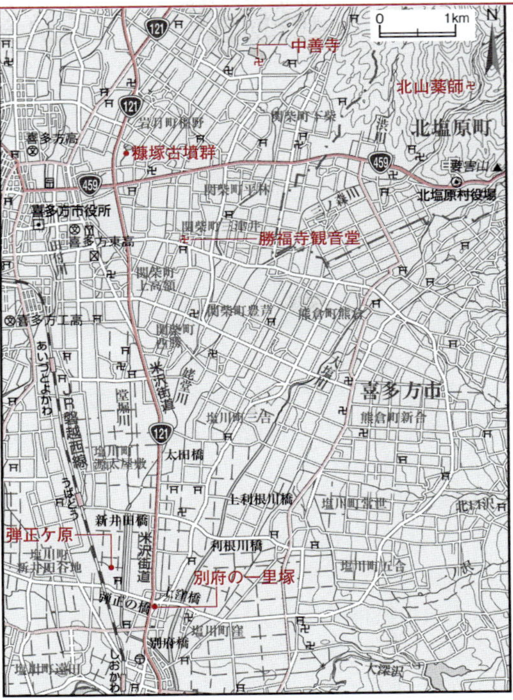

喜多方駅東部の史跡

に県文化）は，それぞれ像高1.46mと1.55mで，ともに寄《よせ》木《ぎ》造《づくり》で彩色が施されている。両像とも素朴な作風をもち，不動明王・毘沙門天でありながら忿怒《ふんぬ》の形相も比較的温和で表現もおとなしい。

観音堂に向かって右側，仁王門の脇にある鐘楼には蘆名盛《もり》氏《うじ》・盛興《もりおき》父子の寄進になるもので，「永禄七（1564）年」銘の銅鐘（県文化）がある。銘の切り手は会津の刀工として名高い古川兼定《ふるかわかねさだ》である。

勝福寺観音堂の北北西1.5km，下台《しもだい》集落の北側，市立第三中学校の裏手にある糠塚古墳群《ぬかづかこふんぐん》（県史跡）は，もとは7基の円墳があったが，現在は3基となり，うち2基は半壊している。3基のうち最大の糠塚古墳は方墳で，一辺26m・高さ5mで周濠の跡が確認できる。内部構造などは不明である。会津盆地東北端に近い古墳群として貴重である。

弾正ケ原《だんじょうがはら》 ㉕

〈M►P. 194, 231〉喜多方市塩川町《しおかわまち》新江木《にえき》字上江《かみえ》
JR磐越西線塩川駅🚗10分，またはJR喜多方駅🚗15分

喜多方事件集会の地
演説の松が残る

塩川駅の北1.5kmほどの所に，戦国時代の蘆名家の家臣栗村弾《くりむらだん》正《じょう》の墓がある。この辺りは弾正ケ原とよばれ，明治時代までは広い野原であった。

1882（明治15）年，山形県令から福島県令に着任した三島通庸《みしまみちつね》は，「火付け強盗と自由党は管内に1匹もおかぬ」と豪語するとともに，

弾正ケ原

会津三方《あいづさんぽう》道路の開削を命じた。

会津三方道路の開削には会津6郡の農民が駆り出され，苛酷な労役が義務づけられた。これに対し，豪農民権派を中心とする自由党会津部は，権利恢復同盟《けんりかいふくどうめい》を組織し，先頭に立って反対運動を開始した。三島は官憲を動員して運動を弾圧し，宇田成一《うだせいいち》ら指導者を逮捕したので，11月28日，喜多方から農民約3000人が集結し，宇田らの拘置されている若松署を目指した。しかし，途中で日が暮れかけたので，弾正ケ原で集会を開き，指導者たちの釈放を願い出ることに決定し，6kmの道のりを引き返して喜多方署に押しかけ，警官らと衝突した。世にいう喜多方事件である。これが発端となり，福島県の自由民権運動をリードした県会議長河野広中《こうのひろなか》らが逮捕される福島事件へとつながってゆく。

弾正ケ原の北東2kmの喜多方市熊倉町《くまぐらまち》の小沼《おぬま》には，権利恢復同盟総理として運動を指導した赤城平六《あかぎへいろく》の屋敷跡と墓地がある。

また，弾正ケ原の東800mの別府《べっぷ》集落には，旧米沢街道の別府の一里塚(県史跡)がある。旧米沢街道の一里塚は，そのほか耶麻郡北《やまぐんきた》塩原村《しおばらむら》の 樟《くぬぎ》 ・大塩《おおしお》(八丁壇《はっちょうだん》)，さらに山形県境に近い桧原峠南麓の鷹ノ巣《たかのす》などに残されている。

弾正ケ原の東2.5km，竹屋《たけや》集落の山際にある観音寺(曹洞宗)の観音堂には「竹屋観音」とか「子安観音」とよばれる木造如意輪観音坐像(県文化)がある。1573(天正元)年，越後から快元《かいげん》という比丘尼《びくに》がきて堂守を建て，この像を安置し，のち1651(慶安《けいあん》4)年，現在地に移したという。

中善寺《ちゅうぜんじ》 ㉖

〈M ► P. 194, 231〉喜多方市関柴町《せきしばまち》関柴字権現沢《ごんげんざわ》2083-1 Ⓟ
JR磐越西線喜多方駅🚌喜多方北塩原線平林《ひらばやし》🚶20分

平林バス停より北へ1.5kmほど行くと中善寺《ちゅうぜんじ》(真言宗)がある。開基は明らかではないが，もとは曹洞宗であったという。慶長《けいちょう》年

自由民権運動と喜多方事件

コラム

自由民権運動激化のさきがけ

1882(明治15)年１月，山形県令から福島県令に着任した三島通庸《みしまみちつね》は会津《あいづ》三方《さんぽう》道路(会津若松《わかまつ》から新潟・山形・栃木)の開削に着手しようとした。三島は着任直後，会津郡内の郡長を集めて連合会をつくらせ，実質審議もさせずに道路工事を決定させた。こうした県会無視の三島のやり方に対して，県議会議長で福島における自由民権運動の旗手であった河野広中《こうのひろなか》は，すべての議案を否決するという前代未聞の決議を三島に送付し，河野を中心とした自由党と県令の対立は先鋭化した。

同年６月，三島は郡長会議に開削にかかわる就労時間割の制定，路線の査定と着工，３月に遡《さかのぼ》っての代夫賃(男１日15銭・米３升分)の徴収を命じた。これに対し民権派は臨時会を請求したが拒否され，起工式は８月に強行された。

開削の労役は２年にもわたり，15〜60歳の男女に毎月１日課せられ，現場集合午前５時・実働10時間，しかも現場までの距離は約25kmという苛酷なものであった。

自由党会津部は９月末，4000余名の賛同を得て権利恢復《けんりかいふく》同盟を結成する。同盟は公益による道路開削，民意と権利の回復を主張し，耶麻《やま》郡長に対しては人夫も代夫賃も出さないと通告した。郡長は抵抗する農民をよび出して代夫賃の取り立て，家財など財産公売の処分に出たが，同盟側は財産権侵害と訴えた。三浦文治《みうらぶんじ》は誣告《ぶこく》罪で逮捕され，続いて宇田成一《うだせいいち》らが同盟会費徴収にかかわる詐欺《さぎ》罪で逮捕された。

11月28日，指導者を奪われた農民らは真相解明のため若松署へ向かい，その途中，塩川《しおかわ》の弾正《だんじょう》ケ《が》原《はら》で日没を迎えて集会を開いた。寒風吹きすさぶ中で瓜生直七《うりうなおしち》らが，今も残るマツの木にのぼって演説したという。農民らは指導者たちの釈放の要求を決定し，６kmの道のりを引き返して喜多方《きたかた》署に向かった。

夜８時頃，代表者数名が談判中，何者かの投石をきっかけに巡査や土工らが群衆を襲い，多数の負傷者・逮捕者が出た。翌未明には，同盟本部が襲われて多くの指導者が逮捕された。ついで県下の自由党員が，つぎつぎに逮捕されていった。

間(1596〜1615)，若松大町(現，会津若松市大町)弥勒寺《みろくじ》の祐誉《ゆうよ》が再興して真言宗となった。しかし，のちに衰退したため，1703(元禄16)年に木食《もくじき》上人栄昶《えいちょう》が再興したとされる。

定朝仏の流れを汲む穏やかな薬師如来坐像

裏山の薬師堂に安置されていた本尊の木造薬師如来坐像(国重文)は，仏師定朝《じょうちょう》の流れをくむ穏やかな作風で，平安時代後期の作とされる。寄木造・漆箔押で像高89.6cm，胸幅は広く，衣紋が美しい。今は薬師堂脇の収蔵庫に脇侍とともに収められている。

なお，この寺は1882(明治15)年，自由民権運動の喜多方事件の際，農民たちの秘密の集会所とされたことでも知られている。

北山薬師《きたやまやくし》 ㉗

〈M►P. 194, 231〉耶麻《やま》郡北塩原村北山《きたしおばらむらきたやま》字薬師2328 P
JR磐越西線喜多方駅🚌喜多方北塩原線薬師別🚶30分，または🚗30分

会津五薬師の1つ
二児参り

薬師別バス停より三ノ森川に沿って約1.3km北上すると，北山薬師がある。勝常寺《しょうじょうじ》などとともに会津五薬師の1つで，勝常寺の「中央薬師」に対して「北山薬師」とよばれている。また，北山はもと漆村《うるしむら》と称したので，「漆薬師」ともいう。地元では親しみを込めて薬師様とよばれる。

弘仁《こうにん》年間(810〜824)，空海《くうかい》(弘法大師《こうぼうだいし》)が薬師像を刻んでここに堂宇を建立したと伝えられる。永禄《えいろく》年間(1558〜70)，この薬師堂は衰微したが，慶長《けいちょう》年間(1595〜1615)には，会津藩主忠郷《たださと》が再興し，若松弘真院《こうしんいん》の開山秀英《しゅうえい》を供養の導師とし，それ以来，弘真院が管理することになった。

北山薬師で有名なのが二児参り《ふたつごまいり》である。藩主蒲生秀行《ひでゆき》の子，亀《かめ》千代《ちよ》が病弱であったため，2歳のときに参詣し，このとき参道脇の石(「腹打石」)に抱きついたところ霊験があらわれ，丈夫になったことが由来という。毎年9月7〜9日に，2歳になった子供の健康と成長を祈る行事が現在まで引き継がれている。二児参りのときには近隣の北山集落は門前町のように賑わったという。

コラム

北塩原村の中世城館跡

!!

政宗との攻防を伝える城館群
桧原金山の資料も展示

耶麻《やま》郡北塩原村《きたしおばらむら》は会津《あいづ》の最北に位置し，山形県と境を接する。戦国時代には米沢《よねざわ》を領有していた伊達政宗《だてまさむね》と会津の蘆名《あしな》氏が対峙する重要な位置を占めた。村内には両者に関連する大規模な城館がある。

その代表が大塩《おおしお》にある柏木城《かしわぎじょう》跡《あと》である。『新編会津風土記《ふどき》』などによれば，柏木城は1584(天正《てんしょう》12)年に蘆名氏によって築かれ，三瓶大蔵《さんぺいだいぞう》を城番としたという。縄張りは東西約1km・南北約500mと広範囲で，主郭を中心に土塁《どるい》・石《せき》塁を含む虎口《こぐち》，幾重にも重なる曲輪《くるわ》・水堀跡などがある。

北山《きたやま》字土合《どあい》の要害山《ようがいさん》上には綱取城跡がある。綱取城《つなとりじょう》は，1500(明応《めいおう》9)年の築城，1584年の改修とされる。城跡南側の眼下に，比高差110mの大塩《おおしお》川を見下ろす屹立《きつりつ》した岩場に築かれた自然の要害である。三日月状の狭い平場や堀切《ほりきり》・土塁など3区画の曲輪のほか，虎口などを備え，東西約400mの規模をもつ。綱取城は柏木城に先行して造られた伊達に対する防衛拠点であった。

桧原《ひばら》地区は，伊達氏と反伊達勢力(蘆名氏)が拮抗《きっこう》する最前線で，『桧原軍物語《ひばらいくさものがたり》』などによれば，この地を舞台に幾度か戦闘が繰り広げられている。1583(天正《てんしょう》11)年，蘆名氏を破った伊達政宗は現在の桧原湖の北岸に桧原城《ひのはらじょう》を築き，蘆名側の反撃に備えた。小谷《こたに》山城《やまじょう》の異名をもつこの城は標高945mの小谷山山頂にあり，山麓部分と桧原湖の中まで続く外構部分で構成される。2000(平成12)年には遊歩道が整備された。

また旧桧原集落を見下ろす北西の丘陵上には蘆名方によって戸山《とやま》城《じょう》が築かれており，北へ続く尾根を断ち切って堀が築かれるなど，米沢への備えとしている。

桧原地区を治めていた穴澤《あなざわ》氏の供養塔は，現在の桧原集落南側の街道脇に並んでおり，往時を偲《しの》ばせる。また桧原の金山集落西側の桧原湖水周回道路脇にある桧原歴史館には，江戸時代初期に発見され，栄えた桧原金銀山の資料のほか，穴澤氏や北塩原村関連の歴史資料が展示されている。

柏木城跡　北塩原村大字大塩
(JR喜多方駅🚗40分)
綱取城跡　北塩原村大字北山
(JR喜多方駅🚗20分)
桧原城跡　北塩原村大字桧原
(JR猪苗代駅🚗40分)
戸山城跡　北塩原村大字桧原
(JR猪苗代駅🚗40分)

＊桧原城跡は遊歩道が整備されているが，ほかはない。

柏木城跡

4 勝常寺から会津坂下・柳津

湯川村から会津坂下町は穀倉地帯で，越後への交通の要衝でもあった。多くの古刹が寺宝を伝えている。

勝常寺《しょうじょうじ》 ㉘

〈M►P. 194〉河沼《かわぬま》郡湯川村《ゆがわむら》勝常《しょうじょう》字代舞《しろまい》1764
JR磐越西《ばんえつさい》線・只見《ただみ》線会津若松《あいづわかまつ》駅🚌会津坂下《ばんげ》・会津柳津《やないづ》行佐《さ》野《の》🚶20分

国宝のある寺
9世紀造立の薬師三尊像

湯川村は，北は喜多方《きたかた》市，南は会津若松市に接する交通の要衝で，見渡す限り水田が広がる農村地帯でもある。

佐野バス停から道を横切りまっすぐに行くと，国道49号線に出る。その道を右に行くと左手に勝常の集落があり，勝常寺(真言《しんごん》宗)に着く。

寺伝によると，徳一《とくいつ》の開基とされる。会津五薬師《ごやくし》の１つで，会津盆地のほぼ中央に位置することから「中央薬師」とよばれている。仁王門《におうもん》をくぐると，正面に室町時代に建てられた薬師堂(国重文)がある。

薬師堂は桁行５間・梁間５間の総ケヤキの寄棟造《よせむねづくり》で，外観は唐《から》様《よう》，細部は和様《わよう》の折衷である。内陣は方３間で，木造薬師如来及両脇侍像(薬師如来《にょらい》像・日光菩薩《にっこうぼさつ》像・月光《がっこう》菩薩像，国宝)が安置されていたと考えられるが，現在は中尊の薬師如来像のみが安置されている。

薬師如来坐像は，ケヤキ材の一木造，像高137cm，顔は頬が豊かで，首が太く，広い肩幅から胸・腹・脚部にかけて厚みがある。翻《ほん》波《ぱ》式の衣紋で，平安時代前期の特徴である量感表現と彫法が顕著である。

薬師三尊像のうち脇侍の日光菩薩立像・月光菩薩立像は，四天王立像(持国《じこく》天・増長《ぞうちょう》天・広目《こうもく》天・多聞《たもん》天)・十一面観音《じゅういちめんかんのん》菩薩立像・地蔵《じぞう》菩薩立像２体などとともに，収蔵庫に保管されている。また，２体の地蔵菩薩立像のうち，童顔で愛くるしい表情をした像高の低いものを雨降り地蔵とよんでいる。大正時代初期まで，日照りのときにこれを仁王門前の弁天池《べんてんいけ》に浸し，池の水をかけて雨乞いをしたという。

亀《かめ》ケ《が》森《もり》古墳《こふん》 ㉙

〈M ► P. 194, 237〉河沼郡会津坂下町青津《あおづ》字館ノ越《たてのこし》4
JR只見線会津坂下駅🚗15分

全長は福島県第1位
周濠も残る巨大古墳

会津坂下駅から北へ約500m，会津坂下町役場のある交差点を右折して約400m，左折して県道21号線に入る。そこから約3.5km北上すると左手に亀ケ森古墳(国史跡)がある。阿賀《あが》川と鶴沼《つるぬま》川が形成した河岸段丘上にある前方後円墳で，4世紀(古墳時代前期)の築造とされる。現在，前方部は墓地となり，後円部は稲荷神社がまつられるなど形状は変化している。周濠部は一部宅地化されているものの水田としてほぼ形をとどめている。全長127mは，県内で第1位，東北地方でも宮城県名取《なとり》市の雷神山《らいじんやま》古墳についで第2位である。1992(平成4)年の試掘調査により，後円部は3段築成で，部分的に葺石で覆われていたことが確認され，円筒埴輪《はにわ》・壺型土器などが出土した。

亀ケ森古墳(左上)と鎮守森古墳

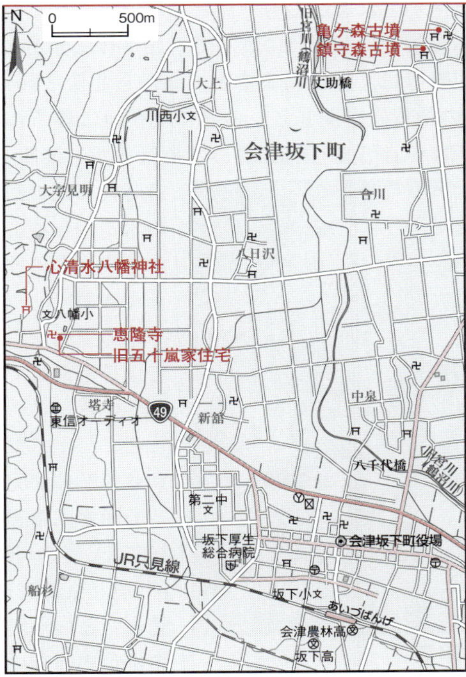

会津坂下町の史跡

亀ケ森古墳から50mほど南側にある鎮守森《ちんじゅもり》古墳

（国史跡）は，全長55mの前方後方墳である。古墳時代前期に位置付けられるが，築造時期は古墳の形から亀ケ森古墳より古いとみられている。

会津の前期古墳は，会津若松市東部，喜多方市塩川町《しおかわまち》東部，そして会津坂下町西部の3地域にまとまりをもって分布する。このことは，古墳時代前期に3つの勢力が存在したことを示している。

恵隆寺《えりゅうじ》・心清水八幡神社《こころしみずはちまんじんじゃ》 ㉚㉛

〈M►P. 194, 237〉河沼郡会津坂下町塔寺《とうでら》字松原2944／字松原2908
JR只見線塔寺駅 15分

巨大な一木造
願いがかなう千手観音

塔寺駅から坂道をくだり，国道49号線を横切り右手に行くと，気《け》多宮《たのみや》集落・塔寺集落が続く。この2つの集落は，江戸時代，会津と越《えち》後《ご》（現，新潟県）を結ぶ越後街道の宿場として栄えた。塔寺集落にある恵隆寺（真言宗）と心清水八幡神社は，江戸時代までは堂方《どうかた》・宮《みや》方《かた》と区別されながらも一体として運営されていた。明治時代に入り，神仏分離令（1868年）によって一寺一社に分かれ，現在の姿になった。

恵隆寺は，寺伝によると，寺から北西2kmにある高寺山《たかてらやま》に中国梁《りょう》の僧青岩《せいがん》が開基し，のちに現在地に移されたという。山門正面の恵隆寺観音堂（国重文）は，桁行5間・梁間4間の寄棟造《よせむねづくり》で，鎌倉時代初期の和様建築である。本尊の木造千手観音《せんじゅかんのん》立像（国重文）も，鎌倉時代初期の作と推定されている。ケヤキ材の一木造，総高約8.5m，1本の立木から刻まれた木彫像としては日本最大で，立木観音ともよばれている。この千手観音には，眷属《けんぞく》として二十八部衆と風神・雷神の合わせて30体が完全な形で揃っている。

恵隆寺観音堂

心清水八幡神社は，社伝によると，1055（天喜《てんぎ》3）年に源義家《みなもとのよしいえ》が山城《やましろ》国（現，京都府）石清水八幡宮《いわしみずはちまんぐう》から勧請したという。この神社には，会津の中世史研究の重要史料である塔寺《とうでら》

旧五十嵐家住宅

八幡宮長帳《はちまんぐうながちょう》(国重文)がある。1350(貞和《じょうわ》6)年から1635(寛永《かんえい》12)年までの神社の日記で，総紙数187枚，全長にすると約120mもあり，そこから長帳のよび名が生まれた。現在は8巻の巻物になっている。正月の大般若経《だいはんにゃきょう》の転読などの宗教行事を記したその裏に，蘆名《あしな》氏や新宮《しんぐう》氏など会津の領主の動向や天災・飢饉などが記録されている。また，「至徳四(1387)年」銘の鰐口《わにぐち》(国重文)がある。

恵隆寺の東隣には，旧五十嵐《いがらし》家住宅(国重文)がある。会津坂下町中開津《なかかいづ》の五十嵐智信氏の住宅だったものを移築・復元したものである。移築工事の際，梁上の枘《ほぞ》から発見された墨書銘により，1729(享保《きょうほう》14)年に建てられたことがわかった。会津盆地平坦部の本百姓農家の典型的な構造をもち，桁行8間半・梁間3間半の寄棟造である。建物の左手にある「とんぼぐち」(入口)から入ると，家屋の3分の1を占める「にわ」があり，右手に囲炉裏のある「おめぇ」，そして「へや」「ざしき」の3室がある。「にわ」は土間で，左隅に馬屋，そのほかかまど，流し場，便所が設けられている。「おめぇ」の床は土座，「へや」「ざしき」は板敷で，本百姓とはいえ厳しかった生活がうかがえる。

円蔵寺《えんぞうじ》 ㉜

〈M►P. 194〉河沼郡柳津町《やないづまち》寺家町《じけいまち》甲176
JR只見線会津柳津駅🚶10分

日本三所の虚空蔵菩薩
福満虚空蔵菩薩

柳津は円蔵寺(臨済《りんざい》宗)の門前町として発展してきた。現在は，柳津温泉の名でも知られている。駅から名物あわまんじゅうの店が立ち並ぶ坂道をくだって行くと，左手に円蔵寺への石段があり，仁王門をくぐって行くと，菊光堂《きくこうどう》(本堂)が姿をあらわす。寺伝によると，807(大同《だいどう》2)年，徳一の開基と伝えられる。本尊の福満虚空蔵菩薩《ふくまんこくぞうぼさつ》は，清澄寺《せいちょうじ》(千葉県)の能満《のうまん》虚空蔵菩薩，日光寺《にっこうじ》(茨城県)の大満《だいまん》虚空蔵菩薩とともに，日本三所の虚空蔵菩薩とよばれ，3体とも弘法《こうぼう》大師《だいし》の作とされる。現在の菊光堂は，1818(文政《ぶんせい》元)年に焼失した後，

円蔵寺菊光堂

1829(文政12)年に再建されたものである。建物は，二重破風《はふ》で下部は大唐《おおから》破風造，桁行11間半・梁間9間・棟高18間，着色を施さないケヤキ材の白木造りの大伽藍である。舞台とよばれる幅5間半の外椽があり，そこに立って只見川を見下ろす眺めは素晴らしい。

奥之院弁天堂

あわまんじゅうの由来は，再建時の住職喝厳《かつげん》和尚《おしょう》が，災難に「あわ」ないようにと，近くの村でたくさん穫れたアワを用いてまんじゅうをつくらせたことからと伝えられている。

1月7日の夜には，七日堂裸参りが行われ，無病息災・祈願成就・招福を祈願して，褌姿の人びとが菊光堂の鰐口の綱にとりつき，よじのぼる。堂内は寒中にもかかわらず，大勢の人びとの熱気で満ちあふれる。

また，十三参りといい，初厄の13歳にお参りすると霊験あらたかであるとされ，会津地方では子供が13歳になると多くの親がお参りに連れてくる。

円蔵寺の奥に奥之院弁天堂《おくのいんべんてんどう》(国重文)がある。建物は，桁行3間・梁間3間の宝形造《ほうぎょうづくり》で，室町時代の禅宗様式を伝えている。

久保田三十三観音《くぼたさんじゅうさんかんのん》 ㉝

〈M ▸ P. 194〉河沼郡柳津町大字久保田《くぼた》字椚《くぬぎ》
JR只見線会津柳津駅🚗30分

柳津駅から県道柳津昭和線で西山地区の湯八木沢《ゆやぎさわ》集落を目指して

行くと，集落内に久保田三十三観音の方向を示す標識があり，そこから東へ3.4kmの所に久保田集落がある。集落の入口で道が２手に分かれるが，右の道をのぼって行くと，右手に地元で観音山とよばれている山があり，中腹に3.5〜11ｍの間隔で33体の観音像がある。かつて久保田には医者も産婆もおらず，お産で命を失った人も少なくなかったため，安産を祈願してつくられたといわれる。１体ごとに観音像の台座や裏に寄進者の名が刻まれており，33体目の観音像の台座には，造立年代を示す「文政元(1818)年」の紀年銘と世話人の松三郎・龍助・龍七・縫之助・仙治良の５人の名がある。

七番マリア観音

十番千手観音

安産の願いを込めて村人が造立した観音様

観音像は，聖《しょう》観音像11体・千手観音像12体・如意輪《にょいりん》観音像５体・十一面観音像３体・馬頭《ばとう》観音像２体である。７番目の如意輪観音像は，左肩の後ろに十字架を掲げているというので，マリア観音とよばれている。

観音山は，「まわり観音」ともよばれ，33回まわれば願いがかなうとされる。柳津町の中心部からだいぶ離れており，公共の交通手段もなく不便な所であるが，参詣者が絶えない。

5 只見川に沿って

会津西部の山間部は日本有数の豪雪地帯で，豊かな自然が育んだ生活文化を残す。中世には山内氏が支配した地域である。

三島町生活工芸館《みしままちせいかつこうげいかん》 ㉞

0241-48-5502

〈M ► P. 194〉大沼《おおぬま》郡三島町《みしままち》名入《ないり》字諏訪ノ上《すわのうえ》395

JR只見《ただみ》線会津西方《あいづにしかた》駅 15分，または磐越《ばんえつ》自動車道会津坂下《ばんげ》IC 25分

伝統技術で町おこし
昔ながらの民俗行事

三島町生活工芸館

会津西方駅から北東へつづら折の坂道をのぼって行くと，約1.2kmほどで三島町生活工芸館に着く。ここは三島町が，山間の地に受け継がれてきた知恵と技術を生かして町を活性化しようと進めている「生活工芸運動」の中心的な施設で，工芸品づくりの体験もできる。三島町の奥会津編み組細工は，国・県の伝統的工芸品の指定を受け，町の多くの人が編み組・木工などの伝統工芸品の作り手として運動に参加している。

また，三島町では年中行事の保存活動を行っており，若水汲《わかみずく》み・初田植《はつたうえ》・さいの神・火伏《ひぶ》せなどの初春《はつはる》行事や雛《ひな》流し・虫送りなどが，三島の年中行事として県の重要無形民俗文化財に指定をされている。

同町宮下《みやした》の荒屋敷《あらやしき》遺跡では，縄文時代晩期から弥生時代初期の土器がみつかり，その中に西日本の弥生時代前期の土器である遠賀川《おんががわ》式土器の流れを汲むものが含まれ，弥生時代の伝播を考える資料として注目された。また，漆塗の櫛・ヘアピン状製品，弓，編籠類，糸玉など繊維加工品，木製品といった有機質資料が多数発掘された。資料は三島町教育委員会・福島県立博物館に保管されている。

金山町歴史民俗資料展示室《かねやままちれきしみんぞくしりょうてんじしつ》 ㉟

0241-55-3334（こぶし館）

〈M ► P. 194〉大沼郡金山町中川《かねやままちなかがわ》字上《かみ》居平《いだいら》949-1

JR只見線会津中川駅 3分，または会津坂下IC 40分

会津中川駅から国道252号線を100mほど只見方面に進むと，中川

鮭立の磨崖仏

集落の西端に金山町活性化センターこぶし館があり，館内に金山町歴史民俗資料展示室が設けられている。資料展示室には，弥生時代の再葬墓などがみつかった宮崎遺跡《みやざき》を始め，町内の遺跡から出土した考古資料や，雪深い山村の生活を伝える民俗資料などを展示している。

館に隣接して旧五十島《いがしま》家住宅(県文化)がある。かつて沼沢《ぬまざわ》湖畔の同町沼沢にあったもので，馬屋《うまや》をすべて中門《ちゅうもん》に収容した馬屋中門造の18世紀後半の農家住居である。

会津中川駅から国道を若松方面に約200m進み，そこから左へ中川集落内に入って行くと，まもなく左手に大悲堂《たいひどう》があり，木造聖観音《しょうかんのん》坐像(県文化)が安置されている。寄木造で，鎌倉時代後期以降に中央の仏師によってつくられたものと考えられ，中世に金山谷《かねやまだに》とよばれたこの地方(現，大沼郡三島町・金山町を中心とした地域)を支配した山内《やまのうち》氏との関連が想定される。こぶし館の裏手の只見川べりには山内氏の氏族で玉縄城《たまなわ》(現在の県立川口高校付近)城主であった川口氏の一族による宮崎館跡も残る。

国道252号線を只見方面へさらに約13km行った横田《よこた》地区は，山内氏の根拠地であった。1589(天正《てんしょう》17)年，山内氏勝《うじかつ》は蘆名《あしな》氏を滅ぼして侵入した伊達政宗《だてまさむね》軍に抵抗したが，翌年，小田原《おだわら》攻め後に会津入りした豊臣秀吉によって所領を没収された。横田集落東端からその南側の要害山《ようがいやま》にかけてが山内氏の主城であった中丸城《なかまるじょう》跡である。前面の只見川べりに館があった。

横田集落から南へ5kmほど入った山入《やまいり》地区鮭立《さけだち》集落には，会津地方では唯一の磨崖仏《まがいぶつ》(鮭立の磨崖仏)があり，15〜60cmほどの51体の小像が残っている。天明の大飢饉(1782〜87年)の惨状をみた修《しゅ》験者《げんじゃ》によって刻まれたと伝えられる。

宮崎遺跡出土資料を展示
中世山内氏を偲ぶ

からむし工芸博物館《こうげいはくぶつかん》 ㊱

0241-58-1677

〈M►P. 194〉大沼郡昭和村佐倉《しょうわむらさくら》字上ノ原《うえのはら》 Ⓟ
JR只見線会津川口《かわぐち》駅🚌両原《りょうはら》・大芦《おおあし》行下佐倉🚶1分，または磐越自動車道会津坂下IC🚗70分

幻の織物「からむし織」体験学習の施設も

会津川口駅から只見川の支流野尻《のじり》川沿いに国道400号線を約20kmほど南下すると昭和村に着く。交通事情が悪かった昭和40年頃までは，冬には交通が途絶することもあった。からむしの栽培とからむし織(県無形)の技術は，そうした厳しい環境の中で人びとが守り続けてきたものである。

からむしは，青苧《あおそ》(苧麻《ちょま》)ともいうイラクサ科の多年草で，原始からその繊維が利用されてきた。その栽培がこの地に普及したのは，室町時代初期の応永《おうえい》年間(1394〜1428)頃であるという。以後，小千《おぢ》谷《や》縮《ちぢみ》・越後《えちご》上布《じょうふ》の原料として盛んに栽培され，六十里越《ろくじゅうりごえ》を越えて新潟県魚沼《うおぬま》地方に運ばれた。地元でもいざり機とよばれる織機によって野良着を生産していた。第二次世界大戦中の食糧増産ですたれたが，同村大芦《おおあし》地区で細々と維持されてきた。

昭和村佐倉地内にあるからむし織の里は，国道400号線沿いの下佐倉バス停からすぐである。ここにはからむし織の歴史，からむし生産用具とその製品(県民俗)などを紹介するからむし工芸博物館，体験学習ができる織姫交流館などの施設が整えられている。

からむし織の里

河井継之助記念館《かわいつぐのすけきねんかん》 ㊲

0241-82-2870

〈M►P. 194, 245〉南会津郡只見《ただみ》町《まち》塩沢《しおざわ》字上《うえ》の台《だい》850-5 Ⓟ
JR只見線会津塩沢《しおざわ》駅🚶5分，または磐越自動車道会津坂下IC🚗70分

河井継之助終焉の地

会津塩沢駅から国道252号線に出て左手，若松方面に向かい，300mほど進み，線路を横切って塩沢集落内に入ると河井継之助記

念館がある。戊辰《ぼしん》戦争で奥羽越列藩《おううえつれっぱん》同盟に加わった長岡藩家老河井継之助は，長岡での戦いに敗れた後，会津で再起を図ろうと，傷ついた身体で厳しい峠道を越えたが，この地で投宿した矢沢家で没した。記念館には，継之助が息を引き取った部屋が残され，継之助の生涯が紹介されている。近くの医王寺《いおうじ》裏には，継之助の墓所がある。

また，塩沢地域で行われていた製塩の様子を伝える山塩《やまじお》資料館も併設されている。

旧五十嵐家住宅《きゅういがらしけじゅうたく》 ㊳

0241-82-2407
(株式会社ふおくろあ〈旧長谷部家住宅〉)

〈M►P. 194, 245〉南会津郡只見町叶津《かのうづ》字居平437 P
JR只見線会津蒲生《がもう》駅 徒歩20分，またはJR只見駅 車5分

国重文の農民住居

国道252号線沿い，会津蒲生駅と只見駅の中間辺りに叶津集落がある。ここから只見川の支流叶津川を遡《さかのぼ》り，浅草岳《あさくさだけ》の北側を越えて新潟県三条方面に至る道が国道289号「八十里越《はちじゅうりごえ》」(自動車通行不可)である。「八里の峠でありながら八十里もあるかのような急峻な峠」ということから名付けられ，難所の1つであった。

叶津には江戸時代，口留番所《くちどめばんしょ》がおかれ，保科氏の時代には，叶津の肝煎《きもいり》(名主)に番人を兼任させることが多くなり，やがて番所自体

只見町の史跡

旧五十嵐家住宅

も肝煎の長谷部《はせべ》家に移された。旧長谷部家住宅(県文化)は，会津蒲生駅から只見駅方面へ国道252号線を約2.5km行った所にある。1800年頃の建築と思われ，長さ24mの大規模な曲り家で，母屋の土間の前に馬屋を納めた中門がついている。もとは「のっこみ」という玄関が座敷前面にあった。

旧長谷部家住宅の裏には，旧五十嵐家住宅(国重文)がある。只見町上町《かみまち》から移築されたもので，その際，1718(享保《きょうほう》3)年に建てられたことがわかった。江戸時代中期，馬屋中門造が普及する以前の，当地方における本百姓の家屋を今に伝えて貴重である。屋内見学の際は，旧長谷部家住宅の管理人に申し込む必要がある。

田子倉《たごくら》ダム ㊴

只見川流域最大のダム
生活を変えた電源開発

〈M►P. 194, 245〉南会津郡只見町田子倉後山《うしろやま》 Ⓟ
JR只見線只見駅🚗10分，または磐越自動車道会津坂下IC🚗100分

只見駅前の交差点から国道252号線を小出《こいで》方面へ進むと，2.5kmほどでコンクリートのかわりに岩盤を積み上げてつくったロックフィル式の只見ダムと発電所があり，さらに進むと巨大な田子倉ダムがみえてくる。1953(昭和28)年着工，総工費340億円と延べ300万人の労働力を投入して1961年に完成した，最大出力38万kwという，当時としてはわが国最大規模の水力発電所をともなうコンクリートダムである。第二次世界大戦後の電源開発により，只見川・阿賀川水系は国内有数の電源地帯となり，京浜地区へ電力を供給している。

田子倉ダム建設にともなって，田子倉集落50戸が水没した。田子倉は，会津地方と新潟県小出とを結ぶ六十里越《ろくじゅうりごえ》の起点として，口留番所がおかれていた所である。ダムの展望台近くの国道沿いに村の鎮守だった若宮八幡が移され，境内にある田子倉の碑には，水没によって移転を余儀なくされた田子倉の歴史と住民の思いが刻まれている。

只見町は，雪の多い会津の山間部のなかでもとくに豪雪地帯として知られるが，雪は生活の障害であるばかりではなかった。人びとは，雪解けの豊富な水がもたらす自然の恩恵を生かしながら，生活を営んできた。只見町には，そうした生活のあり方を伝える会津只見の生産用具と仕事着コレクション(国民俗)2333点が残されている(問い合わせは只見町教育委員会：TEL0241-82-5320)。

国重文の観音堂

会津只見考古館《あいづただみこうこかん》と成法寺《じょうほうじ》 ㊵㊶

0241-86-2175(会津只見考古館)／0241-86-2503(大泉寺)

〈M►P. 194, 245〉南会津郡只見町大倉《おおくら》字窪田《くぼた》33 P／梁取《やなとり》字仏地《ほとけち》1864-1 P
JR只見線只見駅🚌山口《やまぐち》行大倉村中《おおくらむらなか》🚶3分，またはJR只見駅🚗20分／JR只見線只見駅🚌山口行梁取下🚶1分，またはJR只見駅🚗25分

只見駅から国道289号線を只見川の支流伊南《いな》川沿いに14kmほど進むと，大倉集落に会津只見考古館がある。縄文～弥生時代の住居跡と，弥生時代の再葬墓がみつかった窪田《くぼた》遺跡(県史跡)の地に建てられ，同遺跡を始め町内出土の考古資料が展示されている。考古館の前には竪穴住居も復元されている。

さらに南会津町南郷方面に3.5kmほど進むと，梁取集落の西端に成法寺(曹洞《そうとう》宗)に至る。寺の後方には，間近に岩肌の露出した断崖が聳《そび》えている。壮麗なたたずまいをみせる方3間の寄棟造《よせむねづくり》の成法寺観音堂(国重文)は，二軒平行垂木《ふたのきへいこうたるき》で粽《ちまき》付きの柱に台輪《だいわ》・平三斗《ひらみつと》の組物が載る和様と唐様の折衷様式で，建立は永正《えいしょう》年間(1504～21)と推定される。現在は軒を支えるために補強がなされている。

成法寺観音堂

堂内の木造聖観音《しょうかんのん》坐像(県文化)は，像高77cm，ヒノキ材の寄木造，彩色・玉眼入りで，胎内銘から1311(応長《おうちょう》元)年に三河宗景《みかわむねかげ》(長沼氏の一族皆川《みなかわ》宗景か)によって勧請されたことがわかっている。なお，堂内の見学には大泉寺に予約が必要。

6 会津美里町(本郷・高田・新鶴)

会津盆地南部から南西部には，古代・中世の面影が残る寺院建築が多い。また，本郷地区は県内有数の窯業地である。

向《むかい》羽《は》黒山《ぐろやま》城跡《じょうあと》 ㊷

〈M ▸ P. 194, 248〉 大沼《おおぬま》郡会津《あいづ》美里町《みさとまち》字船場《ふなば》 P
JR只見《ただみ》線会津本郷《あいづほんごう》駅 徒歩15分(登り口)

戦国時代末期の大規模な山城

会津本郷駅前を南へ進み，1.5kmほど行った所に白鳳《はくほう》三山といわれる観音山《かんのんやま》・羽黒山・向羽黒山(岩崎山)があり，白鳳山《はくほうざん》公園となっている。

向羽黒山城跡(国史跡)は，戦国時代末期に向羽黒山全域と羽黒山の一部に築かれた東西約1.4km・南北約1.5kmにもおよぶ大規模な山城で，別名岩崎城ともよばれ，会津盆地を一望できる。本丸を始め，二の丸・三の丸などの曲輪《くるわ》や虎口《こぐち》・土塁・堀切などの跡が良好な状態で残っている。1561(永禄《えいろく》4)年，家督を嗣子盛興《もりおき》に譲った会津領主蘆名盛氏《あしなもりうじ》が築城に着手し，1568年に完成した。1574(天正《てんしょう》2)年，盛興の死により盛氏は再び黒川城(のちの若松城)に帰り，城は廃城になったと伝えるが，その後の伊達氏・蒲生《がもう》氏・上杉氏時代にも整備・使用されたと考えられている。

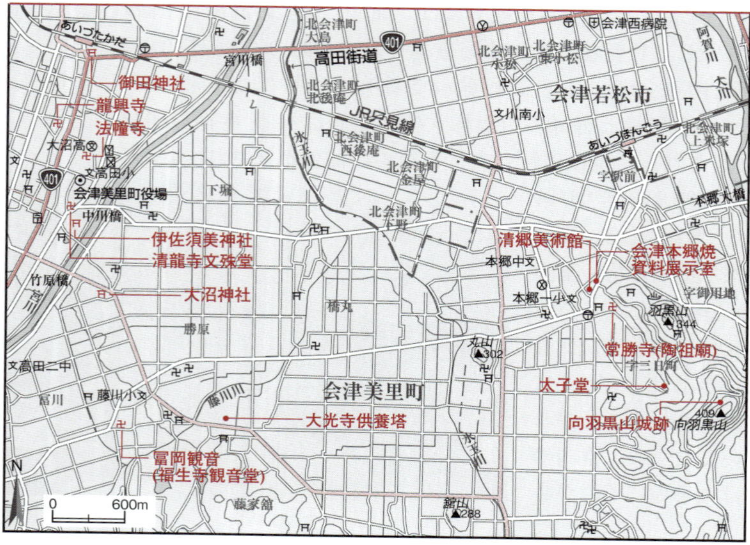

会津本郷駅から会津高田駅周辺の史跡

白鳳山公園は自然公園として遊歩道も整備されており，観音堂跡・羽黒山神社・宗像《むなかた》神社などの文化財をめぐることもできる。

生活雑器中心の
会津本郷焼

会津《あいづ》本郷焼《ほんごうやき》資料《しりょう》展示室《てんじしつ》 ㊸

0242-56-4882(インフォメーションセンター)

〈M►P. 194, 248〉大沼郡会津美里町瀬戸町《せとまち》甲3161-1 Ⓟ(会津美里町インフォメーションセンター)

JR只見線会津本郷駅🚶15分，またはJR会津若松駅🚌本郷・関山行瀬戸町🚶3分

会津美里町本郷地区は，焼物の町として知られている。1645(正《しょう》保《ほう》2)年，会津藩松平家初代藩主保科正之《ほしなまさゆき》は，城の屋根瓦改良のために，長沼《ながぬま》(現，須賀川《すかがわ》市)から瀬戸《せと》(現，愛知県瀬戸市)出身の陶工水野源左衛門《みずのげんざえもん》を招いたという。これが会津本郷焼の始まりとされ，その後，民窯も開かれ発展した。1800(寛政《かんせい》12)年には，有田《ありた》(現，佐賀県西松浦《にしまつうら》郡有田町《ありたちょう》)などの先進地の視察から帰国した佐藤伊兵衛《さとういへえ》が，磁器の生産に成功，その後の技術改良もあり，明治時代にかけて本郷焼はその地位を高めた。さらに明治20年代には電気用碍子《がいし》生産に乗り出し，大正時代にかけて国内市場で大きな地位を占めた。第二次世界大戦後は，柳宗悦《やなぎむねよし》らによる日常雑器類を見直す民芸運動のなかで，本郷焼の鰊《にしん》鉢《ばち》などが脚光を浴びた。

現在，本郷焼の窯元は17を数え，民芸調の陶器などそれぞれ特徴のある焼物をつくっている。毎年8月の第1日曜日に瀬戸町通りで「せと市」が開かれ，早朝から掘出し物や日用品を買い求める人で賑わう。また，町内の陶磁器会館にはほとんどの窯の製品が揃っている。白鳳山公園入口にある会津美里町インフォメーションセンター2階に会津本郷焼資料展示室があり，会津本郷焼にかかわる資料が展示されている。ここから南へ100mほどの所にある清郷《きよさと》美術館は，大正時代初期の民家を改修したもので，古今の会津本郷焼の名

清郷美術館

太子堂

品をみることができる。

さらに70mほど南へ向かい廣瀬《ひろせ》神社の手前を左折すると宗《むな》像《かた》窯があり，その奥正面の常勝寺《じょうしょうじ》には明治時代に建てられた陶祖廟《とうそびょう》がある。水野源左衛門・佐藤伊兵衛らがまつられている。

廣瀬神社前の交差点から，さらに南へ約1kmほど，向羽黒山西麓の三日町《みっかまち》集落から向羽黒山城大手口入口への歩道をのぼり始めると，すぐ左手に太子堂がある。常勝寺もかつてはこの地にあったが，現在地に移り，この堂のみが残る。堂内には胎内に「正中《しょうちゅう》三(1326)年」の銘が残る木造聖徳太子《しょうとくたいし》立像(県文化)が安置され，毎年9月15日に開帳されている。

龍興寺《りゅうこうじ》 ㊹

0242-54-2446

〈M►P. 194, 248〉大沼郡会津美里町竜興寺北《りゅうこうじきた》甲2222
JR只見線会津高田《あいづたかだ》駅🚶10分

国宝の装飾経を所蔵 天海ゆかりの寺

会津高田駅から町を南北に走る大通りを750mほど南下すると，右手に龍興寺への参道がある。

龍興寺(天台《てんだい》宗)は，848(嘉祥《かしょう》元)年，慈覚大師《じかくだいし》(円仁《えんにん》)によって開かれたという伝承をもつ古刹《こさつ》で，多くの末寺をもったというが，1629(寛永《かんえい》6)年に類焼し，記録・什物《じゅうもつ》の多くを失って，寺の歴史は明らかでない。

所蔵の一字蓮台法華経《いちじれんだいほけきょう》9巻(開結共《かいけちとも》，国宝)は，1行17字で，1字1字が色とりどりの蓮台の上に書かれている荘厳経《しょうごんきょう》(装飾経《そうしょくきょう》)である。平安時代中期から200年以上にもわたって写経され続けたものであるという。そのほか「文亀《ぶんき》三(1503)年」銘の裏書のある絹《けん》本著色両界曼荼羅《ぽんちゃくしょくりょうかいまんだら》2幅(県文化)もある。これらの見学には事前に連絡が必要。

龍興寺は，徳川家康《いえやす》・秀忠《ひでただ》・家光《いえみつ》の帰依を受けて権勢を振るった天海僧正《てんかいそうじょう》(慈眼《じげん》大師)ゆかりの寺でもある。天海はこの地に生まれ，永禄《えいろく》年間(1558〜70)頃，当寺住持舜幸《しゅんこう》を師として得度《とくど》したと伝え

会津の郷土食

コラム

食

干物を使った伝統料理

会津の伝統的な郷土食として思い浮かぶものに，鰊《にしん》の山椒漬《さんしょうづけ》がある。材料のニシンは生ではなく，身欠鰊《みがき》とよばれる三枚におろした干物。焼いて，煮て，天婦羅にして，会津ではこの身欠鰊を実によく食べる。現代のように交通機関や冷凍・冷蔵技術が発達する前，会津のような山間地では新鮮な海の幸を食べることはできなかった。肉食の習慣もないので，タンパク源として魚の干物が重宝されたのだろう。会津では身欠鰊のほかにも，棒鱈《ぼうたら》・スルメなどの干物が活躍する料理が多い。

会津本郷焼《あいづほんごうやき》では，この鰊の山椒漬を漬け込むための専用の鰊鉢という四角形の浅鉢がつくられる。食が伝統産業と結びついて，地域の生活文化を形づくっている。

また，会津の冠婚葬祭には欠かせない「こづゆ」というホタテの貝柱の干物でダシをとる具沢山《ぐだくさん》の汁物がある。その専用食器として，会津漆器の皿のように浅い平椀の漆器が使われる。

られる。当寺墓地には，天海の両親船木景光《ふなきかげみつ》夫妻の墓という２基の五輪塔があり，また，本堂前には天海が幼少の頃に感得したという十一面観世音菩薩《かんぜおんぼさつ》の小像を本尊とする浮身《うきみ》観音堂が移築されている。

なお，龍興寺参道入口から南へ300mほどくだった会津美里町中央公民館前に，両親が天海の誕生を記念して建立したと口承される「天一」の陰刻のある護法石《ごほういし》があり，大通りを挟んで西側の公民館前バス停脇には，天海誕生の地を記念した石碑が立っている。

龍興寺の参道入口から大通りをさらに約150m南へくだると，左手に法幢寺《ほうどうじ》の参道入口がある。法幢寺（浄土《じょうど》宗）は，1494（明応《めいおう》３）年，玉誉《ぎょくよ》によって開かれ，1532（天文《てんぶん》元）年頃，智鏡《ちきょう》上人が再興したという。当寺には，善光寺《ぜんこうじ》式の阿弥陀《あみだ》三尊像で，阿弥陀如来《にょらい》の背面に鎌倉時代中頃の「建治《けんじ》二（1276）年」銘がある銅造阿弥陀如来及び両脇侍立像（国重文）が安置されている。

浮身観音堂

伊佐須美神社《いさすみじんじゃ》 ㊺

0242-54-5050

〈M ► P. 194, 248〉大沼郡会津美里町字宮林甲《みやばやしこう》4377

JR只見線会津高田駅🚶20分，または🚌永井野方面行横町🚶5分

会津地名伝承をもつ古社
御田植祭で賑わう

法幢寺からさらに600mほど南下し，本郷方面への県道との交差点を左折すると，200mほど先に伊佐須美神社(祭神伊弉諾尊《いざなぎのみこと》・伊《い》弉冉《ざなみ》尊・大毘古命《おおひこのみこと》・建沼河別命《たけぬなかわわけ》)の社叢がみえてくる。社伝によれば，創建は『古事記《こじき》』にみえる崇神《すじん》天皇の四道《しどう》将軍派遣にまで遡《さかのぼ》るという。すなわち，北陸を進んだ大毘古命と東海を進んだその子建沼河別命が行き合ったのが「相津」(会津)で，そのとき国家鎮護のために御神楽岳《みかぐらだけ》(大沼郡金山町と新潟県との境)にまつった2神(伊弉諾尊・伊弉冉尊)を，やがて町の南西方向の博士山《はかせやま》，明神ヶ《みょうじんが》岳《たけ》(現在，奥之院として1744〈延享《えんきょう》元〉年に奉祀された石祠がある)を経て，552年に当社の南西隣の高天原《たかまがはら》(南原)へ，さらに現在地(東原)へと遷座したものという。『延喜式《えんぎしき》』式内社《しきないしゃ》で「奥州《おうしゅう》二の宮」を称した。会津の総鎮守《そうちんじゅ》として，蘆名氏から松平氏に至る歴代の領主を始め，人びとの篤い信仰を集めてきた。

宝物殿には，当社の年中行事に使われた祭具や文化財が展示されている。1526(大永《たいえい》6)年，蘆名氏によって寄進されたと伝えられる朱漆金銅装神輿《しゅうるしこんどうそうしんよ》(国重文)は，扉に蘆名氏の家紋をもち，四方に金銅製の鳥居がついた階段を配する。また，寄木造《よせぎづくり》の木造狛犬《こまいぬ》1対(県文化)は，頭小胴大の特徴から，南北朝時代の作品と考えられる。

毎年7月11・12日には，当社と会津高田駅前の御田《おた》神社を中心に，御田植祭《おたうえまつり》が行われる。東北地方の田楽の多くが，正月行事として行われる予《よ》祝《しゅく》の芸能であるのに対し，高田の御田植祭の田楽は5～6月頃に，実際の田植に際して行われてきた田植神事である。

伊佐須美神社鳥居

会津盆地には同様の田植神事がみられ，分布の北限となっているが，とくに高田の御田植祭の田植神事(県民俗)は，催馬楽《さいばら》(田植歌)を始め，獅子追《ししおい》や田植人形(神子人形《でくにんぎょう》)などの古い要素を残しており，貴重である。

伊佐須美神社の北隣に「高田の文殊《もんじゅ》様」として親しまれている清《せい》龍寺《りゅうじ》文殊堂がある。2月25日の文殊祭は，合格祈願の受験生で賑わう。また，神社の南東の竹原《たけはら》集落に大沼《おおぬま》神社がある。かつてこの辺りは大きな沼で，それが郡名の由来ともいうが，現在はこの神社の裏に小さな窪地を残すのみである。

冨岡観音《とみおかかんのん》 46

〈M ▸ P. 194, 248〉大沼郡会津美里町冨川《とみかわ》字冨岡《ともおか》甲8 P
JR只見線会津高田駅🚗10分，または🚌市野・落合・さか下行馬の墓🚶15分

国重文の観音堂
東北最古の板碑

伊佐須美神社の南方2kmほどの冨岡集落西南隅に，冨岡観音として親しまれている福生寺観音堂《ふくしょうじかんのんどう》(国重文)がある。桁行3間・梁間3間，一重の宝形造《ほうぎょうづくり》で，粽《ちまき》を付けた柱に頭貫《かしらぬき》が通り，その上に台輪《だいわ》・組物《くみもの》を載せ，丸桁《がぎょう》を支える禅宗様の手法が使われている。正面の向拝《こうはい》や縁廻りは後補だが，軸部は室町時代のものとされる。伝えによれば，延暦《えんりゃく》年間(782～806)に，この地を支配していた大口大領《おおぐちたいりょう》(大領は郡司の長官)という長者が京都にのぼり，仏師に十一面観音像を造らせ，会津への帰途についたが，途中，美濃《みの》国で観音像が急に重くなり動かなくなった。そこで，近くに堂を建立して観音像をまつったの

福生寺観音堂

大光寺供養塔

が，岐阜県の谷汲山《たにぐみさん》華厳寺《けごんじ》のおこりという。その後，寺僧と不和となった大口大領は，十一面観音像の頂上の十面を会津へ持ち帰り，あらたな像を造らせて奉り，安置した。こうして福生寺観音堂(当初は妙福寺《みょうふくじ》)が始まったという。近年の観音堂解体修理にともなう発掘調査では，現在の観音堂に先立つ掘立柱建物跡，奈良時代の竪穴住居跡，多数の礫石経《れきせききょう》，平安時代初期の土坑墓などが出土している。

観音堂の東方約1kmの所にある，藤田集落の集会場隣には大光寺供養塔(県文化)がある。塔高159cmで，三角頂部・二条切込線・顎部《がくぶ》をもち，阿弥陀を意味する梵字《ぼんじ》が刻まれた板碑《いたび》である。下部には「延応《えんおう》二(1240)年」の銘があり，紀年銘のある板碑としては東北最古のものである。

法用寺《ほうようじ》 ㊼

0242-54-5937(福泉寺)

〈M►P. 194, 256〉大沼郡会津美里町雀林《すずめばやし》字三番山下《さんばんやました》3554 Ⓟ

JR只見線会津高田駅🚗10分

会津唯一の寺院塔建築
平安時代の仁王像

会津高田駅から県道22号線をおよそ2.5km北上し，境野集落で左折，さらに2kmほど西へ進む。会津盆地西縁南部の雀林集落に法用寺(天台《てんだい》宗)がある。当寺は720(養老《ようろう》4)年に得道《とくどう》上人が建立して十一面観音を安置したことに始まり，大同《だいどう》年間(806〜810)には徳一《とくいつ》により再興されたと伝える古刹である。中世には多くの末寺を抱え，多くの寺領をもち，坊舎も33坊を数えるなど，会津の天台宗の中心寺院として栄えたという。

雀林集落に伝わる正月行事「へびの御年始」に使われる藁《わら》でつくった蛇の御神体がまつられている仁王門《におうもん》を入ると，右手に鐘楼があり，「文明《ぶんめい》六(1474)年」銘のある銅鐘(県文化)がある。正面には本堂が，向かって左手には会津地方唯一の三重塔(県文化)がそびえる。この塔は安永《あんえい》年間(1772〜81)に再建されたもので，塔の前からは会津盆地を見下ろすことができる。

かつて仁王門にあり，現在は本堂に安置されている木造金剛力士立像2体(国重文)は，像高2mを超すケヤキ材の一木造《いちぼくづくり》で，平安時代の仁王像として全国的にも類例が少ない。本堂の本尊である木造十一面観音立像2体(ともに県文化)も平安時代の造像と考えられているが，秘仏であり，公開されていない(毎年4月17日に開帳)。

法用寺三重塔

本尊をまつる観音堂厨子《ずし》には「正和《しょうわ》三(1314)年」の銘があり，桟唐戸《さんからと》の扉・粽《ちまき》付きの円柱に頭貫《かしらぬき》・台輪《だいわ》・四手先《してさき》の組物，二軒《ふたのき》の扇垂木《おうぎたるき》など，禅宗様の特徴をもっている。また，厨子を載せる仏壇の格狭間《こうざま》も禅宗様の蝙蝠狭間《こうもりざま》で，法用寺本堂内厨子及び仏壇として国の重要文化財の指定を受けている。本堂には，鎌倉時代末期の作とされる伝木造得道上人坐像(県文化)なども安置されている。同寺所蔵の十一面観音板木(県文化)は，「応永《おうえい》四(1397)年」の銘があり，長谷寺《はせでら》様式を今に伝えるものとして貴重である。

現在は無住で，会津美里町八木沢《やぎさわ》の福泉寺が管理している。

中田観音《なかだかんのん》と田子薬師堂《たごやくしどう》 ㊽㊾

0242-78-2131(中田観音)/
0242-58-2261(宝寿院)

〈M ► P. 194, 256〉 大沼郡会津美里町米田《よねだ》字堂ノ後《どうのあと》甲147 P ／新屋敷《しんやしき》字山王塚《さんおうづか》甲99 P

JR只見線根岸《ねぎし》駅 5分／JR新鶴《にいつる》駅 10分

国重文の弁天堂
禅宗様の美しい薬師堂

根岸駅から西へ500mほど，山裾《やますそ》の根岸集落を抜けて行くと，中田観音の名で親しまれている弘安寺《こうあんじ》(曹洞宗《そうとう》)があり，人びとの篤い信仰を集めている。

山門をくぐってすぐ右手の保管庫には，弁天堂(弘安寺旧観音堂厨子《ずし》，国重文)が収められている。この堂は，1279(弘安《こうあん》2)年に当地の地頭《じとう》富塚盛勝《とみづかもりかつ》により建立された観音堂の厨子であったが，1642(寛永《かんえい》19)年の観音堂の再建の際，外に出され弁天堂とされたものであるという。1972(昭和47)年の解体修理で，当初の形式に復元

田子薬師堂

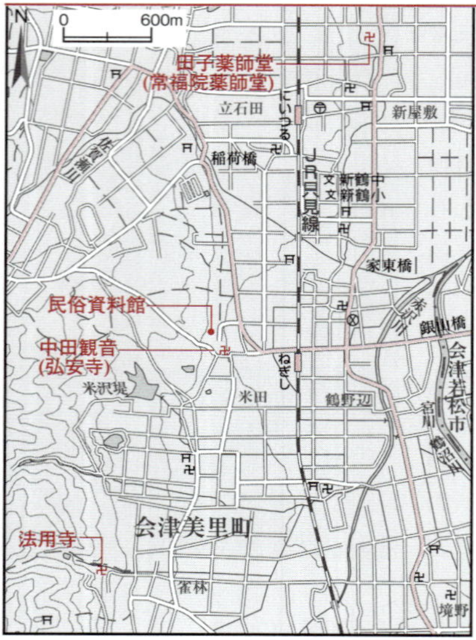

新鶴駅周辺の史跡

された。正面1間・背面2間・梁間1間で，柿《こけら》葺《ぶ》きの切妻《きりづま》屋根の妻を唐《から》破《は》風《ふ》とするものである。一軒《ひとのき》平行垂木で，妻飾りは板《いた》蟇《かえる》股《また》，頭貫の技法を用いるが，台輪はなく，柱に粽が付かない。木《き》鼻《ばな》には大仏様の影響がみられる。

本堂には，銅造十一面観音及脇侍(不動明王・地蔵菩薩)立像(国重文)がまつられている(1月1～3日，8月9・10日，11月1～10日に開帳)。十一面観音には「文永《ぶんえい》十一(1274)年」の銘があり，佐《さ》布《ぶ》川《かわ》(現，会津美里町字宮《みや》之《の》腰《こし》)の長者江《え》川《がわ》常俊《つねとし》が娘の死を悼《いた》み，造らせたものであると伝える。なお，当地から南東へ3.5km，佐布川集落の観音寺(曹洞宗)にある木造十一面観音立像(県文化)は，中田観音に酷似しており，中田観音の原型とも伝えられる。

中田観音の脇を山側に100mほど行くと，民俗資料館(新鶴幼稚園に併設)がある。旧新鶴《にいつる》村内出土の考古資料，村民から収集された民俗資料などを展示しており，みごたえがある。

JR新鶴駅から東へ500m，県道22号線との交差点を会津坂下方面に左折して500m進むと，田子薬師堂(常《じょう》福《ふく》院《いん》薬《やく》師《し》堂《どう》，国重文)がある。方3間の入《いり》母《も》屋《や》造で，粽付きの柱頭に頭貫，台輪の上に出《で》組《ぐみ》の組物を載せている。扉は桟唐戸，二軒の見事な扇垂木で，堂内天井も化《け》粧《しょう》垂木となっている。均整のとれた禅宗様の建築である。1197(建《けん》久《きゅう》8)年に田《た》子《ご》十《じゅう》兵《べ》衛《え》道宥《どうゆう》によって，約500m東方の地に創建されたが，1399(応永6)年にこの地に移築したものという。本尊の木造薬《やく》師《し》如来《にょらい》坐像は毎年4月8日・8月18日に開帳される。問い合わせは，会津若松市北会津町の宝寿院へ。

7 飯豊山南麓と阿賀川のほとり

山が大半をしめるこの地域は，飯豊山信仰や山の神信仰が盛んで，高地に適したソバの食文化が生まれた。

ソバの里で
ソバの文化を学ぶ

そば資料館《しりょうかん》 ㊿

0241-38-3000

〈M ► P. 194, 257〉 喜多方《きたかた》市山都《やまと》町沢田《まちさわた》3077-1 Ⓟ
JR磐越西《ばんえつさい》線山都駅 🚶10分

山都駅前の道を右に行くと，駅の裏手にあたる所に飯豊《いいで》とそばの里センターがあり，その中にそば資料館がある。ここでは山都のソバの特徴，栽培・製粉・蕎麦《そば》打ち・食膳に用いる諸道具や，蕎麦切り・蕎麦掻《が》きなどの蕎麦料理と，ソバに関するあらゆることを学ぶことができる。

旧山都町の85％は山で占められて水田が少なく，江戸時代には，町内全域で凶作に備えてソバが栽培されていたことが記録されている。現在，ソバの作付面積は約107.1haで，福島県全体の約3.2％を占める。ソバを多く栽培しているのは宮古《みやこ》地区と千咲原《せんざきはら》地区で，宮古には蕎麦料理の店がある。

そば資料館と同じ棟に，ふるさと館がある。ここでは，旧山都町

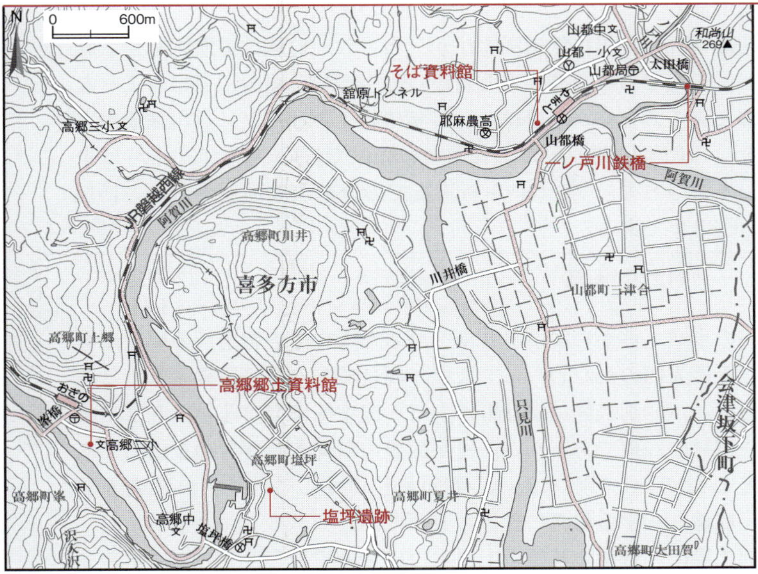

山都駅から荻野駅周辺の史跡

の文化財の写真と飯豊山信仰の資料をみることができる。

資料館に隣接してそば伝承館があり，蕎麦を味わうことができ，また，蕎麦をつくる手打ち体験などもできる。

一ノ戸川鉄橋《いちのとがわてっきょう》 51

〈M►P. 194, 257〉喜多方市山都町小舟寺《こふなじ》字土井ノ内《といのうち》・字土井ノ外《そと》
JR磐越西線山都駅 15分

石造りの橋脚
明治時代の文化財

一ノ戸川鉄橋

山都駅前の道を左に行くと商店街が続く。そこを抜けると，右手前方に一ノ戸川鉄橋(一ノ戸橋梁)がみえてくる。一ノ戸川に架かる橋脚部分を縦約20cm・横約30〜40cmの切り石を積み上げて造った鉄橋である。

1906(明治39)年に鉄道国有法が公布され，岩越《がんえつ》鉄道が国有化されると，未完であった喜多方と新津《にいつ》(現，新潟市)間の工事に着工した。山都と喜多方を結ぶ工事は，1907年に始められ，一ノ戸川鉄橋が完成し，1910年に開通した。長さ444.8m，高さ30.2mで，当時は東洋一と称された。郡山《こおりやま》から新津までの全線が開通したのは，1914(大正３)年である。

旧一戸村制札場《きゅういちのとむらせいさつば》 52

〈M►P. 194〉喜多方市山都町一ノ木《いちのき》字本村《ほんそん》乙1982
JR磐越西線山都駅 いいでのゆ行一の木 1分

お上の伝言板
現存する唯一の制札場

一の木バス停から30mほど南へ戻った所に田中哲造氏の屋敷があり，その入口のかたわらに，天保《てんぽう》年間(1830〜44)に設置されたとされる旧一戸村制札場(県史跡)がある。田中家は会津《あいづ》藩領耶麻《やま》郡木曾《きそ》組一戸村の肝煎《きもいり》であったが，村が飯豊山信仰の参拝者の登山口であるとともに，山形県米沢《よねざわ》への間道に位置することから，旅人の監視・取締りをする番所の役目も兼ねていた。

制札場は，石積の基礎の上に木の柵をめぐらし，その中に木造２

飯豊山の山岳信仰

コラム

修験と成人登山の聖地

福島・山形・新潟３県にまたがる飯豊《いいで》連峰は古くから信仰の対象であった。修験など山岳信仰を示す遺構や遺物が登拝《とうはい》路に数多く残され，成人儀礼や豊作祈願としての飯豊山登拝も，会津盆地を中心に広く行われてきた。地蔵山(約1500m)周辺では縄文時代の石鏃《せきぞく》も発見されている。

飯豊の山岳信仰の始まりについては役小角《えんのおづぬ》・空海《くうかい》などの伝説があるが，確証はない。しかし信仰登山のメインルートであった喜多《きた》方《かた》市山都町《やまとまち》一ノ木《いちのき》にある飯豊山《いいでさん》神社には伝鎌倉時代作の五社権現像《ごしゃごんげんぞう》(五大虚空蔵《こくぞう》菩薩の垂迹《すいじゃく》神，県文化)や銅鉢《どうはつ》が残されており，中世にまで遡《さかのぼ》るものと考えられている。『新編会津風土記《しんぺんあいづふどき》』や「飯豊《いいで》山登拝図《やまとうはいず》」などから，江戸時代にも多くの信者が登拝していたことが知られ，第二次世界大戦の前まで信仰登山は長く続けられた。

飯豊山の登拝路はいくつかあるが，もっとも利用されたのは山都町一ノ木・御沢《おさわ》・下十五里《しもじゅうごり》・中《なか》十五里・上《かみ》十五里・剣ケ峰《けんがみね》・三国《みくに》岳《だけ》・種蒔山《たねまきやま》・切合《きりあわせ》・草履塚《ぞうりづか》・姥《うば》権現《ごんげん》・御秘所《おひしょ》・御前坂《おんまえさか》・一王《いちのおう》子《じ》・飯豊山神《おひそ》社・飯豊山頂へというルートである。このメインルートには，ほかの登拝路と比べて多くの山岳信仰関連遺構が残されている。なかでも剣ケ峰・御秘所などは難所で，男子は成人儀礼としてここを通過して，初めて一人前の男になったと認められる。会津地方では，通過できなかったり途中で引き返した者は，下山後，村八分になったという。

草履塚から飯豊山神社まではとくに神聖な領域であり，現地に赴けば万年雪(御鏡雪《みかがみゆき》)の上にそそり立つ大日岳《だいにちだけ》・御西岳《おにしだけ》・飯豊本山の姿に身が引き締まり，同時に飯豊の雄大さと幽玄を堪能することができる。

登拝路には寛永通宝《かんえいつうほう》などの古銭が至る所から採集されるが，これは危険な箇所を無事通過できるようにと，米などとともに撒《ま》かれた(散米《さんまい》・撒銭《まきせん》)ものである。

2001(平成13)年には山岳信仰を考古学的な立場から解明しようとする山の考古学研究会によって現地調査が行われ，鉄剣・古銭などが採集され，また飯豊本山から御西岳に向かう途中では巨岩が累積する，いわゆる胎内《たいない》くぐりの遺構なども確認されている。

飯豊山一王子の遺構

旧一戸村制札場

間の主柱に6本の支柱を添えた板葺《ぶ》き屋根の建物で，ここに制札を掲げていた。会津藩には24カ所の制札場があったが，現存する唯一の制札場で，1831(天保2)年のキリシタン禁制のほか，13枚の制札が保存されている。現在は飯豊山への参拝者は少なくなり，一般登山者が増えている。

後期旧石器時代の遺跡

塩坪遺跡《しおつぼいせき》 ㊸

〈M►P. 194, 257〉喜多方市高郷町《たかさとまち》字車地蔵《くるまじぞう》
JR磐越西線荻野《おぎの》駅🚌坂下行塩坪🚶5分

塩坪バス停から東方へ300m，塩坪集落の東端にある塩坪遺跡は，阿賀《あが》川の河岸段丘面上に位置する旧石器時代の遺跡である。ナイフ形石器・掻器《そうき》・彫刻刀形の石器などが出土した。石器は頁岩《けつがん》製のものがほとんどで，黒曜石《こくようせき》製のものもある。ナイフ形石器が，茂呂《もろ》遺跡(東京都板橋《いたばし》区)出土のナイフ形石器と同じ刃潰し法であることから，塩坪遺跡は1万5000年前の後期旧石器時代の遺跡とされた。

荻野駅から駅前を抜けて西へ500mほどの所に高郷公民館があり，その裏に高郷郷土資料館がある。資料館を見学するときは，公民館でその旨を話すと案内してくれる。

第1展示室には，アイヅタカサトカイギュウ・クジラなどの海生哺乳類《ほにゅうるい》やウバトリガイ・シラトリガイなどの貝類の化石を展示している。第2展示室には，塩坪遺跡出土の石器のほか，博毛《ばっけ》遺跡・上野《うわの》遺跡などから出土した縄文土器や弥生土器などの考古資料，和紙づくり・漆液の採取・蠟燭《ろうそく》づくり用具などの民俗資料，板碑・渡船場制札・古文書などが展示されている。

なお塩坪遺跡からの出土品は福島県立博物館(会津若松市)でもみることができる。

如法寺《にょほうじ》 ㊹

〈M►P. 194, 262〉耶麻郡西会津町野沢《にしあいづまちのざわ》字如法寺乙3533 Ⓟ
JR磐越西線野沢駅🚌大久保《おおくぼ》行鳥追観音《とりおいかんのん》🚶1分

鳥追観音バス停を降りるとすぐに，如法寺がある。

如法寺観音堂

ころり三観音の1つ
野沢の鳥追観音

　如法寺(真言《しんごん》宗)は寺伝によると，807(大同《だいどう》2)年に徳一《とくいつ》が創建したとされる。仁王門《におうもん》(県文化)をくぐると正面に観音堂《かんのんどう》(県文化)があり，道路を挟んで右手に本堂がある。観音堂は1611(慶長《けいちょう》16)年の大地震で倒壊し，2年後に再建された。桁行《けたゆき》5間・梁間《はりま》3間の入母屋造《いりもやづくり》で，鳥追観音ともよばれている。本尊は伝行基《ぎょうき》作の木造聖観音《しょうかんのん》立像で，このほか不動明王《ふどうみょうおう》立像・毘沙門天《びしゃもんてん》立像・木造金剛力士像(いずれも県文化)などがある。また，「応安《おうあん》二(1369)年」銘の銅鑼《どら》，「延徳《えんとく》元(1489)年」銘の大般若経《はんにゃきょう》の唐櫃《からびつ》がある。

　鳥追観音(如法寺)・立木《たちき》観音(会津坂下町恵隆寺《はんげまちえりゅうじ》)・中田《なかだ》観音(会津美里町弘安寺《みさとまちこうあんじ》)は「ころり三観音」とよばれ，信仰を集めている。これは，観音様を信心すれば，ころりとあの世にいけるというものである。病気になって長患いをして家族に迷惑をかけたくないという，高齢者の切なる願いを汲み取ることができる。

大山祇神社《おおやまづみじんじゃ》 55

〈M ▸ P. 194, 262〉耶麻郡西会津町野沢字大久保
JR磐越西線野沢駅🚌大久保行終点🚶1分

山の神
賑わう大山祭

　大久保バス停で降りると，旅館をかねたみやげ物店があり，その奥に大山祇神社の遥拝殿《ようはいでん》がある。778(宝亀《ほうき》9)年の勧請《かんじょう》と伝えられ，祭神は大山祇命《みこと》・磐長比《いわながひ》売《め》命・木花咲耶《このはなさくや》比売命である。山の神・長寿の神・安産の神としてあがめられている。

　本社(本殿)は，遥拝殿から約4kmの山道を歩いて60分の台倉山《だいくらやま》中腹にあり，さらにその奥に奥之院がある。本社までの道には，近

大山祇神社遥拝殿

年，６体の道祖神《どうそじん》が参拝者の安全を祈願して造立された。

６月１日から１カ月間行われる大山祭には，会津はもとより，新潟・山形方面からも多くの参拝者が訪れて賑わう。

円満寺観音堂《えんまんじかんのんどう》 ㊻

山里のお堂
中世の観音堂

〈M►P. 194, 262〉耶麻郡西会津町下谷《にしあいづまちしたたに》字宮《みや》ノ後《うしろ》丙241
JR磐越西線野沢駅🚌黒沢行出ケ原《いずがはら》観音前🚶１分

出ヶ原観音前バス停すぐの伊豆原山《いずがはらやま》神社の石段をのぼると，境内に円満寺観音堂(国重文)がある。出ケ原集落にあることから出ケ原観音堂ともよばれる。集落の中央にあったが，1970(昭和45)年の解体修理を機に現在地に移築された。

円満寺観音堂

中先代《なかせんだい》の乱(1335年)において鎌倉片《かまくらかた》瀬《せ》で戦死した蘆名盛《あしなもり》員《かず》と嫡男高盛《たかもり》父子を供養するため，盛員の室が飛騨《ひだ》の匠《たくみ》水《みず》口《ぐち》某の建立したこの堂を修復したと伝えられているが，形式手法から室町時代末期の建立と推定されている。観音堂は桁行・梁間ともに３間の入母屋造で，厚い茅葺《かやぶ》き屋根が重厚さをみせている。

野沢駅周辺の史跡

8 大内宿から田島・檜枝岐へ

下野・沼田街道に沿って形成された当地域は，古民家群や民具・村歌舞伎など，忘れられた日本の姿をみることができる。

宿場の家並み
江戸時代にタイムスリップ

大内宿《おおうちじゅく》 57
0241-68-2657(大内宿町並み展示館)

〈M►P. 194〉 南会津《みなみあいづ》郡下郷町大内《しもごうまちおおうち》 P
会津《あいづ》鉄道会津線湯野上温泉《ゆのかみおんせん》駅🚗7分

湯野上温泉駅から国道121号線に出て北に向かうと，まもなく県道329号線との丁字路がある。左折して県道に入り，6kmほど行くと，下野《しもつけ》街道の宿駅の様子を今に残す大内宿がある。当地は，1884(明治17)年に，会津三方《さんぽう》道路の1つである日光《にっこう》街道(現，国道121号線)が大川沿いに開通すると，主要道からはずれて宿駅機能を失った。しかし，そこに残された集落の景観が注目を集め，1981(昭和56)年に，下郷町大内宿として，国の重要伝統的建造物群保存地区に選定され，多くの人びとが訪れている。

大内宿は，江戸時代初期に，下野街道の宿駅の1つとして古内《ふるうち》村など周辺村落5カ村から民衆を集めて整備された。宿の屋敷割は，本陣《ほんじん》・脇本陣を除いて，一般は敷地95坪，家屋の建坪40坪と定められ，街道に面して短冊《たんざく》形に配置された。大名や旗本の宿泊施設である本陣は400坪，脇本陣と肝煎《きもいり》(名主《なぬし》)には190坪が割り当てられた。道の両側に24戸ずつ，合計48戸であったと推定されている。本陣跡は，現在，大内宿町並み展示館として公開されている。

また，ここには，源平《げんぺい》合戦の先駆けをなした以仁王《もちひとおう》が都から逃れて移り住んだとの伝説がある。以仁王をまつる高倉《たかくら》神社が大内宿の西方にあり，7月2日の半《はん》夏生《げしょう》の日に半夏祭りが営まれている。

また湯野上温泉駅から2つ目の会津鉄道弥五島《やごしま》駅から約1.5km，大川を渡った中妻地区には旭田寺観音《きょくでんじかんのん》堂《どう》(国重文)がある。建立年代は不明だが，阿弥陀堂建築の様式をもつ観音堂で，

前沢曲家集落

南北朝時代初期の再建と考えられる。

なお南会津では，茅葺《かやぶ》き屋根の曲《まが》り家《や》集落を目にすることもできる。国道352号線沿いの南会津町舘岩《たていわ》総合支所から北西へ約 2 km，南会津郡南会津町前沢《まえさわ》の前沢曲家集落である。23戸のうち10戸が，Ｌ字型平面で突出部を馬屋《うまや》に用いていた曲り家であり，江戸時代の集落の景観を今に伝えている。集落内には南会津町前沢曲家資料館があり，曲り家の歴史や生活ぶりを知ることができる。

鴫山城跡《しぎやまじょうあと》 ㊽

〈M ▸ P. 194, 264〉 南会津郡南会津町田島《たじま》字愛宕山《あたごやま》・字根小屋《ねごや》
会津鉄道会津線会津田島駅 🚶 10分

長沼氏の居城
中世城館から近世城郭へ

鴫山城跡

下野《しもつけ》国長沼荘(現，栃木県真岡《もおか》市)を本拠とした鎌倉御家人《ごけにん》の長沼氏は，代々当地に所領をもつ一方で，16世紀初めには南山《みなみやま》(南会津郡南会津町の大部分，下郷町，栃木県日光《にっこう》市の一部)一帯に拠点を

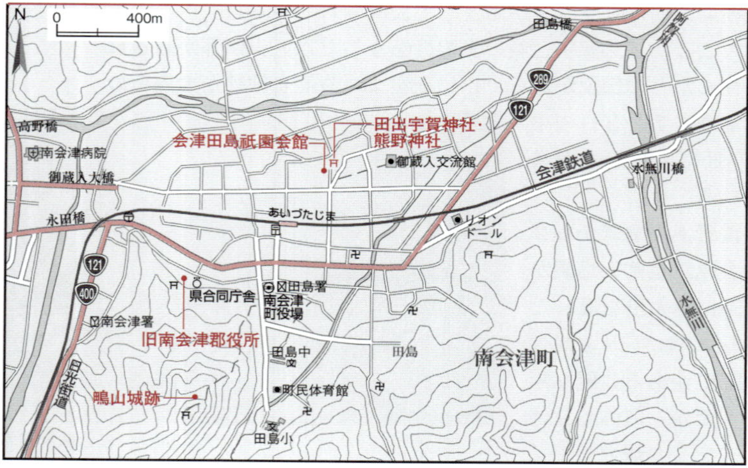

会津田島駅周辺の史跡

旧南会津郡役所

移したと考えられている。その中心が，現在の南会津町田島であり，また，領内支配の拠点として鴫山城が築造された。

鴫山城へは，会津田島駅から南へ向かい，国道121号線を西に200mほど行ってさらに南に約200m行けばよい。この城は『塔寺八幡宮長帳《とうでらはちまんぐうながちょう》』の1459(長禄《ちょうろく》3)年には「南山しき山の城」と記されており，それ以来，整備が進められたと考えられる。現在も下千畳・上千畳とよばれる曲輪《くるわ》，嗽《うがい》清水場，御花畑跡，枡形をなす土門跡や石垣をともなう大門跡，櫓跡などの遺構が残っている。また，東側には空堀と２重の土塁が200mにわたって続いている。長沼氏は，蘆名《あしな》氏との数度の争いを経て伊達《だて》氏に従い，豊臣秀吉の奥羽仕置《おううしおき》によって伊達氏が仙台に移ると，それに従った。その後，城主は蒲生《がもう》氏・上杉氏・蒲生氏と変遷し，1627(寛永《かんえい》4)年，加藤氏のときに鴫山城は廃城となった。

鴫山城跡入口から西に200mほど行くと県合同庁舎があり，その南側に旧南会津郡役所(県文化)がある。1885(明治18)年に建てられた木造洋風建築で，一部２階建てで，正面にはバルコニーがついている。館内では，鴫山城跡の発掘出土品や考古資料を見学できる。また，当館にほど近い丸山公園内には，1720(享保《きょうほう》5)年から３年間におよんだ幕府への訴願行動，いわゆる南山御蔵入《みなみやまおくらいり》騒動で処刑された６人を弔う南山義民碑が立っている。

田出宇賀神社《たでうがじんじゃ》・熊野神社《くまのじんじゃ》 ㊾

田島祇園祭の祭神
同一地内の伝統古社

〈M►P. 194, 264〉南会津郡南会津町田島字宮本 P
会津鉄道会津線会津田島駅 🚶 5分

会津田島駅から北東に300mほど行くと，大鳥居がみえる。その奥が田出宇賀神社・熊野神社である。両社は，その経緯は明らかではないが，同一地内に社を構え，南会津地域有数の格式をもつとともに，あわせて９面の御正体《みしょうたい》(附懸仏《つけたりかけぼとけ》９面，いずれも県文化)も

田出宇賀神社・熊野神社

所蔵している。本社地は，宮本館《みやもとたて》とされた城館跡でもあり，城門跡や堀・土塁も残されている。

田出宇賀神社・熊野神社の共同祭礼として，毎年7月22～24日に行われているのが，田島祇園祭《ぎおんまつり》（田島祇園祭のおとうや行事，国民俗）である。この祭は，長沼氏による牛頭天王《ごずてんのう》の勧請および都市清浄の祭礼が起源とされ，一時的な中断を挟みながらも800年間の伝統をもつとされる。田島祇園祭は，江戸時代の装束でなされる七行器《ななほかい》行列のほか，各地区輪番のお党屋《とうや》の行事，子供歌舞伎を上演する大屋台に特色がある。神社に隣接する会津田島祇園会館では，祭礼を立体模型で紹介するジオラマや，原寸大復元の大屋台などのほか，祇園祭に関する原史料も展示されている。

祇園祭で練り歩く田出宇賀神社・熊野神社の2つの神輿《しんよ》は，両社を出た後，長沼氏の祈願寺であった薬師寺《やくしじ》（真言《しんごん》宗），長沼氏の墓がある徳昌寺《とくしょうじ》（曹洞《そうとう》宗）入口，陣屋跡（現，南会津町役場付近），鴫山城跡入口，教林寺《きょうりんじ》跡（現，田島郵便局付近）をめぐって行く。東西の旧町場境を折り返すこの行程は，宿駅として形成された江戸時代の田島の主要区域，および旧主長沼氏ゆかりの地をめぐるものである。

田島陣屋跡

旧下野街道

コラム

吉田松陰・イザベラ＝バードもたどった道

会津美里町《あいづみさとまち》方面から，県道131号線に入ると，福永《ふくなが》・関山《せきやま》といった旧宿駅の集落が目に入る。集落から3kmほど大内宿《おおうちじゅく》方面へ行くと，下野《しもつけ》街道入口の標示がみえ，この入口からまもなく栃沢《とちざわ》一里塚に着く。大内《おおうち》峠トンネル手前の駐車場から約1kmの所に峠の茶屋が復元されるなど，約22kmの旧下野街道が整備され，江戸時代の街道を体感することができる。このうち，三郡境《さんぐんさかい》の塚から大内宿を通り，国道121号線までの約10kmが2002(平成14)年に下野街道として国の史跡に指定された。2003(平成15)年4月には氷玉《ひだま》峠バイパスが開通し，大内宿から会津美里町を経由して会津若松《わかまつ》へと延びた街道のありさまがよりわかりやすくなった。

下野街道(南山通り，会津西街道)は会津若松から本郷《ほんごう》・田島《たじま》を通って下野《しもつけ》国今市《いまいち》(現，栃木県日《にっ》光《こう》市)に至る123kmの街道である。街道が成立した時期は定かではないが，1620(元和《げんな》6)年には街道沿いの糸沢《いとざわ》宿が機能しているのがわかっているほか，会津藩が幕府に届け出た「本道五筋」の1つで，会津藩主の参勤交代や江戸廻米に利用された主要な街道であった。

下野街道の特徴として，中付駑者《なかつけどしゃ》の往来がある。中付駑者は，街道宿駅における駅継ぎを経ずに目的地まで「付通《つけとお》し」で運送することが認められていた。江戸時代の一般的な物資輸送形態は，各街道におかれた宿駅ごとに人馬の荷継ぎを行い，その都度，宿駅問屋《といや》には手数料として庭銭《にわせん》を支払うことになっている。また，公用荷が優先されるため，通常の商用荷が宿駅で足止めされることもあった。それに対し，「付通し」が認められた中付駑者は，宿駅を経ずに荷物の運送が認められ，庭銭を負担する必要がなく，また公用荷と関わりなしに街道を往き来することができたうえ，荷継ぎにともなう荷の傷みも少なくて済んだ。下野街道における中付駑者は，信州(現，長野県)の中馬《ちゅうま》制と並んで，江戸時代の特殊な輸送形態の1つとされている。

会津と関東を結ぶ主要ルートとしての下野街道は，物流の幹線路であるとともに，江戸時代後期には，古河古松軒《ふるかわこしょうけん》や若き日の吉田《よしだ》松陰《しょういん》が峠を越えたほか，明治時代初期にはイギリスの旅行家・探検家イザベラ＝バードらも足跡を残している。

下野街道大内一里塚(イザベラ＝バード没後100周年記念『日本奥地紀行』再現ウォーキング大会，2004年10月)

南会津の山・川・道「中付駑者」の世界

奥会津《おくあいづ》地方《ちほう》歴史《れきし》民俗《みんぞく》資料館《しりょうかん》 60

0241-66-3077

〈M ► P. 194〉南会津郡南会津町糸沢《いとざわ》字西沢山《にしざわやま》3692-20 P
会津鉄道会津線会津山村道場《さんそんどうじょう》駅 10分

会津山村道場駅から西へ700mほど行くと奥会津地方歴史民俗資料館がある。当館は，奥会津の山村生産用具(国民俗)として，木地《きじ》師《し》らが用いた道具や会津茅手《かやて》として活躍した屋根葺きの道具，中付《なかつけ》駑者《どしゃ》が用いた運搬用具など5058点を有するほか，約１万7000点の民具を収蔵している。それらのうち，「山・川・道」のテーマで区分された約3000点が展示されている。

また，敷地内には４軒の民家も移築されている。旧馬宿《うまやど》(旧大竹《おおたけ》家住宅)(国民俗)は，今泉《いまいずみ》地区で馬宿として中付駑者の人馬の休宿所として用いられた宿駅住居の遺構である。旧猪股《いのまた》家住宅(県文化)は18世紀前半の建築と推定され，現存する奥会津地方で最古の民家遺構の１つで，広い馬屋を土間の前隅に収容していることが特徴的である。18世紀後半の建築と思われる旧染屋《そめや》(旧杉原《すぎはら》家住宅)，旧下野街道山王峠の麓にあった山王茶屋《さんのうちゃや》もある。木地《きじ》小屋・炭焼小屋・水車小屋や旧日光道中なども再現されており，江戸時代の奥会津の様子を体感することができる。

また，国道121号線沿いの糸沢地区には龍福寺《りゅうふくじ》があり，戊辰《ぼしん》戦争で駐留した新政府軍が，本堂杉戸に「芸州《げいしゅう》(現，広島県)弐番隊」という落書きを残している。

奥会津南郷民俗館《おくあいづなんごうみんぞくかん》 61

0241-73-2829

〈M ► P. 194〉南会津郡南会津町界《さかい》字川久保《かわくぼ》552
P
会津鉄道会津線会津田島駅 檜枝岐《ひのえまた》行古町《ふるまち》 20分

会津田島駅から国道289号線を西へ向かい約20km，国道401号線と合流する交差点を只見方面に右折して６km，さゆり荘，南郷スキー場入口を右折すると，歴史民俗資料館・旧山内《やまうち》家住宅(県文化)・旧斎藤家住宅からなる奥会津南郷民俗館がある。

歴史民俗資料館では，伊南《いな》川の漁撈用具・奥会津の燈火用具・奥会津の麻織用具と麻製品・奥会津の運搬用具ソリと付属品・奥会津の屋根葺用具と火伏せの呪具(いずれも県民俗)など，約4000点が保存・展示されている。とくに麻製品は，江戸時代には南会津全体で生産が盛んで，当地の主要な衣料として用いられ，在郷商人を通して江戸・京都・大坂などにも売買され，大きな利益を得ていた。麻織用具資料は，昭和30年代頃まで行われていた麻織関係全工程の用具一式と付属品を収集した貴重な資料である。

館内に移築された旧山内家住宅は，鴇《とうの》巣《す》村(現，南会津町)の名主山内家住宅を復元したもので，18世紀後半の会津上層農民の住宅形式を伝える。また，旧斎藤家住宅は，同時期の中流農家の代表的な曲り家である。

なお，会津田島駅から国道289号線を西へ5kmほど行った所には，細井家資料館がある。当地を代表する在郷《ざいごう》商人で，問屋業・酒造業・金融業を営み，郵便局も開いていた旧田島町静川《しずかわ》の名主細井《ほそい》家の，母屋など5つの建物や郵便局舎が公開されており，古文書や工芸品・郵便関係資料などを展示している。

久川城跡《ひさかわじょうあと》 62

〈M ► P. 194〉南会津郡南会津町青柳《あおやぎ》字小丈山《こじょうざん》・小塩《こしお》字堂《どう》平《だいら》 P
会津鉄道会津線会津田島駅 🚌 檜枝岐行古町《ふるまち》 🚶 20分

戦国時代の山城
伊達勢の攻めをしのいだ要害

国道401号線から伊南川にかかる大手門《おおてもん》橋を渡ると「久川城跡」の巨大な看板が目につく。看板近くの青柳七曲登城坂をのぼると枡形門跡から本丸跡に至る。本丸跡は，南北110m・東西65mで方形状に土塁がめぐらされ，左右に空堀が残されている。現在は稲荷神社がまつられている南西隅の台が重層の櫓跡と考えられる。本丸跡の裏側を通る散歩道もよく整備されており，戦国時代城館の空堀や本丸の立地を実感できる。

久川城跡

久川城は，中世に蘆名《あしな》・長沼・山内とともに会津四家と称された河原田《かわらだ》氏が1589(天正《てんしょう》17)年に築いた城館で，西を滝倉《たきくら》川，東を久《ひさ》川・伊南川に囲まれ，南から北に延びる丘陵を堀切で切断した独立丘状面に立地している。当城館に上った河原田盛次《もりつぐ》は，1589年８月に，田島・長沼両氏を攻略した後，さらに兵を進めた数千の伊達《だて》軍らと対峙するが，伊達勢は久川城の外堀の役割を果たす伊南川を越えることもできずに退去した。戦国時代の会津を制圧した伊達軍の攻略を退けた，難攻不落の要害が久川城である。豊臣秀吉の奥羽仕置によって河原田氏が所領を没収され，会津の領主が蒲生氏郷《がもううじさと》にかわると，蒲生氏の支城として城代がおかれ，城の整備が進められた。その後，1615(元和《げんな》元)年の一国一城令によって廃城されたものと考えられている。

檜枝岐《ひのえまた》の舞台《ぶたい》 ㊸

〈M►P. 194〉南会津郡檜枝岐村字居平《いだいら》663
会津鉄道会津線会津田島駅🚌檜枝岐行檜枝岐中央🚶2分

檜枝岐歌舞伎を上演
舞台を囲む見物席８００席

檜枝岐中央バス停から西方へ200mの所に鎮守《ちんじゅ》神社がある。村芝《むらしば》居《い》・地《じ》芝居などとよばれる地歌舞伎《じかぶき》は，江戸時代中期に南会津地方にも伝わった。大正時代末期から昭和時代初期までは，南会津各地で祭礼の奉納芝居などが演じられていたが，現在も残る地歌舞伎は，県重要民俗文化財にも指定されている檜枝岐歌舞伎である。村民で構成される千葉之家花駒座《ちばのやはなこまざ》によって，毎年５月12日と８月18日の祭礼に奉納歌舞伎が演じられ，９月第１土曜日にも上演され，多くの観客を集めている。

歌舞伎《かぶき》を演じる檜枝岐の舞台(国民俗)は，鎮守神社境内にあり，1894(明治27)年頃に再建されたものである。舞台は，鎮守社社殿前に拝殿兼用で建立されており，茅葺《かやぶ》き屋根の入母屋造《いりもやづくり》で，花道が仮設されている。また，見物席として舞台を囲むように石段が設けられ，桟敷席《さじきせき》とあわせて約800人を収容できる。

今に残る地歌舞伎の舞台には，南会津町伊南地区駒嶽神社境内の大桃《おおもも》の舞台(国民俗)や，同町舘岩地区二荒山神社境内の湯ノ花《ゆのはな》の舞台がある。

大桃の舞台

あとがき

1977(昭和52)年に『福島県の歴史散歩』が刊行され，その改訂版が出されたのが1990(平成２)年で，今回はそれ以来の改訂である。

山川出版社から福島県高等学校地理歴史・公民科(社会科)研究会に改訂の話があり，最初の編集会議が開かれたのが2002年の秋であった。執筆者については，相双・いわき・県北・県南・会津の５地区の研究会に人選をお願いした。前回の改訂に関わられた先生方の多くがすでに退職され，一方，学校の多忙化・管理化が進む中で，執筆の引き受け手がなかなかみつからない地区もあったようだ。

ほぼ15年ぶりの改訂ということで，この間の変化は決して小さくなかった。あらたに市町村史が編纂された自治体が多かったこと，埋蔵文化財の発掘成果がつぎつぎと新しい知見をもたらしたことなどから，地域史研究は進展をみせた。また，史跡の保存に加え，その積極的な活用を図るという文化財行政の方針により，県内の多くの史跡で整備が進められてきている状況もある。地域の活性化という視点から，身近な歴史の見直しの機運が高まり，さまざまな取り組みがなされていることも近年の特徴であろう。

開発の進展にともなう地域の変貌も著しい。福島空港の開港や高速道路網の発展，また，都市近郊にはつぎつぎと大型店が進出してきている。一方，都市の旧市街地の商店街ではシャッターを閉ざしたままの店舗が目立ち，県内で大きな部分を占める農山漁村では，過疎化と高齢化が深刻な事態を迎えつつある。

こうした中で，執筆者の方々には，実際に現地に赴き，あるいは１つ１つ事実を確認しながらの作業を献身的に進めていただいた。さらに，平成の大合併を挟んだことが，編集作業に煩雑さを加えることになったことも記しておきたい。

この全面改訂された『福島県の歴史散歩』が，福島の歴史・文化財を訪ねる方々に，大いに役立てられることを祈念しています。

2007年２月

『福島県の歴史散歩』編集委員長

渡部昌二

【福島県のあゆみ】

原始

2000(平成12)年に発覚した旧石器遺跡ねつ造事件によって，福島県内の旧石器時代前期・中期の存在は否定された。

県内でもっとも古い遺跡は旧石器時代後期前半(３万〜２万5000年前)のもので，会津若松《あいづわかまつ》市笹山原《ささやまはら》遺跡群・白河《しらかわ》市一里段《いちりだん》遺跡・双葉《ふたば》郡楢葉町大谷上野原《ならはまちおおやうえのはら》遺跡などである。これらは約２万5000年前の姶良丹沢《あいらたんざわ》火山灰の下層に位置付けられるもので，ナイフ形石器や局部磨製石斧《きょくぶませいせきふ》が出土した。

旧石器時代後期後半(１万3000〜２万5000年前)の遺跡は，喜多方《きたかた》市塩坪《しおつぼ》遺跡・相《そう》馬《ま》郡新地町三貫地《しんちまちさんがんじ》遺跡などで，石刃《せきじん》技法によるナイフ形石器などが出土した。また，旧石器時代後期の最後の時期には，笹山原遺跡群などで約１万3000年前のものとされる細石刃《さいせきじん》が出土している。

県内の旧石器時代後期の遺跡には，人びとが定住した形跡が認められない。寒冷な氷河期に，ナウマンゾウやオオツノジカなどの大型動物を求め，移動生活を送ったものと考えられる。

福島市南諏訪原《みなみすわはら》遺跡や愛宕原《あたごはら》遺跡からは，隆起線文《りゅうきせんもん》土器とよばれる縄文時代草創期の土器が発見され，本県でも１万2000年前頃から縄文文化が展開されたことが明らかになった。県内で出土する縄文土器は草創期以降晩期まで，基本的には東北南部の地域色をもつ土器ということができるが，中期から後期初頭にかけては茨城県霞ヶ浦《かすみがうら》周辺の阿玉台《おたまだい》式や新潟県の火炎《かえん》形(馬高式)土器・三十稲場《さんじゅういなば》式土器などの影響を受けたり，時にはそのものも搬入されている。接着剤としてのアスファルトや新潟県姫《ひめ》川で産出する翡翠《ひすい》製の大珠《たいしゅ》なども各地で出土し，縄文時代の人びとは，関東や日本海側とも積極的な交流をしていたことがわかる。

縄文時代の集落遺跡は，早期末から前期前半に遺跡数や規模が大きくなることが，相馬郡飯舘村真野《いいたてむらまの》ダム関連遺跡群や福島市摺上《すりかみ》ダム関連遺跡群の発掘調査によって明らかになったが，中期には拠点的な大集落が耶麻《やま》郡磐梯町法正尻《ばんだいまちほうしょうじり》遺跡，伊達郡飯野町和台《いいのまちわだい》遺跡，楢葉町馬場前《ばばまえ》遺跡で調査されている。中期後半には飯野町白山《はくさん》遺跡で発見され，「複式炉《ふくしきろ》」と命名された竪穴住居内の炉が，二本松《にほんまつ》市付近を中心に東北全域と北関東・越後方面に分布する。縄文時代に福島県が発信地となった代表的な事例である。

縄文時代の浜通り地方沿岸部のいわき市・南相馬《みなみそうま》市小高《おだか》区・新地町などには，貝塚が形成された。南相馬市小高区浦尻《うらじり》貝塚は旧井田川浦《いだがわうら》の内湾性貝塚で，前期から晩期の貝層が確認されている。新地町の新地貝塚・三貫地貝塚は明治時代に発見された学史上著名な貝塚で，三貫地貝塚からは100体以上の人骨が出土した。

大沼《おおぬま》郡三島町荒屋敷《みしままちあらやしき》遺跡は，縄文時代晩期から弥生時代の低湿地遺跡で，斧の柄・漆塗りの櫛・編み籠《かご》などの木質・植物質製品が出土し，縄文時代人が高い木工や工芸の技術をもっていたことを教えてくれる。

荒屋敷遺跡・会津若松市墓料《ぼりょう》遺跡・伊達市霊山町根古屋《りょうぜんまちねごや》遺跡では，在地の土器に西日本弥生時代前期の遠賀川《おんががわ》式の模倣土器が伴出し，紀元前３世紀頃，稲作農耕社会に入った。稲作の証《あかし》としての石包丁《いしぼうちょう》などの石器には，浜通り地方の粘板岩《ねんばんがん》が用いられ，南相馬市鹿島《かしま》区天神沢《てんじんさわ》遺跡は弥生時代の石器製作遺跡と考えられている。いわき市番匠地《ばんしょうち》遺跡からは谷底平野にひらかれた水田跡が発見されている。

本県の弥生時代前・中期には土器に人骨を入れて再埋葬する「再葬墓《さいそうぼ》」とよばれる特徴的な埋葬の風習がある。東北南部から関東地方にかけてみられる墓制で，墓料遺跡・根古屋遺跡のほか，石川郡石川町鳥内《とりうち》遺跡や大沼郡会津美里町油田《あいづみさとまちあぶらでん》遺跡などでは多くの再葬墓が調査されている。

弥生時代後期後半(３世紀初め)になると，集落内に成長した有力者が埋葬された方形周溝墓《ほうけいしゅうこうぼ》とよばれる墓が造られ，河沼《かわぬま》郡湯川村桜町《ゆがわむらさくらまち》遺跡やいわき市平窪諸荷《ひらくぼもろに》遺跡で発見されている。方形周溝墓はのちの古墳の原型になる墓であり，県内でも弥生時代の終わりには，古墳築造へのあらたな動きがあったことがわかる。

古代

４世紀初め頃，河沼《かわぬま》郡会津坂下町杵ケ森《あいづばんげまちきねがもり》古墳(前方後円墳)が築造され，まもなく会津盆地・郡山盆地・いわき市・南相馬市などに大型の前方後円墳《ぜんぽうこうえんふん》・前方後方墳が築造され，本県も古墳時代前期には大和政権と同盟関係にある豪族が各地に成長したことが明らかになっている。会津盆地内の前期古墳は東南部・東部・西部に複数ずつ分布していて，この地域では３系統の豪族が２～３世代にわたって支配者としての権力を維持・継承したことがわかる。東南部の前期古墳の代表が会津大塚山《あいづおおつかやま》古墳(全長114m)で，三角縁神獣鏡《さんかくぶちしんじゅうきょう》を始めとする畿内の王墓に匹敵する副葬品が出土した。

古墳時代中期(５世紀)には，県内では大型古墳の築造は下火になるが，小型の円墳には，西白河《にししらかわ》郡泉崎村原山《いずみざきむらはらやま》１号墳や会津坂下町《ばんげまち》経塚《きょうづか》古墳などがある。多くの埴輪が出土しており，豪族は引き続き大和政権との関わりをもったものと考えられる。

古墳時代後期(６～７世紀)になると，各地に群集墳が形成され，６世紀後半からは岩山の斜面に横穴墓《おうけつぼ》が構築される。あらたな勢力が成長し，小規模な古墳に葬られるようになったことの現れである。横穴墓には双葉《ふたば》郡双葉町清戸迫《きよとさく》横穴に代表される装飾横穴墓があり，多くは被葬者が武人であったことを物語る壁画が描かれている。この時期には有力豪族は大和政権下の地方官である「国造《くにのみやつこ》」として，あらたな地域支配者に再編された。『国造本紀《こくぞうほんぎ》』に記された本県の８人の国造のうち，白河国造の墓が確実視されているのが白河市下総塚《しもうさづか》古墳(全長72m，前方後円墳，横穴式石室)で，この古墳は後期古墳としては東北最大の古墳である。

645年の大化改新《たいかかいしん》により，福島県は道奥国《みちのおくのくに》に編入され，やがて陸奥《むつ》国と改められた。養老《ようろう》年間(717～724)に初見する菊多《きくた》・石城《いわき》・標葉《しねは》・行方《なめかた》・宇多《うだ》・白河《しらかわ》・石背《いわせ》・会津《あいづ》・安積《あさか》・信夫《しのぶ》の諸郡は，その多くはもともとの国造の国で，その成立は改新後まもなくの時期にあったと考えられる。このことは本県域の大きな特徴であり，奈良時代初めの一時期には，陸奥国から分離して石城・石背の２国がおかれるなど，陸奥国内では特別な位置付けがなされた地域であった。白河市関和久《せきわぐ》遺跡・いわき市根岸《ねぎし》遺跡・南相馬市泉廃寺《いずみはいじ》跡は，それぞれ白河郡・石城郡・行方郡の郡衙《ぐんが》で，近年の調査によって郡庁院《ぐんちょういん》・正倉院《しょうそういん》・館院《たちいん》の構造が解明されるとともに，付属寺院の調査も進んでいる。

奈良時代には，勿来関《なこそのせき》と白河関が設けられ，海道10駅や山道９駅も整備された。また班田収授《はんでんしゅうじゅ》の基本となる条里《じょうり》制も伊達市伊達西部条里制遺跡や会津若松市門田《もんでん》条里制遺跡で確認され，県内各所で施行されていたようである。

律令体制が確立する過程で，政府の課題となったのが，対蝦夷《えみし》政策であった。774(宝亀５)年から始まり平安時代初期まで続くいわゆる38年戦争では，県内には白河・安積・石城・行方の４軍団がおかれ，県内各地から多くの兵士が送り出された。相馬郡新地町武井《ぶい》地区製鉄遺跡群や南相馬市金沢《かねざわ》地区製鉄遺跡群は，国内最大規模の古代製鉄遺跡である。ここでは鉄生産のピークが38年戦争の時期と一致していて，国府多賀城《たがじょう》と結び付いた武器原料の供給基地としての特別な役割があったことが指摘されている。

平安時代になると，蝦夷との軍事行動が続くなか，802(延暦《えんりゃく》２)年，征夷大将軍坂上田村麻呂《さかのうえのたむらまろ》により胆沢城《いさわじょう》(岩手県水沢《みずさわ》市)が築かれ，多賀城から鎮守府が移されると蝦夷との戦いも終盤を迎える。この頃，会津では，徳一《とくいつ》が磐梯山慧日寺《ばんだいさんえにちじ》を開き，最澄《さいちょう》や空海《くうかい》と激しい仏教論争を行った。河沼《かわぬま》郡湯川村《ゆがわむら》勝常寺《しょうじょうじ》の国宝薬師《やくし》三尊は，平安時代初期の貞観仏《じょうがんぶつ》として名高いが，これらの仏像も慧日寺や徳一との関わりが深いとされている。慈覚《じかく》大師(円仁《えんにん》)の開山とされる霊山寺《りょうぜんじ》(伊達《だて》市霊山町・相馬市)も平安時代初期の山岳寺院であり，県内の古代寺院のなかでは忘れてはならない存在である。

平安時代中期になると律令制も大きく変質し，摂関政治が確立し，院政が行われる。10～12世紀は，地方の豪族や土着した中央貴族らが荘園にみられる私田化を進め，さらに自己の権益を守るため，中央の権門と結び付いたり，武士化を強めた。東北地方は前九年合戦《ぜんくねんかっせん》や後三年《ごさんねん》合戦により安倍《あべ》氏・清原《きよはら》氏の武士団にかわり，奥州《おうしゅう》藤原氏が平泉《ひらいずみ》を拠点に東北一円に大きな勢力をもつことになり，中尊寺金色堂《ちゅうそんじこんじきどう》に代表される平泉文化が花開くのである。この頃の県内には，磐城《いわき》郡の好嶋荘《よしまのしょう》や会津蜷河《にながわ》荘などの荘園が成立し，これらの荘園を経済の基盤として信夫庄司《しのぶしょうじ》佐藤氏，磐城郡の岩城氏，白河郡藤田(石川郡石川町)の石川氏などの武士団が台頭する。佐藤氏・岩城氏は奥州藤原氏の勢力の下におかれ，岩城則道《のりみち》に嫁いだ藤原氏の娘徳尼《とくに》は，1160(永暦《えいりゃく》元)年，白水阿弥陀堂《しらみずあみだどう》(いわき市)を建立した。

近年，会津坂下町《あいづばんげまち》陣ヶ峰城《じんがみねじょう》の発掘調査が行われ，２重の堀で囲まれた城内から12世紀を中心とする中国製の青磁や白磁が大量に発見されている。平泉に匹敵する内容の中国陶磁で，会津にも大きな勢力があったことを推測させる。

中世

南奥羽における中世の開幕は，1189(文治《ぶんじ》５)年の奥州合戦《おうしゅうかっせん》に始まる。鎌倉幕府を開いた源頼朝《みなもとのよりとも》の奥州征討の戦いは，緒戦である阿津加志山《あつかしやま》の合戦で事実上決着した。藤原泰衡《ふじわらのやすひら》が阿津加志山の山腹から阿武隈《あぶくま》川にかけて，その本拠地である平泉《ひらいずみ》に通じる奥大道《おくだいどう》を遮断すべく築いた防塁(二重堀)が突破されたのである。奥州合戦の論功行賞で，源頼朝に従った関東の武士に奥州での地頭職《じとうしき》や所領が与えられた。浜通りでは相馬氏に行方《なめかた》郡，中通りでは中村氏(伊達《だて》氏)に伊達郡，結城《ゆうき》氏に白河荘《しらかわのしょう》，会津《あいづ》では会津郡が三浦氏に与えられた。また，頼朝軍に加わった好嶋《よしまの》荘《しょう》の岩城《いわき》氏や石川荘の石川氏など，従来からの在地の武士には地頭職や所領が安堵された。鎌倉時代の中期以降，奥州は北条《ほうじょう》氏嫡流の当主である得宗《とくそう》の所領が拡大していく。石川氏は得宗の家臣である御内人《みうちびと》になっている。

1333(正慶《しょうきょう》２・元弘《げんこう》３)年に鎌倉幕府が滅亡し，後醍醐《ごだいご》天皇が建武の新政を始めると，陸奥《むつ》守北畠顕家《きたばたけあきいえ》は天皇の子の義良《よしなが》親王を奉じて，陸奥国府多賀城《たがじょう》に入った。奥州式評定衆《ひょうじょうしゅう》および引付《ひきつけ》の要職には，伊達氏・結城氏など南奥の諸氏が就いて大きな役割を担った。1335(建武《けんむ》２)年，足利尊氏《あしかがたかうじ》が新政に反旗を翻し，翌年から南北朝の内乱に突入する。

多賀城撤退後の奥州における南朝方の拠点は，伊達氏が守備する霊山《りょうぜん》と田村氏が守備する宇津峰《うつみね》であったが，霊山は1347(貞和《じょうわ》３・正平《しょうへい》２)年，宇津峰は1353(文和《ぶんな》２・正平８)年に北朝方に落とされ，伊達氏・田村氏は北朝方に屈服して，奥州での南朝方と北朝方の抗争は終わった。南北朝の内乱が終結した14世紀末から15世紀初め，南奥は中通りの伊達氏・結城氏，会津の蘆名《あしな》氏(三浦氏の一族)の３強が鼎立《ていりつ》する。結城氏は15世紀後半に諸氏の紛争を調停するなど，権勢の絶頂期を迎えるが，以後衰退の途をたどる。

南北朝合一がなった1392(明徳《めいとく》３)年，幕府は陸奥《むつ》・出羽《でわ》両国を鎌倉公方《かまくらくぼう》の所管に編入させた。鎌倉公方足利満兼《みつかね》は支配の強化を図るため，1399(応永《おうえい》６)年弟の満直《みつなお》と満貞《みつさだ》を安積《あさか》郡篠川(現，郡山市)と岩瀬郡稲村《いなむら》(現，須賀川《すかがわ》市)に下向させた。結城氏はこれを支持したが，伊達氏と蘆名氏はこれに反発し，伊達氏は両御所(満直と満貞)と鎌倉公方に抵抗し，関東管領《かんとうかんれい》の征討軍を迎え撃った。幕府は鎌倉府と対立するようになり，奥州の武士を抱きこんで鎌倉を背後から牽制する動きをみせていた。満貞は1439(永享《えいきょう》11)年に鎌倉公方足利持氏《もちうじ》とともに幕府に攻められて自決し，満直は翌年，中通りの国人に攻め殺された。

14世紀後半から15世紀半ばにかけての100年は，国人領主により多くの一揆が結ばれ，国人一揆の世紀とよぶにふさわしい。これは国人相互の紛争や領内の農民との緊張関係への対応のほかに，先の３強など有力国人に対する防衛のための連帯でもあった。

15世紀前半頃から16世紀中頃にかけて，結城氏や伊達氏はたびたび上洛し，将軍や幕府要人に馬・銭などを献上している。その目的は将軍から官位を補任《ぶにん》され，将軍の諱《いみな》の一字拝領にあった。伊達稙宗《たねむね》（稙は将軍義稙《よしたね》から拝領）は1522（大永《たいえい》２）年に前例のない陸奥国守護に任命された。1536（天文《てんぶん》５）年に家法『塵芥集《じんかいしゅう》』を制定するとともに，前後して棟役《むねやく》と段銭《たんせん》の基本台帳を作製した。ここに伊達氏の領国支配と財政基盤が確立した。稙宗は21人の子に恵まれ，近隣の有力諸氏に入嗣・入嫁させる政略結婚を積極的に推進した。稙宗と子の晴宗《はるむね》の抗争，天文の乱がおこるが，晴宗により収束され，伊達氏の権力は一本にまとめられ強化された。のちに晴宗は奥州探題《おうしゅうたんだい》に任じられる。

会津は南北朝時代以来，蘆名氏が会津守護とよばれ，蘆名盛氏《もりうじ》は南山《みなみやま》（南会津地方）をのぞく会津一円を支配した。さらに安積郡・岩瀬郡など中通りにも勢力を伸ばし，16世紀後半に蘆名家の最盛期を現出した。しかし，盛氏以後は継嗣の殺害や若死などにより衰退の兆しをみせる。1587（天正《てんしょう》15）年に常陸《ひたち》の佐竹《さたけ》氏の出である義広《よしひろ》が蘆名家を継いだ。

南奥の戦国時代の決着は，足利幕府により大名と認知された伊達氏と蘆名氏の決戦という形で行われることになる。晴宗の孫にあたる政宗《まさむね》は，1589年，磐梯《ばんだい》山麓の摺上原《すりあげはら》の戦いで，蘆名氏の一族猪苗代《いなわしろ》氏を味方につけて勝利を収め，浜通りの相馬氏領をのぞく南奥全土を領土とした。

近世

福島の近世は1590（天正《てんしょう》18）年の奥羽仕置《おううしおき》から始まる。北条《ほうじょう》氏を倒し天下人となった豊臣秀吉《とよとみひでよし》は宇都宮城に入城し，その後，白河《しらかわ》・会津黒川《あいづくろかわ》（現，会津若松《わかまつ》市）に入り仕置を完成させる。奥羽仕置により東北の勢力図は塗り変えられ，秀吉の全国統一事業が完成する。現在の福島県では，小田原攻めに遅参した伊達政宗《だてまさむね》が会津など３郡を減封され，また伊達氏の勢力下にあった田村氏らは改易されることとなった。かわって会津黒川に蒲生氏郷《がもううじさと》が42万石の領主として入ることになる。その後も所領の変遷は続き，1591年には伊達氏が岩出山《いわでやま》へ転封，1598（慶長《けいちょう》３）年には蒲生騒動により蒲生氏が減封されて宇都宮に移り，かわって会津に上杉景勝《うえすぎかげかつ》が120万石で入封した。さらに関ヶ原の戦いの影響で岩城《いわき》氏が改易され，上杉氏が米沢《よねざわ》30万石に転じ，会津には蒲生氏が再入封するなどなかなか安定しなかった。やがて会津では蒲生氏・加藤氏を経て，1643（寛永《かんえい》20）年に保科正之《ほしなまさゆき》（徳川家光《とくがわいえみつ》の異母弟）が23万石で入封。のちに保科氏は松平《まつだいら》氏と改姓し，この会津松平氏が幕末まで治めることとなる。一方で中通り・浜通りでは小藩と幕府領が複雑に入り組み，さらに小藩の創廃・移封なども多かったため，複雑な支配体制となった。以下，この３つの地域に分けて江戸時代を概観したい。

会津では，会津藩松平氏による支配が幕末まで続いた。南会津の幕府領である南山御蔵入領《みなみやまおくらいりりょう》も，会津藩の預かりとなったため，地域の一体性が近世を通じて培われた。阿賀野《あがの》川の舟運も，北方(喜多方《きたかた》)と南方を結び付ける重要な交通路であった。会津松平氏は9代容保《かたもり》まで続き，江戸幕府において親藩としての重要な役割を担うこととなる。また1803(享和《きょうわ》3)年には水練場や天文台まで備える藩校日新館《にっしんかん》が完成し，多くの人材を育てた。

中通りでは，幕府領と小藩が錯綜《さくそう》し，その小藩もたびたび移封された。そのなかにあって，二本松《にほんまつ》藩(丹羽《にわ》氏)・三春《みはる》藩(秋田氏)などは，17世紀半ばから幕末まで続いた。現在の県庁所在地である福島市では，上杉氏の減封ののちに，本多《ほんだ》氏・堀田《ほった》氏の支配が短期間あったが，18世紀以降は板倉《いたくら》氏が入封し，幕末まで続いた。このほか，江戸時代の中通りには，白河藩・梁川《やながわ》藩・桑折《こおり》藩・下手渡《しもてど》藩・陸奥下村《むつしもむら》藩・大久保藩・石川藩・浅川藩・棚倉《たなぐら》藩・守山《もりやま》藩などの諸藩があった。1807(文化《ぶんか》4)年の蝦夷地《えぞち》召し上げにともなう松前氏梁川藩(1821〈文政《ぶんせい》4〉年に蝦夷地返還につき廃藩)や，1787(天明《てんめい》7)年の田沼意次《たぬまおきつぐ》の失脚にともない設けられた田沼氏陸奥下村藩(1823〈文政6〉年に旧領復帰)など，短命な小藩が多いのも特徴である。中通りを南北に通る阿武隈《あぶくま》川は，小藩分立の複雑な領域をぬって流れ，舟運により南北を結んだ。

浜通りでも，小藩分立の様相は変わらないが，北部では相馬中村《そうまなかむら》藩が江戸時代を通じて相馬氏により営まれた。中世から続く相馬野馬追《のまおい》が現在に近い形に整えられたのは江戸時代初期のことである。相馬中村藩はのちの財政難の折に，二宮尊徳《にのみやそんとく》の報徳仕法によって多くの改革をしたことでも知られている。一方で南部には磐城《いわき》平《たいら》藩・湯長谷《ゆながや》藩・泉《いずみ》藩がおかれた。磐城平藩は鳥居《とりい》氏・内藤氏・井上氏・安藤氏の順に藩主が変遷するなど，複雑な支配体制であった。

江戸時代前期には，福島の西根堰《にしねぜき》(上杉氏時代)，会津の土田《はにた》堰(保科《ほしな》氏時代)などの多くの堰が開かれた。これにより稲作が発展し，また商品作物の生産が活発になった。会津の蠟《ろう》や漆《うるし》，信達《しんたつ》(現在の県北地域にあたる信夫《しのぶ》郡・伊達《だて》郡)の蚕種《さんしゅ》・蚕《さん》糸《し》・絹織物，三春の煙草《たばこ》などがこれにあたる。また，代表的な鉱物資源としては，いわきの石炭，桑折の半田《はんだ》銀山などがある。半田銀山は幕府直営の鉱山で，このように要地を幕府領としたことも，福島県の小藩・幕府領分立を生んだ要因といえるだろう。

天明《てんめい》・天保《てんぽう》の飢饉の影響もあり，江戸時代中期以降は百姓一揆が県内でも頻発するようになる。代表的な一揆として1720(享保《きょうほう》5)年の南山御蔵入《みなみやまおくらいり》騒動，1729年の享保の一揆，1738(元文《げんぶん》3)年の磐城騒動，1749(寛延《かんえん》2)年に始まる寛延の一揆，1798(寛政《かんせい》10)年の浅川騒動，1866(慶応《けいおう》2)年の信達世直し騒動などがあげられる。やがて開国により物価が騰貴すると，さらに百姓一揆は増大し，その混乱のなかで戊辰《ぼしん》戦争を迎えることとなる。

近代・現代

1868(慶応《けいおう》４)年の鳥羽《とば》・伏見《ふしみ》の戦いでの旧幕府方の敗北後，会津《あいづ》藩は新政府に対し恭順の意を示したが，武力討伐に固執する新政府はそれを許さなかった。会津藩に同情的な東北・越後の諸藩により奥羽越列藩《おううえつれっぱん》同盟が結成され新政府軍に対峙したが，優勢な新政府軍の前に諸藩はつぎつぎと降伏，同年9月，１カ月にわたる若松城での籠城戦の末に，会津藩も降伏し，東北での戊辰《ぼしん》戦争は終わった。この戦いでは，会津を始め白河・二本松・いわきなど，県域各地が戦場となった。また，会津藩降伏直後，会津ヤーヤー一揆とよばれる世直し一揆が，およそ２カ月にわたって会津地方を席巻《せっけん》した。

近代国家への歩みは，必ずしもバラ色ではなかった。1871(明治４)年の廃藩置県とその後の統合で若松県・二本松《にほんまつ》県(のちに福島県)・平県(のちに磐前《いわさき》県)が成立するが，３県では地租改正によるあらたな税負担が以前よりも重いものとなった。また，山地の多くが官有地とされ利用が制限されたため，農山村に生きる人びとの生活に支障をきたすという問題も生じた。

政府が秩禄処分《ちつろくしょぶん》の進展で困窮した士族の救済のために士族授産の事業を始める前から，福島ではその先駆けとなる事業が取り組まれた。1873年に県典事中条政恒《ちょうじょうまさつね》指導の下で結成された開成社《かいせいしゃ》による安積《あさか》開拓である。旧二本松藩士などがこの入植，開墾に参加した。1882年に猪苗代《いなわしろ》湖の湖水を利用する安積疏水《そすい》が完成すると，開拓事業はより本格化していった。

1876(明治９)年８月21日，３県の合併により福島県が誕生し，ほぼ現在の県域が確定した(1886年に東蒲原《ひがしかんばら》郡が新潟県に分離併合)。1878年，地方行財政に関する「三新法」が制定されるなど地方制度が整備されていったが，こうした薩長藩閥政府による中央集権的な国家の再編に対して，人びとが政治参加を求める機運が高まっていった。自由民権運動である。1875年の「漸次《ぜんじ》立憲政体樹立の詔」を受けて，福島県内でも河野広中《こうのひろなか》の指導する石川の石陽社《せきようしゃ》や三春の三師社《さんししゃ》，二本松の明八《めいはち》会・小高の北辰《ほくしん》社・いわきの興風社《こうふうしゃ》・喜多方の愛身社など，各地に民権政社がつくられていった。また，福島県では三新法に先立ち独自に福島県民会規則を定めるなど先駆的な動きがあった。

1881(明治14)年，国会開設運動の盛りあがりに対して，政府は10年後の国会開設を約束し，それに向けて自由党が結成されるなど運動もあらたな展開をみせたが，その一方，政府による民権運動に対する弾圧も強化されていった。1882年，福島県令に就任した三島通庸《みしまみちつね》は，河野広中ら民権派が強い県会と対立，また，住民の負担による会津三方《あいづさんぽう》道路の開鑿《かいさく》を強行しようとした。自由党会津部の下に結束した農民らが道路建設強行への抵抗運動をおこすと，三島は厳しい弾圧を加えた。それが喜多方事件を誘発し，これを機に県内の自由党関係者の大弾圧が行われ(福島事件)，福島の自由民権運動は壊滅的な打撃をうけた。

富国強兵を図る近代国家日本を経済的に支える役割をはたした製糸業は，明治維新後の福島県では伝統的な製糸業地帯の信達《しんだつ》地方に加えて，県南地方や会津地方などでもおおいに発展した。製糸業と並んで本県を代表する産業に発展したのが常《じょう》磐《ばん》炭田の採炭業で，京浜地方への供給を目的に中央の資本が流入した。京浜地方に供給されたのは石炭ばかりではなく，1914(大正３)年には猪苗代から東京への高圧長距離送電が開始され，福島県が京浜工業地帯への電力供給地として位置付けられていくようになった。

1887(明治20)年，日本鉄道会社東北線の白河—郡山間，郡山—仙台間があいついで開通。1897年には磐城《いわき》線が平《たいら》まで開通するなど鉄道網の整備も進み，産業の発展を支えた。また，製糸工場や炭鉱・鉄道の労働者は，1897年頃には厳しい労働条件の改善を図ろうとする争議を行うようになり，福島県の労働運動の先駆けとなった。

第一次世界大戦による好景気により県内も繊維産業を中心に活況を呈し，郡山が工業都市として発展し，多数の工場労働者が生まれた。郡山では1925(大正14)年，東北で最初のメーデーが開かれることになる。一方好況は物価高騰を招き，1918年に富山からおこった米騒動は県内各地にも波及，若松などでは鎮圧のために軍隊が出動した。

1920〜30年代前半は恐慌の時代である。第一次世界大戦後の戦後恐慌によって生糸が暴落，ついで米・繭《まゆ》の価格が暴落し，県内の主要産業は深刻な影響を受けた。1927(昭和２)年に始まった金融恐慌は県内にもおよび，県北地方の蚕糸《さんし》業発展に大きな役割をはたしてきた福島商業銀行や県内最大の第百七銀行が，休業に追い込まれる事態となった。1929年10月に始まった世界大恐慌の荒波は，翌年には日本を飲み込み，未曾有《みぞう》の昭和恐慌が訪れた。養蚕・製糸を中心として発展してきた福島県の経済は，大きな打撃を受けた。さらに1931年には大凶作が東北地方を襲い，阿武《あぶ》隈《くま》の山間地や南会津郡・耶麻《やま》郡などでとくに大きな減収となって，農山村は危機的な状況に陥った。1934年も凶作で，この時期，娘の身売りが問題化し，北海道や海外への移民が盛んに行われた。

海外植民地の拡大を進めてきた日本は，経済的危機が深まるなかで戦争へのぬかるみを歩んでいった。若松におかれた歩兵第29連隊・第65連隊などは，満州事変(1931年)や南京《ナンキン》攻略(1937年)などに参加し，また，ノモンハン事件やガダルカナル島での戦闘では，多数の犠牲者を出した。銃後では国家総動員法に基づく動員と経済統制が進められ，学徒や婦女子も食糧増産や軍需生産に組み込まれたが，敗色濃厚となった1945(昭和20)年，３月10日の平市を皮切りに県内でも郡山市などの工場地帯を中心に米軍による空襲を受けるようになった。

敗戦後，GHQによる占領体制下で日本の民主化が進められた。県内にも米軍が進駐し，福島市に拠点をおいて占領政策を進めたが，その後のいわゆる「逆コース」

のなかで，東北本線松川—金谷川駅間で何者かによって列車が脱線転覆させられ国鉄労働組合員らが無実の罪で逮捕・起訴されるという松川事件がおこった。

戦後の福島県の地域開発計画は，常磐炭田の石炭資源と只見《ただみ》川の電源開発による電力とを利用した工業化を図ろうとするものだった。しかし，国のエネルギー政策の転換により，石炭産業は斜陽の道をたどった。その後，浜通り地方には火力発電所・原子力発電所がつぎつぎと設置され，京浜地区への電力供給地帯となった。昭和30年代後半から，国の高度経済成長政策による地域開発が県内でも本格的に始まり，1964(昭和39)年には常磐・郡山地区が新産業都市に指定され多くの企業が進出してきた。経済成長にともない県民の生活も豊かになったが，新産業都市地域を中心に大気汚染や河川の汚染などの社会問題も発生した。また，一方で県民経済のなかで農業が占める地位の低下傾向が強まり，農家の兼業化が進んだ。農山村では過疎が深刻化していった。この間，地方公共団体は産業基盤の整備を中心に公共事業を拡大させていったが，このことが公共事業に依存する地方経済の体質を生み出していった。その１つの結果として県知事木村守江《きむらもりえ》による汚職事件(1976年)などもおこった。

首都圏・太平洋ベルト地帯にくらべて立ち遅れた地方経済の振興のために高速交通網の整備が計画されたが，1975(昭和50)年に東北自動車道の県内全区間が開通した時には，すでにドル＝ショック(1971年)・第１次オイル＝ショック(1973年)を経て低成長時代に入っていた。円高の進展にともなう構造不況による輸出産業の不振は深刻で，県内の繊維工業なども大きな打撃を受けた。1980年代に入り，日本経済はいわゆるハイテク産業といわれる知識集約型の産業を中心に持ち直し，県内にもIC関連産業などの進出が目立つようになった。

1982年の東北新幹線の開業に続き，1988年，常磐自動車道はいわき好間《よしま》まで開通，1993(平成５)年には福島空港が開港し，1997年には磐越《ばんえつ》自動車道が全線開通するなど，近年，高速交通網の整備が進められ，県民の生活圏は急速に拡大してきた。一方，1990年のバブル崩壊後，長期化した不況は県民の生活にも暗い影を投げかけた。この間，福島県は，たび重なる空港の拡張工事や小名浜《おなはま》の新埠頭建設，うつくしま未来博の開催など大規模プロジェクトを推進してきたが，2002年以降の景気回復の流れのなかでも，福島県は東北他県などと同じようにその流れに乗り切れない状態が続いている。国と同様に地方自治体の財政悪化は深刻で，そうしたなかで2004年から進められた平成の大合併によって，県内は90市町村(2004年４月現在)から59市町村(2010年10月現在)へと統合された。著しく高齢化が進んだ過疎地域の問題など，今後に残された課題は重い。

【地域の概観】

浜通り

浜通り全体の特徴を示すのが，豪雪の会津《あいづ》とは対照的に，温暖乾燥な日々が続く冬の気候である。とはいえ，北部と南部は文化的に異なり，広義の北の「相馬《そうま》」と南の「いわき」に分かれる。

「相馬」は，双葉《ふたば》郡大熊町《おおくままち》以北を指す。相馬野馬追《のまおい》(国民俗)は，相馬地方妙見《みょうけん》三社の神事として行われる相馬の祭りである。相馬三十三観音があり，モズクガニを使った郷土の家庭食「がにまき」をこの地域の人びとは食べるが，いわきの人びとにその習慣はない。「相馬」人の生活語の語尾は，「○○だべ」である。

「いわき」は双葉郡富岡町《とみおかまち》以南を指す。磐城《いわき》三十三観音があり，正月の伝統行事である鳥小屋はこの地域に分布するが相馬ではみられない。「いわき」人の生活語の語尾は，「○○だっぺ」である。

太平洋岸の浜通りには40ほどの貝塚が分布し，新地《しんち》貝塚・三貫地《さんがんじ》貝塚(相馬郡新地町)，浦尻《うらじり》貝塚(南相馬市)，薄磯《うすいそ》貝塚・寺脇《てらわき》貝塚(いわき市)などは南北それぞれの地域の特徴的な漁労文化をも示している。

勿来関《なこそのせき》(菊多剗《きくたのせき》)以北には，常陸《ひたち》国府から陸奥《むつ》国府に至る古代の官道である海道《かいどう》が通っていたが，その実体は明らかになっていない。近世の浜街道にかかわる遺跡のうち一里塚については，とりわけ双葉郡各地で比較的良好な状態で保存されている。

相馬北部とは，もとの宇多《うだ》郡域を指し，現在の新地町・相馬市がその地域である。古墳時代の浮田《うきた》国造の支配の後，7世紀後半に宇多郡が設置されたと考えられ，蝦《え》夷《ぞ》地域に対する前線として重要な位置付けがなされた。戦国時代末期の相馬氏と伊《だ》達《て》氏の攻防により，北半が伊達領に，南半は相馬領に分割された。藩政時代は，仙台藩と相馬中村藩に二分されてきた。廃藩置県後，北半の現在の新地町は宮城県に属していたが，1876(明治９)年に福島県に属した。

相馬南部は，南相馬市・相馬郡飯舘村《いいたてむら》を含む地域で，古代には行方《なめかた》郡とよばれた地域にほぼ重なる。奥州合戦《おうしゅうかっせん》の後，行方郡は千葉常胤《ちばつねたね》の２男師常《もろつね》(奥州相馬氏の祖)の所領となった。鎌倉時代末期に下総《しもうさ》から下向した相馬重胤《しげたね》が小高《おだか》に小高城を構え，行方郡は奥州相馬氏が直接支配する地域となったが，慶長《けいちょう》年間(1596～1615)に北の宇多郡に相馬中村城を築いて移るまで，この地域は奥州相馬氏の支配の中心的な場所であった。1896(明治29)年，行方郡は宇多郡と合併し相馬郡となった。

双葉郡北部の標葉《しねは》は，浪江町《なみえまち》・葛尾村《かつらおむら》・双葉町《ふたばまち》・大熊町《おおくままち》を指す。古代には標葉郡に属し，中世は標葉一族によって支配されたが，戦国時代に標葉氏は相馬氏に敗れた。以来，近世を通じて相馬氏の支配下となった(相馬中村藩)。したがって，この地域は広義の「相馬」に属する。

双葉郡南部の楢葉《ならは》は，富岡町《とみおかまち》・川内村《かわうちむら》・楢葉町《ならはまち》・広野町《ひろのまち》，そしていわき市の一部を指す。古代には石城《いわき》郡の一部であったが，のち楢葉郡として独立した地域である。

中世の激動を経て，近世には磐城《いわき》平《たいら》藩領，その後，幕府領小名浜《おなはま》や諸藩の飛地《とびち》領に編入された。したがって，この地域は広義の「いわき」である。1896(明治29)年，標葉郡と楢葉郡は合併し双葉郡となった。

いわき市は，1966(昭和41)年，５市４町５村の広域合併によって誕生した。古くから伊波岐・石城・岩城・磐城などと記され，平仮名の「いわき」の市名になったのである。

古代には，菊多郡・石城郡からなっていたが，のち磐城郡から磐前《いわさき》郡・楢葉郡が独立して行く。平安時代後期には，菊多に菊田荘が成立し，磐城には海道平氏の岩城氏が勢力を築く。鎌倉時代に，菊田荘と境を接して関東御領である好嶋荘《よしまのしょう》が成立し，好嶋荘の地頭職には岩城氏が任じられる。戦国大名に成長した岩城氏は，菊多・磐前・磐城３郡の支配を固め，佐竹《さたけ》氏・伊達氏と離合を繰り返しながら，北方の戦国大名相馬氏と楢葉の地をめぐって争った。楢葉の支配を確実にしたものの，関ヶ原の戦いに際して佐竹氏に同調した岩城氏は，徳川家康《とくがわいえやす》によって出羽《でわ》国亀田《かめだ》(秋田県由利本荘《ゆりほんじょう》市)に転封される。江戸時代，３郡および楢葉郡は平城を根拠にする磐城平藩と，その親族に分知させた泉《いずみ》藩・湯長谷《ゆながや》藩の支配下に入る。磐城平藩主は，鳥居《とりい》氏・内藤氏・井上氏・安藤氏と変遷し，支配地の一部は，幕府領小名浜や諸藩の飛地領となるなどの変遷を遂げる。1878(明治11)年，菊多郡・磐前郡・磐城郡の旧に復し，1896年に３郡と楢葉郡の一部が合併し，石城郡となった。その後の幾たびかの町村合併を経て，現在に至るのである。

中通り

中通り北部は，かつては信夫《しのぶ》郡・伊達《だて》郡・安達《あだち》郡の３郡がおかれた地であり，西には奥羽山脈が，東には阿武隈《あぶくま》山系が広がる。阿武隈川が南から北に流れており，各郡を通る。伊達郡では，古くは阿武隈川より西が西根郷《にしねごう》，東が東根郷《ひがしねごう》，また南東部の川俣《かわまた》地区が小手郷《おでごう》とよばれていた。山がちな地形のなかに信達《しんたつ》平野とよばれる福島盆地があり，山あいには二本松・川俣などの小盆地が点在する。現在は福島市・伊達市・二本松《にほんまつ》市・本宮《もとみや》市・伊達郡３町(桑折町《こおりまち》・国見町《くにみまち》・川俣町《かわまたまち》)，安達郡１村(大玉村《おおたまむら》)からなる地域である。

旧石器時代・縄文時代の遺跡も多く，古来より人びとの活動が盛んであったことがうかがえる。とりわけ青森県三内丸山《さんないまるやま》遺跡に続いて大型柱穴が発見された宮畑《みやはた》遺跡(福島市)や人体文《じんたいもん》土器が出土した和台《わだい》遺跡(福島市)は，縄文時代の巨大集落で，ともに国史跡に指定されている。その後，弥生時代・古墳時代を通じて豪族が生まれていったと考えられ，大型古墳はないものの，小規模な古墳が各地に点在している。腰浜廃寺《こしのはまはいじ》(福島市)は飛鳥《あすか》時代に建立されたと考えられており，この時期には仏教文化とともに中央の支配がおよんでいたことがうかがえる。平安時代に信夫郡・伊達郡・安達郡の３郡が整えられた。

源頼朝《みなもとのよりとも》と奥州藤原氏の戦いの主戦場は，阿津賀志山《あつかしやま》(国見町)であり，現在でも二重堀が残り，国史跡となっている。その後，伊達氏を始めとした関東の武士たちが所領を得て，この地に住み着くようになる。伊達氏はその後の南北朝時代・室町時代を通じて勢力を広げ，戦国大名に成長する。西山城跡（桑折町）や梁川城《やながわじょう》跡（伊達市）は，伊達氏の活動の名残りである。

江戸時代になると，中通り北部は小藩と幕府領が絡み合う複雑な支配体系が組まれた。江戸時代には養蚕《ようさん》業を中心に発展していったが，中期以降は百姓一揆も頻発した。

明治時代には，近世において発展してきた蚕糸《さんし》業・絹織物業がいっそうの発展を遂げることになる。好・不況の波にもまれながらも，蚕糸業・絹織物業が中通り北部を支えた。

やがて養蚕業が下火になると，中通り北部一帯に広がった桑園もなくなり，果樹栽培への転換が行われた。こうして「くだもの王国」とよばれる現在の福島がつくられて行くのである。

中通り南部である県南は，東北の最南端に位置し，かつては安積《あづみ》郡・田村《たむら》郡・西《にし》白河《しらかわ》郡・東《ひがし》白川郡・石川《いしかわ》郡がおかれた地である。奥州の入口にあたり，古代から政治上重要な地域であった。山道に位置する白河関は，海道の勿来《なこそ》関（菊多剗《きくたのせき》）とともに，５世紀頃に治安維持の目的から設置された。古くは三十六歌仙の平兼盛《たいらのかねもり》が「便あらば　いかで都へ　告げやらん　けふ白河の　関は越えぬと」（伝《つて》があったならば，どうにかして都へ知らせてやりたいものだ，今日あの有名な白河の関を越えたりと『拾遺《しゅうい》和歌集』）と詠い，能因《のういん》法師も「都をば　霞とともに　立ちしかど　秋風ぞ吹く　白河の関」（都を春霞が立つとともに出発したが，いつのまにか秋風が吹く季節になってしまった，この白河の関では『後拾遺《ごしゅうい》和歌集』）と詠っている。

中世に入ると，奥州藤原氏を滅亡させた鎌倉幕府は，関東武士の結城《ゆうき》氏に白河荘を，二階堂《にかいどう》氏に岩瀬《いわせ》郡を，伊東《いとう》氏に安積《あさか》郡を分配するとともに奥州武士の石川氏の所領である石川荘を安堵している。後醍醐《ごだいご》天皇の建武《けんむ》政権は，北畠顕家《きたばたけあきいえ》を陸奥守として下向させた。結城氏・二階堂氏・伊東氏・石川氏は顕家のもとで要職に就いている。南北朝の動乱期には中通り南部の諸氏もその渦中に巻き込まれ，やがて多くが北朝方に結集していく。奥州で南朝方は中通り南部の宇津峰城《うつみねじょう》と北部の霊山《りょうぜん》城《じょう》を拠点に抵抗を続けたが，やがて両城とも落城する。南北朝合一後，足利幕府の鎌倉公方の足利満兼《みつかね》の２人の弟が中通り南部に下向した。足利満直《みつなお》は安積郡篠川に，足利満定《みつさだ》は岩瀬郡稲村《いなむら》に御所を定めたが，動乱のなかでやがて滅亡する。豊臣《とよとみ》秀吉《ひでよし》の奥羽仕置《おううしおき》では，石川氏と白川氏が領地を没収されるなどした。

近世に入り，徳川幕府は白河・棚倉《たなぐら》・守山に親藩《しんぱん》・譜代《ふだい》大名を配置し，塙《はなわ》には幕府領をおいた。奥州道中に沿う軍事上の要地をおさえる意味をもつものといえよう。元禄《げんろく》年間（1688～1704）には松尾芭蕉《まつおばしょう》が白河関を越えて旅を続け，中通り南部にも滞在した。

近代の成立期におこった戊辰《ぼしん》戦争では，中通り南部も戦いに巻き込まれていった。白河城の争奪戦から新政府軍と奥羽越列藩《おううえつれっぱん》同盟軍の戦闘が開始され，白河城の落城，棚倉藩・三春《みはる》藩の降伏，二本松城の落城を経て，会津鶴ヶ城《あいづつるがじょう》開城で東北における戊辰戦争は終結に向かっていった。明治時代には，自由民権運動が全国各地で展開されたが，福島県とりわけ中通りの南部では，活発な運動が展開された。当時石川町の区長であった河野広中《こうのひろなか》は，土佐《とさ》の板垣退助《いたがきたいすけ》と連動する形で有志会(のちの石陽《せきよう》社《しゃ》)を発足させている。

近・現代における中通り南部の大事業として，安積開拓事業をあげることができる。この事業は，県典事中条政恒《ちゅうじょうまさつね》の指導の下に開始され，二本松藩・会津藩・棚倉藩などの県内士族のほか久留米藩・高知藩・鳥取藩などの県外士族も参加した。県南は安積開拓や東北本線の開通によって大きく発展し，明治時代から大正時代にかけて県外企業が進出してきた。昭和前期には空襲によって荒廃した地域があったものの，その後，復興を遂げて現在に至っている。

会津

福島県西部の会津地方は，肥沃な米作地帯である会津盆地と自然豊かで広大な山間地域とからなる。日本海性気候に属し，冬は山間地域を中心に降雪が多く，そのことが会津の風土をはぐくんできた。

会津地方では猪苗代《いなわしろ》湖北東岸の笹山原《ささやまはら》遺跡群(会津若松市)などで旧石器時代後期の人びとの生活が確認されている。縄文時代には，早期の常世原田《とこよはらだ》遺跡(喜多方《きたかた》市)など多くの遺跡が知られるが，中期にはとくに多くの遺跡が残されている。弥生時代の遺跡としては，墓地跡である墓料《ぼりょう》遺跡(会津若松市)などが調査されているが，人びとの生活の様子を伝える資料は多くない。

古墳時代前期の4世紀頃，会津盆地には三角縁神獣鏡《さんかくぶちしんじゅうきょう》が出土した会津大塚山古墳などの一箕《いっき》古墳群(会津若松市)，東北第2位の大きさを誇る亀ヶ森古墳などの宇《う》内青津《ないあおつ》古墳群(会津坂下町《ばんげまち》)など，多くの古墳が築かれた。こうした前期の隆盛にくらべ，古墳時代中・後期には有力な古墳はほとんどみられなくなる。

大化改新《たいかかいしん》後，陸奥《むつ》国の領域となり，会津郡がおかれた。会津若松市郡山遺跡は会津郡の郡衙《ぐんが》に比定されている。また，9世紀前半までに耶麻《やま》郡が，10世紀末までには河沼《かわぬま》郡と大沼《おおぬま》郡が，会津郡から分置された。9世紀初め，法相《ほっそう》宗の僧徳一《とくいつ》は，慧《え》日寺《にちじ》(耶麻郡磐梯町《ばんだいまち》)を建立するなど仏教の布教に努め，同寺は中世にかけて大きな勢力を築くことになった。

治承《じしょう》・寿永《じゅえい》の乱後，県内には関東武士の勢力が扶植《ふしょく》された。会津には三浦氏の一族佐原氏のほか，長沼氏・山内《やまのうち》氏・河原田氏が所領を得たという。南北朝時代にはこれらの関東武士も土着して，所領をめぐり相争う時代となった。その抗争のなかで，佐原氏の一族で門田《もんでん》荘黒川(現，会津若松市)を根拠とした蘆名《あしな》氏は，しだいに優位に立って戦国大名として成長し，16世紀中頃，盛氏《もりうじ》の頃にほぼ会津全域を支配下において仙道《せんどう》（中通り）にも勢力を伸ばした。しかし，1589（天正《てんしょう》17）年，伊《だ》達《て》政宗《まさむね》と摺上原《すりあげはら》（耶麻《やま》郡猪苗代町《いなわしろまち》）で戦って敗れ，蘆名家は事実上滅亡した。

1590年，全国統一を進める豊臣秀吉《とよとみひでよし》は，伊達政宗から会津の領地を没収，家臣の蒲生氏郷《がもううじさと》を配して東北地方の要とした。1598（慶長《けいちょう》3）年からの上杉景勝《うえすぎかげかつ》の支配は，関ヶ原の戦い（1600年）での西軍の敗北により短期間で終了。蒲生氏（再蒲生），加藤氏の支配を経て徳川家光《いえみつ》の異母弟保科正之《ほしなまさゆき》が会津23万石の藩主となり，以後，その流れをくむ会津松平《まつだいら》家の支配が幕末まで続いた。藩政下では漆器業や酒造業など，特色ある産業が発達したが，一方，寛延《かんえん》一揆（1749年）など封建支配に抵抗する農民の動きもみられた。また，幕府直轄領とされた南部・西部の山間地域でも，南山《みなみやま》御蔵入《おくらいり》騒動（1720～22年）などがおこっている。

幕末会津藩主松平容保《かたもり》が京都守護職となり尊王攘夷《そんのうじょうい》派・倒幕派に対峙《たいじ》したため，徳川政権崩壊の後の戊辰《ぼしん》戦争において，会津藩は長州藩など武力倒幕派の標的とされ新政府軍による攻撃を受け，領内は大きな被害をこうむった。戦後，新政府による直接支配の下におかれ，1869（明治2）年に若松県となった会津地方は，1876年の合併によって福島県の一部となった。

明治時代前半，会津地方で自由民権運動が盛んで，1882年には，いわゆる激化事件の先駆けとなる喜多方《きたかた》事件がおこった。戊辰戦争後，復興が進められた若松の町には，1899（明治32）年，県下で初めて市制が施行された。また，誘致運動が実って，1908年に陸軍歩兵第65連隊が新設された。産業では，喜多方など各地で製糸業が発展し，農家では養蚕が盛んとなり，地域経済に重要な地位を占めるようになった。

第二次世界大戦後の会津地方は，米作中心の農業とともに，裏磐梯《うらばんだい》・猪苗代湖《いなわしろこ》などの自然や，白虎隊《びゃっこたい》・会津若松城などの歴史・文化財をいかした観光が盛んである。さらに近年では，喜多方市の蔵とラーメンによる地域おこしなど，あらたな観光資源が加わってきている。

【文化財公開施設】(＊印は東日本大震災の影響で見学不可)　①内容，②休館日，③入館料

相馬市歴史民俗資料館(現在休館中)　〒976-8601相馬市中村字大手先13　TEL0244-37-2191　①相馬市出身の彫刻家佐藤玄々の遺作と相馬駒焼，相馬藩関係と御仕法(二宮仕法)，相馬野馬追の資料等，②月曜日，祝日，月末，年末年始，③有料

＊鹿島歴史民俗資料館　〒979-2442南相馬市鹿島区西町3-1　TEL0244-46-4281　①地域の民俗文化財や真野古墳群出土資料等，②第３土・日曜日，祝日，年末年始，③有料

南相馬市博物館　〒975-0051南相馬市原町区牛来字出口194　TEL0244-23-6421　①相馬野馬追資料，周辺地域の自然・歴史・民俗資料，②月曜日(休日の場合は翌平日)，年末年始，③有料

＊楢葉町歴史資料館　〒979-0696双葉郡楢葉町大字北田字鐘突堂5-4　TEL0240-25-2492　①楢葉町の自然，考古・民俗資料，天神原遺跡の出土品とその出土状況模型，②月曜日，祝日，年末年始，③無料

＊双葉町歴史民俗資料館　〒979-1472双葉郡双葉町大字新山字本町27-1　TEL0240-33-4763　①清戸廹装飾横穴墓関連の資料と標葉郡衙・郡山五番遺跡関連資料等，②月曜日(第３以外)，第３日曜日，祝日(文化の日以外)，年末年始，③有料

＊富岡町歴史民俗資料館　〒979-1151双葉郡富岡町大字本岡字王塚622-1　TEL0240-22-2626　①富岡町をはじめ近隣地域の歴史・民俗資料，②日・月曜日，祝日，年末年始，③無料

アクアマリンふくしま(ふくしま海洋科学館)　〒971-8101いわき市小名浜字辰巳町50　TEL0246-73-2525　①世界初，水槽内繁殖のサンマ等1200種３万点の動・植物を展示，②年中無休，③有料

いわき市立美術館(平成26年11月14日まで休館)　〒970-8026いわき市平字堂根町4-4　TEL0246-25-1111　①国内外の現代美術の収集と展示紹介，②月曜日(祝日の場合は翌日)，年末年始，③有料

白龍会龍が城美術館　〒970-8026いわき市平字旧城跡27　TEL0246-22-1601　①旧平城跡で甲冑・武具・書画・旧藩時代の資料等，②月曜日，③有料

いわき市勿来関文学歴史館　〒979-0146いわき市勿来町関田長沢6-1　TEL0246-65-6166　①歌に詠まれた「なこその関」をイメージする音と映像，②第３水曜日(祝日の場合は翌日)，１月１日，③有料

いわき市石炭・化石館　〒972-8321いわき市常磐湯本町向田3-1　TEL0246-42-3155　①常磐炭田の歴史と，クビナガリュウなど中生代の海生生物の資料，②第３火曜日(祝日の場合は翌日)，１月１日，③有料

いわき市アンモナイトセンター　〒979-0338いわき市大久町大久字鶴房147-2　TEL0246-82-4561　①山の斜面の地層を発掘し，建物で覆い，アンモナイトなどの化石を地層の中に埋もれた状態で見学，②月曜日(祝日の場合は翌日)，１月１日，③有料

いわき市考古資料館　〒972-8326いわき市常磐藤原町手這50-1　TEL0246-43-0391　①中田横穴を始めとする旧石器時代から近世までのいわきの代表的な考古資料等，②第３火曜日(祝日の場合は翌日)，１月１日，③無料

いわき市立草野心平記念文学館　〒979-3122いわき市小川町高萩字下夕道1-39　TEL0246-83-0005　①詩人草野心平の世界を紹介，来館者が詩をつくることもできる文学プラザ，②月曜日(祝日の場合は翌日)，年末年始，③有料

いわき市暮らしの伝承郷　〒970-8043いわき市鹿島町下矢田字散野14-16　TEL0246-29-2230　①江戸時代後期から明治初期頃の伝統的な民家に生活道具を展示，体験学習，②火曜日(祝日の場合は，翌日以後の平日)，年末年始，③有料

福島県立美術館　〒960-8003福島市森合字西養山１　TEL024-531-5511　①アンドリュー・ワイエスなどのアメリカ具象絵画，関根正二ら大正期洋画，県出身の版画家・斎藤清のコレクション，②月曜日(祝日の場合は翌日〈土・日以外〉)，年末年始，③有料

福島県歴史資料館　〒960-8116福島市春日町5-54　TEL024-534-9193　①江戸時代の商人文書・村役人文書や明治・大正期の行政文書，②月曜日(祝日の場合は翌日)，年末年始，③無料

ふれあい歴史館(福島市資料展示室)　〒960-8101福島市上町5-1　TEL024-521-5318　①歴史・民俗・考古資料，郵便資料，市内上岡遺跡出土の土偶等，②火曜，祝日の翌日(土・日・火曜日・祝日の場合は翌日)，年末年始，③無料

太田良平彫刻の丘うつくしま高原美術館　〒960-2158福島市佐原字竹の森20　TEL024-593-0501　①彫塑界の巨匠・太田良平の作品展示，②火曜日(祝日の場合は翌日)，年末年始，③有料

福島市古関裕而記念館　〒960-8117福島市入江町1-1　TEL024-531-3012　①古関裕而の年譜や古関が作曲したスポーツ・放送・映画・劇場音楽を紹介，②月曜日，年末年始，③有料

伊達市保原歴史文化資料館　〒960-0634伊達市保原町大泉字宮脇265(保原総合公園内)　TEL024-575-1615　①郷土に関する古文書・土器や石器・絵画や書等，明治時代の擬洋風建築旧亀岡家住宅を移築復元して併設，②火曜日(祝日の場合は翌日)，年末年始，③有料

かわまたおりもの展示館　〒960-1406伊達郡川俣町大字鶴沢字東13-1　TEL024-565-4889　①古代からの養蚕・機織り・絹織物に関する写真と資料を展示，隣接のからりこ館では手織りや草木染の体験，②第３月曜日，年末年始，③有料

二本松市歴史資料館　〒964-0917二本松市本町1-102　TEL0243-23-3910　①大山忠作・橋本堅太郎ほか美術家の作品，市内遺跡の土器・石器，中世畠山氏から近世丹波氏に関する古文書・武具・武器・工芸品等，②水曜日，祝日(文化の日・こどもの日以外)，年末年始，③有料

安達ヶ原ふるさと村「先人館」　〒964-0938二本松市安達ヶ原4-100　TEL0243-22-7474　①二本松市出身の文化人の業績・作品を展示，高村智恵子の紙絵等，②４～11月は無休，12～３月は木曜日，③有料

二本松市智恵子記念館　〒969-1404二本松市油井字漆原町36　TEL0243-22-6151　①故郷安達町を愛し，高村光太郎との愛と芸術に生きた智恵子の生家を当時のまま保存，②水曜日(祝日の場合は翌日)，年末年始，③有料

あだたらふるさとホール　〒969-1302安達郡大玉村玉井字西庵183　TEL0243-48-2569　①縄文時代から古墳時代の出土品，江戸時代の農家の一部を館内に移築し昔の農具等を展示，②火曜日，祝日(文化の日以外)，③有料

郡山市立美術館　〒963-0666郡山市安原町字大谷地130-2　TEL0249-56-2200　①イギリス美術のコレクション，日本の近代美術，佐藤潤四郎のガラス工芸など郡山市ゆかりの美術，②月曜日(祝日の場合は翌日)，年末年始，③有料

郡山市ふれあい科学館スペースパーク　〒963-8002郡山市駅前2-11-1(ビックアイ20〜24階)　TEL024-936-0201　①宇宙をテーマとした都市型科学館，宇宙飛行士の疑似体験，②月曜日(祝日の場合は翌日)，年末年始，③有料

須賀川市立博物館　〒962-0843須賀川市池上町6　TEL0248-75-3239　①亜欧堂田善銅版画・阿武隈考古館・刀装具コレクション等郷土に関する資料等，②月曜日，祝日の翌日(土・日以外)，年末年始，③有料

須賀川市歴史民俗資料館　〒962-0203須賀川市長沼字門口186　TEL0248-67-2030　①考古・民俗資料のほか，市にゆかりのある芥川賞作家中山義秀に関する資料等，②月曜日(祝日の場合は翌日)，祝日の翌日(土・日以外)，年末年始，③有料

三春町歴史民俗資料館　〒963-7758田村郡三春町字桜谷5　TEL0247-62-5263　①河野広中を中心に自由民権運動関係資料を展示する自由民権記念館と，三春張り子人形・三春駒等，東北の郷土玩具を展示する郷土人形館，②月曜日，祝日の翌日(月曜日の場合は翌日)，年末年始，③有料

小野町ふるさと文化の館　〒963-3401田村郡小野町字中通2　TEL0247-72-2120　①美術館・郷土史料館・図書館・丘灯至夫記念館の複合施設，②月曜日，月末(平日)，年末年始，③無料(特別展は有料)

吉田富三記念館　〒963-6216石川郡浅川町袖山字森下287　TEL0247-36-4129　①癌細胞吉田肉腫を発見して癌研究の発展に寄与した，吉田富三の偉業を顕彰する，②月曜日(祝日の場合は翌日)，年末年始，③有料

石川町立歴史民俗資料館　〒963-7845石川郡石川町字高田200-2　TEL0247-26-3768　①石川町内を始め各地の鉱物，鳥内遺跡出土資料，②月曜日，祝日，年末年始，③無料

天栄村ふるさと文化伝承館　〒962-0504岩瀬郡天栄村大字大里字八石1-2　TEL0248-81-1030　①幻のやきもの「後藤焼」や売薬業など特色ある村の歴史を紹介，②月・火曜日(祝日の場合は翌日)，③有料

白河市歴史民俗資料館　〒961-0053白河市字中田7-1　TEL0248-27-2310　①白河の歴史資料，関根正二ほか美術資料を収蔵，②月曜日(祝日の場合は翌日)，③無料(企画展は有料)

白河集古苑　〒961-0074白河市字郭内1-73　TEL0248-24-5050　①「白河結城家文書」と近世大名阿部家伝来の絵画・調度・刀剣等，②月曜日，祝日の翌日，年末年始，③有料

藤田記念博物館　〒961-0815白河市五郎窪37-1(南湖公園)　TEL0248-24-1780　①白河藩主松平定信自筆の書，愛用の品，彼に関わりをもった人びとの作品を展示，②火曜日，12月〜3月，③有料

南湖神社宝物館　〒961-0811白河市字菅生舘2　TEL0248-23-3015　①松平定信直筆の書画，神社創建時の功労者渋沢栄一寄贈の書画等，②無休(神社祭典日以外)，③有料

福島県文化財センター白河館(まほろん)　〒961-0835白河市白坂字一里段86　TEL0248-21-0700　①“見て・触れて・考え・学ぶ”体験型フィールドミュージアム，②月曜日(祝日の場合は翌日)，祝日の翌日(土・日以外)，年末年始，③無料

アウシュヴィッツ平和博物館　〒961-0835白河市白坂三輪台245　TEL0248-28-2108　①アウシュヴィッツ収容所跡を管理するポーランド国立オシフィエンチム博物館から借り受けたナチス・ドイツによるユダヤ人虐殺の犠牲者の遺品・資料や記録写真，当館所蔵のアンネフランク関連写真・資料等，②火曜日(祝日の場合は翌日)，祝日の翌日(土・日

以外)，年末年始，③有料

泉崎資料館　〒969-0101西白河郡泉崎村大字泉崎字館24-9　TEL0248-53-4777　①泉崎村の歴史文化遺産を保存，②土・日曜日，祝日，年末年始，③有料

福島県立博物館　〒965-0807会津若松市城東町1-25　TEL0242-28-6000　各時代における福島県の役割・特色を明らかにする総合展示と考古・民俗・歴史美術，自然等の資料，②月曜日(祝日の場合は翌日)，祝日の翌日(土・日曜日以外)，年末年始，③有料

鶴ヶ城博物館　〒965-0873会津若松市追手町1-1　TEL0242-27-4005　①再建された天守閣に会津藩ゆかりの文化財や戊辰戦争関係の資料を展示，②7月第1月〜木曜日，12月第1火〜木曜日，③有料

会津武家屋敷　〒965-0813会津若松市東山町大字石山字院内1　TEL0242-28-2525　①会津藩家老西郷頼母邸を中心に，藩米精米所・代官陣屋・茶室嶺南庵・資料館などから構成される野外博物館，②年中無休，③有料

白虎隊記念館　〒965-0003会津若松市一箕町大字八幡字弁天下33　TEL0242-24-9170　①戊辰戦争や，会津藩士の最期に関する資料等，②年中無休，③有料

白虎隊伝承史学館　〒965-0003会津若松市一箕町飯盛山下2　TEL0242-26-1022　①戊辰戦争関連資料，②年中無休，③有料

会津酒造歴史館　〒965-0872会津若松市東栄町8-7　TEL0242-26-0031　①会津宮泉の一番蔵を一般公開，会津酒造の歴史・酒造りの工程・酒にまつわる資料等，②年中無休，③有料

会津藩校日新館　〒969-3441会津若松市河東町南高野字高塚山10　TEL0242-75-2525　①戊辰戦争の戦火によって焼失した会津藩の藩校日新館を復元し，当時の学習風景を再現，②年中無休，③有料

桐の博物館　〒966-0096喜多方市押切南2-12　TEL0241-22-1911　①桐を身近な物として実際に触れ，桐下駄の鼻緒すげや自然の木材を使った体験学習，②年末年始，③有料

喜多方市郷土民俗館　〒966-0822喜多方市字柳原7503-1　TEL0241-22-4154　①松野千光寺経塚出土品，民俗資料，②第3日曜日，祝日，年末年始，③無料

喜多方蔵の里　〒966-0094喜多方市字押切2-109　TEL0241-22-6592　①旧手代木家住宅・旧外島家住宅や各種蔵，民俗・考古(二瓶清コレクション)資料，②年末年始，③有料

そば資料館(飯豊とそばの里センター)　〒963-4143喜多方市山都町字沢田3077-1　TEL0241-38-3000　①そば関連，飯豊山信仰，②月曜日(祝日の場合は翌日)，③有料

高郷郷土資料館　〒969-4301喜多方市高郷町上郷字天神後戊417　TEL0241-44-2765　①海生哺乳類・植物の化石，塩坪遺跡出土品など考古・民俗資料，②土・日曜日，祝日，年末年始，③有料

野口英世記念館　〒969-3284耶麻郡猪苗代町大字三ツ和字前田81　TEL0242-65-2319　①細菌学者野口英世の生家を始め手紙や写真などの遺品，参考資料等，②年末年始，③有料

会津民俗館　〒969-3284耶麻郡猪苗代町大字三ツ和字前田33-1　TEL0242-65-2600　①会津の代表的な曲家の民家，旧馬場家・旧佐々木家を移築，公開。蠟燭作り用具や会津の刺子等の資料も展示，②12月1日〜3月15日の木曜日，③有料

磐梯山噴火記念館　〒969-2701耶麻郡北塩原村桧原字剣ヶ峯1093-36　TEL0241-32-2888　①磐梯山の噴火を紹介する火山の博物館。磐梯山周辺の動・植物の生態を紹介。火山の

分布や気象観測機器の展示，②無休，③有料

諸橋近代美術館　〒969-2701耶麻郡北塩原村桧原字剣ヶ峯1093-23　TEL0241-37-1088　①サルバドール・ダリの絵画・彫刻約330点，セザンヌ，ピカソ，ゴッホなど20世紀巨匠の絵画約30点を所蔵・展示，②12～4月中旬，③有料

会津米沢街道桧原歴史館　〒966-0501耶麻郡北塩原村大字桧原字芋畑沢1034-19　TEL0241-34-2200　①桧原宿ジオラマ，木地師・金山採掘用具，②火曜日，③有料

磐梯山慧日寺資料館　〒969-3301耶麻郡磐梯町大字磐梯字寺西38　TEL0242-73-3000　①慧日寺にまつわる仏像・仏画・仏具等のほか，発掘調査資料，磐梯山を中心とする山岳信仰の資料等，②12月1日～3月30日，③有料

やないづ町立斎藤清美術館　〒969-7201河沼郡柳津町大字柳津字下平乙187　TEL0241-42-3630　①版画家・斎藤清の作品を紹介する美術館。代表作「会津の冬」等展示，②月曜日(祝日の場合は翌日)，③有料

三島町生活工芸館　〒969-7402大沼郡三島町大字名入字諏訪ノ上395　TEL0241-52-2165　①編み組・木工などの生産用具と製品，②月曜日，祝日の翌日，年末年始，③無料

金山町歴史民俗資料展示室　〒968-0006大沼郡金山町大字中川字上居平949-1　TEL0241-55-3334　①宮崎遺跡出土品など考古資料，山村の民俗資料，②年中無休，③無料

会津本郷清郷美術館　〒969-6116大沼郡会津美里町字瀬戸町3131-2　TEL0242-57-1678　①明治中期の蔵座敷を改修し，藩主保科正之が招いた陶工による将軍家献上品と絵画・屏風を展示，②火曜日，③有料

からむし工芸博物館　〒968-0215大沼郡昭和村大字佐倉字上ノ原　TEL0214-58-1677　①からむし織関連資料，②12～3月の月・火曜日，年末年始，③有料

河井継之助記念館　〒968-0411南会津郡只見町大字塩沢字上の台850-5　TEL0241-82-2870　①長岡藩家老河井継之助終焉の部屋，当時の医療用具，②木曜日，12～4月上旬，③有料

会津只見考古館　〒968-0602南会津郡只見町大字大倉字窪田33　TEL0241-86-2175　①窪田遺跡出土品など考古資料，②月曜日，祝日の翌日，11月24日～4月19日，③有料

奥会津地方歴史民俗資料館　〒967-0014南会津郡南会津町糸沢字西沢山3692-20　TEL0241-66-3077　①「奥会津の山村生産用具」を始めとして，奥会津地方で使用されてきた約3000点の民具を，「山・川・道」の3つのテーマに区分し，系統立てて展示。藍染・藁細工の体験，②火曜日(祝日の場合は翌日)，年末年始，③有料

奥会津南郷民俗館　〒967-0631南会津郡南会津町界字川久保552　TEL0241-73-2829　①旧山内家・旧斎藤家住宅，漁労用具，灯火用具等，②月曜日(祝日の場合は翌日)，11月26日～4月25日，③有料

旧南会津郡役所　〒967-0004南会津郡南会津町田島字丸山甲4681-1　TEL0241-62-3848　①鴫山城跡発掘出土品，考古資料，②火曜日(祝日の場合は翌日)，年末年始，③有料

会津田島祇園会館　〒967-0004南会津郡南会津町田島字大坪30-1　TEL0241-62-5557　①田島祇園祭関連資料，②12～3月の火曜日(祝日の場合は翌日)，年末年始，③有料

檜枝岐村歴史民俗資料館　〒967-0525　南会津郡檜枝岐村字下ノ原887-1　TEL0241-75-2432　①檜枝岐歌舞伎関連資料，民俗資料，②なし，③有料

【無形民俗文化財】

国指定

石井の七福神と田植踊　二本松市鈴石・東町・錦町・北トロミ地区　石井芸能保存会　1月14・15日

都々古別神社の御田植　東白川郡棚倉町八槻字大宮　八槻都々古別神社御田植保存会　旧1月6日

田島祇園祭のおとうや行事　南会津郡南会津町田島字後原　田島祇園祭のおとうや行事保存会　7月22～24日

相馬野馬追　相馬市・南相馬市・相馬郡新地町・飯舘村・双葉郡浪江町・双葉町・葛尾村・大熊町　相馬野馬追保存会　7月23～25日

御宝殿の稚児田楽・風流　いわき市錦町御宝殿　御宝殿熊野神社田楽保存会　7月31日～8月1日

金沢の羽山ごもり　福島市松川町金沢字宮ノ前　羽山ごもり保存会　旧11月16～18日

木幡の幡祭り　二本松市木幡字治家　木幡幡祭保存会　12月第1日曜日

三島のサイノカミ　大沼郡三島町宮下・桑原・大登などの地区　三島町年中行事保存会　1月15日前後

県指定

白岩の太々神楽　本宮市白岩字宮ノ下　浮島神社太々神楽保存会　1月1日・4月15日直近の日曜日・11月3日

柳津の大神楽　河沼郡柳津町柳津字大根下　藤の和芸能保存会　正月(東白川郡塙町周辺・西白河郡)，春(河沼郡会津坂下町・耶麻郡西会津町・会津盆地)，夏(大沼郡金山町)，秋(南会津郡只見町・岩瀬郡)

広瀬熊野神社の御田植　二本松市上太田字広瀬　広瀬熊野神社御田植祭保存会　1月3日

飯舘の田植踊　相馬郡飯舘村草野字大師堂　飯舘の田植踊保存会連合会　1月14日

三島の年中行事　河沼郡三島町内　三島町年中行事保存会　初春の行事(若水汲み・若木迎え・鳥追い・団子さし・柳川植・さいの神・愛宕様参り・豆まき・初午)

古寺山自奉楽　須賀川市上小山田字古寺地内　古寺山自奉楽保存会　旧3月10日

小林・梁取の早乙女踊と神楽　南会津郡只見町小林・梁取　小林早乙女踊保存会・梁取芸能保存会　旧1月14日

津島の田植踊　双葉郡浪江町下津島字町　津島郷土芸能保存会　旧1月14・15日

下柴の彼岸獅子　喜多方市関柴町下柴字大門口　下柴獅子団　春彼岸

磐梯神社の舟引き祭りと巫女舞　耶麻郡磐梯町大字磐梯字杉並・磐梯神社・磐梯町本寺区　春分の日

南須釜の念仏踊　石川郡玉川村南須釜字根搦　須南民俗芸能保存会　4月3日，8月14日

金沢黒沼神社の十二神楽　福島市松川町金沢字宮ノ前　黒沼神社の十二神楽保存会　4月第1土・日曜日

豊景神社の太々神楽　郡山市富久山町福原字福原　豊景神社の太々神楽保存会　1月1日・4月第2日曜日・10月第2日曜日

大滝神社の浜下り行事　双葉郡楢葉町上小塙字宮平　大滝神社浜下り神事保存会　4月第2日曜日を中心に5日間

鈴石の太々神楽　　二本松市鈴石町　鈴石神社太々神楽保存会　4・10月の第3日曜日

日吉神社のお浜下りと手踊　　南相馬市鹿島区江垂字中館　お浜下り保存会　4月21日　申年

箱崎の獅子舞　　伊達市箱崎字山岸(福厳寺)　箱崎愛宕獅子講中　4月29・30日(愛宕神社例大祭など)

磐城街道沿いのオニンギョウサマ製作の習俗　　田村市船引町芦沢字下屋形・明城，堀越字明神前　芦沢・堀越お人形様製作の習俗保存会　毎年4月に衣替え

相馬福田の十二神楽　　相馬郡新地町福田字諏訪　福田十二神楽保存会　5月3日・11月3日(諏訪神社例大祭)など

小浜長折の三匹獅子舞　　二本松市下長折字大柱　長折三匹獅子舞保存会　5月4日

川内の獅子舞　　双葉郡川内村上川内字関場ほか　川内三匹獅子舞保存会連合会　5月5日・9月15日

檜枝岐歌舞伎　　南会津郡檜枝岐村字居平　千葉之家花駒座　5月12日・8月18日・9月第1土曜日

上羽太の天道念仏踊　　西白河郡西郷村羽太字高山　上羽太天道念仏踊保存会　6月第1日曜日

田島の三匹獅子　　南会津郡南会津町田島字後原　高野三匹獅子舞保存会　6月第2土・日曜日(大山祇神社例祭)，8月15日(盆行事)，8月17日(立谷沢子安観音祭礼)，8月下旬・9月(二百十日の前祭り)，9月4日(稲荷神社例祭)

相馬宇多郷の神楽　　相馬市坪田字宮後　相馬市神楽保存会　6月第2日曜日・秋分の日

慶徳稲荷神社の田植神事　　喜多方市慶徳町豊岡字香隅山　慶徳稲荷神社御田植え祭り保存会　7月2日(御田植祭)

関辺のさんじもさ踊　　白河市関辺谷中　白河天道念仏さんじもさ踊保存会　7月第1日曜日

伊佐須美神社の田植神事　　大沼郡会津美里町宮林　伊佐須美神社　7月12日(御田植祭)

冬木沢の空也念仏踊　　会津若松市河東町広野字大門中(八葉寺阿弥陀堂)　空也光陵会　8月5日

上手岡麓山神社の火祭り　　双葉郡富岡町上手岡字麓山　麓山神社氏子総代会　8月15日

会津大念仏摂取講　　喜多方市熊倉町新合字辻道下(安養寺)・喜多方市三吉字中ノ目(中眼寺)・湯川村勝常字代舞(勝常寺)　会津大念仏摂取講保存会　8月30日(安養寺)・8月20日(中眼寺)・4月28日(勝常寺)

上三坂のヤッチキ踊とサンヨー踊　　いわき市上三坂字山上前　いわきやっちき踊り保存会　9月第2土・日曜日

渡戸の獅子舞　　いわき市三和町渡戸字宿　御塚神社　楢戸区　9月第2・3日曜日

上三宮三島神社の太々神楽　　喜多方市上三宮町上三宮字池田(三島神社)　三島神社太々神楽保存会　9月9日

飯野八幡宮の流鏑馬と献饌　　いわき市平字八幡小路　飯野八幡宮　9月14・15日(飯野八幡宮例祭)

小野の獅子舞　　田村郡小野町小野新町字浄円田・小野町浮金字宮之前　小野獅子舞保存会・浮金小獅子保存会　9月15日(新田内長獅子舞)・9月15・16日(浮金小獅子舞)・10

月1日(小野大倉獅子舞)

二本松の祭り囃子　二本松市本町1丁目　二本松提燈祭祭礼囃子保存会　10月4～6日(二本松神社例大祭)

古殿八幡神社の流鏑馬・笠懸　石川郡古殿町山上字古殿　古殿町流鏑馬保存会　10月第2土・日曜日

お枡明神の枡送り行事　東白川郡棚倉町一色字ニシキ牧　御枡明神保存会　3年ごと，旧10月15日

岡山の水かけ祭　福島市岡島字竹ノ内(鹿島神社)　岡山鹿島神社水かけ祭保存会　10月第4日曜日

奥州白河歌念仏踊　白河市天神町　奥州白河歌念仏踊振興会　11月28日(諏訪神社例大祭)など

八槻都々古別神社の神楽　東白川郡棚倉町八槻字大宮　八槻都々古別神社楽人会　旧11月3日(七座の神楽・大々神楽)

湖南の会津万歳　郡山市湖南町中野　会津万歳安佐野保存会　年末～2月

【おもな祭り】(国・県指定無形民俗文化財をのぞく)

西方水かけ祭り　田村郡三春町中妻字西方地内(塩釜神社)　1月1日

高田の大俵引き　大沼郡会津美里町　1月第2土曜日

七日堂まいり　郡山市堂前町(如宝寺)　1月6日夕～7日

七日堂裸まいり　河沼郡柳津町(福満虚空蔵尊円蔵寺)　1月7日

十日市　会津若松市　1月10日

三春だるま市　田村郡三春町大町　1月第3日曜日

だるま市　双葉郡双葉町　1月第2土・日曜日

岩角山梵天祭　本宮市(岩角寺毘沙門堂)　1月3日

坂下の大俵引き　河沼郡会津坂下町　1月14日

火伏せ　南相馬市鹿島区(鹿島御子神社)　1月14日

鵜巣の早乙女踊り　南会津郡南会津町鵜巣地区　1月第3土曜日

沼ノ内の水祝儀　いわき市平沼ノ内(愛宕神社)　1月成人の日

大谷の愛宕さまの火とたわら転がし　大沼郡三島町(大谷地区)　旧1月24日

裸参り　双葉郡浪江町(浪江神社)　旧1月8日

信夫三山暁参り　福島市御山(羽黒神社)　2月10・11日

白河だるま市　白河市(市街地)　2月11日

黒岩虚空蔵参り　福島市黒岩　旧1月12～13日

布藤の火伏せ　耶麻郡磐梯町(布藤地区)　2月第3土・日曜日

安波祭り　双葉郡浪江町(苕野神社)　2月第3日曜日

請戸の田植踊り　双葉郡浪江町(苕野神社)　2月第3日曜日

文殊祭り　大沼郡会津美里町(文殊堂)　2月25日

保原のつつこ引き祭り　伊達市保原町弥生町(厳島神社)　旧1月25日

鳥峠稲荷の初午祭　西白河郡泉崎村鳥峠4(鳥峠稲荷神社)　旧2月初午

川俣甲子大黒天祭　伊達郡川俣町飯坂字頭陀寺　3月26日

安珍歌念仏踊　白河市(安珍歌念仏堂)　3月27日
金沢黒沼神社の湯の花　福島市松川町　旧3月1日
小池の獅子舞　南相馬市鹿島町(鹿島御子神社)　4月第3日曜日
霊山神社大祭　伊達市霊山町大石　4月29日
万人子守地蔵尊例大祭　二本松市小浜　5月3～5日
白虎隊慰霊祭　会津若松市(飯盛山)　4月24日・9月24日
下大石の獅子舞　伊達市霊山町　4月29日(霊山神社)・7月20日(日枝神社)
宮代山王祭　福島市宮代(日吉神社)　4月30日
大せとまつり　双葉郡浪江町(陶芸の杜おおぼり)　5月1～5日
東堂山観世音例大祭　田村郡小野町小戸神(東堂山満福寺)　5月3日
菅波大国魂神社の大和舞　いわき市平　1月第2月曜日・5月5日・6月第2日曜日
大山祭り　耶麻郡西会津町(大山祇神社)　6月1～30日
大内の半夏祭り　南会津郡下郷町(高倉神社)　7月2日
坂下の御田植祭　河沼郡会津坂下町(栗村稲荷神社)　7月6・7日
天山祭　双葉郡川内村　7月第2日曜日
隠津島神社例大祭　郡山市湖南町福良(隠津島神社)　7月24日
長岡天王祭　伊達市長岡(八雲神社)　7月24・25日
小平潟天神祭　耶麻郡猪苗代町(小平潟天満宮)　7月24・25日
諏方神社祭礼　会津若松市本町　7月27日
湖まつり　郡山市湖南町(舟津公園)　7月下旬
北宮諏方神社祭礼　喜多市諏訪　8月2・3日
霊山太鼓　伊達市霊山町大石(霊山神社)　8月第1日曜日
せと市　大沼郡会津美里町　8月第1日曜日
相馬盆踊り　相双各市町村　8月中旬
大瓜市　相馬市中村　8月12日
じゃんがら念仏踊り　いわき市内各地　8月13～15日
東山盆踊り　会津若松市(東山温泉)　8月13～18日
源弱山の火明し　双葉郡双葉町　8月13日夜
浅川の花火　石川郡浅川町宮城山　8月16日
白河神社の嵐祭り　白河市旗宿　8月第3日曜日
原瀬の太神楽　二本松市原瀬(諏訪神社)　8月第4土曜日
下仁井田の獅子舞　いわき市四倉下仁井田(諏訪神社)　8月下旬の日曜日
二児参り　耶馬郡北塩原村(北山薬師)　9月7～9日
白河の提灯祭り　白河市大沼(鹿島神社)　9月敬老の日直前の金・土・日曜日(隔年)
愛宕神社たいまつ　いわき市平菅波　9月第2土・日曜日
獅子舞　いわき市内各地　9月14・15日
陶祖祭　大沼郡会津美里町(陶祖廟)　9月16日
柳橋歌舞伎　郡山市中田町柳橋(黒石荘)　9月中旬
会津まつり(歴代藩公行列)　会津若松市　9月22～24日
横沢の麓山祭　郡山市湖南町横沢(麓山神社)　旧9月27・28日

絹谷の獅子舞　　いわき市平絹谷(諏訪神社)　9月最終日
二本松の菊人形　　二本松市霞ヶ城跡　10月1日〜11月23日
飯坂けんか祭　　福島市飯坂町(八幡神社)　10月第1金・土・日曜日
コスキン・エン・ハポン　　伊達郡川俣町(中央公民館)　10月第2日・月曜日
住吉神社勅使参向祭・流鏑馬　　いわき市小名浜　10月13日にもっとも近い金・土または土・日曜日
塩松神社例大祭　　二本松市小浜　10月第2土・日・月曜日
針道あばれ山車　　二本松市針道(諏訪神社)　10月第2日曜日
北須釜の平鍬踊　　石川郡玉川村(須釜神社)　10月第1日曜日
相馬御神楽大会　　相馬市中村(相馬神社)　10月第1日曜日
四十八社神社の浜下り　　双葉郡富岡町　10月第2土・日曜日
大波住吉神社の三匹獅子舞　　福島市大波　10月第2日・月曜日
川俣の絹市　　伊達郡川俣町　10月第4土・日曜日
登り窯まつり　　双葉郡浪江町(陶芸の杜おおぼり)　11月第2土・日曜日
松明あかし　　須賀川市(五老山一帯)　11月第2土曜夜
大倉葉山ごもり　　相馬郡飯舘村(福善寺)　11月第3土曜日
えびす講市(二十日市)　　双葉郡富岡町　11月第3金・土・日曜日
十日市　　双葉郡浪江町　11月22〜24日
高柴の七福神　　郡山市西田町高柴地区　6月第1日曜日

【有形民俗文化財】

国指定

会津只見の生産用具と仕事着コレクション(2333点)　　南会津郡只見町只見字雨堤　只見町
会津の製蠟用具及び蠟釜屋(967点，1棟)　　耶麻郡猪苗代町三ツ和字前田　(財)会津民俗館
奥会津の山村生産用具及び民家(馬宿)(5058点，1棟)　　南会津郡南会津町糸沢字西沢山　南会津町
大桃の舞台(1棟)　　南会津郡南会津町大桃字居平　個人
八葉寺奉納小型納骨塔婆及び納骨器(1万4824点)　　会津若松市河東町広野字権現塚　八葉寺
檜枝岐の舞台(1棟)　　南会津郡檜枝岐村字居平　檜枝岐村

県指定

会津の仕事着コレクション(476点)　　耶麻郡猪苗代町三ツ和字前田　(財)会津民俗館
会津の染型紙と関係資料(一括)　　喜多方市柳原7503-1(喜多方市郷土民俗館)　喜多方市
会津地方の寝具コレクション(103点)　　耶麻郡猪苗代町三ツ和字前田　(財)会津民俗館
井田川浦のまるきぶね(1隻)　　双葉郡浪江町北幾世橋字植畑　浪江町
伊南川の漁撈用具(151点)　　南会津郡南会津町界字川久保552(奥会津南郷民俗館)　南会津町
蛯沢稲荷神社奉納絵馬地引大漁図及び和船模型(1面2隻)　　南相馬市小高区蛯沢字広畑　蛯沢稲荷神社

絵馬引馬図（１面）　いわき市平字八幡小路　飯野八幡宮
絵馬双鷹図（１面）　いわき市平字八幡小路　飯野八幡宮
絵馬田村将軍蝦夷退治図（１面）　伊達郡桑折町万正寺字坂町　観音寺
絵馬繋馬図（１面）　郡山市田村町山中字本郷　田村神社
絵馬洛中洛外図（１面）　伊達郡桑折町万正寺字坂町　観音寺
大平三島神社の古面(10口)　二本松市本町1-102(二本松歴史資料館)　三島神社
奥会津の運搬用具ソリと付属品(248点)　南会津郡南会津町界字川久保552(奥会津南郷民俗館)　南会津町
奥会津の屋根葺用具と火伏せの呪具(242点)　南会津郡南会津町界字川久保552(奥会津南郷民俗館)　南会津町
奥会津の燈火用具(225点)　南会津郡南会津町界字川久保552(奥会津南郷民俗館)　南会津町
奥会津の麻織用具と麻製品(250点)　南会津郡南会津町界字川久保552(奥会津南郷民俗館)　南会津町
金沢の羽山ごもり託宣記録(130冊)　福島市松川町金沢　個人
髪飾用具コレクション(270点)　相馬市中村字大手先13(相馬市教育文化センター博物館)　相馬市
上行合人形(368点)　郡山市田村町　個人
旧修験岩崎家所蔵修験資料(410点)　相馬市　個人
旧修験佐藤家所蔵修験資料(58点)　耶麻郡西会津町　個人
旧修験榊原家所蔵修験資料(225点)　耶麻郡猪苗代町　個人
旧修験川島家所蔵修験資料(65点)　南会津郡南会津町　個人
旧修験高橋家所蔵修験資料(241点)　耶麻郡西会津町　個人
旧修験日光院所蔵修験資料(177点)　南相馬市鹿島区小山田字戸ノ内　日光寺
絹本著色受苦図(附御用留帳・残闕ほか)（１幅）　白河市向新蔵　常宣寺
古絵馬（６面）　河沼郡会津坂下町大上字村北　大上区
紙本著色野馬追図（２鋪）　南相馬市原町区牛来字出口194(南相馬市博物館)　個人
昭和村のからむし生産用具とその製品(371点)　大沼郡昭和村下中津川字住吉415(昭和村公民館)　昭和村
関下人形(282点)　須賀川市　個人
相馬野馬追額（３面）　南相馬市小高区小高字古城　相馬小高神社
高倉人形(一括)　郡山市日和田町字小堰　郡山市
田代駒焼登り窯（１基）　相馬市　個人
南郷の歌舞伎関連資料(一括)　南会津郡南会津町界字川久保552(奥会津南郷民俗館)　南会津町
三春人形木型(28箇)　郡山市西田町　個人
八槻都々古別神社の古面(17口)　東白川郡棚倉町八槻　個人

【無形文化財】

県指定

上川崎和紙　　二本松市上川崎字本仏谷　上川崎和紙生産保存会

消金地　　会津若松市　個人

昭和村からむし織　　大沼郡昭和村下中津川字中島　からむし技術保存団体

福島県の教育委員会・観光担当部署など

財団法人福島県文化振興事業団　〒960-8116福島市春日町5-54　TEL024-534-9191
福島県商工労働部地域経済領域観光グループ　〒960-8670福島市杉妻町2-16
TEL024-521-7287
財団法人物産プラザふくしま　〒960-8053福島市三河南町1-20 コラッセふくしま7階
TEL024-525-4081
福島県東京観光案内所　〒110-0005東京都台東区上野2-12-14 ふくしま会館
TEL03-3834-5416

市町村の教育委員会・観光担当部署など

［相馬市］
相馬市教育委員会　〒976-0042相馬市中村字大手先13　TEL0244-37-2120
相馬市観光協会　〒976-0042相馬市中村字桜ケ丘71　TEL0244-36-3171
［南相馬市］
南相馬市教育委員会　〒975-8686南相馬市原町区本町2-27　TEL0244-22-2111
南相馬市観光交流課　〒975-8686南相馬市原町区本町2-27　TEL0244-24-5263
［いわき市］
いわき市教育委員会　〒970-8026いわき市平字梅本21　TEL0246-22-1111
いわき市観光協会　〒973-8403いわき市内郷綴町榎下46-2　TEL0246-27-2871
［福島市］
福島市教育委員会　〒960-8601福島市五老内町3-1　TEL024-535-1111
福島観光協会　〒960-8601福島市五老内町3-1　TEL024-525-3722
［伊達市］
伊達市教育委員会　〒960-0692伊達市保原町字舟橋180　TEL024-575-2111
伊達市商工観光課　〒960-0692伊達市保原町字舟橋180　TEL024-577-3175
［二本松市］
二本松市教育委員会　〒964-8601二本松市金色403-1　TEL0243-23-1111
二本松観光協会　〒964-8601二本松市金色403-1　TEL0243-23-1111
［本宮市］
本宮市教育委員会　〒969-1192本宮市本宮万世212　TEL0243-33-1111
本宮市商工観光課　〒969-1192本宮市本宮万世212　TEL0243-33-1111
［郡山市］
郡山市教育委員会　〒963-8601郡山市朝日1-23-7　TEL024-924-2491
郡山観光協会　〒963-8601郡山市朝日1-23-8　TEL024-924-2621
［田村市］
田村市教育委員会　〒963-4393田村市船引町船引字馬場川原20　TEL0247-81-2111
田村市観光交流課　〒963-4393田村市船引町船引字馬場川原20　TEL0247-81-2136
［須賀川市］
須賀川市教育委員会　〒962-8601須賀川市八幡町135　TEL0248-75-1111
須賀川観光協会　〒962-8601須賀川市八幡町135　TEL0248-75-1111

[白河市]
白河市教育委員会　〒961-8602白河市八幡小路7-1　TEL0248-22-1111
白河観光協会　〒961-8602白河市八幡小路7-1　TEL0248-22-1147
[会津若松市]
会津若松市教育委員会　〒965-8601会津若松市東栄町3-46　TEL0242-39-1111
会津若松観光物産協会　〒965-0042会津若松市大町1-7-3　TEL0242-24-3000
[喜多方市]
喜多方市教育委員会　〒966-8601喜多方市字御清水東7244-2　TEL0241-24-5211
喜多方観光協会　〒966-8601喜多方市字御清水東7244-2　TEL0241-24-5200
[相馬郡]
新地町教育委員会　〒979-2792相馬郡新地町谷地小屋字樋掛田30　TEL0244-62-2111
新地町産業課　〒979-2792双葉郡新地町谷地小屋字樋掛田30　TEL0244-62-2111
飯舘村教育委員会　〒960-1301福島市飯野町字後川10-2　TEL024-562-4200
飯舘村企画課　〒960-1301福島市飯野町字後川10-2　TEL024-562-4200
[双葉郡]
広野町教育委員会　〒979-0402双葉郡広野町大字下北迫字苗代替35　TEL0240-27-4166
広野町観光協会　〒979-0402双葉郡広野町大字下北迫苗代替35　TEL0240-27-4163
楢葉町教育委員会　〒970-8044いわき市中央台飯野3-3-1(いわき明星大内)
TEL0246-46-2552
楢葉町商工観光課　〒970-8044いわき市中央台飯野3-3-1(いわき明星大内)
TEL0246-46-2552
富岡町教育委員会　〒979-1151双葉郡富岡町大字本岡字王塚622-1　TEL0240-22-2111
富岡町産業課　〒963-0201郡山市大槻町西ノ宮48-5　TEL0120-336-446
大熊町教育委員会　〒965-0873会津若松市追手町2-41(会津若松市第二庁舎)
TEL0242-26-3844
大熊町観光協会　〒965-0873会津若松市追手町2-41(会津若松市第二庁舎)
TEL0242-26-3844
双葉町教育委員会　〒974-8212いわき市東田町2-19-4　TEL0246-84-5200
双葉町産業課　〒974-8212いわき市東田町2-19-4　TEL0246-84-5200
浪江町教育委員会　〒964-0984二本松市北トロミ573　TEL0243-62-0123
浪江町地域振興課　〒964-0984二本松市北トロミ573　TEL0243-62-0123
川内村教育委員会　〒979-1201双葉郡川内村大字上川内字早渡11-24　TEL0240-38-2111
川内村企画課　〒979-1201双葉郡川内村大字上川内字早渡11-24　TEL0240-38-2112
葛尾村教育委員会　〒963-7719田村郡三春町大字貝山字井堀田287-1　TEL0247-61-2850
葛尾村総務課　〒963-7719田村郡三春町大字貝山字井堀田287-1　TEL0247-61-2850
[伊達郡]
桑折町教育委員会　〒969-1692伊達郡桑折町字東大隅18　TEL024-582-2111
桑折町観光協会　〒969-1692伊達郡桑折町字東大隅18　TEL024-582-2115
国見町教育委員会　〒969-1792伊達郡国見町大字藤田字一丁田二2-1　TEL024-585-2111
国見町企画商工課　〒969-1792伊達郡国見町大字藤田字一丁田二2-1　TEL024-585-2111

川俣町教育委員会　〒960-1492伊達郡川俣町字五百田30　TEL024-566-2111
川俣町産業振興課　〒960-1492伊達郡川俣町字五百田30　TEL024-566-2111
[安達郡]
大玉村教育委員会　〒969-1392安達郡大玉村玉井字星内70　TEL0243-48-3131
大玉村企画財政課　〒969-1392安達郡大玉村玉井字星内70　TEL0243-48-3131
[田村郡]
三春町教育委員会　〒963-7796田村郡三春町字大町1-2　TEL0247-62-2111
三春町観光協会　〒963-7796田村郡三春町字大町1-2　TEL0247-62-3690
小野町教育委員会　〒963-3492田村郡小野町大字小野新町字舘廻92　TEL0247-72-2111
小野町観光協会　〒963-3492田村郡小野町大字小野新町字舘廻92　TEL0247-72-6938
[岩瀬郡]
鏡石町教育委員会　〒969-0492岩瀬郡鏡石町不時沼345　TEL0248-62-2111
鏡石町産業課　〒969-0492岩瀬郡鏡石町不時沼345　TEL0248-62-2118
天栄村教育委員会　〒962-0592岩瀬郡天栄村大字下松本字原畑78　TEL0248-82-2111
天栄村観光協会　〒962-0592岩瀬郡天栄村大字下松本字原畑78　TEL0248-82-2117
[西白河郡]
矢吹町教育委員会　〒969-0236西白河郡矢吹町一本木101　TEL0248-42-2111
矢吹町商工課　〒969-0236西白河郡矢吹町一本木101　TEL0248-42-2111
西郷村教育委員会　〒961-8501西白河郡西郷村大字熊倉字折口原40　TEL0248-25-1111
西郷村商工観光課　〒961-8501西白河郡西郷村大字熊倉字折口原40　TEL0248-25-1111
泉崎村教育委員会　〒969-0101西白河郡泉崎村大字泉崎字新宿2　TEL0248-53-2111
泉崎村産業経済課　〒969-0101西白河郡泉崎村大字泉崎字新宿2　TEL0248-53-2111
中島村教育委員会　〒961-0192西白河郡中島村大字滑津字中島西11-1　TEL0248-52-2111
中島村産業課　〒961-0192西白河郡中島村大字滑津字中島西11-1　TEL0248-52-2113
[東白川郡]
棚倉町教育委員会　〒963-6192東白川郡棚倉町大字棚倉字中居野33　TEL0247-33-2111
棚倉町観光協会　〒963-6192東白川郡棚倉町大字棚倉字中居野33　TEL0247-33-2111
矢祭町教育委員会　〒963-5118東白川郡矢祭町大字東舘字舘本66　TEL0247-46-3131
矢祭町産業課　〒963-5118東白川郡矢祭町大字東舘字舘本66　TEL0247-46-3131
塙町教育委員会　〒963-5492東白川郡塙町大字塙字大町3-21　TEL0247-43-2111
塙町企画振興課　〒963-5492東白川郡塙町大字塙字大町3-21　TEL0247-43-2112
鮫川村教育委員会　〒963-8401東白川郡鮫川村大字赤坂中野字新宿39-5　TEL0247-49-3111
鮫川村企画調整課　〒963-8401東白川郡鮫川村大字赤坂中野字新宿39-5　TEL0247-49-3111
[石川郡]
石川町教育委員会　〒963-7893石川郡石川町字下泉153-2　TEL0247-26-2111
石川町商工観光課　〒963-7893石川郡石川町字下泉153-2　TEL0247-26-9113
浅川町教育委員会　〒963-6204石川郡浅川町大字浅川字背戸谷地112-15

TEL0247-36-4121
浅川町商工観光課　〒963-6204石川郡浅川町大字浅川字背戸谷地112-15
TEL0247-36-4121
古殿町教育委員会　〒963-8304石川郡古殿町大字松川字新桑原31　TEL0247-53-3111
古殿町企画広報課　〒963-8304石川郡古殿町大字松川字新桑原31　TEL0247-53-4620
玉川村教育委員会　〒963-6312石川郡玉川村大字小高字中畷9　TEL0247-57-3101
玉川村企画財政課　〒963-6312石川郡玉川村大字小高字中啜9　TEL0247-57-4629
平田村教育委員会　〒963-8205石川郡平田村大字永田字広町34　TEL0247-55-3111
平田村産業課　〒963-8205石川郡平田村大字永田字広町34　TEL0247-55-3557
[耶麻郡]
西会津町教育委員会　〒969-4495耶麻郡西会津町野沢字下小屋上乙3261
TEL0241-45-2211
西会津町観光協会　〒969-4495耶麻郡西会津町野沢字下小屋上乙3261　TEL0241-45-2211
磐梯町教育委員会　〒969-3392耶麻郡磐梯町大字磐梯字中ノ橋1855　TEL0242-74-1211
磐梯町観光協会　〒969-3392耶麻郡磐梯町大字磐梯字中ノ橋1855　TEL0242-73-2111
猪苗代町教育委員会　〒969-3123耶麻郡猪苗代町字城南100　TEL0242-62-2111
猪苗代観光協会　〒969-3133耶麻郡猪苗代町大字千代田字扇田1-4　TEL0242-62-2048
北塩原村教育委員会　〒966-0485耶麻郡北塩原村大字北山字姥ヶ作3151
TEL0241-23-3111
裏磐梯観光協会　〒969-2701耶麻郡北塩原村大字桧原字剣ケ峯1093　TEL0241-32-2349
[河沼郡]
会津坂下町教育委員会　〒969-6547河沼郡会津坂下町字市中三番甲3662
TEL0242-83-3111
会津坂下町観光協会　〒969-6547河沼郡会津坂下町字市中三番甲3662　TEL0242-83-2111
柳津町教育委員会　〒969-7201河沼郡柳津町大字柳津字下平乙234　TEL0241-42-2111
柳津観光協会　〒969-7201河沼郡柳津町大字柳津字寺家町甲176-3　TEL0241-42-2346
湯川村教育委員会　〒969-3593河沼郡湯川村大字笈川字長瀞甲875-5　TEL0241-27-8800
湯川村産業課　〒969-3593河沼郡湯川村大字笈川字長瀞甲875-5　TEL0241-27-8840
[大沼郡]
三島町教育委員会　〒969-7511大沼郡三島町大字宮下字宮下350　TEL0241-48-5511
三島町観光協会　〒969-751大沼郡三島町大字宮下字宮下350　TEL0241-48-5533
金山町教育委員会　〒968-0011大沼郡金山町大字川口字谷地393　TEL0241-54-5111
金山町観光協会　〒968-0011大沼郡金山町大字川口字谷地393　TEL0241-54-2311
会津美里町教育委員会　〒969-6263大沼郡会津美里町字宮北3163　TEL0242-55-1122
会津美里町産業課　〒969-6263大沼郡会津美里町字宮北3163　TEL0242-56-3914
昭和村教育委員会　〒968-0103大沼郡昭和村大字下中津川字中島652　TEL0241-57-2111
昭和村観光協会　〒968-0103大沼郡昭和村大字下中津川字中島652　TEL0241-57-2116
[南会津郡]
下郷町教育委員会　〒969-5345南会津郡下郷町大字塩生字大石1000　TEL0241-69-1122
下郷町観光案内所　〒969-5345南会津郡下郷町大字塩生字大石1000　TEL0241-68-2920

TEL0241-75-2432

只見町教育委員会　〒968-0421南会津郡只見町大字只見字雨堤1039　TEL0241-82-5050

只見町観光まちづくり協会　〒968-0421南会津郡只見町大字只見字雨堤1039

TEL0241-82-5250

南会津町教育委員会　〒967-0004南会津郡南会津町田島字後原甲3531-1

TEL0241-62-6200

南会津町田島観光協会　〒967-0004南会津郡南会津町田島字後原甲3531-1

TEL0241-62-6210

檜枝岐村教育委員会　〒967-0525南会津郡檜枝岐村字下ノ原880　TEL0241-75-2311

尾瀬檜枝岐温泉観光協会　〒967-0525南会津郡檜枝岐村字下ノ原880

交通機関

［バス］

新常磐交通株式会社（本社）　〒970-8035いわき市明治団地4-1　TEL0246-23-1151

JRバス関東（東北道統括支店）　〒961-0075白河市字会津町51-11　TEL0248-24-0489

JRバス東北（福島支店）　〒960-8068福島市太田町3-11　TEL024-534-2011

福島交通株式会社（本社）　〒960-8132福島市東浜町7-8　TEL024-533-2131

磐梯東都バス株式会社

東京本社　〒171-0021東京都豊島区西池袋5-13-13　TEL03-3982-1553

猪苗代磐梯営業所　〒969-3133耶麻郡猪苗代町大字千代田柳田63　TEL0242-72-0511

磐梯営業所　〒966-0405耶麻郡北塩原村大字下吉字山ノ神1683-2　TEL0241-21-1050

会津乗合自動車株式会社（本社）　〒965-0024会津若松市白虎町195　TEL0242-22-5560

［鉄道］

JR東日本

JR東日本テレフォンセンター　TEL050-2016-1600

びゅうプラザ福島　〒960-8031福島市栄町1-1　TEL024-522-7023

会津鉄道（本社）　〒965-0853会津若松市材木町1-3-20　TEL0242-28-5885

阿武隈急行株式会社（本社）　〒960-0773伊達市梁川町五反田100-1　TEL024-577-7132

飯坂電車（福島交通株式会社電車案内，桜水駅）　〒960-024福島市笹谷字古屋前2-5

TEL024-557-9552

［空港］

福島空港　〒963-6304石川郡玉川村大字北須釜字ハバキ田21

【参考文献】

『会津の年中行事と食べ物』　平出美穂子　歴史春秋出版　1999
『会津坂下町の文化財』　会津坂下町教育委員会編　会津坂下町教育委員会　1997
『会津若松市史』　会津若松市史研究会編ほか　会津若松市　1999〜
『新しいいわきの歴史』　いわき地域学会出版部編集委員会編　いわき地域学会出版部　1992
『石川町史別巻　ビジュアル石川町の歴史』　石川町町史編纂委員会編　石川町　2000
『いわき市史』全15冊　いわき市史編さん委員会　いわき市　1971〜94
『いわき市の文化財』いわき市文化財保護審議会監修　いわき市教育委員会　2003
『奥州二本松藩年表』　菅野与　歴史春秋出版　2004
『改訂郷土史事典　福島県』　誉田宏・鈴木啓編　昌平社　1982
『街道・宿駅・助郷』　丸井佳寿子　歴史春秋出版　2003
『街道の日本史12　会津諸街道と奥州道中』　安在邦夫・田崎公司編　吉川弘文館　2002
『街道の日本史13　北茨城・磐城と相馬街道』　誉田宏・吉村仁作編　吉川弘文館　2003
『角川日本地名大辞典７　福島県』　角川書店　1981
『考証相双の歴史探訪――相馬・双葉地方の史跡等200選』　鹿島町文化財愛好会編　福島県鹿島町文化財愛好会　2005
『郡山市史』全17冊　郡山市史編さん委員会編　郡山市　1971〜2004
『郡山の歴史』　郡山市編　郡山市　2004
『写真で見る白河のあゆみ』　白河市歴史民俗資料館編　白河市歴史民俗資料館　1989
『白河市史』上・中・下　白河市史編さん委員会編　白河市教育委員会　1968〜71
『白河の関』　金子誠三　FCTサービス出版部　1974
『史料が語る会津乃歴史』　会津史史料集編集委員会編　会津方部高等学校地理歴史・公民科(社会科)研究会　1996
『図説いわきの歴史』　里見庫男監修　郷土出版社　1999
『図説郡山・田村の歴史』　渡邉康芳監修　郷土出版社　2000
『図説白河の歴史』　金子誠三・山田茂監修　郷土出版社　2000
『図説相馬・双葉の歴史』　西徹男監修　郷土出版社　2000
『図説日本の歴史７　図説福島県の歴史』　小林清治編　河出書房新社　1989
『図説二本松・安達の歴史』　安藤公男ほか編　郷土出版社　2001
『相双歴史散歩』　植田辰　歴史春秋出版　2003
『相馬の歴史』　松本敬信　東洋書院　1980
『動乱の中の白河結城氏――宗広・親朝・親光』　伊藤喜良　歴史春秋出版　2004
『日本の古代遺跡45　福島』　穴澤咊光・馬目順一編　保育社　1991
『二本松城址２』　二本松市教育委員会編　二本松市　1997
『日本歴史地名大系７　福島県の地名』　庄司吉之助・小林清治・誉田宏監修　平凡社　1993
『浜街道を往く』　小牧忠雄　いわき地域学会出版部　1989
『浜街道を行く――いわき・陸前浜・陸中海岸』　新月通正　朝日ソノラマ　1979
『福島県史』全26巻　福島県編　福島県　1964〜72

『ふくしま建築漫歩』　谷川正己　福島建設工業新聞社　1991
『福島県の百年』　大石嘉一郎編　山川出版社　1992
『福島県の文化財　県指定文化財要録』　福島県教育委員会編　福島県教育委員会　1986
『福島県の文化財　国指定文化財要録』　福島県教育委員会編　福島県教育委員会　1989
『福島県の歴史』　丸井佳寿子・工藤雅樹・伊藤喜良・吉村仁作　山川出版社　1997
『福島市史』全20巻　福島市史編纂委員会編　福島市教育委員会　1968〜1989
『ふくしま自然散歩　阿武隈山地』　蜂谷剛・五十嵐彰　歴史春秋出版　2005
『ふくしま自然散歩　奥羽中央分水山地』　蜂谷剛・樋口利雄　歴史春秋出版　2003
『ふくしま自然散歩　中通り低地・阿武隈川流域』　蜂谷剛・須賀紀一　歴史春秋出版　2004
『ふくしま自然散歩　浜通りの平野と渓谷』　いわき自然塾編　歴史春秋出版　2002
『ふくしまの曙』　藤原妃敏　歴史春秋出版　2006
『ふくしまの遺跡』　ふくしまの遺跡編集委員会編　福島県考古学会　2005
『ふくしまの古墳時代』　辻秀人　歴史春秋出版　2003
『ふくしまの城』　鈴木啓　歴史春秋出版　2002
『ふくしまの文化財　会津編』　笹川壽夫　歴史春秋出版　2003
『ふくしまの仏　平安時代』　若林繁　歴史春秋出版　2002
『ふくしまの祭りと民俗芸能』　懸田弘訓　歴史春秋出版　2001
『ふくしまの民家とその保存』　草野和夫　歴史春秋出版　2001
『ふくしまの歴史』　ふくしまの歴史編纂委員会　福島市教育委員会　2003〜
『福島民権家列伝』　高橋哲夫　福島民報社　1967
『ふるさとの歴史奥州相馬』　森鎮雄　スミノ印刷出版事業部　1985
『目でみるいわき双葉相馬新風土記』　浜通り新風土記編纂会編　国書刊行会　1988
『目で見る白河の100年』　植村美洋監修・執筆　郷土出版社　1995
『本宮地名考』　菅野正一　青木書店　1990
『柳津町の文化財』　柳津町文化財保護審議会編　柳津町教育委員会　1996
『律令国家とふくしま』　工藤雅樹　歴史春秋出版　2001
『歴史の道　奥州道中』　福島県教育委員会編　福島県教育委員会　1983
『歴史の道　相馬街道』　福島県教育委員会編　福島県教育委員会　1983
『歴史の道　浜街道』　福島県教育委員会編　福島県教育委員会　1985

【年表】

時代	西暦	年号	事項
旧石器時代		後期	平林遺跡(桑折町)・塩坪遺跡(喜多方市)・笹山原遺跡群(会津若松市)
縄文時代		草創期	仙台内前遺跡(福島市)・大村新田遺跡(会津坂下町)
		早期	竹ノ内遺跡(いわき市)・大平遺跡(大熊町)・常世原田遺跡(喜多方市)
		前期	宮田貝塚(南相馬市)・冑宮西遺跡(会津美里町)
		中期	宮畑遺跡(福島市)・和台遺跡(飯野町)・大畑貝塚(いわき市)・石生前遺跡(柳津町)・塩沢上原A遺跡(二本松市)
		後期	綱取貝塚(いわき市)・寺脇貝塚(いわき市)・西方前遺跡(三春町)・十五壇遺跡(会津美里町)・竈原遺跡(会津坂下町)
		晩期	新地貝塚(新地町)・三貫地貝塚(新地町)・荒屋敷遺跡(三島町)・袋原遺跡(会津坂下町)
弥生時代		前期	鳥内遺跡(石川町)・根古屋遺跡(伊達市)・墓料遺跡(会津若松市)
		中期	龍門寺遺跡(いわき市)・桜井遺跡(南相馬市)・天神原遺跡(楢葉町)・平窪諸荷遺跡(いわき市)・南御山遺跡(会津若松市)・一ノ堰B遺跡(会津若松市)
		後期	天王山遺跡(白河市)・朝日長者遺跡(いわき市)・夕日長者遺跡(いわき市)
古墳時代		前期	男壇遺跡(会津坂下町)・杵ガ森古墳(会津坂下町)・会津大塚山古墳(会津若松市)・亀ヶ森古墳(会津坂下町)・玉山古墳(いわき市)・桜井古墳(南相馬市)・大安場古墳(郡山市)
		中期	天王壇古墳(本宮市)・原山1号墳(泉崎村)
		後期	金冠塚古墳(いわき市)・真野古墳群(南相馬市)・泉崎横穴(泉崎村)・清戸廹横穴(双葉町)・下総塚古墳(白河市)
		(崇神朝)	北陸道将軍大彦命とその子東海道将軍武渟川別命, 相津で出会うという
		(成務朝)	阿尺・思・伊久・染羽・浮田・信夫・白河・石背・石城国に国造をおくという
		(応神朝)	菊多・岐閉国に国造をおくという
	649(または653)		石城評の成立。この頃, 陸奥国成立
			谷地久保古墳(白河市)・宮前古墳(玉川村)
奈良時代			黒木田遺跡(宇多郡衙跡と推定〈以下同〉, 相馬市), 泉廃寺跡(行方郡衙跡・南相馬市), 根岸遺跡(磐城郡衙跡・いわき市), 腰浜廃寺跡(福島市), 清水台遺跡(安積郡衙跡・郡山市), 関和久官衙遺跡(白河郡衙跡・泉崎村), 栄町遺跡(岩瀬郡衙跡・須賀川市), 郡山遺跡(会津郡衙跡・会津若松市)などが営まれる

	718	養老 2	陸奥国をさいて石城国と石背国をおく
	719	養老 3	石城国に駅家10カ所を設置
	724	神亀元	この頃，石城国・石背国が廃止される
	728	5	白河軍団をおく
	767	神護景雲元	宇多郡の吉弥侯部石麻呂に姓上毛野陸奥公を賜う
	769	3	白河郡の丈部子老・標葉郡の丈部賀例努ら10人に阿倍陸奥臣，安積郡の丈部直継足に阿倍安積臣，信夫郡の丈部大庭らに阿倍信夫臣，会津郡の丈部庭虫ら 2 人に阿倍会津臣，磐城部の丈部山際に於保磐城臣，白河郡の靭大伴部継人に靭大伴連，行方郡の大伴部三田ら 4 人に大伴行方連，磐瀬郡の吉弥侯部人上に磐瀬朝臣，宇多郡の吉弥侯部文知に上毛野陸奥公，信夫郡の吉弥侯部足山守ら 7 人に上毛野鍬山公，信夫郡の吉弥侯部広国に下毛野静戸公を賜う
	780	宝亀11	征夷の功により，白河・桃生などの郡神11社を弊社とする。この頃，『万葉集』に安積山・安達太良・会津嶺・真野高原・松川浦などが詠まれる
平安時代	789	延暦 8	征夷軍の会津壮麻呂・高田道成・磐城郡の丈部善理ら戦死
	809	大同 4	この頃，徳一(824没)，慧日寺に住すという
	815	弘仁 6	白川・安積・行方軍団に兵士各1000名おく
	830	7	山階寺の智興が信夫郡に菩提寺をつくり定額寺となる
	835	承和 2	白河・菊多関の勘過の規定を長門国関に準ずる
	840	7	耶麻郡大領丈部人麿の戸に上毛野陸奥公の姓を賜う
	841	8	白河郡の都々古和気神社を従五位下に叙す
	843	10	会津伊佐須美神社を従五位下に叙す
	847	14	安積郡宇奈己呂別神を従五位下に叙す
	848	嘉祥元	磐瀬郡権大領丈部宗成らの功により職田を給す
	855	斉衡 2	耶麻郡の石椅神を従四位下に叙す
	866	貞観 8	陸奥国の鹿島末社菊多 1・磐城11・標葉 2・行方 1・その他38神に常陸鹿島大神より入国し奉幣を許す
	881	元慶 5	安積郡の弘隆寺を天台別院とする
	905	延喜 5	この頃，『古今和歌集』に阿武隈川・信夫文知摺が詠まれる
	906	6	安積郡を分けて安達郡をおく
	927	延長 5	『延喜式』神名帳に県域の36社郡郷名などが記載される
	1005	寛弘 2	この頃，『拾遺和歌集』に安達ヶ原・白河関が詠まれる
	1051	永承 6	前九年合戦おこる
	1052	永承 7	石川頼遠，源頼義に従い戦う
	1083	永保 3	後三年合戦おこる
	1087	寛治元	伴助兼，後三年合戦の功により東安達を領すという
	1130	大治 5	平孝家・源俊邦ら耶麻郡松野千光寺経塚を築く
	1138	保延 4	陸奥国司が岩瀬郡司に命じ，同郡を左大臣家の荘園とする

	1150	久安6	平政光が白河庄社・金山の両村の預所となる
	1160	永暦元	岩城則道妻の徳尼，則道の死を弔い白水阿弥陀堂を建立
	1171	承安元	信夫荘天王寺・伊達郡平沢寺・岩瀬郡米山寺に経塚が築かれる
	1180	治承4	慧日寺の衆徒頭乗丹坊・越後の城長茂，信州横田河原で源義仲に破れる
	1181	養和元	藤原秀衡，郎従をさしむけ藍津を押領させるという
鎌倉時代	1185	文治元	佐藤忠信が兵衛尉に任官，頼朝これを攻める
	1186	2	佐藤忠信が京都で自決。岩城氏が好嶋荘を石清水八幡宮に寄進
	1189	5	源頼朝奥州合戦のため鎌倉を出発，白河関を越え，阿津賀志山で藤原勢を破る
	1206	建永元	飯野八幡神社建てられる
	1216	建保4	大江広元陸奥守となり，奥州は幕府知行国となる
	1239	延応元	大光寺供養塔が営まれる(紀年銘のある東北最古の板碑)
	1256	康元元	この頃，結城祐広が下総結城より下向し，白河搦目城に住す
	1280	弘安3	信夫山羽黒権現銅鐘つくられる
	1289	正応2	結城祐広，白川城を築く
	1312	正和元	長沼宗実，父宗秀より長江荘のうち奈良原郷以下の地頭職を譲られる
	1323	元亨3	相馬重胤が下総相馬より行方郡太田に下着
南北朝時代	1333	正慶2（元弘3）	北畠顕家陸奥守となり，陸奥国府に下着
	1335	建武2（建武2）	中先代の乱おこり，討伐の足利尊氏，叛旗を翻して南北朝の動乱始まる。以後，県域の国人ら，南党・北党に分かれてめまぐるしく攻防
	1336	3（延元元）	北畠顕家率いる奥州勢が足利尊氏を破り，京都を回復。顕家鎮守大将軍となり，下向途中相馬小高城を攻める
	1337	4（2）	義良親王・北畠顕家ら霊山に移る。顕家ら霊山を出発し鎌倉を攻める
	1338	暦応元（3）	北畠顕家，和泉で敗死。義良親王・北畠顕信・結城宗弘ら，伊勢に至る
	1346	貞和2（正平元）	奥州管領吉良貞家・畠山国氏が陸奥国府に下向する
	1347	3（2）	北党が宇津峰・霊山の城を攻める。北畠顕信ら出羽に敗走
	1351	観応2（6）	守永王・北畠顕信ら，吉良貞家を追い国府に入る
	1352	文和元（7）	北党が国府を攻め，守永王・北畠顕信ら，宇津峰城に敗走
	1353	2（8）	宇津峰城陥落。守永王・北畠顕信ら出羽へ敗走

	1384	至徳元（元中元）	蘆名直盛，黒川城を築く
室町時代	1399	応永 6	鎌倉公方足利満兼の弟，満直・満貞奥羽に下り，篠川公方・稲村公方と称する
	1400	応永 7	足利満直・満貞，伊達政宗・蘆名満盛の征伐の兵を召集
	1402	9	関東管領上杉氏憲，伊達政宗征討に鎌倉を出発，政宗降伏
	1404	11	仙道の国人領主ら，一揆を結ぶ
	1410	17	海道 5 郡の国人領主ら，一揆を結ぶ
	1413	20	伊達持宗・懸田定勝ら挙兵，信夫常陸介らこれを鎌倉に報じる。鎌倉公方足利持氏は畠山国詮を遣わして討つ
	1416	23	上杉禅秀の乱おこり，篠川公方満直・蘆名盛久・結城満朝ら，禅秀に与す
	1420	27	蘆名氏，新宮城を落とす
	1429	永享元	幕府は足利持氏が白川結城氏朝を討つをきき，満直・蘆名・伊達諸氏に氏朝を援けさせる
	1438	10	幕府が伊達・蘆名・田村・白川・石川ら諸将に，足利持氏追討を命じる
	1439	11	稲村公方満貞，足利持氏とともに鎌倉永安寺で自害
	1440	12	石川持光・畠山満泰ら，篠川公方満直を殺害するという
	1460	寛正元	幕府が伊達持宗ら諸将に，古河公方足利成氏討伐を命ずる
	1468	応仁 2	宗祇が白河関に入り，百韻連歌を託す
	1484	文明16	蘆名盛高，岩瀬郡に侵攻し二階堂盛義を攻める
	1489	延徳元	伊達・蘆名・岩城・結城氏ら，常陸国小里に侵攻，佐竹義治これを迎撃
	1523	大永 3	伊達稙宗，陸奥国守護となる
	1536	天文 5	伊達稙宗，「塵芥集」を制定
	1537	6	蘆名盛氏と田村隆顕が盟約する
	1542	11	伊達晴宗，父稙宗を西山城(桑折町)に幽閉，天文の乱始まる
	1548	17	伊達稙宗・晴宗父子和睦。晴宗，本拠を米沢に移す
	1551	20	蘆名盛氏が畠山結城の調停で田村隆顕と和し，郡山を収む
	1560	永禄 3	蘆名盛氏が会津領内に徳政令をしく
	1567	10	佐竹義重，白川城を囲む
安土・桃山時代	1575	天正 3	佐竹義重，白川全領を征服
	1579	7	佐竹義重 2 男義広が白川城に入り，白川結城の家督を継ぐ
	1584	12	蘆名盛隆が大庭三左衛門に殺される
	1585	13	佐竹・石川・岩城・白川・蘆名の連合軍，畠山氏救援に赴き，本宮人取橋付近で伊達政宗と戦う
	1586	14	畠山国王丸，伊達政宗に降伏
	1587	15	白川義広が会津黒川城に入り，蘆名家督を継ぐ
	1589	17	伊達政宗，磐梯山麓摺上原で蘆名義広を破る

	1590	天正18	伊達政宗，小田原陣に参着。豊臣秀吉，黒川城に到着し石川・白川氏の所領を没収，会津などを蒲生氏郷に与える(奥羽仕置)
	1591	19	伊達政宗，信夫・伊達・田村・安達などを米沢とともに没収され，米沢から玉造郡岩出山に移る
	1592	文禄元	蒲生氏郷，黒川を若松と改め，城と城下の普請にあたる
	1598	慶長3	蒲生秀行を宇都宮に移し，上杉景勝に会津120万石を与える
	1600	5	上杉景勝，会津神指に新城の築城を開始
	1601	6	上杉景勝，会津90万石を削られ，米沢30万石に減転封，蒲生秀行宇都宮から再度会津へ移る
	1602	7	関ヶ原不参の岩城貞隆・相馬義胤ら所領を没収される。その後，義胤の子利胤に所領が安堵される。佐竹義宣，秋田に転封となり，塙地方は幕府領となる
江戸時代	1611	16	相馬利胤，中村城を築き小高城から移る。会津で大地震発生
	1622	元和8	丹羽長重，常陸国石渡から棚倉へ移封。磐城平藩主鳥居忠政，山形に移封。かわって内藤政長，上総国佐貫より移り磐城平藩を領す
	1627	4	会津藩主蒲生忠郷死去，会津60万石没収。加藤嘉明，伊予松山から会津に移封。棚倉藩主丹羽長重，白河藩主に移る。松下重綱，下野国烏山から二本松城に移る。加藤明利，三春を領す
	1628	5	二本松藩主松下重綱死去，長男長綱は三春に移り，三春藩主加藤明利は二本松を領す
	1630	7	田代源五右衛門により相馬焼始められる
	1632	9	会津藩・白河藩・二本松藩，キリシタンを多数処刑
	1639	16	会津騒動始まる
	1641	18	二本松藩主加藤明利死去，所領没収
	1643	20	会津藩主加藤明成，封地を幕府に返す。山形城主保科正之，会津藩23万石に移封。白河藩主丹羽光重，二本松藩主となる。松平忠次，上野国館林から白河に移封
	1644	正保元	三春藩主松下長綱死去。所領没収，幕府領となる
	1645	2	秋田俊季，常陸国宍戸から三春に移る
	1646	3	水野源左衛門，保科正之に招かれ長沼より会津に移り，本郷焼を始める
	1649	慶安2	白河藩主松平忠次，播磨国へ。本多忠義，越後村上から白河へ移る
	1664	寛文4	上杉家減封されて信達地方は幕府領となる
	1668	8	会津藩主保科正之，家訓15箇条を定める
	1670	10	河村瑞賢，阿武隈川を改修
	1679	延宝7	本多忠国，大和国郡山から福島城に入り信達2郡を領す
	1681	天和元	白河藩主本多忠平，宇都宮に移り，宇都宮の松平忠弘が白河藩主となる

1682	天和 2	福島藩主本多忠国，播磨国姫路に移り，信達２郡は再び幕府領となる
1683	3	尾張松平義昌，梁川城主となる
1684	貞享元	幕内村(現，会津若松市)の佐瀬与次右衛門，『会津農書』を著す
1685	2	阿賀川の廻米水路開く
1686	3	山形城主堀田正仲，信達２郡を領す
1688	元禄元	南山御蔵入領が幕府直支配となり，田島に陣屋を新築
1692	5	白河藩主松平忠弘，山形に移り，山形の松平直矩が白河藩主となる
1700	13	信達地方，三たび幕府領となる。水戸の支藩として，長沼藩・守山藩が成立
1702	15	信濃国坂本藩主板倉重種の子重寛，福島藩主となる
1705	宝永 2	棚倉藩主内藤弌信，駿河国田中に移り，太田資晴が田中から入部
1720	享保 5	白河藩百姓一揆おこる。南山御蔵入騒動おこる
1728	13	棚倉藩主太田資晴，上野国館林に移り，松平武元が館林から入部
1729	14	信達農民一揆。梁川藩主死去，尾張徳川綱誠の７男松平通春，梁川藩主となる
1730	15	梁川藩主松平通春，実家に戻り，梁川藩は幕府領となる
1731	16	信夫・伊達郡で百姓一揆
1735	20	岩瀬郡長沼で百姓一揆
1738	元文 3	磐城平藩領内惣百姓一揆おこる
1741	寛保元	白河藩主松平義知，姫路に移り，松平定賢が越後国高田から入封
1745	延享 2	福島三万石一揆おこる
1746	3	棚倉藩主松平武元，館林に移り，小笠原長恭が遠江国掛川から入部。この年，幕府領東白川郡で農民一揆おこる
1747	4	磐城平藩主内藤正樹，日向国延岡に移り，井上正経が常陸国笠間から入封
1749	寛延 2	会津藩・二本松藩・三春藩・守山藩・幕府領塙・信達地方に百姓一揆おこる
1755	宝暦 5	旧梁川藩，会津藩主松平容頌の預り地となる
1756	6	磐城平藩主井上正経，大坂城代となり，美濃国加納から安藤信成が移される
1776	安永 5	旧桑折藩領，仙台藩の預り地となる
1778	7	旧梁川藩，幕府領となる
1782	天明 2	天明の大飢饉始まる
1787	7	白河藩主松平定信，老中首座となる
1792	寛政 4	寺西封元，幕府領塙代官となり，領内改革に着手

	1793	寛政 5	会津藩，江戸に会津物産会所を設ける
	1802	享和 2	会津藩，中国・オランダへの漆器の輸出許可を得る
	1805	文化 2	会津藩の藩校日新館落成
	1807	4	蝦夷地の幕府直轄化にともない，松前章広，梁川藩主となる
	1808	5	会津藩，蝦夷地警備を命じられ出兵
	1809	6	会津藩主『新編会津風土記』を幕府に献ず
	1810	7	会津・白河両藩，相模・房総両海岸の警備を命ぜられる
	1817	14	棚倉藩主小笠原長昌，肥前唐津に移り，井上正甫が遠江国浜松から入部
	1823	文政 6	白河藩主松平定永，伊勢桑名に移り，阿部正権が武蔵国忍から移封
	1832	天保 3	この頃，連年の凶作(天保の飢饉)
	1836	7	棚倉藩主井上正春，上野国館林に移り，松平康爵が石見国浜田から入封
	1845	弘化 2	二宮尊徳の高弟富田高慶，相馬中村藩の財政建て直しに着手
	1847	4	会津藩，江戸湾(房総側)警備を命じられる
	1849	嘉永 2	この頃，梁川の中村善右衛門，養蚕用寒暖計を発明
	1853	安政 2	会津藩，品川台場の警備を命じられる
	1857	4	片寄平蔵，白水村弥勒沢で石炭採掘を始める
	1859	6	東蝦夷地のシベツ・シャリ・モンベツ，会津藩領となる
	1860	万延元	磐城平藩主安藤信正，老中となる
	1862	文久 2	老中安藤信正坂下門外で襲われる。会津藩主松平容保，京都守護職となる
	1865	慶応元	幕府領東白川郡で蒟蒻騒動
	1866	2	棚倉藩主松平康英，武蔵国川越に移り，白河藩主阿部正静が棚倉藩主となる。白河藩は幕府領となり，二本松藩主がこれを監守する。信夫・伊達両郡で世直し一揆
明治時代	1868	明治元	戊辰戦争始まる。会津藩主・京都守護職松平容保，江戸へ戻る。奥羽鎮撫総督仙台に入り会津征討を命ずる。西軍参謀世良修蔵福島で斬られる。奥羽越列藩同盟成るも，各藩つぎつぎに官軍に降伏。会津藩鶴ヶ城開城。会津藩域に民政局設置。会津で世直し一揆
	1869	2	若松県・福島県・白河県がおかれ，民政局は廃止される。この年，旧会津藩主松平容保の実子慶三郎に家名再興が許可され，斗南藩を創設
	1871	4	廃藩置県により若松・福島・磐前の３県となる
	1873	6	旧二本松藩士族安積開拓のため大槻原に入る。二本松製糸会社・喜多方製糸会社設立。各地に小学校設立。郡山の阿部茂兵衛ら，開成社を組織
	1874	7	ロシア商船小名浜港に入り石炭を購入。若松城とりこわし

1875	明治 8	河野広中，石川町に石陽社を創立。郡山開成館落成
1876	9	若松・福島・磐前の 3 県を合し福島県とする
1878	11	福島県民会規則公布。初の県会開催。オランダ人ファン＝ドールン，安積疎水の調査を始める。県外士族安積開拓のため移住。喜多方に愛身社設立。第百七国立銀行(福島)など設立
1879	12	府県会規則による第 1 回県会議員選挙，県会が開かれる。安積疎水起工
1881	14	自由党福島地方部結成。本県の地租改正事業完了
1882	15	三島通庸，福島県令に着任，三島の命により会津三方道路改修工事始まる。自由党会津部結成。喜多方事件。安積疎水完成
1883	16	磐城炭礦社設立
1884	17	三島知事転出。伊達郡川俣で輸出用羽二重の製織に成功
1885	18	会津三方道路竣工。
1886	19	福島県蚕糸業組合準則を公布。東蒲原郡を新潟県に編入。福島師範学校創立
1887	20	瓜生岩子福島に保育所を設立，日本鉄道仙台・塩釜まで開通。福島・郡山などの各駅完成
1888	21	磐梯山噴火，桧原・小野川・秋元の諸湖できる
1889	22	県下に町村制実施
1890	23	国会開設により第 1 回の総選挙実施，県内で 7 人選出
1892	25	『福島民報』創刊
1893	26	吾妻山噴火。この頃，各地に製糸・絹織物工場が設立される
1895	28	河野広中ら『福島民友新聞』を創設。本県最初の水力発電所，信夫郡庭坂に創設
1897	30	常磐線平まで開通。磐城炭礦で県内初のストライキ
1898	31	白河白清館の製糸女工ストライキ，日本鉄道会社の機関方，福島駅を中心にストライキ。郡山絹糸紡績会社創立
1899	32	奥羽本線福島―米沢間開通，岩越鉄道郡山―若松間開通。日本銀行福島出張所設置。安達太良山噴火。若松に県下初の市制施行。郡山絹糸紡績会社沼上発電所，長距離送電に成功(郡山まで23km)
1900	33	安達太良山再び大噴火。パリ万国博に川俣絹など出品。本宮に蛇の鼻公園開園
1902	35	県下明治時代最大の暴風雨襲来
1903	36	河野広中，衆議院議長となる
1904	37	岩越鉄道若松―喜多方間開通
1905	38	冷害による大凶作。県立の輸出羽二重検査所開設
1906	39	東北本線・常磐線・岩越鉄道など国鉄に編入
1907	40	福島市制施行。福島市で県内初の電話局開局
1908	41	若松に歩兵第65連隊を新設。天鏡閣完成

	1909	明治42	本県初の火力発電所が平に設置。加納鉱山の鉱毒・煙害問題，県会でとりあげられる
	1910	43	県下初の乗合バス若松—坂下間開通
	1911	44	日本銀行福島出張所が福島支店となる。猪苗代水力電気株式会社設立。保原・掛田・梁川軽便鉄道開通
	1912	45	郡山市に新水道が完成。県外資本の片倉組岩代製糸所開業(のちの日東紡郡山工場)
大正時代	1913	大正 2	安積郡農民，月形銀山汚水に抗議
	1914	3	猪苗代第一発電所長距離送電開始(東京まで)。岩越線郡山—新津間全通(磐越西線)
	1917	6	岩越線平—郡山間全通(磐越東線)。福島商工会議所設立
	1918	7	福島・若松などの各地で米騒動おこる。社団法人福島競馬倶楽部設立
	1919	8	若松漆工組合・郡山紡績会社・磐城炭礦などでストライキ
	1920	9	戦後恐慌おこり，生糸大暴落
	1921	10	西白河郡で小作人組合結成。原町に無線電信塔建設
	1922	11	河沼郡勝常村に小作人組合ができる
	1923	12	日本農民組合河沼郡金上村支部結成。猪苗代電気，東京電力と合併。梁川町に県蚕業試験場設置。日東紡績株式会社誕生。
	1924	13	西白河郡・石川郡の各地に小作争議おこる。郡山市制施行。第1回福島県体育大会開催
	1925	14	県内初のメーデーが郡山で実施される。福島市の上水道完工
昭和時代	1926	昭和元	川俣線開通。会津線，会津若松—坂下間開通。福島電鉄掛田線開通
	1927	2	磐城炭鉱，東部電力(郡山)で大労働争議。金融恐慌がおこり，福島商業銀行休業。普選による第1回県会議員選挙
	1928	3	第百七銀行など県内の銀行の休業あいつぐ。会津線，柳津まで開通。野口英世，ガーナのアクラで死亡。松平勢津子，秩父宮妃となる
	1929	4	福島県立図書館開館。福島共産党事件
	1930	5	昭和恐慌で繭価・米価大暴落。郡山合同銀行休業
	1931	6	県内各地，深刻な農業恐慌。満州事変勃発，奉天駐留中の若松歩兵第29連隊，作戦に参加
	1933	8	日本労働組合全国協議会福島県支部準備会の検挙，県内左翼組織壊滅。石城郡赤井岳国宝赤井薬師全焼。第1次満州開拓移民団，弥栄村に入植
	1934	9	東北地方大凶作。水郡線・会津線(田島まで)開通。尾瀬ヶ原，国立公園に指定
	1937	12	日中戦争勃発，若松歩兵第65連隊，上海に派遣。平町ほか12町村合併して市制施行(平市)

1938	昭和13	日中線喜多方—熱塩間開通。ヒトラー・ユーゲント来福
1940	15	阿武隈川河川改修工事完了。大政翼賛会福島県支部結成。福島民友新聞社，福島民報社に統合。東北興業株式会社福島工場(福島市)操業開始
1941	16	NHK福島・郡山放送局開局。県内大洪水，中通り・会津で死者41名。会津線，宮下まで開通。東邦銀行誕生。太平洋戦争始まる
1944	19	県内各地で学童集団疎開受け入れ。福島女子医学専門学校設立
1945	20	平市・郡山市・本宮町などに空襲。敗戦。米占領軍，福島・郡山・若松に進駐。常磐炭礦湯本坑で朝鮮人坑夫ストライキ
1946	21	県に奥会津開発調査会を設置
1947	22	初代の公選知事に石原幹市郎が当選。新制中学校発足。只見川電源開発計画発表。県下で農地改革開始。県立女子医専，県立福島医科大学に改組。FMC混声合唱団結成。第1回県総合美術展開催
1948	23	霊山など6カ所，初の県立公園指定。新制高等学校発足
1949	24	平事件・松川事件おこる。福島—米沢間電化される。福島大学設置
1950	25	磐梯朝日国立公園が指定される。国土総合開発法制定
1951	26	OCI(米国海外技術調査団)が只見川を調査。県立会津短期大学創設
1952	27	県下で第7回国民体育大会開催
1953	28	自衛隊福島駐屯部隊設置。政府が只見川電源開発案を決定。会津(田島)線，滝ノ原まで全線開通
1954	29	翌年にかけて県内の市町村合併進展(昭和の大合併)
1956	31	会津線川口まで開通。小名浜港国際貿易港となる。田子倉地区のダム建設反対派と電発との和解成立
1957	32	電発専用線会津川口—田子倉間開通
1958	33	小名浜港1万トン岸壁完成
1959	34	東北本線上野—白河間電化完成。福島県総合開発計画策定。田子倉発電所完工。磐梯吾妻スカイライン開通
1961	36	松川事件，仙台高裁差し戻し公判で全員無罪。国体夏季大会，会津若松市で開催
1962	37	新産業都市建設促進法成立。田子倉線，国鉄に編入
1963	38	松川事件，最高裁で全員無罪確定。常磐・郡山地区新産業都市に指定
1964	39	円谷幸吉，東京オリンピックマラソンで銅メダル。古河好間炭坑閉山
1965	40	鶴ヶ城天守閣再建工事落成
1966	41	平・磐城の各市町村大合併，いわき市となる。常磐ハワイアン

			センターオープン。栗子トンネル開通
	1967	昭和42	磐越西線郡山—喜多方間の電化完成
	1968	43	国鉄川俣・日中線などの廃止方針を決定。会津地方豪雪
	1969	44	福島医大学生会，ストライキ
	1970	45	喜多方市長に革新の唐橋東当選。磐梯ゴールドライン開通。県文化センター発足。相馬港開港
	1971	46	只見線，只見—小出間開通。東京電力福島第１原子力発電所（大熊町・双葉町）１号機営業運転開始。福島市の路面電車廃止。常磐炭礦磐城鉱業所閉鎖。第53回全国高等学校野球選手権大会で磐城高校が準優勝
	1972	47	磐梯吾妻レークライン開通。国鉄川俣線，廃止
	1973	48	西吾妻スカイバレー開通。東北自動車道白河—郡山間開通
	1974	49	第29回国体スキー競技，猪苗代で開催
	1975	50	東北自動車道福島県域全通
	1976	51	県政汚職事件で木村守江知事辞職，逮捕。松平勇雄知事誕生。常磐炭礦完全閉山
	1981	56	政府，日中・丸森・会津線など国鉄赤字ローカル線廃止を決定。福島大学，新キャンパスへの統合移転完了
	1982	57	東北新幹線開業（盛岡—大宮間）。東京電力福島第２原子力発電所（富岡町・楢葉町）１号機，運転開始
	1984	59	福島県立美術館・図書館，福島大学経済学部跡地に開館
	1986	61	会津鬼怒川線（会津高原—新藤原間）開通。福島県立博物館，会津若松市に開館
	1987	62	第三セクター会津鉄道（西若松—会津高原間）開業
	1988	63	常磐自動車道，いわき市まで開通。第三セクター阿武隈急行（福島—槻木間）開業。佐藤栄佐久，知事に当選
平成時代	1989	平成元	阿武隈東道路の土湯トンネル開通
	1990	2	磐越自動車道，郡山—磐梯熱海間開通
	1991	3	東北新幹線，東京駅乗入れ
	1993	5	福島空港開港。県立会津大学（コンピュータ理工学部）開学
	1995	7	磐越自動車道，いわき—郡山間開通。第50回国民体育大会，福島県で開催。柳津西山地熱発電所，稼動
	1997	9	Jヴィレッジ（サッカーのナショナルトレーニングセンター），楢葉町・広野町に開設。磐越自動車道，全線開通
	1998	10	三春ダム完成。福島空港2500m滑走路完成
	1999	11	福島空港，国際線上海・ソウル便就航
	2000	12	アクアマリンふくしま，いわき市にオープン
	2001	13	うつくしま未来博，須賀川市で開催。二本松市一斗内松葉山遺跡などで旧石器発掘捏造が発覚
	2002	14	東京電力の原発トラブル隠し発覚。知事，プルサーマル計画の

		受け入れ拒否を声明
2003	平成15	県内の東京電力原子炉，検査・補修のためすべて停止
2004	16	平成の大合併の県内第１号，北会津村との合併による新「会津若松市」誕生
2005	17	平成の大合併進展，89市町村から74市町村に
2006	18	佐藤栄佐久知事，汚職事件で辞職。収賄容疑で逮捕
2011	23	東日本大震災発生。南相馬市で650人以上，相馬市で約450人，いわき市で350人以上の犠牲者がでるなど浜通りを中心に被害が甚大。福島第一原発でメルトダウンや爆発が発生

—ス

—セ

—ソ

【執筆者】（五十音順）

伊藤洋　いとうひろし（元県立郡山高校）
小田賢二　おだけんじ（県立田村高校）
小野田義和　おのだよしかず（前福島県教育センター）
厨川由紀男　くりやがわゆきお（県立いわき総合高校）
佐川博文　さがわひろぶみ（県立塙工業高校）
佐藤美保　さとうみほ（元県立湯本高校）
須賀忠芳　すがただよし（前県立会津高校）
竹田正彦　たけだまさひこ（県立郡山萌世高校）
玉川一郎　たまがわいちろう（県立郡山東高校）
長島雄一　ながしまゆういち（県立あぶくま養護学校）
野中英明　のなかひであき（県立郡山東高校）
原田大輔　はらだだいすけ（県立勿来工業高校）
福田和久　ふくだかずひさ（福島成蹊高校）
古山智行　ふるやまともゆき（福島県立博物館）
守谷早苗　もりやさなえ（県立磐城桜が丘高校）
柳内壽彦　やないとしひこ（前県立喜多方高校）
鑓水実　やりみずみのる（県立白河実業高校）
山本富士夫　やまもとふじお（県立原町高校）
吉田充　よしだまこと（桜の聖母学院高校）
渡部昌二　わたなべしょうじ（県立喜多方高校）

【写真所蔵・提供者】（五十音順，敬称略）

会津坂下町観光物産協会
飯野八幡宮
福島市教育委員会
猪苗代町商工観光課
いわき市教育委員会（『いわき市の文化財』）
いわき市石炭・化石館
大国魂神社
株式会社仁和食産
川内村教育委員会生涯学習課
願成寺（いわき市）
願成寺（喜多方市）
喜多方観光協会
熊野神社
光西寺
高蔵寺
郡山市観光物産課
郡山市教育委員会
財団法人郡山市文化・学び振興公社文化財研究センター
社団法人福島県観光連盟
勝常寺
白河市商工観光課
新地町企画振興課
須賀川市商工観光課
住吉神社
専称寺
相馬市情報政策課
大蔵寺
伊達市企画調整課
長隆寺
富岡町産業振興課
浪江町産業振興課
二本松市観光課
二本松市和紙伝承館
能満寺
福島県教育委員会
福島県文化財センター白河館
福島県立博物館
福島市教育委員会
福島市広報広聴課
双葉町教育委員会
南会津町企画観光課
南相馬市教育委員会
本宮市教育委員会
薬王寺
柳津町
山名隆史
湯川村教育委員会
龍興寺

本書に掲載した地図の作成にあたっては，国土地理院長の承認を得て，同院発行の50万分の１地方図，20万分の１地勢図，数値地図25000（空間データ基盤）を使用したものである（平18総使，第78-3043号）（平18総使，第79-3043号）（平18総使，第81-3043号）。

歴史散歩⑦

福島県《ふくしまけん》の歴史散歩《れきしさんぽ》

2007年 3 月20日　1 版 1 刷発行　　2014年 2 月28日　1 版 3 刷発行

編者———福島県《ふくしまけん》高等学校《こうとうがっこう》地理《ちり》歴史《れきし》・公民科《こうみんか》(社会科《しゃかいか》)研究会《けんきゅうかい》
発行者——野澤伸平
発行所——株式会社山川出版社
〒101-0047　東京都千代田区内神田1-13-13
電話　03(3293)8131(営業)　　03(3293)8135(編集)
http://www.yamakawa.co.jp/　振替　00120-9-43993
印刷所——図書印刷株式会社
製本所——株式会社ブロケード
装幀———菊地信義
装画———岸並千珠子
地図———東京地図出版株式会社　*

ISBN978-4-634-24607-2

福島県全図

都道府県界
市 郡 界
町 村 界
J R 線
高 速 道 路
有 料 道 路
国 道
県 庁
関川村
小国町
米坂線
川西町
山形県
えぶり差岳
1636
二王子岳
1420
胎内市
北股岳
2025
飯豊町
飯豊山
2105
新発田市
米沢市
2128
大日岳
954
松平山
1595
飯森山
黒森山
917
阿賀町
高陽山
1127
菅名岳
709
五泉市
喜多方市
北塩原村
磐越自動車道
耶麻郡
きたかた
加茂市
白山
1012
日本平山
1081
阿賀川
猫魔ヶ岳
1404
新潟県
会津坂下町
磐梯町
粟ヶ岳
1293
西会津町
湯川村
御前ヶ遊窟
846
御神楽岳
1387
矢筈岳
1259
あいづわかまつ
三条市
三坂山
832
猪ヶ森山
1315
にしわかまつ
金山町
沼沢湖
三島町
河沼郡
会津若松市
大沼郡
柳津町
会津美里町
守門岳
1537
只見川
博士山
1482
会津鉄道
大戸岳
1416
会津布引山
1081
浅草岳
1585
ただみ
金谷が鳥屋山
970
只見線
昭和村
横山
1379
田子倉湖
伊南川
御前ヶ岳
1233
只見町
下郷町
二岐山
1544
羽鳥湖
会津朝日岳
1624
大博多山
1315
魚沼市
未丈ヶ岳
1533
丸山岳
1820
南会津郡
1835
旭岳
三倉山
1854
越後駒ヶ岳
2003
奥只見湖
南会津町
七ヶ岳
1636
1896
朝日岳
1915
那須岳
荒沢岳
1969
中ノ岳
2085
佐倉山
1073
男鹿岳
1777
会津駒ヶ岳
2133
大嵐山
1635
荒海山
1581
1849
日留賀岳
平ヶ岳
2141
檜枝岐村
那須塩原市
景鶴山
2004
燧ヶ岳
2356
田代山
1971
2060
帝釈山
尾瀬沼
野岩鉄道
栃木県
なすしおば
至仏山
2228
黒岩山
2163
高原山
1795
荷鞍山
2024
鬼怒沼山
2141
大田
群馬県
東北本線
矢板市
武尊山
2158
太郎山
2367
女峰山
2483
片品村
日光白根山
2578
日光市
大真名子山
2375
塩谷町
鬼怒川
錫ヶ岳
2388
男体山
2486
さくら市